Politik in Mecklenburg-Vorpommern

Martin Koschkar • Christian Nestler
Christopher Scheele (Hrsg.)

Politik in Mecklenburg-Vorpommern

 Springer VS

Herausgeber
Martin Koschkar
Christian Nestler
Christopher Scheele

Rostock, Deutschland

ISBN 978-3-658-02651-6   ISBN 978-3-658-02652-3 (eBook)
DOI 10.1007/978-3-658-02652-3

Die Deutsche Nationalbibliothek verzeichnet diese Publikation in der Deutschen Nationalbibliografie;
detaillierte bibliografische Daten sind im Internet über http://dnb.d-nb.de abrufbar.

Springer VS
© Springer Fachmedien Wiesbaden 2013

Lektorat: Verena Metzger, Monika Mülhausen

Gedruckt auf säurefreiem und chlorfrei gebleichtem Papier

Springer VS ist eine Marke von Springer DE. Springer DE ist Teil der Fachverlagsgruppe Springer
Science+Business Media.
www.springer-vs.de

Vorwort

2013 sind 23 Jahre seit der Deutschen Einheit vergangen. Wie hat sich das Land Mecklenburg-Vorpommern seit seiner Gründung entwickelt?

Diese Frage hat das Meinungsforschungsinstitut tns emnid im Herbst 2012 im Auftrag der Landesregierung den Mecklenburgern und Vorpommern gestellt. Mit einem ebenso eindeutigen wie erfreulichen Ergebnis: 86 % der Befragten erklären, dass sich Mecklenburg-Vorpommern seit seiner Gründung „eher gut" oder sogar „sehr gut" entwickelt hat.

Fragt man genauer nach, so ergibt sich ein differenzierteres Meinungsbild. Am besten wird die Entwicklung im Tourismus bewertet. 97 % sehen hier eine positive Entwicklung. Auch beim Erscheinungsbild der Städte und Dörfer (89 %), in der Umwelt (85 %) und bei den Straßen und Verkehrswegen (81 %) werden von einer klaren Mehrheit Verbesserungen attestiert. Das gilt auch beim Ruf des Landes (75 %) und bei der Entwicklung des Gesundheitswesens (67 %).

Defizite sehen die Mecklenburger und Vorpommern vor allem im ökonomischen Bereich. Bei der wirtschaftlichen Entwicklung (43 %) und der Verringerung der Arbeitslosigkeit (26 %) spricht bislang nur eine Minderheit von einer guten Entwicklung. Auseinander gehen die Meinungen, wenn nach der Entwicklung des gesellschaftlichen Zusammenhalts gefragt wird. Hier halten sich positive und negative Urteile die Waage.

Diese Zahlen geben nicht nur Aufschluss darüber, wie die Bürgerinnen und Bürger die Entwicklung ihres Landes sehen. Sie markieren auch viele der Herausforderungen, vor denen die Parteien im Land in den letzten 23 Jahren standen.

Nach der Gründung des Landes im Einheitsjahr 1990 mussten die staatlichen Institutionen, vor allem natürlich Landtag und Landesregierung, komplett neu aufgebaut werden. Dieser Aufbau konnte relativ schnell, mit dem Ende der ersten Wahlperiode des Landtags im Jahr 1994 abgeschlossen werden. Es waren aufregende Jahre des Umbruchs mit Landtagssitzungen, in denen oft bis tief in die Nacht debattiert wurde und in denen die Landesregierung unter hohem Zeitdruck weitreichende Entscheidungen zu treffen hatte.

Eine weitere wichtige Aufgabe nach 1990 bestand darin, die vielfach marode Infrastruktur im Land umfassend zu erneuern. Mit Hilfe der EU, des Bundes und der westdeutschen Länder sind seitdem Milliardenbeträge in die Infrastruktur investiert worden. Wie die Umfragezahlen zum Erscheinungsbild der Städte und Dörfer, zu den Verkehrswegen und zum Gesundheitswesen zeigen, ist dieser Aufholprozess schon sehr weit fortgeschritten.

Vor allem aber musste nach 1990 ein tiefgreifender wirtschaftlicher Strukturwandel bewältigt werden. Innerhalb kurzer Zeit gingen Zehntausende von Arbeitsplätzen verloren, vor allem in der Landwirtschaft und auf den Werften. Fast alle Menschen in Mecklenburg-Vorpommern mussten sich beruflich umorientierten. Viele haben die Erfahrung von Arbeitslosigkeit gemacht, oft sogar mehrfach. Damit war der Zusammenbruch der Wirtschaftsstrukturen aus DDR-Zeiten weit mehr als eine ökonomische Herausforderung. Er hat den Menschen in Mecklenburg-Vorpommern und den anderen ostdeutschen Ländern viel abverlangt. Die meisten haben jedoch die neuen Möglichkeiten, die sich mit der Wende und der Deutschen Einheit ergaben, nutzen können. Beide Erfahrungen prägen das Land bis heute.

Mecklenburg-Vorpommern hat gerade in den letzten Jahren spürbar an Wirtschaftskraft gewonnen und sich neben dem Tourismus weitere Wirtschaftsfelder wie die Gesundheitswirtschaft und die erneuerbaren Energien erschließen können. Die Arbeitslosenzahlen befinden sich im Jahr 2013 auf dem niedrigsten Stand seit der Deutschen Einheit. Trotz aller Fortschritte haben Mecklenburg-Vorpommern und die anderen ostdeutschen Länder bei Wirtschaftskraft, Arbeitslosigkeit und Einkommen aber immer noch Rückstand gegenüber vergleichbaren westdeutschen Ländern. Den wirtschaftlichen Aufholprozess weiter voranzubringen, bleibt somit eine der wichtigsten Herausforderungen für Regierung, Parlament und Parteien auch in den nächsten Jahren.

Im Laufe der letzten 23 Jahren sind neue Herausforderungen für die Parteien hinzugekommen. Hier ist vor allem der demografische Wandel zu nennen. Er hat sich zunächst in den Schulen des Landes bemerkbar gemacht. Aufgrund des starken Geburtsrückgangs sank die Zahl der neu eingeschulten Schülerinnen und Schüler Ende der neunziger Jahre binnen kürzester Zeit auf ein Drittel – mit kaum lösbaren Problemen bei der Schulnetzplanung. Auch wenn die Geburtenzahlen inzwischen wieder leicht ansteigen und die Bilanz von Abwanderung und Zuwanderung nahezu ausgeglichen ist, wird der demografische Wandel das Land weiter begleiten.

Schließlich muss sich Mecklenburg-Vorpommern auf eine Zukunft aus eigener Kraft vorbereiten. Ende 2019 läuft der Solidarpakt unwiderruflich aus. Damit endet die besondere Förderung für die ostdeutschen Länder. Dann muss das Land auf eigenen Füßen stehen.

Die Parteien in Mecklenburg-Vorpommern haben auf diese Herausforderungen unterschiedliche Antworten gegeben. Sie haben harte Kontroversen über den richtigen

Weg des Landes ausgetragen, in wichtigen Fragen aber auch immer wieder zu Gemeinsamkeit gefunden. Die wichtigste Gemeinsamkeit der demokratischen Parteien im Land bestand in den letzten Jahren sicher darin, gemeinschaftlich gegen den Rechtsextremismus und damit auch gegen die NPD vorzugehen, die seit 2006 leider im Landtag vertreten ist. Wir freuen uns darüber, dass Zehntausende in unserem Land auf diesem Weg mitgehen und sich gegen den Rechtsextremismus engagieren.

Allen Parteien in Mecklenburg-Vorpommern ist weiterhin gemeinsam, dass sie bei Wahlen schon große Erfolge feiern konnten, aber auch schon schwere Niederlagen hinnehmen mussten. Oftmals lagen Sieg und Niederlage zeitlich gar nicht so weit auseinander. Das deutet darauf hin, dass die Parteien hierzulande über nur geringe Stammwählerschaften verfügen. Das macht sie anfällig für Stimmungen, gerade auch auf Bundesebene. Es erleichtert den Parteien aber auch, mit überzeugenden Programmen und Kandidaten eine breite Unterstützung der Wählerinnen und Wähler zu gewinnen.

Die Arbeit von Regierungen, Parlamenten und Parteien unterliegt täglicher medialer Beobachtung. Es ist wichtig, dass es darüber hinaus auch eine kontinuierliche wissenschaftliche Begleitung durch eine Parteien- und Wahlforschung gibt, die Ereignisse einordnet, ihren Ursachen vertieft nachgeht und langfristige Veränderungen im Blick behält.

Eine solche wissenschaftliche Begleitung erfolgt in Mecklenburg-Vorpommern schon seit vielen Jahren durch den Lehrstuhl von Professor Nikolaus Werz am Institut für Politik- und Verwaltungswissenschaften der Universität Rostock. Die von ihm ins Leben gerufene Arbeitsgruppe „Politik und Wahlen in Mecklenburg-Vorpommern" analysiert regelmäßig und sehr sachkundig die Landtags- und Kommunalwahlen in Mecklenburg-Vorpommern. Ihre Wahlanalysen haben auch in der Landeshauptstadt eine interessierte Leserschaft.

Die letzte Gesamtschau über die Parteien im Land datiert allerdings bereits aus dem Jahr 2000. Es ist also höchste Zeit für dieses Buch. Unser Dank gilt allen, die daran mitgewirkt haben, insbesondere den Herausgebern Martin Koschkar, Christian Nestler und Christopher Scheele, aber auch allen anderen Autorinnen und Autoren dieses Bandes. Es fällt auf, dass sich viele von ihnen noch im Studium befinden oder dieses gerade abgeschlossen haben. Dieses Buch ist somit auch ein Beleg für hervorragende wissenschaftliche Nachwuchsarbeit.

Wir sind davon überzeugt: Alle demokratischen Parteien in Mecklenburg-Vorpommern haben ihren Beitrag dazu geleistet, dass sich unser Land seit seiner Gründung positiv entwickelt hat. Dieses Buch zeichnet den Weg der Parteien in den letzten 23 Jahren nach. Es trägt damit zum Verständnis der Parteiendemokratie in unserem Land insgesamt bei. Wir würden uns freuen, wenn es viele Leserinnen und Leser findet.

Erwin Sellering
Ministerpräsident des Landes
Mecklenburg-Vorpommern

Lorenz Caffier
Minister für Inneres und Sport
des Landes Mecklenburg-Vorpommern

Inhalt

Laboratorium Mecklenburg-Vorpommern – Politik und Parteienwettbewerb im Spiegel der Transformation

„Wir sind Deutschland", „Wir sind Papst" oder die „Wir"-Kampagne der CDU; was auch immer „Wir sind", Identifikation „mit" ist in einer zunehmend komplexer werdenden Welt von größter Bedeutung. Im „Post-Zeitalter"[1] fehlt das eindeutige Lot, das in der Zeit der Blockkonfrontation das Leben ausgerichtet hatte. Die Reaktion ist wie in den Eingangszitaten abgebildet, eine künstliche Schaffung von Bezugspunkten. Auf diese Weise versuchen auch die deutschen Länder, im Werben um Touristen, Studenten oder Arbeitnehmer, Identifikation zu schaffen. Seit 2004 wirbt Mecklenburg-Vorpommern als Marketingstrategie mit einem Strandkorb und dem Schriftzug „MV tut gut". Dieser wurde jüngst um die Kernbotschaften „Kinderland M-V" und „Land zum Leben"[2] erweitert. Der Blick hinter diese Slogans verweist zunächst auf positive Aspekte der Landesentwicklung, die sich unbestritten in den zwei Jahrzehnten nach Überwindung der deutschen Teilung eingestellt haben.[3]

Im Jahr 2013 wird die deutsche Wiedervereinigung zum 23. Mal gefeiert. Kein Jubiläum kann hier vom kritischen Leser eingewendet werden. Doch es gibt eine Koinzidenz, die den Landesgeburtstag am 22. Juli und den Nationalfeiertag am 3. Oktober bereichert. Der Artikel 23 des Grundgesetzes bildete, nach Beschluss der Volkskammer vom 23. August 1990, die Grundlage für den Beitritt der ehemaligen DDR zum Staatsge-

---

1 Die Zahl der Post-Begriffe nimmt praktisch täglich zu einige bedeutsame sind: Postmoderne, Postmaterialismus, Postnational, Postdemokratie etc.
2 Staatskanzlei Mecklenburg-Vorpommern (Hrsg.), Markenstrategie justiert: Mecklenburg Vorpommern ist „Land zum Leben", abrufbar unter: http://www.mv-tut-gut.de/ueber-uns.html (Stand: 02.05.13).
3 Die Herausgeber, die zu Zweidritteln aus dem Land und zu 100 Prozent aus dem Norden stammen, können bei dieser Aussage keine sonderlich große Objektivität einbringen, aber eine große Zahl an empirischen Beweisen liefern.

biet der Bundesrepublik und beendete die Zeit der deutschen Teilung.[4] Genau genommen war Mecklenburg-Vorpommern sogar eine treibende Kraft bei dieser Entwicklung. Hatte es doch auf die Regierung Ost-Berlins Druck ausgeübt um den Beitritt zu vollziehen, andernfalls wollten sich die drei Nordbezirke selbständig nach Art. 23 der Bundesrepublik anschließen.[5]

Doch wer sind „Wir" in Mecklenburg-Vorpommern? Exemplarisch ist „Wir. Erfolg braucht Vielfalt" eine Kampagne, die als Initiative das gesellschaftliche und politische Engagement im Land gegen rechtsextremes Gedankengut zusammenführt.[6] Darüber hinaus gibt es Anknüpfungspunkte in der Landesidentität. Die Menschen selbst sehen sich primär als „Mecklenburger" und „Norddeutsche".[7] Letzteres eine Eigenschaft, die die Landesteile Mecklenburg und Vorpommern mit Ostseeküste und maritimen Erbe verbindet. Zugleich grenzen Aussagen wie das nie belegte Bismarck-Zitat ein gemeinsames „Land am Rand" von der Bundesrepublik ab: Wenn die Welt unterginge, dann ginge der Reichskanzler nach Mecklenburg, denn dort geschehe alles 50 Jahre später. Diese Aussage bietet noch im 21. Jahrhundert Ansatzpunkte für Klischees, Stereotype und manche Wahrheiten.

Seit 1989/90 hat sich in Mecklenburg-Vorpommern viel verändert. Im Spiegel der Transformation zeigt sich eine Entwicklung mit Licht und Schatten. In spezifischen ostdeutschen Rahmenbedingungen haben Politik und Parteienwettbewerb diesen Prozess mitgestaltet. Das Bindestrichland steht aber auch zukünftig vor besonderen Herausforderungen: Der Demographische Wandel, der auslaufende Solidarpakt 2019, sinkende Mittel aus den europäischen Strukturfonds sowie die inzwischen in der Landesverfassung festgeschriebene Schuldenbremse, die geringe gesellschaftliche Verankerung der Parteien, verfestigter Rechtsextremismus im östlichen Landesteil und eine im Bundesschnitt immer noch hohe Arbeitslosigkeit sind in dieser Hinsicht nur einige Stichworte.

Im Fokus der Politikwissenschaft präsentiert sich das Land als eine interessante Fallstudie. Die Spezifika der Entwicklung bieten einen Einblick in regionale Lösungsansätze im Umgang mit Herausforderungen der Politik und des ostdeutschen Parteienwettbewerbs: Das Laboratorium Mecklenburg-Vorpommern.

Dieses Buch setzt sich als zentrales Ziel den Ist-Stand der Entwicklung des Bundeslandes, besonders im Bereich der Parteien und ausgewählter Bereiche der Politik und Gesellschaft abzubilden. Diese Eingrenzung fußt auf der maximalen Nutzung, aber

---

4   Hier ist der Art. 23 in seiner a. F. gemeint: „Dieses Grundgesetz gilt zunächst im Gebiet der Länder Baden, Bayern, Bremen, Groß-Berlin, Hamburg, Hessen, Niedersachsen, Nordrhein-Westfalen, Rheinland-Pfalz, Schleswig-Holstein, Württemberg-Baden und Württemberg-Hohenzollern. In den anderen Teilen Deutschlands ist es nach deren Beitritt in Kraft zu setzen." Der Artikel ist heute der sogenannte Europa-Artikel.

5   Vgl. Werner Müller, Der Neubeginn 1989/90 in: Ders./Fred Mrotzek/Johannes Köllner, Die Geschichte der SPD in Mecklenburg und Vorpommern, Berlin 2002, S. 223–252, hier: S. 223–238.

6   Vgl. Die Internetpräsenz der Vereinigung unter http://www.wir-erfolg-braucht-vielfalt.de/ (Stand: 01.05.2013).

7   Vgl. tns.emnid (Hrsg.), Mecklenburg-Vorpommern Monitor 2010, Schwerin 2010, S. 18–27.

eben nicht der Überdehnung, der vorhanden Ressourcen und der implizierten Bedeutung von Parteien für die Demokratie: „Es gibt keine ernsthafte Alternative zum Parteienwettbewerb als wichtigstem Steuerungsmechanismus demokratischer Politik."[8]
Mit diesem Anliegen steht die Publikation in der Traditionslinie des von Nikolaus
Werz und Hans Jörg Hennecke im Jahr 2000 herausgegebenen Bandes zu *Parteien und
Wahlen in Mecklenburg-Vorpommern*. Durch die oben erläuterte Abgrenzung versteht
sich die Veröffentlichung nicht als Landeskunde, vielmehr handelt es sich um eine vor-
nehmlich politikwissenschaftliche Vermessung des Bundeslandes. Gleichwohl wird im
folgenden ein knapper Überblick über wichtige Ereignisse im Land seit 1989 gegeben.

Mecklenburg-Vorpommern nach der Friedlichen Revolution von 1989

In den letzten 23 Jahren hat Mecklenburg-Vorpommern wie kaum ein anderes Bundesland eine bemerkenswerte Metamorphose durchlaufen. Die drei Nordbezirke mit dem
einstigen „Tor zur Welt" der DDR wurden mit dem Zusammenbruch zum Armenhaus
der Republik. Bis zu einem Viertel der Bevölkerung war arbeitslos, Kaufkraft und Einkommen waren niedrig und nicht zuletzt trübten rechtsextreme Ausschreitungen die
Selbst- und Fremdwahrnehmung des neuen Bundeslandes. In den vergangenen zehn
Jahren wird die erfolgreiche Trendwende, die nicht zuletzt aus dem Regierungshandeln
seit 1990 resultiert, in den sozioökonomischen Statistiken deutlich. Die Arbeitslosigkeit wurde um über 12 Prozentpunkte gesenkt,[9] das Wirtschaftswachstum lag mit bis
zu 4,0 Prozent deutlich über dem Bundesschnitt und übertraf sogar die prosperieren-
den südlichen Bundesländer.[10] Seit mehreren Jahren erwirtschaftet das Land sogar einen
Haushaltsüberschuss und baut seine Staatsverschuldung als eines der wenigen Bundesländer sukzessive ab. Mecklenburg-Vorpommern macht heute als Standort für Erneuerbare Energien und Tourismushochburg positive Schlagzeilen. Auch wenn der Strukturwandel noch anhalten wird: Es scheint, dass das Land erfolgreich in der Berliner
Republik angekommen ist.

In den ersten Jahren nach seiner Wiedergründung beschäftigte das junge Bundesland
vor allem die Vergangenheit. Das gesellschaftliche Erbe der DDR versuchte die Landespolitik mit der Enquete-Kommission „Aufarbeitung und Versöhnung" in den Jahren
1995 bis 1997 facettenreich zu erfassen. Es gelang mit diesem Vorgehen, die schier end-

---

8   Arthur Benz/Georg Simonis, Vorwort, in: Ulrich von Alemann, Das Parteisystem der Bundesrepu-
    blik Deutschland, Bonn 2003, S. 7.
9   Vgl. Statistik der Bundesagentur für Arbeit (Hrsg.), Arbeitsmarkt in Zahlen, Zeitreihen für Arbeitslose,
    Nürnberg 2008, S. 7; Bundesagentur für Arbeit, Regionaldirektion Nord (Hrsg.), Der Arbeitsmarkt in
    Mecklenburg-Vorpommern, Januar 2012, Presseinformation Nr. 011 (2012), Kiel 2012, S. 4.
10 Reuters/lw, Mecklenburg-Vorpommern wächst am stärksten, abrufbar unter: http://www.welt.de/wirt-
    schaft/article114813197/Mecklenburg-Vorpommern-waechst-am-staerksten.html (Stand: 12.05.2013).

losen Stasi-Debatten anderer Bundesländern zu umschiffen und den häufig vorgebrachten Vorwurf der Siegerjustiz zu vermeiden.[11] Die Einbindung der Bevölkerung in diesen Prozess, aber auch die Integration eines Großteils der alten Eliten war in dieser Hinsicht erfolgreich.

Ein Vorgang des Jahres 1992 brannte sich in das kollektive Gedächtnis der Republik ein und prägt das Image Mecklenburg-Vorpommerns in der Bundesrepublik noch heute. Die rechtsextremen Ausschreitungen von Rostock-Lichtenhagen im August 1992 offenbarten nicht nur ein politisches, sondern auch ein massives gesellschaftliches Versagen. Lichtenhagen steht dabei nicht nur für die transformationsinduzierten Organisationsdefizite der Sicherheitsorgane, sondern auch für die Mauer in den Köpfen und eine Vielzahl politischer Fehlentscheidungen.[12] Während die politische Aufarbeitung mit Rücktritten von u. a. CDU-Innenminister Lothar Kupfer endete, dauerte die strafrechtliche Bewertung rund zehn Jahre an und verlief sehr schleppend. Das Bild von Glatze und Springerstiefel wurde lange Zeit zum Synonym für Mecklenburg-Vorpommern.[13]

Dieses Bild wird durch Aktivitäten der Kameradschaften im östlichen Landesteil sowie die Wahlerfolge der NPD in den bundesdeutschen Medien wieder verstärkt befördert.[14] Die NPD in Mecklenburg-Vorpommern ist im Vergleich zu den anderen Landesverbänden der Rechtsextremisten relativ erfolgreich, ist ihr doch sowohl 2006 als auch 2011 der Einzug in den Landtag gelungen.

Wirtschaftlich galt es mit der Umstellung von einer Planwirtschaft – mit gezielten Ansiedlungsprogrammen – zu einer Marktwirtschaft fertig zu werden. Die Überführung der volkseigenen Betriebe (VEB) und landwirtschaftlichen Produktionsgenossenschaften (LPG) waren für das Land eine Herkulesaufgabe. Der Zusammenbruch der sozialistischen Handelsbeziehungen nach 1990 hatte in Konsequenz auch die maroden DDR-Betriebe in existenzbedrohende Schwierigkeiten gebracht. Das agrarisch und maritim geprägte Mecklenburg-Vorpommern wurde dadurch wirtschaftlich besonders hart getroffen und die Arbeitslosenquote schnellte in die Höhe; zwischenzeitlich (2004) auf den höchsten Wert der gesamten Republik. Im Rahmen der Abwicklung der vorhandenen Überkapazitäten und der Restrukturierung der Wirtschaft standen die Werften und die LPGs im Mittelpunkt der Aufmerksamkeit. Dies rührte auch aus der Selbstwahrnehmung der ansässigen Bevölkerung als wichtiger landwirtschaftlicher und maritimer

---

11 Eberhard Vogt, Die Mär von der „Siegerjustiz", abrufbar unter: http://www.focus.de/politik/deutsch-land/deutschland-die-maer-von-der-siegerjustiz_aid_160082.html (Stand: 12.05.2013).

12 Olaf Reis, Rostock als geistige Lebensform, in: Stadtgespräche: Aus der Region Rostock, Nr. 1 (1995), S. 9–15.

13 Daniél Kretschmar, Raub, Mord und Springerstiefel, abrufbar unter: http://www.freitag.de/autoren/ der-freitag/raub-mord-und-springerstiefel (Stand: 12.05.2013); Thomas Prenzel (Hrsg.), 20 Jahre Rostock-Lichtenhagen: Kontext, Dimension und Folgen der rassistischen Gewalt, Rostock 2012.

14 Spiegel Online (Hrsg.), Atlas des Rechtsextremismus, abrufbar unter: http://www.spiegel.de/flash/ 0,5532,27451,00.html (Stand: 14.05.2013).

Standort. Doch während sich die LPG-Frage auf vielfältige Art recht bald löste, beschäftigt die Werften-Frage das Land noch heute.

Erstmals im „annus horibilis" 1992: Sollten die zahlreichen Werftstandorte als Paket an einen Investor verkauft werden oder doch einzeln? Sollten es Staatsbetriebe bleiben? Der erste Ministerpräsident des Landes, Alfred Gomolka (CDU), trat gegen eine Paketlösung ein. Jedoch konnte er sich nicht gegen die eigene Partei und Koalition durchsetzen und musste letztlich sein Amt im Jahr 1992 räumen; die Werften wurden in der Folge allesamt vom Werftenkonsortium „Bremer Vulkan" übernommen.[15]

Es entbehrt nicht einer gewissen Ironie des Schicksals, dass Gomolka letztlich mit seiner Ablehnung der Werften-Paketlösung Recht behalten sollte, denn 1996 ging der Bremer Vulkan insolvent. Im Zuge der Aufklärung der wirtschaftlichen Umstände wurde zudem sichtbar, dass rund 850 Millionen DM an Fördergeldern, bestimmt für die Werften im Nordosten, dort niemals ankamen sondern in der Bremer Zentrale des Werftenkonzerns verloren gegangen waren.[16]

Die Werften wurden im Nachgang der Insolvenz von verschiedenen Investoren übernommen, jedoch führten billigere Konkurrenzunternehmen aus Übersee, die schlechte Zahlungsmoral mancher Werftkunden und nicht zuletzt die Euro-Krise dazu, dass die mecklenburg-vorpommerschen Werften tiefer in wirtschaftlich schwieriges Fahrwasser gerieten und derzeit sogar Gegenstand eines parlamentarischen Untersuchungsausschusses sind. Damit einher ging ein steter Verlust an Arbeitsplätzen in diesem Industriezweig.

Die Werftenkrise von 1996 führte zusätzlich zu einer Regierungskrise, die die Große Koalition unter Berndt Seite (CDU) in Schwerin an den Rand des Zerbrechens führte. Rein rechnerisch war in der Wahlperiode 1994 bis 1998 neben einer CDU-SPD-Koalition auch eine SPD-PDS-Koalition möglich gewesen. In den Krisen-Tagen von 1996 wurde die PDS nicht müde, darauf hinzuweisen. Beide Parteien waren 1996 intern jedoch noch nicht bereit zu diesem Schritt. So war die PDS-tolerierte rot-grüne Minderheitsregierung 1994 in Sachsen-Anhalt in den Augen vieler schon eine anachronistische Ungeheuerlichkeit gewesen.

Die politische Krise von 1996 war somit auch der Vorbote eines Tabu-Bruchs. Im Jahr 1998 bildeten SPD und PDS die erste rot-rote Koalition unter der Führung von Harald Ringstorff (SPD). Dieser Vorgang wurde nicht zuletzt bei den eigenen Parteimitgliedern mit Argwohn betrachtet, das bürgerliche Lager lief u. a. mit der „Rote-Socken-Kampagne" Sturm gegen die vermeintliche Hoffähigkeit von „SED-Erben".[17] Nicht

---

15 O. A., Bremer Vulkan: Riege der Traumtänzer, abrufbar unter: http://www.spiegel.de/spiegel/print/d-9123137.html (Stand: 12. 05. 2013).

16 O. A., Bremer Vulkan, abrufbar unter: http://www.spiegel.de/spiegel/print/d-9123137.html (Stand: 12. 05. 2013).

17 O. A., Rote-Socken-Kampagne: Pastor Hinze, übernehmen Sie!, abrufbar unter: http://www.spiegel.de/politik/deutschland/rote-socken-kampagne-pastor-hintze-uebernehmen-sie-a-138434.html (Stand: 12. 05. 2013).

zuletzt stellte sich die Frage, inwieweit die PDS, die zu dieser Zeit in einigen Bundesländern noch auf Klassenkampf, Kommunismus und Fundamentalopposition setzte, re-
gierungsfähig sein würde; die realpolitischen Zwänge konterkarierten das PDS-Bundes-
programm von 1993 zu deutlich. Die SPD setzte daher auf „Entzauberung" und wollte
den Koalitionspartner in die Pflicht nehmen. Kritiker gaben dem jungen Bündnis nur
wenige Monate Lebenszeit. Letztlich hielt das einstige Experiment acht Jahre. Zu den
realpolitischen Fakten zählte u. a. der Bau der umstrittenen Ostseeautobahn A20 und
der beginnende Umbau der A241 zur A14 von Wismar nach Magdeburg. Gegen beide
Projekte hatte sich die PDS in der Opposition entschieden gestellt und trug sie letztlich
doch mit. Ein weiteres Infrastrukturmammutprojekt stellt die B96 dar, mit dem die pre-
käre Verkehrssituation auf Rügen gelöst werden soll. Während die Einheimischen und
Touristen der Fertigstellung entgegenfiebern, laufen Umweltverbände Sturm gegen das
Projekt. Aufgrund der Tatsache, dass der Fährhafen Neu Mukran auf der Insel liegt, der
einen wichtigen Verkehrsknotenpunkt in die baltischen Länder darstellt, ist die Kapa-
zitätserhöhung der Straßeninfrastruktur auf Rügen vor allem wirtschaftspolitisch ein
wichtiger Schritt.

In der Vergangenheit gelang es jedoch nicht immer, Infrastrukturprojekte erfolgreich abzuschließen. So scheiterte Mecklenburg-Vorpommern sowohl mit dem Versuch
ein BMW-Werk in Schwerin anzusiedeln,[18] als auch AIRBUS nach Rostock-Laage zu
holen.[19] Beide Projekte hätten das Profil des Wirtschaftsstandortes Mecklenburg-Vorpommern nachhaltig aufgewertet.

Ein weiteres wichtiges Politikfeld im Land ist die Energiepolitik. 1990 wurde das
sich im Ausbau befindliche Atomkraftwerk Lubmin wegen Sicherheitsbedenken still-
gelegt und rückgebaut. Es gab jedoch neue Pläne für den Energiestandort in der Nähe
von Greifswald. Diese Pläne wurden nach langen Debatten um den alten AKW-Stand-
ort Lubmin ad acta gelegt. Lubmin dient heute als atomares Zwischenlanger sowie Um-
schlagpunkt für die durch Gazprom und Gerhard Schröder bundesweit bekannt gewordene Ostsee-Gaspipeline. Als direkte Alternative wurde noch in den 1990ern ein
hochmodernes Steinkohlekraftwerk in Rostock errichtet. Bedingt durch die Energiewende setzt das Land nun verstärkt auf Erneuerbare Energie und es hat eine Initiative
für kommunale Energieautarkie aufgelegt. Mit Solar- und Biogasanlagen könnten Kommunen sich komplett eigenständig mit Strom und Wärme versorgen.[20]

Die Situation der Kommunen verbesserte sich nicht zuletzt durch den Ausbau des
Fremdenverkehrswesen, das neben Arbeitsplätzen auch Steuer- und Abgabeneinnah-

---

18 O. A., Neues Werk: BMW goes Leipzig, abrufbar unter: http://www.spiegel.de/wirtschaft/neues-werk-
    bmw-goes-leipzig-a-145660.html (Stand: 12. 05. 2013).

19 Jutta Stittmatter, Durchgestartet wird woanders, abrufbar unter: http://www.berliner-zeitung.de/
    archiv/-dreck-und-laerm-stoeren-uns-nicht----rostock-haette-so-gern-ein-airbus-werk--doch-airbus-
    will-nicht-nach-rostock-durchgestartet-wird-woanders,10810590,9743996.html (Stand: 12. 05. 2013).

20 Regionale Energie MV e. V. (Hrsg.), Koordinierungsstelle „Regionale Energie" Güstrow, abrufbar unter:
    http://www.regionale-energie-mv.de (Stand: 12. 05. 2013).

men generiert. Die insgesamt 1712 Kilometer lange Ostseeküste haben zusammen mit Deutschlands größter Insel Rügen, Mecklenburg-Vorpommern über die Jahre hinweg zu einem der beliebtesten Urlaubsziele der Bundesrepublik gemacht.[21] Eine besondere Form des Tourismus rückte Mecklenburg-Vorpommern auch international in den Fokus. Der G8-Gipfel 2007 in Heiligendamm sowie der Besuch des US-Präsidenten George W. Bush zum Grillen mit Bundeskanzlerin Angela Merkel in Trinwillershagen unterstrichen das Bild des Landes als guter Gastgeber. Vom Tourismus können hauptsächlich die Küstenregion und die Mecklenburgische Seenplatte profitieren, während der ländliche Raum trotz seines Potentials deutlich weniger Beachtung findet und nur langsam an die Erfolge der übrigen Tourismusregionen anschließen kann.

Die schlechte Situation auf dem Arbeitsmarkt, vor dem Hintergrund der allgemein veränderten Rahmenbedingungen, zog letztlich zwei weitere, miteinander verknüpfte Probleme nach sich: Einen deutlichen Geburtenrückgang und die Abwanderung junger Mitbürgerinnen und Mitbürger. Dies führte zu einem massiven Bevölkerungsverlust. Beides versuchte das Land mit Strukturanpassungsmaßnahmen zu kompensieren. 1993 wurde die erste Kreisgebietsreform durchgeführt, nach dem Landkreise zwischenzeitlich auf eine Bevölkerungszahl von 19 000 abzusinken drohten. 2007 scheiterte ein weiteres Vorhaben einer Reform (geplant von Rot-Rot) noch am Votum des Landesverfassungsgerichts. Ministerpräsident Erwin Sellering (SPD) übernahm damit von seinem aus Altersgründen zurückgetretenen Vorgänger Ringstroff bei seinem Amtsantritt gleich ein Großprojekt. 2011 gelang dann der Großen Koalition eine neue Reform. Die neuen Landkreise des Jahres 2011 sind flächenmäßig die größten der Republik und partiell größer als die Gesamtfläche des Saarlandes. Der Bevölkerungsrückgang allein stellt dabei jedoch nicht das Kernproblem dar, sondern in erster Linie seine finanziellen Konsequenzen. Mecklenburg-Vorpommern ist ein Empfängerland des Länderfinanzausgleiches, dessen Höhe sich u. a. nach der Bevölkerungsanzahl berechnet. Im Jahr 2019 laufen zudem die Fördergelder des Solidarpakts II aus und im Jahr 2013 endete die aktuelle EU-Förderperiode, in der das Land noch in den Genuss der höchsten Förderpriorität gekommen war. Selbst bei erfolgreicher Neubewerbung um EU-Mittel besteht jedoch keine Chance, eine vergleichbar hohe Fördersumme zu erhalten, da durch die EU-Osterweiterung die Situation Mecklenburg-Vorpommerns im Vergleich deutlich besser gestellt ist. Es besteht dennoch durch die wirtschaftliche Erholung Grund zur Hoffnung. Trotz aller Widrigkeiten gelang es u. a. seit 2006 jeweils einen Haushaltsüberschuss zu erwirtschaften und die Arbeitslosenquote um über 12 Prozentpunkte zu senken. Zudem besitzt Mecklenburg-Vorpommern bereits jetzt den zweitniedrigsten Schuldenstand aller Bundesländer und konnte die Gesamtverschuldung um über 3 Pro-

---

21 Baltic Sea Tourism Forum (Hrsg.), Network for tourism in the Baltic Sea region, abrufbar unter: http://www.balticseatourism.net/ (Stand: 21. 05. 2013).

zent seit 2006 senken.[22] Das einstige Sorgenkind im Nordosten wurde somit zum Vorbild für nachhaltige Haushaltssanierung.

Relevanz und Forschungsstand

Die Motivation für den vorliegenden Band erschließt sich einerseits aus der Tradition politikwissenschaftlicher Publikationen der Universität Rostock. Am Lehrstuhl für Vergleichende Regierungslehre – dem die Herausgeber angehören – wird seit Mitte der 1990er Jahre kontinuierlich zu Themen des Landes veröffentlicht. Hierfür stehen exemplarisch die Sammelbände herausgegeben von Nikolaus Werz und Jochen Schmidt *Mecklenburg-Vorpommern im Wandel* (München 1998) und mit einer ähnlichen Grundstruktur wie der vorliegende Band von Nikolaus Werz und Hans Jörg Hennecke *Parteien und Politik in Mecklenburg-Vorpommern* (München 2000). Sie bieten für die sozialwissenschaftliche Vermessung des Bundeslandes eine solide Grundlage. Die „Landesforschung" des Lehrstuhles wird seit 2001 in der Arbeitsgruppe „Politik und Wahlen in Mecklenburg-Vorpommern" organisiert. Aus dieser sind seither zahlreiche Werke zu Einzelthemen aber auch Dokumentationen zu den Wahlen im Land erschienen. Tradierte Aspekte analysiert Steffen Schoon in dem Standardwerk zum regionalen Wahlverhalten *Wählerverhalten und politische Traditionen in Mecklenburg und Vorpommern (1871–2002). Eine Untersuchung zur Stabilität und strukturellen Verankerung des Parteiensystems zwischen Elbe und Ostsee* (Düsseldorf 2007). Fragen der Migration wurden von Katharina Hess *Migration und Integration in Mecklenburg-Vorpommern* (Hamburg 2008) und Arne Lehmann *Gründe und Folgen des Brain Drain in Mecklenburg-Vorpommern. Zur Abwanderung in einem ostdeutschen Flächenland* (Rostock 2008) aufgegriffen. Verschiedene Werke sind in der Schriftenreihe des Instituts für Politik- und Verwaltungswissenschaften der Universität Rostock erschienen, den *Rostocker Informationen zu Politik und Verwaltung*. Die Dokumentation der Wahlen im Land erlaubt einen tiefgehenden Einblick in das regionale Wahlverhalten und Aspekte des Parteienwettbewerbs. Hierfür stehen exemplarisch auf Landesebene herausgegeben von Steffen Schoon und Nikolaus Werz *Die Landtagswahl 2006 in Mecklenburg-Vorpommern. Die Parteien im Wahlkampf und ihre Wähler* (Rostock 2007) sowie der gleichnamige Band zur *Landtagswahl 2011* herausgegeben von Martin Koschkar und Christopher Scheele (Rostock 2011). Den Beitrag für die lokale Ebene leistete zuletzt der Sammelband *Die Kommunalwahlen 2009 in Mecklenburg-Vorpommern* (Rostock 2009) herausgegeben von Steffen Schoon und Arne Lehmann. Landespolitische Beiträge in bundesweiten Sammelbänden und Periodika wurden ebenfalls vermehrt von Mitgliedern der Forschungsgruppe vorgelegt. Es schrieb Nikolaus Werz über *Mecklenburg-Vorpommern* im *Handwörterbuch des politischen Systems der Bundesrepublik Deutschland* herausgegeben von Uwe Andersen und

---

22 Eigene Berechnungen nach Daten des Statistischen Bundesamtes, Stand 12/2012.

Wichard Woyke (Wiesbaden 2009). Steffen Schoon stellt das regionale Parteiensystem im Sammelband von Andreas Kost, Werner Rellecke und Reinhold Weber *Parteien in den deutschen Ländern* (München 2010) dar. Mit Blick auf die Ergebnisse der „Arbeitsgruppe Politik und Wahlen in Mecklenburg-Vorpommern" ist der vorliegende Band als eine Fortführung der langjährigen Arbeit zu verstehen, welche den Kern des aktuellen Forschungsstandes zur Landespolitik darstellt. Darüber hinaus müssen die Beiträge von Karsten Grabow im von Uwe Jun und Oskar Niedermayer herausgegebenen Band *Parteien und Parteiensysteme in den deutschen Bundesländern* (Wiesbaden 2008) sowie Heinrich-Christian Kuhns Landesporträt in Hans-Georg Wehlings Sammelband *Die deutschen Länder* (Wiesbaden 2004) Erwähnung finden. Beide Aufsätze – in Ergänzung durch die Mitte der 2000er von der Landeszentrale für politische Bildung herausgebenen *Politischen Landeskunde Mecklenburg-Vorpommern* (Schwerin o. J.) – eigenen sich als Einführung für ein Grundverständnis der politischen Struktur und des Parteienwettbewerbs in Mecklenburg-Vorpommern. Einen Beitrag zur Arbeit des Landtages leisten zusätzlich die Universität Greifswald mit Hubertus Buchstein, Stefan Ewert und Detlef Jahn im von Siegfried Mielke und Werner Reutter herausgegebenen Sammelband *Landesparlamentarismus* (Wiesbaden 2012).

Die angesprochenen Artikel bieten prinzipiell einen landesspezifischen Überblick und ermöglichen durch die Struktur der Sammelbände zahlreiche Ansatzpunkte für Ländervergleiche. In diesem Forschungsfeld sollten zusätzlich die Werke von Achim Hildebrandt und Frieder Wolf (Hrsg.), *Die Politik der Bundesländer. Staatstätigkeit im Vergleich* (Wiesbaden 2008), Herbert Schneider und Hans-Georg Wehling (Hrsg.), *Landespolitik in Deutschland. Grundlagen – Strukturen – Arbeitsfelder* (Wiesbaden 2006) sowie Sven Leunig, *Die Regierungssysteme der deutschen Länder* (Wiesbaden 2012) hervorgehobenen werden, die durch eine problembezogene Struktur bereits Vergleichsartikel enthalten.

Die Motivation für den vorliegenden Band begründet sich andererseits in einer in den letzten Jahren erweiterten Thematik regionaler Aspekte von Politik und Parteien in Deutschland. Zu zahlreichen Bundesländer liegen mittlerweile landesspezifische Analysen vor. Diese gehen in thematischer Breite und sozialwissenschaftlicher Tiefe meist über einfache Landeskunden hinaus. Letztere bleiben jedoch in einzelnen Fällen Basisliteratur zur Erschließung der regionalen Landespolitik, wie zum Beispiel *Schleswig Holstein – Eine politische Landeskunde*, herausgegeben von der Landeszentrale für politische Bildung Schleswig-Holstein (Kiel 1992). Bereits tiefer greifen Everhard Holtmann und Bernhard Boll in *Sachsen-Anhalt – Eine politische Landeskunde* (Opladen 1997), Karl Schmitt als Herausgeber von *Thüringen – Eine politische Landeskunde* (Baden-Baden 2011) oder auch Ulrich Brümmer mit *Parteiensystem und Wahlen in Sachsen* (Wiesbaden 2006). Ähnliches leistet Lothar Probst als Herausgeber für Bremen durch *Politische Institutionen, Wahlen und Parteien im Bundesland Bremen* (Berlin 2011). Eine lange Tradition der landesspezifischen Analysen weist Rheinland-Pfalz auf. Parallel zu den Landesjubiläen sind seit den 1980er Jahren drei Sammelbände erschienen. As-

pekte der regionalen politischen Kultur werden ebenso berücksichtigt wie der Parteienwettbewerb, Institutionen und Regierungsstile. Peter Haungs begann die Reihe mit der
Herausgabe von *40 Jahre Rheinland-Pfalz. Eine politische Landeskunde* (Mainz 1986). Es
folgten Ullrich Sarcinelli, Jürgen W. Falter, Gerd Mielke und Bodo Benzner als Herausgeber von *Politische Kultur in Rheinland-Pfalz* (München 2000) und zum jüngsten
Landesjubiläum Dieselben als Herausgeber von *Politik in Rheinland-Pfalz* (Wiesbaden
2010), einem Sammelband unter der Partizipation von über 30 Autoren (darunter über
zehn Professoren unterschiedlicher sozialwissenschaftlicher Fachdisziplinen). Für das
größte deutsche Bundesland Nordrhein-Westfalen haben Ulrich von Alemann und
Patrick Brandenburg als Herausgeber von *Nordrhein-Westfalen – Ein Bundesland ent-
deckt sich neu* (Kohlhammer 2000) und Karl-Rudolf Korte, Martin Florack und Timo
Grunden mit *Regieren in Nordrhein-Westfalen – Strukturen, Stile und Entscheidungen
1990 bis 2006* (Wiesbaden 2006) einen Beitrag geleistet. Im Erscheinen befinden sich
Landespublikationen zu *Politik in Sachsen,* herausgegeben von Eckhard Jesse, Thomas
Schubert und Tom Thieme (Wiesbaden 2013) und Bayern von Manuela Glaab und
Michael Weigel *Regieren in Bayern – Strukturen, Politikstile und Entscheidungen* (Wiesbaden 2013). Diese exemplarische Aufzählung zeigt die Bandbreite der landesspezifischen, sozialwissenschaftlichen Forschung in Deutschland. Trotz unterschiedlicher Ansätze und Schwerpunktsetzungen ermöglichen alle Werke ein besseres Verständnis der
Landespolitik im Spiegel von Parteien, Wahlen und Regierungsprozessen. Der vorliegende Band möchte diese Entwicklung um einen Beitrag zu Mecklenburg-Vorpommern erweitern.

Zum Aufbau des Bandes und zu den Beiträgen

Die Herausgeber folgen mit ihrer, sich voranging aus Studenten rekrutierenden Arbeitsgruppe, dem Humboldtschen Bildungsideal, also einer üblichen Auslegung der „Einheit
von Forschung und Lehre". Mit der Einbindung der Studierenden in den Prozess der
Forschung aber auch des Publizierens versuchen wir ihnen praktische Erfahrungswerte
an die Hand zu geben, die sie auch außerhalb einer akademischen Tätigkeit nach ihrem
Studium anwenden können.

Der Band teilt sich nach dieser Einleitung in zwei große Hauptteile. Im ersten (I.)
werden die politischen Parteien dargestellt. Die Reihenfolge der Parteienartikel richtet
sich nach der parlamentarischen Tradition und den Wahlerfolgen im Bundesland. Die
Struktur der Aufsätze ist dabei weitestgehend identisch. An die Geschichte der jeweiligen Partei und einen kurzen Forschungsstand schließen sich ein Abschnitt zu ihrer Organisation, ihrem Programm, ihrer Wählerschaft sowie zur Tätigkeit in Parlament und
Regierung an. Abgerundet wird jeder Beitrag von einem Ausblick. Der inhaltliche Ar-
beitsstand der Artikel ist der 31. Dezember 2012.

Den Anfang machen Timm Flügge und Benjamin Hein mit einem Portrait der SPD. Die Autoren stellen sich die Frage, ob die SPD im Land als Erfolgsmodell gelten kann oder ob der gegenwärtige Erfolg perspektivisch auf Sand gebaut ist.

Philipp Huchel und Stefan Rausch nähern sich der CDU in gleicher Weise mit einer Grundskepsis, gerade vor der Sonderstellung, die die Partei in Mecklenburg-Vorpommern einnimmt. In diesem Sinne führt das Fehlen eines bürgerlichen Koalitionspartners zu einem strategischen Nachteil und macht die Union zu einem Juniorpartner Widerwillen.

Christopher Scheele beleuchtet die schillernde Geschichte der PDS/Die LINKE, die im Land, anders als auf Bundesebene, immer wieder als Koalitionspartner gehandelt wurde und wird.

Michael Koch und Franziska Struck zeigen in ihrem Artikel die, bis zum Jahr 2011, nichtparlamentarische Geschichte von Bündnis 90/Die Grünen. Dementsprechend erreichen die Ausführungen nicht die Breite der drei großen Parteien.

Gleiches gilt für den von Othmara Glas und Anika Hirte verfassten Artikel zur FDP. Das „mal ist sie drin, mal ist sie es nicht" bestimmt die Ausführungen.

Gudrun Heinrich und Steffen Schoon liefern einen kenntnisreichen Beitrag zur NPD. Deren Rolle im Parteiensystem sowie die Reaktion der etablierten Parteien – der sogenannte Schweriner Weg – befeuert immer wieder einen emotionalen Diskurs. Das zweite Verbotsverfahren gegen die Partei bildet nur eine der zahlreichen Hintergrundfolien für die Ausführungen der Autoren. Das dargestellte Profil des Landesverbandes weicht von der Gliederung der Parteienartikel leicht ab. Der Erfolg der NPD im Nordosten scheint das Ergebnis einer den Landesverband prägenden engsten Verzahnung von Partei und Bewegungsszene zu sein. Daher stehen strategische Fragen, sowie die ideologische Verortung der Partei im Mittelpunkt der Ausführungen.

Nach den Einzelportraits schließt sich ein Sammelaufsatz zu den Kleinstparteien an. Diese gehören ihrer Natur nach zu den wenig beachteten politischen Gebilden. Christian Nestler zeigt in seinem Aufsatz die typischen Hürden und Probleme mit denen die „Sonstigen" zu kämpfen haben.

Der zweite Hauptteil beschäftigt sich mit einer Auswahl (II.) an Akteuren und Themen der Landespolitik. Hier fällt auf den ersten Blick ins Auge, dass jeder der Artikel einen Bezug zur Transformation Mecklenburg-Vorpommerns im Speziellen und der fünf neuen Länder im Allgemeinen herstellt.

Die Lehrstuhlinhaber für Politische Theorie und Ideengeschichte bzw. Vergleichende Regierungslehre an der Universität Rostock, Yves Bizeul und Nikolaus Werz legen einen breiten Beitrag zu Kirchen und Religiosität im Land vor. Besonderes Augenmerk liegt hier auf der seit 2012 vollzogenen Vereinigung zur Nordkirche.

Philipp Huchel erschließt ausgehend von seiner Bachelor-Arbeit die politische Kultur im Land und darüber hinaus.

Stefanie Kracht arbeitet zu Kultur und Kulturpolitik. Ein Thema was nicht zuletzt durch eine problematische Finanzierung von Museen, Theatern und Orchestern immer wieder im medialen Interesse steht.

Die Juniorprofessorin im Bereich der empirischen Wirtschaftsforschung Kathrin Johansen nähert sich dem Wandel der Wirtschaft im Land an.

Christopher Scheele beschreibt unterhalb der großen Landespolitik die kommunale Ebene. Ein Hauptthema ist die Kreisgebietsreform von 2011.

Martin Koschkar schaut über den Tellerrand des Landes in den Ostseeraum. Die Grundfrage ist die Art und Tiefe der Aktivität die Mecklenburg-Vorpommern mit seinen Anrainern pflegt und durch die föderale Struktur der Bundesrepublik pflegen kann.

Abgeschlossen wird der Band durch einen Fachanhang (Mitgliederüberblick im Vergleich, Wahlergebnisse auf Landesebene und die Arbeitslosenquote) und ein Autorenverzeichnis.

Danksagung

Ein Projekt dieser Größenordnung wäre ohne – materielle aber vor allem zeitliche – Unterstützung nicht zu realisieren gewesen. An erster Stelle soll daher allen beteiligten Autoren gedankt sein. Die langwierigen, zum Teil am Wochenende stattfindenden, Vorbereitungs- und Redaktionssitzungen sind hier wohl vermerkt. Unter den Autoren sind wir Dr. Gudrun Heinrich und Dr. Steffen Schoon zu besonderem Dank verpflichtet, da sie ein wichtiges Thema mit der nötigen Sorgfalt bearbeitet haben. Darüber hinaus geht unser Dank an alle Mitglieder der Arbeitsgruppe Politik und Wahlen in Mecklenburg-Vorpommern namentlich: Lars Bauer, Julia Fischer, Timm Flügge. Othmara Glas. Eva-Maria Guhl, Benjamin Hein, Dr. Gudrun Heinrich, Philipp Huchel, Dr. Conchita Hübner-Oberndörfer, Mandy Hupe, Michael Koch, Stefanie Kracht, Jan Müller, Tobias Müller, Stefan Rausch, Robert Rusch, Dr. Steffen Schoon, Sarah Schütt, Anne Schwartz, Doreen Tille, Franziska Struck, Martin Warning und Prof. Dr. Nikolaus Werz.

In der finalen Phase des Lektorats und des Buchsatzes geht unser Dank an Timm Flügge und Benjamin Hein die sich dem Kampf für eine strenge mathematische Logik, einer ordnungsgemäßen Rechtschreibung und dem richtig gesetzten Semikolon verschrieben hatten. Ebenfalls an dieser Stelle ist unserem ehemaligen Kollegen Dr. Manuel Paulus zu danken, der mit einem kritischen „Außenblick", sogar aus Santiago de Chile, bis zuletzt das Rohmanuskript verbessert hat.

Eine Publikation ist ohne ISBN und damit ohne Verlag nicht in angemessener Weise möglich. Verena Metzger und Monika Mülhausen vom Springer VS Verlag haben uns die Möglichkeit und das entsprechende „Knowhow" geboten, um eine erfolgreiche Veröffentlichung zu ermöglichen.

Unser abschließender Dank gilt Prof. Dr. Nikolaus Werz für die freundliche Weitergabe von zahlreichen Erfahrungen im Bezug auf das „besondere" Los des Herausge-

berdaseins. Dieses Buch ist nicht zuletzt als Festschrift zu seinem 60. Geburtstag entstanden. Sie bildet mit der Weiterführung der Parteien- und Politikbeobachtung einen
wichtigen Teilbereich seines Forschungsfeldes und das seines Lehrstuhls ab.

Rostock, im Juni 2013
Martin Koschkar, Christian Nestler und Christopher Scheele

I. Die politischen Parteien im Porträt

Die SPD in Mecklenburg-Vorpommern

Timm Flügge/Benjamin Hein[1]

1 Die SPD – von der verbotenen zur regierenden Partei

Die über 140-jährige Geschichte der Sozialdemokratie im Land ist geprägt von mehreren Perioden des Auf- und Abstiegs. Nach einem schwierigen Start im Kaiserreich und einer zeitweiligen Blüte in der Weimarer Republik verschwand die Partei fast 60 Jahre weitgehend von der Bildfläche. Erst nach dem Zusammenbruch der DDR im Herbst 1989 konnte sich erneut eine sozialdemokratische Partei im Land gründen.[2]

Die SPD war infolge des Sozialistengesetzes von 1878 und darüber hinaus durch eine rigide Vereinsgesetzgebung über weite Strecken im Kaiserreich in Mecklenburg verboten. Sie war nur zu Wahlen zugelassen, konnte aber erstaunlicherweise trotz der Restriktionen gute Ergebnisse in den beiden mecklenburgischen Staaten erzielen.[3] Mit der Novemberrevolution und dem Ausrufen der Republik 1918 wurde das Wahlrecht auf Verhältniswahl umgestellt. Im Zuge dessen konnte die SPD in beiden mecklenburgischen Landesteilen eindeutig stärkste Kraft werden und mehrfach den Ministerpräsidenten stellen. Erst ab 1924 zeichneten sich deutliche Verluste ab; dennoch konnte sie

---

1   Die Autoren danken Kerstin Dommack, die als Mitarbeiterin der Landtagsverwaltung des Landtages Mecklenburg-Vorpommern wertvolle Recherchearbeit geleistet hat.

2   Vgl. Steffen Schoon, Mecklenburg-Vorpommern – Pragmatismus und Kontinuität bei struktureller Schwäche, in: Andreas Kost/Werner Rellecke/Reinhold Weber (Hrsg.), Parteien in den deutschen Ländern: Geschichte und Gegenwart, S. 242–254, hier: S. 246–247; detaillierte Informationen zur Geschichte der SPD im Land vgl. Werner Müller/Fred Mrotzek/Johannes Köllner, Die Geschichte der SPD in Mecklenburg und Vorpommern, Bonn 2002; vgl. Klaus Schwabe, Wurzeln, Traditionen und Identität der Sozialdemokratie in Mecklenburg und Pommern, Schwerin 1999; vgl. Klaus Schwabe, Die Zwangsvereinigung von KPD und SPD in Mecklenburg-Vorpommern, Schwerin 1994.

3   Vgl. Steffen Schoon, Wahlen, Wählerverhalten und politische Traditionen in Mecklenburg-Vorpommern: Eine politikwissenschaftlich-empirische Untersuchung zur Stabilität und strukturellen Verankerung des Parteiensystems zwischen Elbe und Ostsee im Zeitraum von 1871 bis 2002, Rostock 2005, S. 37.

bis 1932 ihre Position als stärkste Kraft verteidigen, ehe sie von der NSDAP abgelöst wurde. Am Ende der Weimarer Republik verfügte die SPD nur noch über die Hälfte ihres Stimmanteils verglichen mit dem Basisjahr 1919.[4]

Nach dem Verbot der SPD im Jahr 1933 durch die Nationalsozialisten verharrten die Sozialdemokraten bis zu ihrem neuerlichen Gründungsaufruf im Juni 1945 in der Illegalität. Trotz gezielter Behinderungen (beispielsweise Aufnahmestopp) seitens der Sowjetischen Militäradministration (SMAD) konnte die SPD im Spätsommer 1945 die KPD bezüglich der Mitgliederzahlen überflügeln. Im März/April verfügte sie über circa 81 000 Mitglieder im Land, was gerade im Vergleich zu heutigen Werten astronomisch erscheint. Aufgrund dieser Tatsache war eine bereits zuvor in Erwägung gezogene Vereinigung der beiden Arbeiterparteien für die SPD nicht mehr alternativlos und wurde deshalb weniger stark forciert. Da ein Aufholprozess für die KPD nicht in Aussicht stand, betrieb sie in Zusammenarbeit mit der sowjetischen Besatzungsmacht die Zwangsvereinigung zur Sozialistischen Einheitspartei Deutschlands (SED) ohne eine Urabstimmung der Sozialdemokraten zuzulassen. Am 7. April 1946 hörte die SPD in Mecklenburg-Vorpommern nicht einmal ein Jahr nach dem Ende des Zweiten Weltkriegs – zwei Wochen vor der restlichen SBZ – auf zu existieren.[5]

Bei der Neugründung einer sozialdemokratischen Partei im Land im Jahr 1989 waren die einstmals stark ausgeprägten sozialdemokratischen Strukturen und Milieus vollständig aufgelöst. Die Gründung der Sozialdemokratischen Partei in der DDR (SDP) am 7. Oktober erfolgte nicht durch Arbeiter sondern durch Mitglieder der DDR-Bürgerbewegung (vorrangig Theologen und Intellektuelle), weshalb diese Partei zunächst mit Nachdruck ihre Unabhängigkeit von der westdeutschen SPD betonte. Ein Wechsel der Position folgte nach einem Besuch des SPD-Ehrenvorsitzenden Willy Brandt am 6. Dezember 1989 in Rostock, der den Genossen im Nordosten einen Namenswechsel von SDP zu SPD empfahl, um diesen für andere Parteien zu sperren. Dieser Empfehlung kam die SDP zeitnah nach und am 9. März 1990 fand der Gründungsparteitag der SPD Mecklenburg-Vorpommern in Güstrow statt. Mit Blick auf die Wahlen des Jahres 1990 (Volkskammer-, Kommunal-, Landtags- und Bundestagswahlen) war die Partei jedoch denkbar schlecht aufgestellt. Sie verfügte im Vergleich zu den auch in der DDR bereits existierenden Parteien (vor allem PDS und CDU) über wesentlich weniger Mitglieder und kaum organisatorisches Reservoir.[6] So erinnerte sich der erste SPD-Landesvorsitzende Harald Ringstorff an den „Wettbewerbsvorteil" der anderen Parteien und bezeichnete den Landtagswahlkampf 1990 als „unfair".[7] Er begründete: „Wir hatten kaum Organisationsstrukturen, wenig Geld, keine Telefone, während die Konkurrenz

---

4 Vgl. ebd., S. 77–81.
5 Vgl. ebd., S. 121–124.
6 Vgl. ebd., S. 159–162.
7 Vgl. Rede von Ringstorff auf „20 Jahre SPD-Fraktion im Landtag M-V" am 19. 11. 2010 in Schwerin.

dank alter Strukturen über alles verfügte. Bisweilen standen wir uns jedoch auch selbst im Weg"[8], womit Ringstorff auf das zeitweilige Aufnahmeverbot ehemaliger Mitglieder anderer Parteien anspielt. Die ersten Wahlergebnisse waren ernüchternd und erst 1994 stieg die SPD von einer einstmals verbotenen zur regierenden Partei auf.

Mit der Entwicklung der SPD in Mecklenburg-Vorpommern seit 1990 haben sich nur wenige Wissenschaftler intensiv beschäftigt. Die einzige zusammenhängende Darstellung stammt von Nikolaus Werz[9] aus dem Jahr 2000 und ist damit bereits zwölf Jahre alt und nicht mehr auf dem aktuellen Stand. Informationen zu den Landtagswahlen 2006 und 2011 finden sich in den Publikationen der Arbeitsgruppe „Politik und Wahlen in Mecklenburg-Vorpommern" am Institut für Politik- und Verwaltungswissenschaften der Universität Rostock.[10] Überdies dienen als zusätzliche – obschon nicht SPD-spezifische – Informationsgrundlagen Aufsätze in der Zeitschrift für Parlamentsfragen, die zu den jeweiligen Landtagswahlen veröffentlicht wurden. Eine gute Überblicksdarstellung zu allen Parteien findet sich darüber hinaus in der Dissertation Steffen Schoons über politische Traditionen in Mecklenburg-Vorpommern, die allerdings auch nur bis in das Jahr 2002 reicht. Eine Aktualisierung des Forschungsstandes wird mit diesem Aufsatz angestrebt.

2   Die SPD als Organisation

Der Aufbau der Landes-SPD kennt drei wesentliche Institutionen: Landesparteitag, Landesparteirat und Landesvorstand. Der Landesparteitag ist das oberste Beschlussgremium der Landespartei und setzt sich aus 80 Delegierten zusammen, die nach dem Mitgliederproporz von den Kreisverbänden entsandt werden. Zusätzlich sind die 16 Mitglieder des Landesvorstandes stimmberechtigt. Dieser hat wiederum die politische Leitung des Landesverbands inne. Der geschäftsführende Vorstand besteht aus dem Landesvorsitzenden (seit 2007: Erwin Sellering), den in der Regel drei, gegenwärtig jedoch nur zwei, Stellvertretern und dem Schatzmeister. Hinzu kommen elf Beisitzer, womit der aktuelle (September 2012) Landesvorstand nur über 15 Mitglieder verfügt. Die bisherigen Landesvorsitzenden vor Sellering waren Harald Ringstorff (1990–2003) und Till Backhaus (2003–2007). Der Landesparteirat wird durch die Vorsitzenden der SPD-Kreisverbände gebildet und verfügt über eine beratende Funktion und ein sus-

---

8   Ebd.
9   Nikolaus Werz, Die SPD in Mecklenburg-Vorpommern, in: Nikolaus Werz/Hans Jörg Hennecke, Parteien und Politik in Mecklenburg-Vorpommern, München 2000, S. 66–113.
10 Andreas Timm, Auf den Ministerpräsidenten kam es an – Die SPD, in: Steffen Schoon/Nikolaus Werz (Hrsg.), Die Landtagswahl in Mecklenburg-Vorpommern 2006: Die Parteien im Wahlkampf und ihre Wähler, Rostock 2006, S. 21–29; Timm Flügge/Benjamin Hein, „Gut wie das Land" – Die SPD, in: Martin Koschkar/Christopher Scheele (Hrsg.), Die Landtagswahl in Mecklenburg-Vorpommern 2011 – Die Parteien im Wahlkampf und ihre Wähler, Rostock 2011, S. 34–42.

pensives Veto gegenüber Entscheidungen des Landesvorstandes. Der Landesverband gliedert sich in acht Kreisverbände und weitere Ortsverbände, wobei diese sich an den Grenzen der neuen Landkreise, Ämter und Gemeinden orientieren.[11]

Historisch wichtige Parteiflügel innerhalb der Landespartei waren der „Güstrower Gesprächskreis" und der „Warener Kreis" um Rudolf Borchert. Letzterer befürwortete bereits frühzeitig (1994) eine Koalition mit der PDS und lehnte die Große Koalition unter Berndt Seite (CDU) rundweg ab, wohingegen Ersterer einer Zusammenarbeit mit den Sozialisten skeptisch gegenüber stand. Er wurde 1996 gegründet und maßgeblich vom damaligen Justizminister Rolf Eggert und dem ehemaligen ersten Hamburger Bürgermeister Peter Schulz geprägt. Dessen Vater Albert war als Rostocker Oberbürgermeister 1949 abgesetzt worden. Nach den Wahlen 1998 verlor der „Güstrower Kreis" zunehmend an Bedeutung und einige Mitglieder der Gruppierung verließen die SPD und gründeten die Sozialliberale Partei (SLP). Im ersten Halbjahr 1999 sammelten sich erneut PDS-kritische Stimmen im Gesprächskreis „Neue Mitte", welcher allerdings deutlich gemäßigter war.[12] Momentan sind das Forum DL 21 als linker Flügel und die Regionalgruppe Vorpommern Beispiele für innerparteiliche Gruppierungen.[13]

Gegenwärtige Arbeitsgemeinschaften und Arbeitskreise der Landes-SPD sind neben der Jugendorganisation Jusos die Arbeitsgemeinschaft sozialdemokratischer Frauen, die AG 60plus, die Arbeitsgemeinschaft für Bildung, die gesundheitspolitische Arbeitsgemeinschaft, die Arbeitsgemeinschaft für Arbeitnehmerfragen, die Arbeitsgemeinschaft der Selbständigen, die Arbeitsgemeinschaft sozialdemokratischer JuristInnen und der Arbeitskreis Lesben und Schwule in der SPD (Schwusos). Die Mitwirkung innerhalb dieser Arbeitsgemeinschaften steht grundsätzlich auch Nicht-Parteimitgliedern offen.[14]

Tabelle 1 veranschaulicht deutlich die Stagnation der Mitgliederzahlen im SPD-Landesverband. Der mit Abstand und seit 1990 mitgliederschwächste sozialdemokratische Landesverband der Republik schwankt zwischen 2 802 (2010) und 3 508 (1999) Mitgliedern. Der Landesverband Hamburg verfügt bei ähnlicher Bevölkerungsgröße im gleichen Zeitraum über 10 000 bis 22 000 Mitglieder.[15] Auch innerhalb des Landes liegt die

---

11 Vgl. SPD-Landesverband Mecklenburg-Vorpommern, Der Aufbau der SPD in Mecklenburg-Vorpommern, abrufbar unter: http://spd-mv.de/strukturen/ (Stand: 11. 09. 2012).

12 Vgl. Werz, Die SPD in Mecklenburg-Vorpommern, in: Werz/Hennecke (Hrsg.), Parteien und Politik in Mecklenburg-Vorpommern, 1999, S. 90–97.

13 Vgl. SPD Vorpommern-Rügen, Regionalgruppe Vorpommern, abrufbar unter: http://www.spd-vorpommern-ruegen.de/index.php?mod=content&menu=7&page_id=18 (Stand: 11. 09. 2012) und DL 21, SPD-Parteilinke in Mecklenburg-Vorpommern, abrufbar unter: http://forum-dl21.de/inhalt.php?page=8 (Stand: 11. 09. 2012).

14 Vgl. SPD-Landesverband Mecklenburg-Vorpommern, Arbeitsgemeinschaften und Arbeitskreise, abrufbar unter: http://spd-mv.de/strukturen/arbeitsgemeinschaften/ (Stand: 11. 09. 2012).

15 Vgl. dazu auch die Mitgliederentwicklung im strukturell ähnlichen Sachsen-Anhalt, in dem die SPD gegenwärtig mehr Mitglieder hat, aber in Relation zu Mecklenburg-Vorpommern deutlichere Verluste zu verzeichnen hatte (Daten für alle Landesverbände siehe Anmerkung 16).

Tabelle 1   Mitgliederzahlen (M) der SPD in Mecklenburg-Vorpommern seit 1990

SPD	1990	1991	1992	1993	1994	1995	1996	1997	1998	1999	2000
M	3138	3287	3335	3187	3452	3341	3304	3388	3420	3508	3462
	2001	2002	2003	2004	2005	2006	2007	2008	2009	2010	2011
M	3363	3343	3224	3050	2979	2872	2793	2794	2830	2802	2850

Quelle: Niedermayer (Anmerkung 16), eigene Darstellung.

SPD deutlich hinter CDU und LINKE auf Rang drei.[16] Durchschnittlich 3 000 Mitglieder wirken im Vergleich zu den 42 000 Mitgliedern des Landesanglerverbandes geradezu marginal. Schwerpunkte der wenigen SPD-Mitglieder sind die urbanen Zentren Mecklenburgs, allen voran Schwerin und Rostock. Des Weiteren zeichnet sich im Land hinsichtlich der Verteilung der SPD-Mitglieder ein West-Ost-Gefälle ab. Tendenziell finden sich in den mecklenburgischen Landkreisen und Städten mehr Mitglieder als in den Regionen Vorpommerns, wenngleich auch hier die städtischen Zentren aufgrund ihrer relativen Stärke ins Auge fallen.[17]

Mit Blick auf die inhaltlich-strukturelle Interdependenz von Bundes- und Landesverband lassen sich zwei große Themenblöcke konstatieren. Erstens ist die Diskussion um eine Zusammenarbeit mit der SED-Nachfolgepartei PDS zu nennen. Während Teile des Landesverbandes bereits 1994 eine Zusammenarbeit mit den Sozialisten anstrebten, verhinderte die Intervention der Bundesspitze dies zumindest bis 1998.[18] Andererseits übte die Landes-SPD mit dieser Koalition auch Einfluss auf die Diskussionen im Bund aus. Schon kurz nach dem Tabubruch wurden auch in weiteren ostdeutschen Bundesländern Rot-Rote Bündnisse geschmiedet, obgleich eine Koalition auf Bundesebene noch in weiter Ferne zu sein scheint. Zweitens war die personelle Durchdringung von Bund und Land unter Ringstorff praktisch nicht wahrnehmbar.[19] Dies änderte sich erst mit der Übernahme der Regierungsgeschäfte durch Sellering, welcher bereits ein halbes Jahr nach seinem Amtsantritt durch die von ihm losgetretene „Unrechtsstaatsdebatte" überregionale Bekanntheit erlangte. Überdies äußerte er sich im Gegensatz zu seinem Vorgänger regelmäßig auch zu bundespolitischen Themen. Zeitgleich mit seiner Amtsübernahme installierte er die junge und ebenfalls bundespolitisch aktive Sozialministerin Manuela Schwesig. Diese war bereits zur Bundestagswahl 2009 im Schattenkabi-

---

16 Oskar Niedermayer, Parteimitglieder in Deutschland, abrufbar unter: http://www.polsoz.fu-berlin.de/
    polwiss/forschung/systeme/empsoz/schriften/Arbeitshefte/Oskar_Niedermayer_-_Par-teimitglieder_
    in_Deutschland__Version_2011.pdf (Stand: 11.09.2012).
17 Vgl. Werz, Die SPD in Mecklenburg-Vorpommern, in: Werz/Hennecke (Hrsg.), Parteien und Politik in
    Mecklenburg-Vorpommern, 1999, S. 102.
18 Vgl. dazu auch die Ausführungen in Kapitel 4.
19 Vgl. o. A., Angela Merkel rechnet mit Rot-Rot ab, in: Lübecker Nachrichten, 29.11.1999.

nett Frank-Walter Steinmeiers vertreten. In der Folge profilierte sie sich erfolgreich als Gegenspielerin zur CDU-Bundesministerin Ursula von der Leyen (Bsp. Hartz IV Regelsätze/Kita-Ausbau). Aktuell ist sie stellvertretende Bundesvorsitzende der Sozialdemokraten.[20]

3   Die SPD und ihr Programm

Im Mittelpunkt des SPD-Landtagswahlprogramms von 1990 stand der Aufbau einer funktionierenden Wirtschaft.[21] Dafür strebte man die Förderung des Mittelstandes, einen Ausbau der Infrastruktur und eine enge Kooperation von Wirtschaft und Wissenschaft an. Ferner warben die Sozialdemokraten mit Sofortmaßnahmen – wie beispielsweise Wirtschaftsförderungseinrichtungen oder Personalaustausch mit den alten Bundesländern – um einen Weg aus der transformationsbedingten Wirtschaftskrise zu ebnen. Das zweite herausgehobene angestrebte Projekt war eine Verwaltungsmodernisierung, mit der vor allem alte SED-Strukturen beseitigt werden sollten. Weitere Themen des ersten Wahlprogramms waren Umweltschutz, Tourismusförderung und eine Gleichberechtigung von Frauen, primär auf dem Arbeitsmarkt. Im Vergleich zum Bundestagswahlprogramm der Partei erhielt das Sujet Soziale Sicherung in Mecklenburg-Vorpommern deutlich weniger Gewicht.

Auch 1994 fokussierte die SPD die Mittelstandsförderung mit der Forderung nach einer so genannten Aufbaubank. Darüber hinaus sollten die Schaffung von Arbeitsplätzen staatlich gefördert und bei der Auftragsvergabe einheimische Unternehmen bevorzugt berücksichtigt werden. Bezüglich der Verbesserung der inneren Sicherheit setzten die Genossen auf eine Erhöhung der Attraktivität des Polizeidiensts und eine stärkere Präsenz der Gesetzeshüter in der Öffentlichkeit. Dritter Schwerpunkt der Konzeption waren spezifische Aspekte der neuen Länder. Zum einen sprachen sich die Sozialdemokraten gegen eine Aufhebung der 1945 durch die sowjetische Besatzungsmacht beschlossene Bodenreform aus. Zum anderen gingen sie mit der Forderung nach Renten-

---

20 Vgl. Flügge/Hein, „Gut wie das Land" – Die SPD, in: Koschkar/Scheele (Hrsg.), Die Landtagswahl in Mecklenburg-Vorpommern 2011, 2011, S. 36.

21 Zu den folgenden Informationen vgl. die Wahl- bzw. Regierungsprogramme der SPD in den entsprechenden Jahren: (1990) SPD-Landesverband Mecklenburg-Vorpommern (Hrsg.), Wahlprogramm, Schwerin 1990; (1994) SPD-Landesverband Mecklenburg-Vorpommern (Hrsg.), Besser regieren, Regierungsprogramm 1994 der SPD in Mecklenburg-Vorpommern, Schwerin 1994; (1998) SPD-Landesverband Mecklenburg-Vorpommern (Hrsg.), Arbeit, Innovation und Gerechtigkeit. Besonders im Osten. SPD-Regierungsprogramm 1998–2002, Schwerin 1998; (2002) vgl. Nikolaus Werz/Jochen Schmidt, Die mecklenburg-vorpommersche Landtagswahl vom 22. September 2002, in: ZParl, Nr. 1 (2003), S. 60–79, hier: 65–67; (2006) SPD-Landesverband Mecklenburg-Vorpommern (Hrsg.), Zukunft aus eigener Kraft, Regierungsprogramm 2006–2011, Schwerin 2006; (2011) SPD-Landesverband Mecklenburg-Vorpommern (Hrsg.), Regierungsprogramm 2011–2016, Schwerin 2011.

gerechtigkeit in Relation zu den alten Bundesländern in den Wahlkampf. Zu guter Letzt versprachen die Sozialdemokraten im Falle eines Wahlsieges eine konsolidierende Finanzpolitik. Im Vergleich zur parallel stattfindenden Bundestagswahl nahm die Ausgestaltung des Sozialstaates erneut eine untergeordnete Rolle ein.

In die Wahlkämpfe zu den 1998 zeitgleich stattfindenden Bundestags- und Landtagswahlen ging die SPD in Bund und Land mit nahezu deckungsgleichen Programmen. Dies zeigt sich exemplarisch an den Titeln der Wahlprogramme („Arbeit, Innovation und Gerechtigkeit") und den meisten Slogans, die im Land durch den Zusatz „Besonders im Osten" ergänzt wurden. Gemeinsame Akzente waren abermals die spezifisch ostdeutschen Interessen und die innere Sicherheit. Erstmals wurde das Thema soziale Gerechtigkeit auch in Mecklenburg-Vorpommern mit ähnlicher Intensität wie im Bund behandelt. Hinsichtlich des Themenkomplexes Arbeitsplätze/Wirtschaft lagen die Fokusse analog auf die Bereiche Verkehr und Mittelstandsförderung. Im Land wurde außerdem der Ausbau des Tourismus als Quelle neuer Arbeitsplätze gesehen. Konträr zum Bund setzte die SPD im Land einen zusätzlichen Schwerpunkt auf die Förderung ländlicher Räume.

Bei den 2002 wieder simultan abgehaltenen Wahlen auf Bundes- und Landesebene waren die Wahlprogramme der Regierungspartei auf beiden Ebenen im Gegensatz zu 1998 voneinander entkoppelt und unterschieden sich dementsprechend stärker als vier Jahre zuvor. In Mecklenburg-Vorpommern konzentrierten sich die Sozialdemokraten vermehrt, wie schon im Vorfeld der letzten Urnengänge, auf die Themenbereiche soziale Gerechtigkeit und den Zusammenhang von Arbeitsmarkt- und Wirtschaftspolitik. Des Weiteren kam es zu einer verhältnismäßig starken Beschäftigung mit Umweltpolitik, die jetzt keinen untergeordneten Platz mehr im Wahlprogramm einnahm. Die Bundesebene hingegen versuchte mit einem weit aufgefächerten Themenangebot von den durch die Regierung Schröder nicht erreichten selbst gesteckten Zielen bei den Arbeitsmarktzahlen abzulenken. Deshalb verwundert es nicht, dass dieser Bereich nicht im Mittelpunkt des Wahlprogramms stand. Stattdessen standen die Themen soziale Gerechtigkeit, innere Sicherheit und die Angleichung der Lebensverhältnisse im Westen und Osten der Republik im Vordergrund.

Da die Landtagswahl 2006 erstmalig vollständig zeitlich abgekoppelt von der Wahl zum deutschen Bundestag durchgeführt wurde, lassen sich die jeweiligen Programme (Bund 2005) nur bedingt miteinander vergleichen. Während auf Bundesebene die Bekämpfung der bedrückend hohen Arbeitslosigkeit, die soziale Gerechtigkeit und die Familienförderung das wiederholt weit gefächerte Wahlprogramm dominierten, konzentrierte sich die SPD im Land 2006 auf nur vier Kernthemen: Wirtschaft/Arbeitsplätze, Chancengleichheit im Bildungssystem, Förderung von Kindern und Familien und eine breit angelegte Verwaltungsmodernisierung. Letztere war in der abgelaufenen Legislaturperiode bereits einmal gescheitert und nahm nun im Wahlprogramm einen wichtigen Platz ein. Neuartig war in vergleichender Perspektive, dass die Sozialdemokraten sowohl im Bund als auch im Land auf die Gefahren des Rechtsextremismus hinwiesen, wenngleich dies in Mecklenburg-Vorpommern eine höhere Bedeutung hatte (drohender NPD-Landtagseinzug 2006) und bereits infolge der ausländerfeindlichen Pogrome von Rostock-Lichtenhagen im Jahr 1992 thematisiert wurde.

Auch die Landtagswahl 2011 fand losgelöst von der Bundestagswahl 2009 statt, weshalb der Vergleich dieser beiden Programme nur ein unscharfes Bild zeichnen kann. Im weit gefächerten Themenspektrum anlässlich der Bundestagswahl lassen sich mit den Themen Familienförderung, soziale Einheit, Umweltpolitik und dem Ausbau Erneuerbarer Energien sowie einer Fortentwicklung der ländlichen Räume einige Eckpunkte festmachen. Vor allem die letzten beiden Punkte nahmen neben den klassischen Sujets auch im SPD-Regierungsprogramm für das Jahr 2011 großen Raum ein. Als Schwerpunkte lassen sich unter den Stichworten „Gesundheitsland MV" und „Kinderland MV" die Familienförderung und der Ausbau der Gesundheitswirtschaft ausmachen. Überdies forderten die Sozialdemokraten mehr Chancengleichheit im Bildungssektor. Ein dominierendes Wahlkampfthema war jedoch erneut die Förderung des Wirtschaftsstandortes Mecklenburg-Vorpommern und die Schaffung von Arbeitsplätzen. Dieser Komplex stellt seit 1990 ein Kontinuum der sozialdemokratischen Wahlprogrammatik im Land dar.

4   Die SPD und ihre Wählerschaft

„Aufräumen, Aufbauen, Zukunft gewinnen" – Die Landtagswahl 1990

In die Landtagswahl 1990 schickte die SPD mit Klaus Klingner, dem amtierenden Justizminister Schleswig-Holsteins, einen erfahrenen Polit-Profi ins Rennen um das Amt des Ministerpräsidenten. Obgleich er seit 1971 Mitglied des Schleswig-Holsteinischen Landtages war, konnte seitens der SPD auf regionale Verankerung verwiesen werden. Klingner wurde 1935 in Potsdam geboren und ist in Mecklenburg aufgewachsen. Damit konnten in glaubwürdiger Art und Weise einerseits Erfahrung und Kompetenz und andererseits die wichtige regionale Verbundenheit vermittelt werden.[22] Dennoch erschien – selbst aus Sicht mancher Sozialdemokraten – der christdemokratische Gegenkandidat Alfred Gomolka als der sympathischere Kandidat.[23]

Neben der wahlkampfstrategischen Konzentration auf den Spitzenkandidaten Klingner setzte die SPD auf eine zweifelsfreie Abgrenzung zum SED-Staat. Diese Absicht manifestierte sich auch in der Ausdeutung des Wahlslogans. „Aufräumen mit den Restbeständen alter SED-Strukturen, Aufbauen demokratischer Formen der Bürgerbe-

---

22 Vgl. Werz, Die SPD in Mecklenburg-Vorpommern, in: Werz/Hennecke (Hrsg.), Partei und Politik in Mecklenburg-Vorpommern, 1999, S. 80.
23 Vgl. ebd.

teilung, einer effektiven Landesverwaltung und Infrastruktur.“[24] Infolge dieser Grundausrichtung schloss die SPD eine Koalition mit der SED-Nachfolgepartei PDS von vornherein konsequent aus.

Allerdings war der Landtagswahlkampf nicht nur von landespolitischen Themen geprägt, da die sieben Wochen später stattfindende erste gesamtdeutsche Bundestagswahl bereits ihre Schatten voraus warf. Dabei war der Spitzenkandidat der Bundes-SPD, Oskar Lafontaine, für den amtierenden Bundeskanzler Helmut Kohl, der sich als Vater der Einheit besonders in den neuen Bundesländern größter Beliebtheit erfreute, kein gleichwertiger Gegner. Mit diesem Umstand hatten 1990 alle Sozialdemokraten bei den Landtagswahlen in den neuen Bundesländern schwer zu kämpfen. Insofern war die einzig sinnvolle Alternative für Klingner ein in jeder Form auf Mecklenburg-Vorpommern konzentrierter Wahlkampf.[25]

Das Ergebnis dieser Kampagne war jedoch für die Sozialdemokraten ernüchternd. Bei der Landtagswahl vom 14. Oktober 1990 erhielten sie, ähnlich wie bei der Volkskammerwahl im März und der späteren Bundestagswahl, nur rund 27 Prozent der Zweitstimmen. Damit lagen sie deutlich hinter der von Gomolka geführten CDU (38,3 Prozent), aber auch deutlich vor der LL/PDS (15,7 Prozent), die sich im Verlaufe des Jahres zu einer ernst zu nehmenden Konkurrenz im linken Spektrum entwickelt hatte. Die untergeordnete Rolle der SPD manifestierte sich besonders in der Verteilung der Wahlkreise. Von 33 Wahlkreisen konnten die Sozialdemokraten lediglich vier (CDU: 29) gewinnen, drei in Rostock und einen in Wismar. Die erfolgreichen sozialdemokratischen Kandidaten waren Rolf Eggert (Wismar), der spätere Fraktionschef Ringstorff, sowie die später nicht der SPD-Fraktion angehörenden Wolfgang Schulz und Reinhardt Thomas. Durch den Übertritt von Schulz zur CDU ergab sich die zunächst nicht erreichte bürgerlichen Mehrheit (33 von 66 Sitzen) doch noch, womit eine Große Koalition nicht notwendig wurde. „Innerhalb der SPD führte dies zu einer nachhaltigen Verstimmung und dem Gefühl, um die Teilhabe am Wahlergebnis betrogen worden zu sein.“[26] Infolgedessen musste die SPD die erste Legislaturperiode in der Opposition verbringen.

„Besser regieren – unser Land kann mehr!“ – Die Landtagswahl 1994

Nach vier Jahren in der Opposition bestritt die SPD die Landtagswahl 1994 mit ihrem aus Mecklenburg stammenden Fraktionschef und Oppositionsführer Ringstorff. Die Zerwürfnisse zwischen den großen Volksparteien infolge des „Betrugs“ am Wahler-

---

24	Vgl. Rede von Klaus Klingner, Aufräumen und Aufbauen: Gemeinsam Zukunft sichern für ein modernes MV am 26.08.1990 in Neubrandenburg, zit. Nach Werz, Die SPD in Mecklenburg-Vorpommern, in: Werz/Hennecke (Hrsg.), Parteien und Politik in Mecklenburg-Vorpommern, 1999, S. 79.

25	Vgl. Werz, Die SPD in Mecklenburg-Vorpommern, in: Werz/Hennecke (Hrsg.), Parteien und Politik in Mecklenburg-Vorpommern, 1999, S. 80.

26	Ebd., S. 80.

gebnis 1990 spiegelten sich auch im Verhältnis der Spitzenkandidaten Ringstorff und Ministerpräsident Seite wider.[27] Im direkten Vergleich schnitt jedoch der seit 1992 regierende christdemokratische Amtsinhaber Seite hinsichtlich der Popularität aufgrund seines Amtsbonus als Landesvater mit 62 zu 48 Prozent (Stand August 1994) wesentlich besser ab als der regional verbundene Herausforderer, der sein Schattenkabinett nur aus ostdeutschen Kandidaten bildete.[28]

Inhaltlich konzentrierte sich die SPD auf drei Kernthemen. „Aufarbeitung und Versöhnung", Gerechtigkeit in jeglicher Hinsicht und Verhinderung der Abwanderung. Unter „Aufarbeitung und Versöhnung" verstanden die Sozialdemokraten auch die Anerkennung der Lebensleistung früherer DDR-Bürger ohne dies mit Anpassung an das Regime gleichzusetzen. Sie stellten sich damit als „Anwalt der Ost- und Landesinteressen dar".[29] Dies beinhaltete – ganz im Gegensatz zum Landtagswahlkampf 1990 – auch eine Annäherung an die PDS, welche zu innerparteilichen Diskussionen über etwaige Koalitionsmöglichkeiten führte. Ringstorff lehnte solche Bestrebungen jedoch in der Öffentlichkeit ab.[30]

Im Herbst 1994 warf die Bundestagswahl nicht nur ihre Schatten voraus, sondern überschattete die Landtagswahl infolge des gleichen Wahltermins. Hierbei zeichnete sich ab dem Spätsommer in Bund und Land ein gemeinsamer Trend hinsichtlich der Umfragewerte ab. Nach vielen Niederlagen bei Landtagswahlen erholte sich die zunächst angeschlagene CDU sukzessive und überflügelte die Sozialdemokraten im Bund und mit zeitlicher Verzögerung auch im Land.[31] Die Genossen hatten der mehrmaligen Präsenz des Bundeskanzlers Kohl in Mecklenburg-Vorpommern nur wenig entgegenzusetzen.[32]

Insofern ist es kaum überraschend, dass die erzielten Wahlergebnisse in Mecklenburg-Vorpommern für Land- und Bundestagswahlen nur marginal (SPD: 0,7 Prozentpunkte) voneinander abwichen. Für die SPD ergab sich im Vergleich zu 1990 ein geringer Zuwachs auf nunmehr 29,5 Prozent (+2,5 Prozentpunkte) während die Union ihre Stellung als stärkste Partei im Land mit 37,7 Prozent (−0,6 Prozentpunkte) klar behaupten konnte. Die Sozialdemokraten blieben damit weiterhin deutlich zweite Kraft, obschon die PDS ihre Stellung im linken Spektrum weiter ausbauen konnte (23,7 Prozent). Bei den Direktmandaten konnte die SPD 1994 sieben Wahlkreise für sich entscheiden, lag damit aber weiterhin klar hinter den Christdemokraten (28). An der Verteilung der Erststimmen im Land lässt sich ein Muster bezüglich der sozialdemokratischen Hochburgen ableiten, welches stark mit der regionalen Verteilung der Zweitstimmen über-

---

27 Vgl. Nikolaus Werz/Jochen Schmidt, Das Dilemma der SPD, in: FAZ, 25.10.1994.
28 Vgl. ebd.
29 Vgl. ebd.
30 Vgl. Werz, Die SPD in Mecklenburg-Vorpommern, in: Werz/Hennecke (Hrsg.), Parteien und Politik in Mecklenburg-Vorpommern, 1999, S. 85.
31 Vgl. Werz/Schmidt, Das Dilemma der SPD, in: FAZ, 25.10.1994.
32 Vgl. ebd.

einstimmt: Besonders stark ist die SPD tendenziell in den städtischen Zentren (Rostock, Wismar, Schwerin), sowie in den westmecklenburgischen Kreisen Nordwestmecklenburg und Ludwigslust.[33] Ihr stärkstes Ergebnis errang sie in der Hansestadt Wismar mit 40,6 Prozent während sie ihr schlechtestes Ergebnis im Wahlkreis Demmin I mit nur 18,8 Prozent erzielte. Diese beiden Werte illustrieren exemplarisch die divergierenden Zweitstimmenergebnisse der SPD in Mecklenburg und Vorpommern.

Durch das starke Abschneiden der PDS bei gleichzeitigem Ausscheiden aller anderen Kräfte aus dem Landtag bildete sich in Mecklenburg-Vorpommern ein Dreiparteiensystem heraus, indem die SPD die einzige Partei mit zwei realistischen Koalitionsoptionen war. Unter anderem deshalb führte die SPD-Spitze nach der Wahl Sondierungsgespräche mit beiden möglichen Partnern. Auch auf Druck der Bundesspitze entschieden sich die Sozialdemokraten jedoch letztlich gegen ein Rot-Rotes Bündnis unter ihrer Führung und gingen als Juniorpartner in eine Große Koalition.[34]

„Mehr Arbeit, mehr Gerechtigkeit, mehr Kraft. Besonders im Osten." – Die Landtagswahl 1998

Auch 1998 standen sich wieder der amtierende Ministerpräsident Seite und SPD-Fraktionschef Ringstorff gegenüber, deren Verhältnis sich infolge der Regierungskrise 1996, bei der letzterer sein Amt als Wirtschaftsminister abgab, weiter verschlechterte. Dieses „Klima der Verachtung"[35] breitete sich auch auf die Regierungskoalition aus und machte die SPD zur „Opposition in der Regierung".[36] Allerdings ließ sich in Umfragen bei der Direktwahlfrage kein Bonus für den Amtsinhaber mehr feststellen. Im Gegenteil, Ringstorff wurde leicht vorne gesehen (41 Prozent zu 38 Prozent).[37]

Inhaltliche Schwerpunkte des SPD-Wahlkampfes waren Arbeit, Soziale Gerechtigkeit und Auseinandersetzung mit rechtsextremen Tendenzen. Besonderes Gewicht erhielten die Schaffung und Sicherung von Arbeitsplätzen, besonders im öffentlichen Sektor.[38] Des Weiteren viel ein gewisser Anti-Bonn-Affekt ins Auge, einige Kandidaten versuchten deshalb offensiv ihre regionale Verbundenheit zu betonen.[39]

Der Themenwahlkampf wurde seitens der SPD stark personalisiert geführt, was sich exemplarisch an den Wahlplakaten zeigte. Durchweg alle Themen wurden mit dem

---

33 Vgl. ebd.
34 Vgl. Werz, Die SPD in Mecklenburg-Vorpommern, in: Werz/Hennecke (Hrsg.), Parteien und Politik in Mecklenburg-Vorpommern, 1999, S. 86–87.
35 Dieter Wenz, Im Vorgriff auf dunkelrote Zeiten, in: FAZ, 18. 06. 1998.
36 Nikolaus Werz/Jochen Schmidt, Fragile Mehrheit der Sozialdemokraten, in: FAZ, 09. 10. 1998.
37 Vgl. Nikolaus Werz/Jochen Schmidt, Die mecklenburg-vorpommersche Landtagswahl vom 27. September 1998, in: ZParl, Nr. 1 (1999), S. 97–116, hier: 106.
38 Vgl. ebd., S. 103.
39 Vgl. Werz/Schmidt, Fragile Mehrheit der Sozialdemokraten, in: FAZ, 09. 10. 1998.

Konterfei des Herausforderers Ringstorff gekoppelt, der auf diese Weise als „potentiell starke[r] Ministerpräsident[…]"[40] präsentiert wurde. Darüber hinaus fand ein von Ringstorff forcierter und persönlich durchgeführter Angriffswahlkampf auf den christdemokratischen Amtsinhaber statt. Er bezeichnete ihn beispielsweise als „Marionette [von Helmut Kohl; die Autoren]", welche das „Einknicken zum Leistungssport" machte und warf der CDU darüber hinaus „die Spaltung der Gesellschaft vor."[41]

Wie schon bei der Landtagswahl 1994 gab es auch 1998 wieder einen doppelten Urnengang, da die Bundestagswahl erneut parallel stattfand. Auch die Umfragewerte der SPD im Land korrelierten mit der positiven Entwicklung auf Bundesebene, wobei die „Sozialdemokraten [im Unterschied zu 1994] ihren Vorsprung bis zum Wahltag halten [konnten]."[42] Anhand der Entwicklung der Umfragewerte zeigt sich, dass der bundespolitische Einfluss – stärker noch als 1994 – die landespolitischen Themen in den Hintergrund drängte. Die allgemeine Abwahlstimmung am Ende der Ära Kohl und die Auswirkungen der so genannten Vereinigungskrise bescherten den Genossen massiven Auftrieb, der sich auch auf Mecklenburg-Vorpommern übertrug. Überdies erhielt die Landespartei personelle Unterstützung aus der SPD-Bundesführung, unter anderem von Kanzlerkandidat Gerhard Schröder und Parteichef Lafontaine.[43]

Dies führte am 27. September 1998 zu einer Veränderung der „politischen Kräfteverhältnisse in Mecklenburg-Vorpommern".[44] Die SPD erreichte mit Gewinnen von 4,8 Prozentpunkten nunmehr 34,3 Prozent der Zweitstimmen und wurde damit eindeutig stärkste Kraft im Nordosten. Sie verwies die CDU (30,2 Prozent) und die PDS (24,4 Prozent) auf die Ränge zwei und drei. Damit verbesserte sich die machtpolitische Position der Sozialdemokraten nochmals. Sie war die einzige Partei, die den Posten des Regierungschefs beanspruchen konnte. Auch bei der Verteilung der Direktmandate konnte sich die SPD enorm verbessern, indem sie die Anzahl der gewonnenen Wahlkreise auf 20 steigerte (+13). Die flächendeckenden Gewinne der Sozialdemokraten schlugen sich in den besonders starken Zuwächsen in den ehemaligen CDU-Hochburgen nieder. Die SPD erzielte in 23 Wahlkreisen den höchsten Zweitstimmenanteil.[45] Am Grundmuster der regionalen Verteilung hat sich mit der Wahl von 1998 jedoch wenig geändert. Während die SPD im westlichen Landesteil tendenziell ihre stärksten Ergebnisse einfahren konnte, war es ihr nach wie vor nicht möglich die Spitzenposition im vorpommerschen Landesteil zu erringen. So kam sie in Demmin I, trotz großer Zu

---

40 Hans-Joachim Guth, Ringstorff gibt sich betont angriffslustig, in: NK, 08.06.1998 und Werz/Schmidt, Die mecklenburg-vorpommersche Landtagswahl vom 27. September 1998, in: ZParl, Nr. 1 (1999), S. 103.

41 Guth, Ringstorff gibt sich betont angriffslustig, in: NK, 08.06.1998 und Werz/Schmidt, Die mecklenburg-vorpommersche Landtagswahl vom 27.September 1998, in: ZParl, Nr. 1 (1999), S. 103.

42 Werz/Schmidt, Die mecklenburg-vorpommersche Landtagswahl vom 27. September 1998, in: ZParl, Nr. 1 (1999), S. 105.

43 Vgl. ebd., S. 103.

44 Vgl. Werz/Schmidt, Fragile Mehrheit der Sozialdemokraten, in: FAZ, 09.10.1998.

45 Vgl. ebd.

gewinne, nicht über 27,2 Prozent hinaus, wohingegen sie ihre Hochburg Wismar mit 43,4 Prozent noch weiter ausbauen konnte.

Durch die bereits beschriebene veränderte machtpolitische Konstellation boten sich der SPD zwei mögliche Koalitionspartner an. Bei den mit CDU und PDS aufgenommenen Sondierungen wurde von sozialdemokratischer Seite ausgelotet, welcher Partner zu den größeren Zugeständnissen bereit war. Schließlich entschied man sich – auch aufgrund persönlicher Differenzen zwischen Ringstorff und dem Vertreter der CDU Rehberg[46] – für die PDS, von deren „ursprünglichen Forderungen kaum etwas übriggeblieben"[47] war. Harald Ringstorff wurde anschließend Regierungschef der bundesweit ersten Rot-Roten Koalition, nachdem die Bundesspitze ihren Widerstand dagegen bereits im Sommer aufgegeben hatte.[48]

„Die Kraft des Landes" – Die Landtagswahl 2002

Vier Jahre später strebte der mittlerweile bekannteste Politiker des Landes, Ministerpräsident Ringstorff, eine Verteidigung seines 1998 erworbenen Amtes an. Sein Gegenkandidat wurde der langjährige CDU-Fraktionschef im Landtag Eckhardt Rehberg. Zwischen dem bodenständigen Amtsinhaber Ringstorff und dem angriffslustigen Herausforderer taten sich auch persönliche Gegensätze auf. Allerdings galt der Ministerpräsident im Vergleich zum Oppositionsführer als sozialer und sympathischer. Darüber hinaus war es ihm gelungen in den vier Jahren seiner Regierungszeit einen Amtsbonus aufzubauen.[49]

Inhaltlich konzentrierte sich die SPD mit den Themen Soziale Gerechtigkeit und Arbeitsmarktpolitik auf ihre bekannten Kernkompetenzen. Neben diesen Themen setzten die Sozialdemokraten jedoch auch verstärkt „auf die notwendige Balance"[50] zwischen jenen Kernkompetenzen und der Wirtschaft. Zum ersten Mal machten die Genossen die Umweltpolitik explizit zum Wahlkampfthema, wenngleich es im Verhältnis zu den klassischen Themen in den Hintergrund trat.[51]

Nach dem Erfolg bei der letzten Landtagswahl wurde auch dieser Wahlkampf personalisiert und nicht zuletzt aufgrund der Popularität des Regierungschefs auf ihn zugeschnitten. Infolge der Strategie Rehbergs die negative Leistungsbilanz der Rot-Roten

---

46 Vgl. Steffen Schoon, Mecklenburg-Vorpommern – Pragmatismus und Kontinuität bei struktureller Schwäche, in: Andreas Kost/Werner Rellecke/Reinhold Weber (Hrsg.), Parteien in den deutschen Ländern, Geschichte und Gegenwart, München 2010, S. 242–254, hier: S. 246.

47 Vgl. Werz/Schmidt, Die mecklenburg-vorpommersche Landtagswahl vom 27. September 1998, in: ZParl, Nr. 1 (1999), S. 113.

48 Vgl. Werz/Schmidt, Fragile Mehrheit der Sozialdemokraten, in: FAZ, 09.10.1998.

49 Vgl. Werz/Schmidt, Die mecklenburg-vorpommersche Landtagswahl vom 22. September 2002, in: ZParl, Nr. 1 (2003), S. 65–67.

50 Vgl. ebd., S. 65.

51 Vgl. ebd., S. 67.

Regierung herauszuarbeiten (Arbeitslosenquote, wirtschaftliche Entwicklung), „warf [Ringstorff; die Autoren] [...] dem CDU-Spitzenkandidaten mehrfach vor, das Land schlecht zu reden."[52] Überdies verwies er polemisch auf die in Mecklenburg-Vorpommern eine kleine Minderheit darstellende katholische Konfession seines Konkurrenten und monierte, dass „die Landes-CDU Wahlkampf in den Farben des Vatikans betreiben würde."[53]

Auch im Herbst des Jahres 2002 fanden die Landtags- und Bundestagswahlen simultan statt. Infolgedessen kam es wie schon seit 1990 zu einer bundespolitischen Überlagerung der Landtagswahl. Das Ergebnis der Landes-SPD hing damit in hohem Maße von der Performanz der Bundes-SPD und insbesondere von Bundeskanzler Gerhard Schröder ab, was sich an den weitgehend korrelierenden Umfragewerten nachvollziehen lässt. Dabei profitierten die Sozialdemokraten auch in Mecklenburg-Vorpommern vom Kanzlerbonus des mehrmaligen Wahlhelfers Schröder in Folge der Elbe-Flut und der konsequenten Ablehnung eines militärischen Eingreifens durch deutsche Truppen im Irak; daraus resultierte im Juli 2002 ein Stimmungsumschwung für die SPD.[54] Darüber hinaus war die „regelrechte Anti-Stoiber-Stimmung"[55] in den neuen Bundesländern, welche die Popularität Schröders steigerte, für die Sozialdemokraten in Mecklenburg-Vorpommern nutzbringend.

In der Summe dieser positiven Begleitumstände ging die sozialdemokratische Partei am 22. September 2002 als strahlende Siegerin – mit dem besten Ergebnis aller Parteien seit 1990 – aus der Landtagswahl hervor. Mit nunmehr 40,6 Prozent (+6,3 Prozentpunkte) der Zweitstimmen konnte sie die CDU (31,4 Prozent) deutlich distanzieren, während ihr Koalitionspartner PDS mit nur noch 16,4 Prozent etwa ein Drittel seines Stimmanteils einbüßte. Damit war es für den Wahlsieger – der weiterhin über zwei Optionen der Koalitionsbildung verfügte – möglich gestärkt in die Koalitionsverhandlungen zu gehen. Die flächendeckenden Gewinne der Sozialdemokraten schlugen sich sowohl im Zweitstimmenanteil (stärkste Kraft in 28 Wahlkreisen, davon zwei mit absoluter Mehrheit) als auch bei der Verteilung der Erststimmen (24 von 36 Direktmandaten) nieder. Bezüglich des regionalen Wahlverhaltens im Land lässt sich feststellen, dass die SPD in ihren ohnehin starken Wahlkreisen überdurchschnittliche Gewinne erzielte, während ihre Zuwächse und Ergebnisse in Vorpommern (SPD: 34,7 Prozent/CDU: 37,3 Prozent) eher moderat ausfielen und sie dort die CDU als stärkste Kraft nicht verdrängen konnte. Dies zeigt sich wiederholt an den Extrema der SPD-Ergebnisse in Wismar (52,6 Prozent) und Demmin I (31,8 Prozent), die nach wie vor stellvertretend für ihren Landesteil stehen.[56]

---

52 Ebd.
53 Ebd.
54 Vgl. ebd., S. 66.
55 Wolfgang Rex, Mit linker Politik gewonnen?, in: ND, 10.10.2002.
56 Vgl. Werz/Schmidt, Die mecklenburg-vorpommersche Landtagswahl vom 22. September 2002, in: ZParl, Nr. 1 (2003), S. 67–71.

Die als Rot-Rotes Experiment gestartete Koalition konnte infolge der Landtagswahl mit einem gestärkten Senior- und einem geschwächten Juniorpartner fortgesetzt
werden.

„Den Erfolg fortsetzen" – Die Landtagswahl 2006

Im Jahr 2006 ging für die Sozialdemokraten zum vierten Mal seit 1994 Ministerpräsident
Ringstorff ins Rennen gegen den CDU-Landesvorsitzenden Jürgen Seidel. Ringstorff
wurde von den Wählern folgende Eigenschaften bescheinigt: Starke Führungspersön-
lichkeit, Sympathie, angenehme Ausstrahlung und hohe Affinität zum Land. Diese
Eigenschaften gestatten es von einem Landesvaterimage mit zugehörigem Amtsbonus
zu sprechen.[57]
Als Kernthemen für den Wahlkampf erkor die SPD erneut Wirtschaft und Arbeit.
Hinzu kamen noch die nachgeordneten Blöcke „Bildung und Gerechtigkeit" sowie
„Kinder und Familien". Darüber hinaus wurde unter dem Titel „Gemeinsam Nazis verhindern" die Auseinandersetzung mit dem Rechtsextremismus allgemein und mit der
NPD im Besonderen gesucht.[58]
In Bezug auf die Wahlkampfstrategie verließen sich die Sozialdemokraten auf den
bereits erprobten persönlichen Zuschnitt auf Ringstorff („Auf den Ministerpräsidenten
kommt es an") ergänzt durch das Motto „Den Erfolg fortsetzen", mit dem sie auf eine
vorgeblich positive Leistungsbilanz verweisen wollten.[59] Zumindest der erste Teil der
Strategie war auf Basis der klaren Präferenz in der hypothetischen Direktwahlfrage zu
Gunsten des Amtsinhabers sinnvoll (55:33).[60] Im Rahmen des Angriffswahlkampfes betonte die SPD das gute Verhältnis Seidels zur Bundeskanzlerin und verunglimpfte diesen als „Filialleiter von Frau Merkel"[61]. Darüber hinaus wurde wenige Tage vor der Wahl
ein Anti-NPD-Wahlkampf forciert. Dieses Vorgehen erklärte sich mit dem Kalkül einerseits der NPD den Einzug in den Landtag zu erschweren und andererseits sich – gegenüber den anderen Parteien – als Kämpferin gegen Rechtsextremismus zu profilieren.[62]
Erstmals seit 1990 fand die Landtagswahl getrennt von der Bundestagwahl statt. Für
die SPD bedeutete dies, dass ein ähnlicher Rückenwind von der Bundesebene, wie einst
1998 und 2002, ausblieb. Im Gegenteil, durch die Unbeliebtheit der Großen Koalition im
Bund zu diesem Zeitraum wirkte sich der Bundestrend negativ aus, obgleich aufgrund

---

57 Vgl. Timm, Auf den Ministerpräsidenten kam es an – Die SPD, in: Schoon/Werz (Hrsg.), Die Landtags-
     wahl in Mecklenburg-Vorpommern 2006, 2006, S. 23.
58 Vgl. ebd., S. 24 und 27.
59 Vgl. ebd., S. 23 und 25.
60 Vgl. ebd., S. 28.
61 Ebd., S. 24.
62 Vgl. ebd., S. 27.

der nicht vorhandenen Kopplung der Wahltermine nicht so intensiv. Dementsprechend verzichteten die Genossen weitgehend auf bundespolitische Prominenz.[63]

Unter den gegebenen Umständen war es der SPD jedoch nicht möglich den Erfolg vergangener Landtagswahlen fortzusetzen. Sie erlitt zweistellige Verluste und rutschte auf einen Anteil von 30,2 Prozent (−10,4 Prozentpunkte) der Zweitstimmen ab. Aufgrund der Verluste der Christdemokraten (28,8 Prozent) blieb sie knapp stärkste Kraft und verfügte weiterhin über zwei Koalitionsoptionen von denen die mit der Partei Die LINKE.PDS äußerst riskant war (36 von 71 Sitzen). Die durchgängigen Verluste werden auch am Verlust von neun Direktmandaten (nun 15 von 36) deutlich. Insgesamt lag die CDU bei den Erststimmen sogar vor der SPD. Das regionale Muster bezüglich der Zweitstimmenverteilung änderte sich im Vergleich zu den vorangegangenen Landtagswahlen nur unwesentlich. Die traditionelle Stärke der SPD in Mecklenburg kulminierte erneut in ihrer Hochburg Wismar (40 Prozent) und erreichte ihr Minimum abermals in Demmin I (21,8 Prozent).

Unter diesen Vorzeichen ergaben sich für die SPD „Kontinuität und Wandel"[64] zugleich. Nach wie vor blieb sie stärkste Kraft, stellt den Ministerpräsidenten und behält die Schlüsselstellung im Parteiensystem, befand sich nun aber in einem Fünfparteiensystem und einer Großen Koalition.[65]

„Gut, wie das Land" – Die Landtagswahl 2011

In die Landtagswahl 2011 wurde die SPD von ihrem Landesvorsitzenden und seit 2008 regierenden Ministerpräsidenten Sellering geführt. Trotz seiner westfälischen Herkunft profilierte er sich als „Ossi-Versteher" und erreichte unter anderem wegen seinem fröhlichen und zugänglichen Auftreten alsbald sogar höhere Popularitätswerte als sein Vorgänger.[66] In diesen Eigenschaften unterschied er sich grundlegend vom Innenminister und Herausforderer Lorenz Caffier (CDU).

Die Kernthemen gestalteten sich im Vergleich zu den Vorjahren wenig abwechslungsreich. Arbeit (Mindestlohn) und Wirtschaft (Tourismus, Gesundheit, erneuerbare Energien) standen neben dem Themenblock Familie und Kinder (Kitaplätze) im Vordergrund des Wahlkampfes.[67]

Wie für eine Regierungspartei üblich, legte die SPD den Fokus im Wahlkampf auf eine positive Bilanzierung der Leistung der letzten Legislaturperiode. Unter dem mar-

---

63 Vgl. ebd., S. 22 und 28.
64 Ebd., S. 29.
65 Vgl. ebd.
66 Vgl. Michael Schlieben, Ein Ossi-Versteher, viele Optionen, abrufbar unter: http://www.zeit.de/politik/ deutschland/2011-09/mecklenburg-vorpommern-wahl-sellering (Stand: 21. 09. 2011).
67 Vgl. Flügge/Hein, „Gut wie das Land" – Die SPD, in: Koschkar/Scheele (Hrsg.), Die Landtagswahl in Mecklenburg-Vorpommern 2011, 2011, S. 38.

kanten Slogan „Gut, wie das Land" versuchten die Sozialdemokraten die vorgeblich positive Entwicklung im Land auf die Partei zu projizieren. Zusätzlich war der Wahlkampf auf den gleichermaßen im Volk beliebten und bekannten Sellering zugeschnitten worden. Bei einer etwaigen Direktwahl hätten sich 74 Prozent für den medienaffinen Amtsinhaber und nur 14 Prozent für seinen eher unscheinbaren Innenminister entschieden.[68] Mit der Unterstützung von Aktionen wie „Endstation Rechts" und „Storch Heinar" betrieben die Genossen den einzig bedeutsamen Angriff im Wahlkampf gegen die NPD. Angriffe auf den Koalitionspartner blieben mit Blick auf die eigene Leistungsbilanzstrategie aus.[69]

Aufgrund der erneuten Entkopplung der Bundestagswahlen von den Landtagswahlen war der Einfluss des Bundestrends nicht übermannend; landespolitische Themen rückten in den Vordergrund. Der für die SPD nur mittelmäßige Bundestrend war daher nicht wahlentscheidend.

Mit einem Ergebnis von 35,6 Prozent (+5,4 Prozentpunkte) der Zweitstimmen konnte die SPD die CDU (23,0 Prozent) deutlich distanzieren. Sie konnte damit – wie schon seit 1998 – ihre koalitionsstrategische Position behaupten. Auch die 2006 verlorenen Direktmandate wurden von den Genossen im Nordosten zurückerobert (24 von 36). Grundsätzlich blieb auch die regionale Verteilung zwischen den beiden Landesteilen stabil: In Mecklenburg erzielte die SPD mit 38,2 Prozent ihre stärksten Ergebnisse, wohingegen sie in Vorpommern nur 29,5 Prozent der Zweitstimmen erringen konnte. Allerdings verdrängte sie damit zum ersten Mal seit der Wiedervereinigung die CDU in diesem Landesteil von ihrer Führungsposition.[70] Wie durchgängig seit 1990 war auch 2011 die Hansestadt Wismar der beste Wahlkreis (45,9 Prozent) für die SPD. Der offiziell schlechteste Wahlkreis war Rügen I mit nur 22,4 Prozent, wobei dieser Wert erheblich durch Effekte der Nachwahl in diesem Wahlkreis verzerrt wurde. Der von den übrigen Wahlkreisen schwächste war Nordvorpommern II (27,0 Prozent).[71]

Nach Sondierungen mit beiden möglichen Koalitionspartnern entschieden sich die Sozialdemokraten für eine im Land präferierte Fortsetzung der Großen Koalition, in die sie angesichts ihres Wahlergebnisses gestärkt gehen konnte.

---

68 Vgl. ebd., S. 39.
69 Vgl. ebd., S. 40.
70 Vgl. ebd., S. 41.
71 Vgl. ebd.

„Weiblich, über 60, formal niedrige Bildung" – Die Wählerstruktur der SPD in Mecklenburg-Vorpommern nach 1990

Bei der Zusammensetzung der SPD-Wählerschaft in Mecklenburg-Vorpommern nach 1990 von einer Struktur zu sprechen wäre aufgrund ihrer diffusen Komposition übertrieben. Dennoch lassen sich einige grundlegende Tendenzen erkennen.[72]

Die Diskrepanzen innerhalb der SPD-Wählerschaft hinsichtlich des Geschlechts waren – soweit erhoben – bis Ende des Jahrtausends gering. Seit 2002 jedoch konnten die Genossen ihren Stimmanteil bei den weiblichen Wählern in Relation zu den Männern sukzessive erhöhen, sodass die SPD bei der Landtagswahl 2011 von rund 40 Prozent der Frauen gewählt wurde, womit diese acht Prozentpunkte vor den Männern rangierten. Diese Tendenz zeigt sich unabhängig vom Alter.

Hinsichtlich der Alterszusammensetzung lässt sich konstatieren, dass mit steigendem Lebensalter der Anteil an SPD-Wählern zunimmt. Weit überdurchschnittliche Ergebnisse erzielt die Partei folgerichtig regelmäßig bei der Gruppe der über 60-jährigen, wohingegen sie in allen anderen Altersgruppen gemeinhin unter dem Landesschnitt liegt. Seit 1998 weisen die Genossen dementsprechend klare Defizite in der Gruppe der Jungwähler auf, die in der Regel auch die schwächste Altersgruppe der SPD bilden.

Aus der Alterszusammensetzung ergibt sich bei Betrachtung der Berufsgruppen vernunftgemäß eine starke Dominanz der Gruppe der Rentner. Weit unterdurchschnittliche Ergebnisse errang die SPD wiederkehrend bei den Selbständigen. Während die Sozialdemokraten die Beamten im Verlaufe der Wahlen zu einer Wählergruppe mit überdurchschnittlichen Werten aufbauen konnten, büßten sie ihre starke Position bei Arbeitern und Arbeitslosen zunehmend ein, sodass ihre Wähleranteile mittlerweile unter dem Landesschnitt liegen.

In puncto Konfession liegt nur die Gruppe der Katholiken, konstant seit 1990, weit unter dem arithmetischen Mittel. Sowohl bei evangelischen Christen als auch bei Konfessionslosen ist die Abweichung vom Mittelwert zu vernachlässigen.

In Zusammenhang mit dem formalen Bildungsgrad lässt sich eruieren, dass die SPD in erster Linie bei formal niedrig gebildeten Wählern überdurchschnittliche Werte erzielen konnte. Bei der Wahlentscheidung zu Gunsten der SPD ist die einstmalige Diskrepanz zwischen mittlerer und hoher Bildung im Lauf der letzten 20 Jahre geschwunden, so dass dieser Unterschied bei der Wahl 2011 keine Rolle mehr spielte. „Die prototy-

---

72 Für Zahlenmaterial im Detail vgl. beispielsweise Werz/Schmidt, Die mecklenburg-vorpommersche Landtagswahl vom 27. September 1998, in: ZParl, Nr. 1 (1999), S. 109–111; Werz/Schmidt, Die mecklenburg-vorpommersche Landtagswahl vom 22. September 2002, in: ZParl, Nr. 1 (2003), S. 71–73; Steffen Schoon, Wählerverhalten und Strukturmuster des Parteienwettbewerbs in Mecklenburg-Vorpommern nach der Landtagswahl 2006, in: Schoon/Werz (Hrsg.), Die Landtagswahl in Mecklenburg-Vorpommern 2006, 2006, S. 9–20 hier: S. 17–19; Steffen Schoon, Die Landtagswahl 2011 in Mecklenburg-Vorpommern – regionale und soziale Strukturmuster des Wählerverhaltens, in: Koschkar/Scheele (Hrsg.), Die Landtagswahl in Mecklenburg-Vorpommern 2011, 2011, S. 18–31, hier: 28–31.

pische SPD-Wählerschaft ließe sich demnach mit folgenden Attributen beschreiben: weiblich, [60 Jahre; die Autoren] und älter, formal niedriger Bildungsgrad".[73]

Die SPD in MV – Einzige Erfolgsgeschichte der Sozialdemokratie im Osten?

Die SPD konnte in Mecklenburg-Vorpommern seit 1990 ihren Zweitstimmenanteil stufenweise erhöhen. Ausnahme waren die Landtagswahlen von 2006, bei denen die Sozialdemokraten auch infolge des überdurchschnittlichen Wahlergebnisses von 2002 Verluste einfuhren. Selbst nach dem Rückschlag bei den Wahlen 2006 konnte sie 2011 zu alter Stärke zurückfinden und übertrumpfte die Ergebnisse der ersten Landtagswahl 1990 bei weitem.

Diese Entwicklung ist für die SPD in den neuen Bundesländern eine einzigartige Erfolgsgeschichte. Alle anderen Landesverbände erlitten zum Teil drastische Verluste im Vergleich zu den Wahlen 1990, die es teilweise nicht gestatten von einer Volkspartei zu sprechen. Neben Brandenburg ist der Nordosten der Republik das einzige Gebiet der neuen Länder, in dem die Genossen die stärkste Kraft im Parlament sind, was ihnen eine Schlüsselstellung im Parteiensystem verschafft; in Sachsen, Sachsen-Anhalt und Thüringen sind sie dagegen derzeit nur dritte Kraft.

Tabelle 2   Wahlergebnisse in den neuen Bundesländern seit 1990 (Zweitstimmen)

Bundesländer	1990	1994	1998	2002	2006	2011
Mecklenburg-Vorpommern	27,0	29,5	34,3	40,6	30,2	35,6
Sachsen-Anhalt	26,0	34,0	35,9	20,0	21,4	21,5
	1990	1994	1999	2004	2009	
Brandenburg	38,2	54,1	39,3	31,9	33,0	
Thüringen	22,8	29,6	18,5	14,5	18,5	
Sachsen	19,1	16,6	10,7	9,8	10,4	

Quellen: Angaben in Prozent, eigene Darstellung nach den Angaben der jeweiligen Landeswahlleiter.

---

73 Flügge/Hein, „Gut wie das Land" – Die SPD, in: Koschkar/Scheele (Hrsg.), Die Landtagswahl in Mecklenburg-Vorpommern 2011, 2011, S. 42.

5   Die SPD im Parlament und in der Regierung

1990–1994: Die SPD um die Regierung „betrogen"

Infolge des bereits beschriebenen Wahlergebnisses vom Oktober 1990 stellte die SPD mit anfangs 21 von 66 Abgeordneten die zweitgrößte Fraktion im Schweriner Schloss. Zum ersten Vizepräsidenten des Landtages für die Sozialdemokraten wurde der Abgeordnete Eggert gewählt. Fraktionschef wurde der Vorsitzende der Landespartei Ringstorff. Bereits zu Beginn der Legislaturperiode verließ Wolfgang Schulz die SPD-Fraktion und unterstützte als fraktionsloser Abgeordneter CDU und F.D.P. 1992 folgte Reinhardt Thomas, der allerdings 1993 der CDU-Fraktion beitrat. Dementsprechend verfügte die SPD zum Ende der ersten Legislaturperiode nur noch über 19 Parlamentarier.[74] Dominierende Themen für die SPD-Mandatsträger waren die Erarbeitung einer Landesverfassung, der Untersuchungsausschuss zu den Pogromen in Rostock-Lichtenhagen 1992 und der Umgang mit der Werftenkrise.

Als Konsequenz des „Verrat[s]"[75] von Wolfgang Schulz konnte sich eine bürgerliche Mehrheit zur Regierung formieren und die SPD fand sich in der Rolle einer Oppositionspartei wieder. Primäres Anliegen der SPD-Opposition war es, die vermeintlichen „Schwächen der Regierung schonungslos offen [zu legen; die Autoren] [...] um die CDU bei den nächsten Wahlen als stärkste Partei abzulösen."[76] Aus wissenschaftlicher Perspektive wird dies durchaus anders gesehen. Vor allem in der ersten Phase beeinträchtigten innerparteiliche Diskussionen über den Umgang mit ehemaligen Stasi-Mitarbeitern und der Unmut über die verpasste Regierungsmöglichkeit die Oppositionstätigkeit.[77] Oppositionsführer Ringstorff wirkte sowohl im Vergleich zu Gomolka als auch zu dessen Nachfolger Seite als unpopulärer. Nur vereinzelt kam es zur Zusammenarbeit mit den Abgeordneten von LL/PDS, wie beispielsweise beim Misstrauensantrag gegen Kultusminister Oswald Wutzke.[78]

1994–1998: „Schweriner Verhältnisse" in der Koalition mit der CDU

23 von nunmehr 71 Abgeordneten gehörten seit der Landtagswahl 1994 der sozialdemokratischen Fraktion an, womit diese erneut zweitstärkste Kraft nach der CDU war. Erster Vizepräsident des Landtages wurde der SPD-Abgeordnete Manfred Rißmann, zum

---

74 Vgl. Werz, Die SPD in Mecklenburg-Vorpommern, in: Werz/Hennecke (Hrsg.), Parteien und Politik in Mecklenburg-Vorpommern, 1999, S. 80.
75 Rede von Harald Ringstorff auf „20 Jahre SPD-Fraktion im Landtag M-V" am 19. 11. 2010 in Schwerin.
76 Ebd.
77 Vgl. Werz, Die SPD in Mecklenburg-Vorpommern, in: Werz/Hennecke (Hrsg.), Parteien und Politik in Mecklenburg-Vorpommern, 1999, S. 82.
78 Vgl. ebd., S. 82–83.

Fraktionschef wählten die SPD-Parlamentarier Gottfried Timm, welcher im April 1996 durch Ringstorff abgelöst wurde. Bestimmende Themen der Legislaturperiode waren die Bekämpfung der Arbeitslosigkeit, der Umgang mit der zweiten Werftenkrise, die Handhabe der DDR-Vergangenheit und die Kontroversen um die zukünftige Bildungs- und Schulpolitik. Im Hinblick auf die Vergangenheitspolitik war die Einrichtung einer Enquete-Kommission zur Aufarbeitung der DDR-Vergangenheit im Jahr 1994 in den neuen Bundesländern einmalig.[79]

Die langwierigen und von schlechtem Klima geprägten Koalitionsverhandlungen mit der CDU mündeten in einer Großen Koalition, in der die Genossen als Junior-partner fungierten. Das erwähnte schlechte Klima steht hierbei symptomatisch für den Umgang der Koalitionspartner in der gesamten Legislaturperiode, was von den Medien häufig mit dem Begriff „Schweriner Verhältnisse"[80] illustriert wurde. Kulminations-punkt in diesem gegenseitigen „Klima der Verachtung"[81] war die Regierungskrise im April 1996. Im Zuge der Auseinandersetzung um die Werften warf die SPD Finanz-ministerin Bärbel Kleedehn (CDU) eigenmächtige Verhandlungen mit dem Bund vor und strebte gemeinsam mit der Fraktion der PDS ihren Rücktritt an. Die Krise en-dete mit einer größeren Kabinettsumbildung: Kleedehn wurde durch die Sozialde-mokratin Sigrid Keler abgelöst und wechselte in das Bau-Ministerium, Jürgen Seidel (CDU) beerbte Ringstorff als Wirtschaftsminister. Letzterer schied – mit Blick auf die nächste Landtagswahl durchaus zufrieden – aus der Regierung aus und übernahm er-neut den Fraktionsvorsitz.[82] In dieser Position etablierte er sich als „Opposition in der Regierung"[83]. Die weiteren sozialdemokratischen Minister waren Rolf Eggert (Justiz), Regine Marquardt (parteilos, Kultus) und Hinrich Kuessner (Arbeit und Soziales, ab 1996 stellvertretender Ministerpräsident). Zusammenfassend gesehen war das Verhält-nis zu den Sozialisten besser als zum großen Koalitionspartner, was im Zuge der Re-gierungskrise sogar eine Rot-Rote Koalition möglich erscheinen ließ. Entsprechende Verhandlungen hatten stattgefunden und wurden auf Druck der Bundesspitze nicht ab-geschlossen.[84]

79 Vgl. Werz/Schmidt, Die mecklenburg-vorpommersche Landtagswahl vom 27. September 1998, in: ZParl, Nr. 1 (1999), S. 101.
80 Ebd., S. 98.
81 Ebd.
82 Vgl. ebd.
83 Ebd.
84 Vgl. ebd., S. 98–99.

1998–2002: Rot-Roter Tabubruch

Aus den Landtagswahlen 1998 ging die SPD mit 27 von 71 Abgeordneten erstmals als
stärkste Fraktion hervor und konnte dementsprechend mit Hinrich Kuessner das Amt
des Landtagspräsidenten übernehmen. Durch die Bildung einer Koalition mit den Sozialisten konnte die SPD mit Harald Ringstorff erstmals den Ministerpräsidenten in
Mecklenburg-Vorpommern stellen. Zu ihrem Fraktionschef wählten die Genossen den
seit 1994 im Landtag präsenten Volker Schlotmann. Entscheidende Debatten wurden
um die notwendige Haushaltskonsolidierung, die Senkung des Kommunalwahlalters
auf 16 Jahre, die Einführung der schulartenunabhängigen Orientierungsstufe, die Notwendigkeit einer Landesverwaltungs- und Funktionalreform sowie um mögliche Strategien zur Bekämpfung der hohen Arbeitslosigkeit geführt. Hierbei spielte der Einstieg in
den „Öffentlich Geförderten Beschäftigungssektor" (ÖBS) eine vorrangige Rolle. Trotz
allem konnte keine Trendwende am Arbeitsmarkt erreicht werden.[85]

  Bezüglich des Koalitionsklimas (mit der PDS) ergab sich zunächst ein diametraler
Unterschied zur Vorgängerregierung. Die Medien illustrierten die Veränderung von den
„Schweriner Verhältnissen" hin zum „Prima-Klima-Regierungsklub". Atmosphärische
Störungen zwischen den beiden Koalitionären ergaben sich jedoch im Mai 2001 als Ministerpräsident Ringstorff im Bundesrat – wider allen Absprachen – den SPD-Renten-
entwurf der Bundesregierung unterstützte und der PDS zeigte „wer im Osten der Koch
und wer der Kellner ist."[86] Ringstorff übernahm das Amt des Justizministers bis 2000 in
Personalunion und wurde dann in diesem Ressort von Sellering abgelöst, was der SPD
eine zusätzliche Stimme am Kabinettstisch verschaffte. Die anderen SPD-Ressorts wurden von Gottfried Timm (Inneres), Rolf Eggert (Wirtschaft, bis 2001, dann Otto Ebnet),
Peter Kauffold (Bildung) und Till Backhaus (Landwirtschaft) geleitet.

2002–2006: Zerreißprobe für den „Prima-Klima-Klub"

In der ersten Landtagswahl des neuen Jahrhunderts gelang es den Sozialdemokraten bei einem Zuwachs von sechs Mandaten (33 von 71) klar stärkste Kraft zu werden.
Zum ersten Mal in der Geschichte des Landes wurde mit der Sozialdemokratin Sylvia
Bretschneider eine Frau Präsidentin des Landtages im Schweriner Schloss. Schlotmann
setzte seine Tätigkeit als Fraktionschef reibungslos fort. Neben den Bestrebungen um
einen ausgeglichenen Haushalt, den Ausbau des Tourismussektors, der Förderung der

---

85 Vgl. Werz/Schmidt, Die mecklenburg-vorpommersche Landtagswahl vom 22. September 2002, in:
    ZParl, Nr. 1 (2003), S. 62–64.
86 Jens König, Koch und Kellner im Osten, in: taz, 15.05.2001.

Gesundheitswirtschaft und der Forcierung von Infrastrukturprojekten waren die Umsetzung der Agenda 2010 und die Kreisgebietsreform polarisierende Themen.[87]

Vor allem letztere Punkte stellten die beiden Koalitionspartner vor eine harte Zerreißprobe, die zwischen den Parteien, aber insbesondere auch innerhalb der PDS zu Spannungen führte. So setzten die Sozialdemokraten mit den Stimmen der Sozialisten – entgegen deren Bundesspitze – als erster Landtag das Ausführungsgesetz zu „Hartz IV" um.[88] Auch die Umsetzung der Kreisgebietsreform hätte beinahe zum Koalitionsbruch geführt, da sich alte Gräben zwischen dem realpolitischen und dem linken Parteiflügel der PDS auftaten.[89] Zudem klagte mit der Rügener Landrätin Kassner (PDS) ein Mitglied der Regierungsparteien auf Landesebene gegen die Durchführung des Fünf-Kreise-Modells. Während das Koalitionsklima schlechter wurde, blieb die Verteilung der Ministerposten nahezu konstant. So konnten Erwin Sellering (Justiz), Otto Ebnet (Wirtschaft), Till Backhaus (Landwirtschaft), Gottfried Timm (Inneres) und Sigrid Keler (Finanzen) ihre Ämter fortführen. Mit Hans-Robert Metelmann löste ein Parteiloser den vorigen Bildungsminister Kauffold ab.

2006–2011: „Partnerschaftliche Zusammenarbeit" mit der CDU

Mit nur noch 23 von 71 Mandaten konnten die Sozialdemokraten ihren Status als stärkste Fraktion nur knapp gegen die CDU (22) verteidigen. Aufgrund dieses Umstandes konnte Bretschneider ihre Position als Landtagspräsidentin halten. Den Fraktionsvorsitz übernahm abermals Schlotmann, der nach seinem Wechsel an die Spitze des Verkehrsministeriums 2008 vom Abgeordneten Norbert Nieszery abgelöst wurde. Zum wiederholten Male gehörten die Arbeitsmarktpolitik (dritte Werftenkrise) und die Anstrengungen um einen ausgeglichenen Haushalt zu den zentralen Themen der Legislaturperiode. Verstärkt traten auch der Ausbau der erneuerbaren Energien und die Verbesserung der Kinderbetreuungsmöglichkeiten in den Vordergrund.[90] Großen Raum nahm ebenfalls die Diskussion um den Umgang mit der NPD im parlamentarischen Geschehen ein. Der gefundene Konsens der demokratischen Fraktionen („Schweriner Weg") zielte auf eine Ausgrenzung der Rechtsextremisten.[91] Besonderes überregionales

---

87 Vgl. Rede von Ringstorff auf „20 Jahre SPD-Fraktion im Landtag M-V" am 19.11.2010 in Schwerin.

88 Vgl. Karsten Grabow, Das Parteiensystem Mecklenburg-Vorpommerns, in: Uwe Jun/Melanie Haas/ Oskar Niedermayer, Parteien und Parteiensysteme in den deutschen Ländern, Wiesbaden 2008, S. 265–290, hier: S. 273.

89 Vgl. Christopher Scheele, Die PDS/Linke in Mecklenburg-Vorpommern, München 2010, S. 157–158.

90 Vgl. Martin Koschkar, Mecklenburg-Vorpommern im Wahljahr 2011: Ausgangslage und Rahmenbedingungen der sechsten Landtagswahl, in: Koschkar/Scheele (Hrsg.), Die Landtagswahl in Mecklenburg-Vorpommern 2011, 2011, S. 8–17, hier: S. 9.

91 Vgl. dazu auch SPD-Landtagsfraktion, Der Schweriner Weg, abrufbar unter: spd-fraktion-mv.de/index.php/component/option,com_jotloader/Itemid,50/cid,96_f78342743676a3e78bbfec082340c921/ section,files/task,download/ (Stand: 10.09.2012).

Aufsehen erregte jedoch die so genannte „Unrechtsstaatsdebatte", welche von Sellering nach der Übernahme Postens des Ministerpräsidenten angestoßen wurde. Im Kern ging es um die Frage, ob die ehemalige DDR als ein totaler Unrechtsstaat anzusehen sei, oder nicht. Obschon die SPD in dieser Frage gespalten war, bescheinigte Sellering der DDR „kein totaler Unrechtsstaat"[92] gewesen zu sein. Die gemeinsam mit der ehemaligen PDS (jetzt: Die LINKE) angestoßene ungeliebte Kreisgebietsreform wurde nach ihrem Scheitern vor dem Landesverfassungsgericht erneut in Angriff genommen. Ein Modell aus nur noch sechs Landkreisen und zwei kreisfreien Städten (Rostock/Schwerin) wurde schließlich vom Parlament verabschiedet und 2006 und abermals 2011 von der Justiz bestätigt.[93]

Resultierend aus dem Wahlergebnis entschieden sich die Sozialdemokraten für eine sichere Koalition mit den Christdemokraten (zusammen 45 von 71 Sitzen). Die nahezu gleich starken Fraktionen legten eine „partnerschaftliche Zusammenarbeit"[94] an den Tag und teilten die Ministerposten gleichmäßig untereinander auf. Damit verfügten die Genossen nur noch über vier Minister: Sigrid Keler (Finanzen), Till Backhaus (Landwirtschaft), Otto Ebnet (Verkehr) und Erwin Sellering (Soziales) gehörten auch dem dritten Kabinett Ringstorff an, wenngleich mit zum Teil veränderten Ressorts. Am 6. Oktober 2008 endete mit der Wahl Sellerings zum Ministerpräsidenten die Ära des beim Volk beliebten Landesvaters Ringstorff. Verbunden mit dem Wechsel des Regierungschefs kam es zu einem umfangreichen Kabinettsumbildung innerhalb der SPD-Ministerien: Während mit Heike Polzin (Finanzen), Volker Schlotmann (Verkehr) und Manuela Schwesig (Soziales) drei neue Gesichter ins Kabinett rückten, blieb Landwirtschaftsminister Backhaus auf seinem Posten. Sowohl die Aufsteigerin Schwesig als auch der ehemalige Minister Sellering gewannen in ihren neuen Positionen schnell an Popularität, nicht nur auf Landesebene.[95] Alles in allem wurde die Arbeit der Koalition „in fünf Jahren von keinem größeren Streit, keiner Krise und keiner Affäre überschattet."[96]

Seit 2011: Fortsetzung des Duetts mit der CDU

Die durch die sechste Landtagswahl gestärkte SPD-Fraktion verfügte seit dem Herbst 2011 über 27 von 71 Mandaten im Schweriner Schloss, war damit wie schon seit 1998 stärkste Kraft und stellte mit Bretschneider erneut die Landtagspräsidentin. Den für das

---

92 O. A., Kein totaler Unrechtsstaat, in: FAS, 22. 03. 2009.
93 Vgl. Flügge/Hein, „Gut wie das Land" – Die SPD, in: Koschkar/Scheele (Hrsg.), Die Landtagswahl in Mecklenburg-Vorpommern 2011, 2011, S. 37.
94 Frank Pergande, Die SPD kann wählen, die CDU nicht, in: FAZ, 18. 07. 2011.
95 Vgl. Flügge/Hein, „Gut wie das Land" – Die SPD, in: Koschkar/Scheele (Hrsg.), Die Landtagswahl in Mecklenburg-Vorpommern 2011, 2011, S. 36.
96 Koschkar, Mecklenburg-Vorpommern im Wahljahr 2011, in: Koschkar/Scheele (Hrsg.), Die Landtagswahl in Mecklenburg-Vorpommern 2011, 2011, S. 9.

Funktionieren der Koalition wichtigen Fraktionsvorsitz behielt Nieszery. Im ersten Jahr des Kabinetts Sellering II standen in erster Linie Maßnahmen zur Behebung des Lehrermangels, die konsequente Fortführung der rigiden Haushaltspolitik und die vierte Werftenkrise im Zentrum.

Auch im sechsten Jahr der Großen Koalition war das Klima ohne größere Auffälligkeiten, wenngleich die SPD nun mit einem zusätzlichen Ministerposten der stärkere Koalitionär ist. Zu den bisherigen Ministern Polzin (Finanzen), Schlotmann (Energie/Infrastruktur), Schwesig (Arbeit/Soziales) und Backhaus (Landwirtschaft) kam der aufstrebende Mathias Brodkorb (Bildung). Hinsichtlich möglicher Umbrüche in der angebrochenen Legislaturperiode kann zur Personalie Sellering nur spekuliert werden, so äußerte sich Michael Schlieben bereits im Herbst 2011: „Ob der 61-Jährige 2016 noch einmal antritt, bezweifeln einige Genossen bereits."[97]

Die SPD im Parlament und in der Regierung: Ein Überblick

Beim Blick auf die Zusammensetzung der sozialdemokratischen Fraktion im Verlauf der Zeit lassen sich einige grundlegende Trends ablesen. Die Anzahl der weiblichen Fraktionsmitglieder schwankt zwischen vier (1990) und zehn (2002) Mandatsträgerinnen und die Quote bewegt sich zwischen 21,1 Prozent (1990) und 34,8 Prozent (1994). Damit liegt sie geringfügig unter den Vergleichswerten ihrer Bundestagsfraktion. Das Gros der Repräsentanten befindet sich in der Altersgruppe der 40–60-Jährigen bei – entsprechend der demographischen Entwicklung – tendenzieller Alterung. Darüber hinaus lässt sich eine relativ große Stabilität bezüglich der Abgeordneten konstatieren. Im arithmetischen Mittel waren 64,2 Prozent der SPD-Parlamentarier bereits Mitglied des Landtages in der vorausgegangenen Wahlperiode. Der absolute Spitzenwert ergibt sich mit 95,7 Prozent in der fünften Wahlperiode. Nur ein einziger Abgeordneter gehörte nicht dem vierten Landtag an. Exemplarisch für diese Kontinuität ist Till Backhaus, der seit 1990 ununterbrochen Mandatsträger im Schweriner Schloss ist. Auch viele andere Abgeordnete waren oder sind bis heute über lange Zeiträume im Parlament vertreten (Ringstorff, Timm, Keler, Bretschneider, Schlotmann). Die beschriebene Beständigkeit zeigt sich auch in den internen Arbeitskreisen der SPD-Fraktion. Seit 1990 orientieren sich diese im Wesentlichen an den offiziellen Ausschüssen des Landtages. Wenige Ausnahmen bilden beispielsweise die zeitweiligen Arbeitskreise für Tourismus und für Gleichstellung.

Bei der Auswahl der Ministerien lassen sich Interessen und Beharrlichkeit bei den Genossen feststellen. Obgleich die SPD im Zeitraum ihrer Regierungtätigkeit bereits sämtliche Ressorts mindestens einmal über vier Jahre innehatte, präferierten sie die Be-

---

97 Michael Schlieben, Sellering lässt warten, abrufbar unter: http://www.zeit.de/politik/deutschland/2011-09/koalitionsverhandlung-spd-mecklenburg-vorpommern (Stand: 21.09.2011).

reiche Justiz, Finanzen, Bildung und Landwirtschaft. Geringere Ambitionen zeigten sie für Inneres und Arbeit. Besonders hervorstechend ist die 16 Jahre andauernde Leitung des Finanzministeriums durch lediglich zwei Ressortchefinnen. Beachtenswert ist ebenfalls die bereits 14 Jahre während Amtszeit Backhaus' (Landwirtschaft).

Personen, die in besonderer Art und Weise das Bild der SPD im Landtag in den letzten 20 Jahren geprägt haben und teilweise noch heute prägen, waren: Harald Ringstorff, Till Backhaus, Sigrid Keler, Erwin Sellering, Gottfried Timm, Volker Schlotmann, Otto Ebnet, Manuela Schwesig und Sylvia Bretschneider. Unter den Genannten ist Ringstorff als besonders prägend sowohl für die Partei als auch für das Land anzusehen.

Die SPD – kommunal kaum konkurrenzfähig

Obwohl die SPD die dominante Landespartei ist, zeigt sich doch, dass ihre Mitgliederschwäche auf kommunaler Ebene voll durchschlägt. Bei keiner einzigen der bisher sechs Kommunalwahlen konnte sie stärkste Kraft werden und lag mit 19,1 bis 27,5 Prozent weit hinter den Landesergebnissen. 2004 und 2009 wurde sie sogar nur dritte Kraft hinter CDU und der Partei Die LINKE. Die deutlich geringere Wahlbeteiligung bei Kommunalwahlen scheint in Verbindung mit den schwachen SPD-Ergebnissen zu stehen und offenbart Mobilisierungsprobleme. Dies ist aufgrund der geringen Mitgliederzahlen und dem daraus resultierenden geringen Kandidatenreservoir nicht verwunderlich. Da es sich bei Kommunalwahlen in noch stärkerem Maße als bei Landtagswahlen um personalisierte Wahlen handelt und die SPD bis auf wenige Ausnahmen keine entsprechenden Kandidaten vorweisen kann, tun sich die Sozialdemokraten schwer im Wettbewerb mit den stärker verankerten Parteien CDU und Die LINKE.[98] Ähnlich wie bei Landtagswahlen stellt sich auch bei den Kommunalwahlen ein West-Ost-Gefälle bei den sozialdemokratischen Ergebnissen ein. „Kommunaler Leuchtturm" ist dabei regelmäßig die Hansestadt Wismar (2009: 34,4 Prozent), wohingegen die Partei in Teilen Vorpommerns durchaus Ergebnisse von circa 10 Prozent einfährt.[99] Bei einem Blick auf die Einzelergebnisse zeigt sich auch, dass die SPD bei wachsender Einwohnerzahl der Gemeinden auch bessere Resultate erzielen kann. Da es in Mecklenburg-Vorpommern jedoch nur sehr wenige urbane Zentren gibt, ist die SPD im Hinblick auf die beschriebenen Tendenzen kommunal kaum konkurrenzfähig.

---

98 Vgl. Steffen Schoon, Die Kommunalwahlen in Mecklenburg-Vorpommern, in: Nikolaus Werz/Steffen Schoon, Die Kommunalwahlen 2004 in Mecklenburg-Vorpommern, Rostock 2004, S. 6–20, hier: S. 10.

99 Vgl. ebd., S. 12.

6   Ausblick: Erfolgsgeschichte ohne Zukunft?

Problematisch für die zukünftige Entwicklung der SPD ist sowohl die Mitgliederentwicklung als auch die zu beobachtende Wählerstruktur. Die tendenzielle Alterung der Genossen bei gleichzeitig geringer Rekrutierungsfähigkeit im Land führt perspektivisch zu einem Absinken des ohnehin äußerst geringen Mitgliederreservoirs. Schon jetzt ist die Personaldecke in einigen Regionen Vorpommerns so dünn, dass sich dort nur unter großen Anstrengungen Bewerber für politische Ämter finden lassen. Die Anwendung des Begriffs der Volkspartei auf die SPD in Mecklenburg-Vorpommern scheint vor diesem Hintergrund kaum noch angemessen. Die SPD ist mehr als Fraktions-, denn als Landespartei anzusehen. Dennoch ist auch die Klassifizierung als Landespartei gerechtfertigt, da die SPD als Partei über viele Jahre in Regierungsverantwortung die Geschicke des Landes gelenkt hat. Das unumstrittene Kraftzentrum des Landesverbandes ist die Schweriner Landtagsfraktion. Darüber hinaus wird auch die demographische Zusammensetzung der SPD-Wählerschaft die Partei in naher Zukunft vor neue Herausforderungen stellen. Aufgrund des hohen Zuspruchs bei den heute über 60-jährigen, die auch einen großen Teil der Wähler ausmachen und zukünftig ihr Wahlrecht infolge ihrer weiteren Alterung womöglich nicht mehr wahrnehmen können, wird die SPD perspektivisch ein Problem bekommen. Zwar wird der Anteil der über 60-jährigen an der Gesamtbevölkerung weiter steigen, aber wegen der heutzutage abnehmenden Stabilität in der Wahlentscheidung und einer anderen Sozialisation kann nicht per se davon ausgegangen werden, dass die Älteren von morgen im Wahlverhalten den Älteren von heute gleichen. Eine Strategie, die diese mögliche Entwicklung nicht berücksichtigt, wäre fahrlässig. Folglich muss die SPD – sofern sie ihren Erfolg fortsetzen will – neue Altersgruppen erschließen.

Nichtsdestotrotz kann die Entwicklung der Partei seit 1990 als eine ostdeutsche Erfolgsgeschichte bezeichnet werden. Es ist ihr gelungen strukturelle Mehrheitspartei im Land zu werden. Regierungen ohne Beteiligung der SPD scheinen auch auf lange Sicht unwahrscheinlich. Dabei kann sie weiterhin auf die Personalisierung ausgewählter Führungspersonen setzen. Diese Personalisierung war in der Vergangenheit erfolgreich und kann – bei entsprechender Strahlkraft des Spitzenkandidaten – bei den nächsten Wahlen Früchte tragen. Gleichwohl wird auch der Einfluss des Bundestrends in Zukunft nicht zu vernachlässigen sein.

Es ist anzunehmen, dass der amtierende Ministerpräsident Sellering und die Sozialministerin Schwesig einerseits das Bild der Landes-SPD prägen und andererseits auch öffentliche Positionierungen zu bundespolitischen Fragestellungen überregional transportieren werden. Schwesig könnte dabei auch für höhere Ämter, z. B als Bundesministerin, in Frage kommen. Ihre Präsenz im letzten Schattenkabinett Steinmeiers scheint solche Ambitionen zu belegen. Angesichts dieser steilen Karriere kann sie auch als Hoffnungsträgerin gesehen werden, die die Landespartei für neue Altersgruppen öffnet und sie somit in eine aussichtsreiche Zukunft führt.

Die CDU in Mecklenburg-Vorpommern

Philipp Huchel/Stefan Rausch

1 Einleitung

Die Christlich Demokratische Union bildete bei ihrer Gründung 1945 ein äußerst vielfältiges politisches Spektrum ab, galt sie doch als „sozialistisch und radikal in Berlin, klerikal und konservativ in Köln, kapitalistisch und reaktionär in Hamburg und gegenrevolutionär und partikularistisch in München."[1] Zwar weist die Union heutzutage nicht mehr dieses hohe Maß an Heterogenität auf, dennoch unterscheiden sich die einzelnen Landesverbände durchaus in ihrer jeweiligen politischen Ausrichtung, was sich nicht zuletzt aus den unterschiedlichen historischen Traditionen ergibt.[2]

In Mecklenburg-Vorpommern kann die CDU ebenfalls auf eine über 60-jährige Geschichte zurückblicken. Ähnlich wie in anderen Teilen Deutschlands wurde die Idee einer überkonfessionellen christlichen Partei in Mecklenburg und Vorpommern nach dem Ende des Zweiten Weltkriegs aufgegriffen.

Als Gründungszentren bildeten sich im mecklenburgischen Landesteil Schwerin und in Vorpommern die Universitätsstadt Greifwald heraus. In Schwerin, wo am 5. Juli 1945 die Bildung des Landesverbandes verkündet wurde, ging der Gründungsgedanke aus einem Kreis ehemaliger Mitglieder der liberalen Deutschen Demokratischen Partei (DDP) hervor.[3] In Greifswald rekrutierte sich die neu geschaffene Partei aus den ehemaligen bürgerlichen politischen Gruppierungen der Weimarer Republik. So fanden in der

---

1   Heino Kaack, Geschichte und Struktur des deutschen Parteiensystems, Opladen 1971, S. 172.
2   Dazu u. a.: Vgl. Arijana Neumann, Die CDU auf Landesebene: Politische Strategien im Vergleich, Wiesbaden 2012, S. 241–281; vgl. Michael Richter/Martin Rißmann (Hrsg.), Die Ost-CDU: Beiträge zu ihrer Entstehung und Entwicklung, Wien/Köln/Weimar 1995.
3   Vgl. Christian Schwießelmann, Die Christlich Demokratische Union Deutschlands in Mecklenburg und Vorpommern: Von der Gründung bis zur Auflösung des Landesverbandes (1945–1952), Düsseldorf 2010, S. 47–48.

Union ehemalige Mitglieder von der linksliberalen DDP bis hin zur Deutsch Nationalen Volkspartei (DNVP) ihre neue politische Heimat.[4]

Bereits hier wird deutlich, dass die CDU aus verschiedenen Traditionslinien hervorging, die sich vor allem in der personellen Kontinuität der Akteure widerspiegeln. So wurde die Gründung durch ehemalige Führer der katholischen Zentrumspartei, Vertreter der christlichen Arbeiterbewegung sowie protestantischen Gruppierungen mit konservativen, liberalen und christlich-sozialen Hintergrund getragen.[5] Der 1945 zum CDU-Landesvorsitzenden gewählte Reinhold Lobedanz, der Wirtschaftsminister Siegfried Witte sowie der erste Fraktionsvorsitzende der CDU im mecklenburgischen Landtag Werner Jöhren waren ehemalige Mitglieder der DDP beziehungsweise der liberalen Deutschen Staatspartei.[6] Vereinzelt sind auch konservative Traditionslinien erkennbar. Vor allem in der Greifswalder Union fanden sich ehemalige Mitglieder der DNVP zusammen. Auch aus den kirchlichen Kreisen waren zahlreiche evangelische Theologen an der Gründung von Ortsvereinen beteiligt. Von untergeordneter Bedeutung war dahingegen die gewerkschaftliche Traditionslinie in Mecklenburg und Vorpommern.[7]

Ähnlich wie die anderen Landesverbände und insgesamt die CDU in der sowjetischen Besatzungszone geriet auch die CDU in Mecklenburg und Vorpommern durch die Sowjetische Militäradministration in Deutschland und die SED unter massiven Anpassungsdruck. Der im Jahr 1950 stattfindenden „Säuberungskampagne" der SED fielen zahlreiche Christdemokraten aus Mecklenburg und Vorpommern zum Opfer.[8] Der prominenteste Fall des CDU-Landesverbandes war Wirtschaftsminister Siegfried Witte, der nach kurzer Haft in die Bundesrepublik floh.[9] Mit dem sechsten Parteitag der Ost-CDU vom 16. bis 18. Oktober ordnete sich diese schließlich dem Führungsanspruch der SED unter. Als sogenannte Blockpartei nahm sie dabei die Funktion als Transmissionsriemen wahr. So verbreitete sie die Vorstellungen der SED in christlichen Bevölkerungskreisen, zu denen die SED keinen Zugang fand.[10] Mit der Abschaffung der Länder 1952 und der Einführung der Bezirke wurde auch das Ende des CDU Landesverbandes be-

---

4   Vgl. Helge Matthiesen, Greifswald in Vorpommern: Konservatives Milieu im Kaiserreich, in Demokratie und Diktatur 1900–1990, Düsseldorf 2000, S. 466–479.
5   Vgl. Konrad-Adenauer-Stiftung (Hrsg.), Kleine Geschichte der CDU, Stuttgart 1995, S. 10.
6   Vgl. Christian Schwießelmann, Norddeutsch, protestantisch, liberal – Gründerpersönlichkeiten der CDU in Mecklenburg-Vorpommern, in: Historisch-politische Mitteilungen, Nr. 13 (2006), S. 25–46, hier: S. 26, 33, 40.
7   Vertiefend zu Gründungstraditionen der CDU Mecklenburg und Vorpommerns: Vgl. Schwießelmann, Die Christlich Demokratische Union Deutschlands in Mecklenburg und Vorpommern, 2010, S. 65–76.
8   Elf Christdemokraten sind namentlich bekannt, die ihr politisches Engagement mit dem Leben bezahlen mussten: Vgl. Schwießelmann, Die Christlich Demokratische Union Deutschlands in Mecklenburg und Vorpommern, 2010, S. 441–442.
9   Schwießelmann, Norddeutsch, protestantisch, liberal – Gründerpersönlichkeiten der CDU in Mecklenburg-Vorpommern, 2006, S. 37–39.
10   Vgl. Hermann Weber, Die DDR 1945–1990, München 2012, S. 35.

siegelt. Anstelle des Landesverbandes existierten ab 1952 Verbände in den drei Nordbezirken Neubrandenburg, Rostock und Schwerin.[11]

Während des Umbruchs 1989/90 erwies sich die Blockpartei CDU in den drei Nordbezirken wie im Rest der DDR weder als Initiator noch als Beschleuniger der friedlichen
Revolution. Dennoch war vor allem an der Basis der CDU die Unzufriedenheit in den
letzten Jahren der DDR zunehmend angestiegen. Infolge der Ereignisse des Herbstes
1989 kam es zur Loslösung der CDU von der SED. Am 3. März 1990 wurde der Landesverband der CDU in Mecklenburg-Vorpommern gegründet.[12]

Während die Gründung der CDU Mecklenburg und Vorpommerns 1945 und die
ersten Jahre der Deutschen Demokratischen Republik durch Christian Schwießelmann
sowie die Geschichte der Greifswalder Union durch Helge Matthiesen bereits wissen-
schaftlich untersucht wurden, fehlen bisher Arbeiten die einen Gesamtüberblick über
das Wirken der CDU in den drei Nordbezirken liefern.[13] Ein kürzerer Aufsatz geht auf
die CDU in der Zeit der Friedlichen Revolution ein und beschäftigt sich unter anderem
mit der Frage nach den sogenannten „Blockflöten", Politikern die sich bereits zur Zeit
der DDR in einer Blockpartei befanden und sich nach der Friedlichen Revolution in der
Union engagierten.[14]

Einen ersten Beitrag zum CDU Landesverband Mecklenburg-Vorpommerns lieferte
Nikolaus Werz im Band „Mecklenburg-Vorpommern im Wandel".[15] Die derzeit aktu-
ellste Untersuchung zur CDU nach der Wiederbegründung des Landes liegt im Aufsatz
von Hans-Jörg Hennecke im Band „Parteien und Politik in Mecklenburg-Vorpommern"
aus dem Jahr 2000 vor.[16] Mehrere Kurzportraits in Sammelbänden,[17] die Analyse von

---

11 Einen Überblick zur Geschichte der drei nördlichen Bezirksverbände von 1952 bis 1961 liefert: Christian Schwießelmann, Die CDU im Norden der DDR 1952 bis 1961: Ein Blick hinter die Kulissen einer
Blockpartei in den Bezirken Neubrandenburg, Rostock und Schwerin, in: Zeitgeschichte Regional, Nr. 1
(2009), S. 37–57.

12 Vgl. Christian Schwießelmann, Die politische „Wende" 1989/90 und die Christdemokraten im Norden
der DDR, in: Zeitgeschichte Regional, Nr. 2 (2008), S. 89–104, hier: S. 97–99.

13 Teilaspekte inwieweit die CDU in den drei Nordbezirken von SED und Staatssicherheit gesteuert wurde und welche Mitverantwortung die Blockpartei trug bei: Christian Schwießelmann, Zwischen Fremd-
steuerung und Mitverantwortung, in: Historisch-politische Mitteilungen, Nr. 16 (2009), S. 109–154.

14 Christian Schwießelmann, Blockflöten im Parteienkonzert? Das Beispiel der Nordost-CDU von der
Gründung bis zur Gegenwart, in: DA, Nr. 3 (2009), S. 414–424.

15 Nikolaus Werz, Politische Parteien, in: Nikolaus Werz/Jochen Schmidt (Hrsg.), Mecklenburg-Vorpommern im Wandel: Bilanz und Ausblick, München 1998, S. 85–100, hier: S. 88–91.

16 Hans-Jörg Hennecke, Die CDU in Mecklenburg und Vorpommern, in: Nikolaus Werz/Hans-Jörg
Hennecke (Hrsg.), Parteien und Politik in Mecklenburg-Vorpommern, München 2000, S. 15–65.

17 Karsten Grabow, Das Parteiensystems Mecklenburg-Vorpommerns, in: Uwe Jun/Melanie Haas/Oskar
Niedermayer, Parteien und Parteiensysteme in den deutschen Ländern, Wiesbaden 2008, S. 265–290,
hier: S. 280–282; Steffen Schoon, Mecklenburg-Vorpommern: Pragmatismus und Kontinuität bei
struktureller Schwäche, in: Andreas Kost/Werner Rellecke/Reinhold Weber, Parteien in den deutschen
Ländern: Geschichte und Gegenwart, München 2010, S. 243–254, hier: S. 245–246; Stefan Ewert/Det-
lef Jahn/Hubertus Buchstein, Landesparlamentarismus in Mecklenburg-Vorpommern, in: Siegfried

Teilaspekten,[18] die Publikationen der Arbeitsgruppe Politik und Wahlen in Mecklenburg-Vorpommern[19] und persönliche Erinnerungen politischer Akteure[20] komplettieren den Forschungsstand.

Der folgende Aufsatz wird neben einer Aktualisierung der bisherigen Forschungen auch einen Blick auf neue Aspekte, unter anderem den Einfluss des Landesverbandes auf Bundesebene und dessen programmatische Ausrichtung, werfen.

2   Die Partei als Organisation

Der Landesverband der CDU Mecklenburg-Vorpommerns gliedert sich in acht Kreisverbände, die sich an den durch die Kreisgebietsreform 2011 geschaffenen Landkreisen und kreisfreien Städten orientieren.[21] Unterhalb der Kreisebene organisiert sich die CDU auf regionaler und lokaler Ebene in Orts-, Stadt- und Regionalverbänden, die sich zum Teil noch an den alten Landkreisen von 1994 orientieren.

Der Landesparteitag stellt das oberste politische Organ des CDU-Landesverbandes dar.[22] Jeder Kreisverband entsendet zum Landesparteitag auf den Kreisparteitagen gewählte Delegierte, wobei jeder Kreisverband, anhand seiner – am ersten Tag des letzten Quartals – vor dem Landesparteitag festgestellten Mitgliedszahlen, pro angefangene 50 Mitglieder einen Delegierten beordert. Darüber hinaus sind auf dem Landesparteitag alle Landesvorstandsmitglieder stimmberechtigt. Der Landesvorstand setzt sich neben dem Vorsitzenden und seinen drei Stellvertretern aus dem Generalsekretär, dem Schatzmeister, dem Vorsitzenden der CDU-Landtagsfraktion sowie 15 weiteren Mitgliedern zusammen. Wenn der Landesverband den Ministerpräsidenten, Landtagspräsi-

---

Mielke/Werner Reutter (Hrsg.), Landesparlamentarismus: Geschichte – Struktur – Funktionen, Wiesbaden 2012, S. 327–358, hier: S. 330–335.

18 Steffen Schoon, Wählerverhalten und politische Tradition in Mecklenburg und Vorpommern (1871–2002): Eine Untersuchung zur Stabilität und strukturellen Verankerung des Parteiensystems zwischen Elbe und Ostsee, Düsseldorf 2007.

19 Nikolaus Werz/Jochen Schmidt, Wahlen in Mecklenburg und Vorpommern, Rostock 1996. Christian Schwießelmann, Wahlkampf mit Weichspüler? – Die CDU, in: Steffen Schoon/Nikolaus Werz (Hrsg.), Die Landtagswahl in Mecklenburg-Vorpommern 2006: Die Parteien im Wahlkampf und ihre Wähler, Rostock 2006, S. 30–42; Philipp Huchel/Stefan Rausch, Verlieren um zu bleiben – Die CDU, in: Martin Koschkar/Christopher Scheele (Hrsg.), Die Landtagswahl in Mecklenburg-Vorpommern 2011 – Die Parteien im Wahlkampf und ihre Wähler, Rostock 2011, S. 43–54.

20 Wolfram Axthelm (Hrsg.), 20 Jahre CDU-Landtagsfraktion Mecklenburg-Vorpommern: Aufbruch in die Demokratie, Neubrandenburg 2010; Berndt Seite, Schneeengel frieren nicht: Eine Biographie, Berlin 2009.

21 Zur Neugliederung der Kreise: Vgl. Maximilian Heinz/u. a., Die Kreisgebietsreform 2011, in: Martin Koschkar/Christopher Scheele (Hrsg.), Die Landtagswahl in Mecklenburg-Vorpommern 2011 – Die Parteien im Wahlkampf und ihre Wähler, Rostock 2011, S. 112–122, hier: S. 120.

22 Die folgenden Ausführungen basieren auf der Satzung des CDU Landesverbandes Mecklenburg-Vorpommern mit dem Stand November 2008: Vgl. CDU Landesverband Mecklenburg-Vorpommern (Hrsg.), Satzung des CDU-Landesverbandes Mecklenburg-Vorpommern, Schwerin 2008, S. 5–27.

denten, Minister auf der Bundesebene oder den Vorsitzenden der CDU Deutschlands stellt, dann gehören diese ebenfalls dem Vorstand an.

Zum ersten Vorsitzenden wurde am 3. März 1990 Günther Krause während des Gründungsparteitages des Landesverbandes gewählt. Er übernahm nach der Wahl zur ersten freien Volkskammer neben dem Fraktionsvorsitz der CDU auch das Amt des Staatssekretärs beim Ministerpräsidenten der DDR. In letztgenannter Funktion handelte er mit dem damaligen Bundesinnenminister Wolfgang Schäuble den deutschen Einigungsvertrag aus. Mit der deutschen Wiedervereinigung am 3. Oktober 1990 wurde er zunächst Minister für besondere Aufgaben und in der ersten gesamtdeutschen Regierung Bundesminister für Verkehr. Trotz seiner häufigen Abwesenheit hatte er im Landesverband große Autorität.[23] Nachdem er im Zuge verschiedener Affären vom Amt des Bundesverkehrsministers zurücktrat,[24] wurde er vom damaligen Ministerpräsidenten Berndt Seite gegen den Widerstand zahlreicher Kreisvorsitzender zum Verzicht auf den Landesvorsitz gedrängt.[25] Auf einem Sonderparteitag wurde Angela Merkel zur neuen Vorsitzenden des Landesverbandes gewählt. Ähnlich wie Günther Krause war ihre Zeit als Landesvorsitzende durch eine häufige Abwesenheit von der Landespolitik gekennzeichnet. So war sie zunächst ab 1991 als Bundesministerin für Frauen und Jugend, von 1994 bis 1998 als Bundesministerin für Umwelt und im Anschluss daran als Generalsekretärin der CDU Deutschlands bundespolitisch gebunden. Mit der Wahl Angela Merkels zur Bundesvorsitzenden der CDU 2000 gab diese das Amt des Landesvorsitzenden auf.[26] Zu ihrer Nachfolgerin wurde die ehemalige Kultusministerin Steffie Schnoor im Mai 2000 auf einem Sonderparteitag mit 73 Prozent gewählt.[27] Sie übte diese Position jedoch nur bis 2001 aus. Auf sie folgte Eckhardt Rehberg, der seit 1990 die Position des Vorsitzenden der CDU-Landtagsfraktion innehatte. Gleichzeitig wurde er als Spitzenkandidaten für die Landtagswahl 2002 aufgestellt.[28] Er führte den Landesverband, nicht unumstritten,[29] bis er im Jahr 2005 in den Bundestag einzog. Zu seinem Nachfolger wurde der Landrat des Kreises Müritz Jürgen Seidel ernannt. Der ehemalige Landesminister für Bau und Umwelt sowie für Wirtschaft war von einer „Findungskommission" als Wunschkandidat

---

23 Vgl. Hennecke, Die CDU in Mecklenburg und Vorpommern, in: Werz/Hennecke (Hrsg.), Parteien und Politik in Mecklenburg-Vorpommern, 2000, S. 27.

24 Vgl. o. A., Der Minister aus dem Sumpf, in: Der Spiegel, 29. 03. 1993; vgl. Hennecke, Die CDU in Mecklenburg und Vorpommern, in: Werz/Hennecke (Hrsg.), Parteien und Politik in Mecklenburg-Vorpommern, 2000, S. 38.

25 Vgl. Klaus Härtung, Die Ruhe vor dem nächsten Sturz?, in: Die Zeit, 21. 05. 1993.

26 Vgl. Hans-Joachim Guth, Ein Blick hinter die Unions-Kulissen: Vor dem heutigen CDU-Landesparteitag gab es bei den Christdemokraten etliche Ellenbogen-Einsätze, in: Nordkurier, 20. 05. 2000.

27 Vgl. Hennecke, Die CDU in Mecklenburg und Vorpommern, in: Werz/Hennecke (Hrsg.), Parteien und Politik in Mecklenburg-Vorpommern, 2000, S. 56.

28 Vgl. Michael Seidel, „Prinz Rehberg" und ein „genialer Coup": Rot-rote Koalition zeigt sich ein wenig konsterniert, in: Nordkurier, 11. 09. 2001.

29 Vgl. Schwießelmann, Wahlkampf mit Weichspüler? – Die CDU, in: Schoon/Werz (Hrsg.), Die Landtagswahl in Mecklenburg-Vorpommern 2006, 2006, S. 30.

auserkoren worden.[30] Seidel führte den Landesverband in den Wahlkampf 2006 und in die resultierende Große Koalition unter Führung der SPD. Er übernahm in dieser das Amt des stellvertretenden Ministerpräsidenten und Wirtschafts-, Arbeits- und Tourismusministers.[31] Im Jahr 2009 kandidierte Jürgen Seidel nicht erneut als Landesvorsitzender und der amtierende Innenminister Lorenz Caffier wurde mit 78,7 Prozent zu seinem Nachfolger gewählt. Dies wurde innerhalb der CDU heftig diskutiert, da er sich als Innenminister maßgeblich für die Kreisgebietsreform verantwortlich zeichnete, welche vor allem bei den kommunalen Vertretern der Union auf Ablehnung stieß.[32] Die Unzufriedenheit der mecklenburgischen und vorpommerschen Christdemokraten über das schlechte Landtagswahlergebnis des Jahres 2011 wurde bei der Wiederwahl Caffiers im November 2011 deutlich, bei der er gerade einmal 68,8 Prozent der Stimmen auf sich vereinen konnte.[33]

Die CDU ist in Mecklenburg-Vorpommern seit 2007 und mit derzeit 5 848 die mitgliederstärkste Partei. Sie hat die Partei Die LINKE auf den zweiten Rang verwiesen, da sie weniger stark an Anhängern als diese verloren hat. Schien sich zunächst die Zahl um das Jahr 2000 zu stabilisieren,[34] hat die CDU im Land seitdem weitere rund 2 000 „Unionsfreunde" verloren. Seit 2008 scheint sich die Zahl der Christdemokraten wiederum bei knapp 6 000 zu konsolidieren. Inwieweit dies auch aufgrund bundesweiter Tendenzen stabil bleiben wird, ist abzuwarten.[35] In absoluten Zahlen ist der CDU-Landesverband Mecklenburg-Vorpommern der mitgliederschwächste Landesverband nach dem der Hansestadt Bremen. Mit Blick auf den prozentualen Anteil der Parteimitglieder anhand der Anzahl der Parteibeitrittsberechtigten weist jedoch der Landesverband Mecklenburg-Vorpommern nach Thüringen den zweithöchsten Wert in den ostdeutschen Ländern auf. Damit liegt die Rekrutierungsfähigkeit der Landes-CDU über dem ostdeutschen Durchschnitt.[36] Bei der Verteilung der Mitglieder auf die einzelnen Kreisverbände ist die Stärke der Vorpommerschen augenscheinlich. Hier zeichnet sich, umgekehrt zur SPD, ein deutliches Ost-West- und Land-Stadt-Gefälle ab, vor allem mit Blick auf die derzeitigen kreisfreien Städte Schwerin und Rostock.

Neben ihren Mitgliedern versammelt die Union in ihren assoziierten Vereinigungen auch parteilose Mitglieder. Zu diesen Vereinigungen zählen die Junge Union (JU),

---

30 Vgl. Andreas Frost, Hoffnung aus dem Landratsamt: Mecklenburg-Vorpommerns Christdemokraten wählen Jürgen Seidel zum neuen Vorsitzenden, in: Der Tagesspiegel, 25. 07. 2005.

31 Vgl. Andreas Frost, Schwerin: Koalition einig: Seidel wird Superminister, in: Hamburger Abendblatt, 02. 11. 2006.

32 Vgl. Max Stefan-Koslik, Wahl zum Parteichef trotz Liebesentzug, in: Nordkurier, 23. 11. 2009.

33 Vgl. o. A., CDU-Parteitag: Dämpfer für den Landesvorsitzenden Caffier, in: SVZ, 21. 11. 2011.

34 Vgl. Hennecke, Die CDU in Mecklenburg und Vorpommern, in: Werz/Hennecke (Hrsg.), Parteien und Politik in Mecklenburg-Vorpommern, 2000, S. 57.

35 Im bundesweiten Trend ist die Anzahl der Parteimitglieder der CDU seit 1990 kontinuierlich gesunken: Vgl. Oskar Niedermayer, Parteimitgliedschaften in Deutschland im Jahr 2011, in: ZParl, Nr. 2 (2012), S. 389–407, hier: S. 393.

36 Vgl. ebd., S. 396.

Tabelle 1   Mitgliederzahlen der CDU in Mecklenburg-Vorpommern seit 1990

CDU	1990	1991	1992	1993	1994	1995	1996	1997	1998
M	1 853	14 707	12 375	10 636	10 217	9 653	9 150	8 540	8 304
	1999	**2000**	**2001**	**2002**	**2003**	**2004**	**2005**	**2006**	**2007**
M	8 499	7 959	7 740	7 471	6 983	6 749	6 652	6 419	6 168
	2008	**2009**	**2010**	**2011**					
M	6 047	6 183	6 013	5 848					

Quelle: Oskar Niedermayer, Parteimitglieder in Deutschland: Version 2012, Arbeitshefte aus dem Otto-Stammer-Zentrum, Nr. 19, Berlin 2012, S. 4–5.

die Frauen Union (FU), die Christlich Demokratische Arbeitnehmerschaft (CDA), die Kommunalpolitische Vereinigung (KPV), die Wirtschafts- und Mittelstandsvereinigung (MIT), die Senioren Union (SU), die Ost- und Mitteldeutsche Vereinigung (OMV), der Evangelischer Arbeitskreis (EAK), sowie der Landesarbeitskreis Christlich Demokratischer Juristen (LACDJ) und der Ring Christlich-Demokratischer Studenten (RCDS). Vor allem die Senioren Union, Frauen Union und Junge Union haben in Mecklenburg-Vorpommern ihre Aktivitäten erfolgreich entfalten können. Die Etablierung der anderen Vereinigungen ist nur zum Teil gelungen.[37] Anhand der Jungen Union wird deutlich, dass diese ihre Funktion als Vorfeldorganisation erfüllt. So vereinigt der ehemalige Vorsitzende der JU Mecklenburg-Vorpommern Vincent Kokert derzeit die einflussreichen Ämter des Generalsekretärs und Fraktionsvorsitzenden im Landtag in einer Person. Sein Nachfolger Marc Reinhardt, der die Junge Union bis in das Jahr 2012 führte, hat in der sechsten Legislaturperiode neben dem Vorsitz des Innenausschuss auch den des mitgliederstarken Kreisverbandes Mecklenburgische Seenplatte inne.

Daneben hat der Landesverband sogenannte Landesfachausschüsse gebildet, in denen aktuelle und künftige Themen besprochen und abgestimmt werden, um die Arbeit zwischen Landtagsfraktion und den kommunalen Vertretern der CDU besser zu koordinieren.[38]

Der Einfluss des Landesverbandes auf die Bundesebene ist seit Ende der 1990er Jahre gesunken, obwohl die Bundesvorsitzende der CDU aus dem Landesverband kommt. Die Nordost-CDU stellte 1990 mit Günther Krause einen wichtigen Vertreter bei der Aushandlung des Einigungsvertrags. Als Minister von 1990 bis 1993 war er neben Angela Merkel der einzige CDU-Bundesminister aus den ostdeutschen Ländern. Nach dem

---

37 Vgl. Hennecke, Die CDU in Mecklenburg und Vorpommern, in: Werz/Hennecke (Hrsg.), Parteien und Politik in Mecklenburg-Vorpommern, 2000, S. 58.

38 Fachausschüsse zu den Themen „Wissenschaft und Forschung", „Schule, Kultur und Sport", „Sozialpolitik", „Landwirtschaft, Umwelt und Verbraucherschutz", „Innen und Recht", „Wirtschaft und Tourismus" wurden durch den Landesverband gebildet.

Rücktritt Krauses als Bundesminister konnte Paul Krüger in das Kabinett als Bundesminister für Forschung und Technologie nachrücken, welches er bis 1994 innehatte. Ab
1994 war Angela Merkel, zuvor Ministerin für Frauen und Jugend, als Umweltministerin
neben Claudia Nolte die einzige Bundesministerin aus dem Osten.

Nach dem Ausscheiden aus dem Kabinett blieb Paul Krüger auch auf der Bundesebene einflussreich. Zunächst als Sprecher der ostdeutschen Bundestagsabgeordneten,
von 1998 bis 2001 als Vorsitzender des Ausschusses „Neue Länder" im Deutschen Bundestag. Mit dem Strategiepapier „Identitätsgewinn im Aufbau Ost: CDU 2000" von
Eckhardt Rehberg und den „14 Thesen zum Ost-Profil der CDU" von Paul Krüger aus
dem Jahr 1996 kamen aus dem Landesverband wichtige Anstöße zur Profilierung der
CDU in den ostdeutschen Ländern, die bundesweit rezipiert wurden.[39]

Im Deutschen Bundestag hat der Landesverband trotz der kleinen Landes-
gruppe einen gewissen Einfluss. Gilt das Budgetrecht gemeinhin als „Königsrecht des
Parlaments"[40], so hat die CDU Mecklenburg-Vorpommerns seit 1990 immer ein Mitglied, von 1990 bis 2009 Susanne Jaffke-Witt und seit 2009 Eckhardt Rehberg, im einflussreichen Haushaltsausschuss positionieren können.

Mit der Wahl Angela Merkels 2000 zur Bundesvorsitzenden und 2005 zur Bundeskanzlerin ist ein Mitglied des CDU-Landesverbandes Mecklenburg-Vorpommern im
höchsten Parteiamt und als Regierungschefin positioniert. Paradoxerweise konnte der
Landesverband kaum Vorteile aus der herausgehobenen Stellung ihres prominentesten
Mitglieds ziehen. So konnte die CDU weder bei der Landtagswahl 2006 noch 2011 vom
„Kanzlerinnenbonus" profitieren, obwohl Angela Merkel eine Vielzahl von Wahlkampf-
terminen absolvierte. Schlechte Umfragewerte 2006 auf Bundesebene, aber vor allem
die im Wahlkampf 2011 gehaltenen Reden zu landesfremden Themen haben unter anderem dazu geführt.[41] Mit der Wahl Angela Merkels zur Bundeskanzlerin scheint außerdem eine Art Burgfriedenspolitik im Landesverband eingekehrt zu sein. Die historisch
schlechtesten Wahlergebnisse von 2006 und 2011 haben kaum zu Diskussionen innerhalb des Landesverbandes geführt und es wurden scheinbar keinerlei – weder personelle noch inhaltliche – Konsequenzen gezogen.

---

39 Vgl. Manfred Agethen, Zehn Jahre nach der freien Volkskammerwahl, in: Die politische Meinung,
    Nr. 3 (2000), S. 15–23, hier: S. 18–19; vgl. Wolfgang Gehrmann, Die schwarzen Socken, in: Die Zeit,
    23. 02. 1996.

40 Carl-Ludwig Thiele, Haushalten als gesellschaftliches Problem: Sparen tut Not! Zum Haushalt der Bun-
    desrepublik Deutschland, in: Irmintraut Richarz (Hrsg.), Haushalten in Geschichte und Gegenwart,
    Göttingen 1994, S. 249–256, hier: S. 251.

41 Vgl. Schwießelmann, Wahlkampf mit Weichspüler? – Die CDU, in: Schoon/Werz (Hrsg.), Die Land-
    tagswahl in Mecklenburg Vorpommern 2006, 2006, S. 41; Vgl. Huchel/Rausch, Verlieren um zu blei-
    ben – Die CDU, in: Koschkar/Scheele (Hrsg.), Die Landtagswahlen in Mecklenburg-Vorpommern 2011,
    2011, S. 54.

3   Die Partei und ihr Programm

Im Mittelpunkt der CDU-Landtagswahlprogramme steht seit 1990 die Wirtschaftspolitik mit dem Ziel Arbeitsplätze zu erhalten und auszubauen. Damit wird der Arbeitslosigkeit als wichtigstes wahrgenommenes Problem Rechnung getragen. Um ihr entgegenzuwirken wurden Maßnahmen, wie eine Förderung des Mittelstandes oder der gezielten Wirtschaftsförderung, vorgeschlagen, die sich in den Landtagswahlprogrammen seit 1990 finden lassen.

Den Mittelpunkt der CDU-Wahlprogramme für die Landtags- und Bundestagswahl von 1990 bildete der Aufbau einer funktionierenden sozialen Marktwirtschaft.[42] Daneben wurde vor allem eine Abkehr von der Politik der DDR-Zeit in Aussicht gestellt. Für die Schulpolitik wurde der Anspruch formuliert, dass diese sich in Zukunft auf die individuelle Förderung und die Erziehung zum selbstständig denkenden Menschen konzentriere. Außerdem sollten sich auch private Schulträger in Zukunft betätigen dürfen. Ein weiterer Programmpunkt sah vor, die Landwirtschaft leistungsfähiger zu gestalten. Dabei wurde auch der Abbau von unrentablen Arbeitsplätzen angemahnt. Dies sollte jedoch durch die Schaffung neuer Arbeitsplätze im Dienstleistungsbereich, Handwerk, Tourismus und Gewerbe ausgeglichen werden. Zudem setzte sich die Union für eine verantwortungsvolle und nachhaltige Umweltpolitik ein. Auffällig ist die inhaltliche Nähe zahlreicher Positionen mit denen des SPD-Wahlprogramms von 1990. Die programmatischen Unterschiede sollten sich erst nach dieser ersten Wahl einstellen.[43]

Von einer im Wahlprogramm zur Landtagswahl 1994 verankerten direkten Wirtschaftsförderung erwartete sich die Partei, dass Unternehmen angelockt und besonders strukturschwache Regionen gefördert werden.[44] Diese Maßnahmen sollten flankiert werden von einer Verschlankung der Verwaltung, Vereinfachung von gesetzlichen Regelungen und der Ausbau der Infrastruktur, wobei ein zügiger Bau der A20 eine zentrale Forderung darstellte. Die CDU versprach in ihrem Wahlprogramm eine Hilfestellung unter anderem im Bereich Produkt- und Imageförderung. Außerdem setzte sie auf eine Förderung der traditionellen Zweige Landwirtschaft, maritime Wirtschaft und Tourismus. Weitere Schwerpunkte bildeten die Stärkung der Familie durch finanzielle Entlastungen und den Ausbau von Betreuungseinrichtungen sowie eine vorausschauende Umweltpolitik. Auch die Unterstützung der Polizei durch die Einführung neuer Technik und die Stärkung der Justiz waren als Ziele im Wahlprogramm festgelegt. Auf-

---

42 Die folgenden Ausführungen basieren auf: Christlich Demokratische Union Deutschlands Landesverband Mecklenburg-Vorpommern (Hrsg.), Der Wählerkalender, Schwerin 1990.

43 Vgl. Werz, Politische Parteien, in: Werz/Schmidt (Hrsg.), Mecklenburg-Vorpommern im Wandel, 1998, S. 89.

44 Die folgenden Ausführungen basieren auf: Christlich Demokratische Union Deutschlands Landesverband Mecklenburg-Vorpommern (Hrsg.), Für ein starkes Land im Norden! Wahlprogramm CDU Mecklenburg-Vorpommern 1994, Schwerin 1994; CDU-Bundesgeschäftsstelle (Hrsg.), Wir sichern Deutschlands Zukunft: Regierungsprogramm von CDU und CSU, Bonn 1994.

fällig sind hier die großen Überschneidungen der Wahlprogramme zum Landtag und dem Regierungsprogramm der CDU auf Bundesebene, die teilweise wortwörtlich miteinander übereinstimmen.

Im Wahlprogramm 1998 setzte die Union in Mecklenburg-Vorpommern erneut auf die Schwerpunktthemen Wirtschaft und Arbeit, Landwirtschaft, Bildungspolitik und Innere Sicherheit.[45] Im bundespolitischen Programm wurde jetzt akzentuierter auf den Aufbau Ost eingegangen. Während im Landtagswahlprogramm vor allem im Bereich Wirtschaft und Arbeit sowie der Landwirtschaft ähnliche Schwerpunkte wie bereits 1994 gesetzt wurden, gab es im Bereich der Bildungspolitik mit der Einführung des 12-jährigen Abiturs und des Zentralabiturs einen neuen Schwerpunkt.

Mit ihrem Wahlprogramm von 2002 thematisierte der CDU Landesverband, erstmals aus der Opposition heraus, verstärkt das Problem der abwandernden Jugend.[46] Um diesem Missstand entgegenzuwirken sollte der Niedriglohnsektor flexibilisiert und die Jugendlichen stärker unterstützt werden. Im Bereich der Bildungspolitik verlangte die CDU in ihrem Wahlprogramm, die Schüler stärker zu fordern und zu fördern. Die Einführung der flächendeckenden Ganztagsschule stellte ein Novum zu bisherigen Ansätzen im Bildungsbereich dar.

Die Schwerpunktthemen des Wahlprogramms von 2006 waren die Arbeit- und Wirtschaftspolitik, die Familienpolitik, die Bildungspolitik sowie die Verwaltungsreform und Kommunalpolitik.[47] So sollte das Wirtschafts- und das Arbeitsministerium zusammengelegt werden, um hier eine bessere Koordinierung beider Themenbereiche zu ermöglichen. Im Bereich der Familienpolitik wollte die CDU die Eltern von den Kosten für die Betreuung in Kindertagesstätten befreien. Wie in den Jahren zuvor betonte die Partei auch im Wahlprogramm 2006, den Leistungsgedanken in der Schule weiter zu fördern. Dazu sollten unter anderem auch Kopfnoten eingeführt werden. Im Bereich der Kommunalpolitik wollte die CDU die Kommunen stärken, sowohl in finanzieller Hinsicht, als auch bei der Handlungsfreiheit vor Ort. Im Mittelpunkt des Programms der Bundesebene standen ebenfalls die Arbeits- und Wirtschaftspolitik sowie das klare Bekenntnis zu Europa und der NATO. Im Vergleich der beiden Programme wird deutlich, dass der Schwerpunkt im Bereich der Arbeits- und Wirtschaftspolitik lag. Diese

---

45 Die folgenden Ausführungen basieren auf: Christlich Demokratische Union Deutschlands Landesverband Mecklenburg-Vorpommern (Hrsg.), Den Blick nach vorn. Gemeinsam die Zukunft meistern. Das CDU-Wahlprogramm für Mecklenburg-Vorpommern, Schwerin 1998; CDU-Bundesgeschäftsstelle (Hrsg.), 1998–2002 Wahlplattform von CDU und CSU, Bonn 1998.

46 Die folgenden Ausführungen basieren auf: Christlich Demokratische Union Deutschlands Landesverband Mecklenburg-Vorpommern (Hrsg.), Ein neuer Wille fürs Land. Wahlprogramm der CDU MV, Schwerin 2002; CDU Deutschlands (Hrsg.), Leistung und Sicherheit. Zeit für Taten: Regierungsprogramme von CDU und CSU 2002–2006, Berlin 2002.

47 Die folgenden Ausführungen basieren auf: Christlich Demokratische Union Deutschlands Landesverband Mecklenburg-Vorpommern (Hrsg.), Gemeinsam mehr erreichen. Wahlprogramm zur Landtagswahl 2006 CDU Mecklenburg-Vorpommern, Schwerin 2006; CDU Deutschlands (Hrsg.), Deutschlands Chancen nutzen. Wachstum. Arbeit. Sicherheit. Regierungsprogramm 2005–2009, Berlin 2005.

wurden als Alternative zur Politik der rot-grünen Bundesregierung beziehungsweise zur rot-roten Landesregierung präsentiert.

Im Wahlprogramm 2011 der wieder in Regierungsverantwortung stehenden CDU standen die Integration von Jugendlichen und Senioren sowie von Langzeitarbeitslosen durch die Landesprogramme „Arbeit statt Hartz IV" und „Ausbildung statt Hartz IV" im Zentrum der Forderung.[48] Gleichzeitig wurde, ähnlich wie auf der Bundesebene, dem Mindestlohn eine klare Absage erteilt. Im Bereich der Bildungspolitik forderte die CDU in Mecklenburg-Vorpommern eine stärkere Autonomie der Schulen, die Möglichkeit das Abitur neben der Lehre zu erwerben und eine stärkere Verknüpfung von Wirtschaft und Wissenschaft. Im Bereich der Umwelt- und Finanzpolitik befand sich der CDU Landesverband ganz auf Linie der Bundespartei, die neben der Förderung der erneuerbaren Energien auch auf eine solide Finanzpolitik setzte.

Grundsätzlich weist die CDU Mecklenburg-Vorpommern kaum Unterschiede zur Programmatik der Bundespartei auf. Im Land weist sie sowohl im gesellschaftspolitischen als auch im wirtschaftspolitischen Bereich eine stabile programmatische Haltung auf. Im Bereich der Wirtschaftspolitik kann sie als gemäßigt wirtschaftsliberal angesehen werden, in gesellschaftspolitischen Fragen gilt sie als die konservativste Partei in Mecklenburg-Vorpommern.[49]

4   Die Partei und ihre Wählerschaft

Die ersten Landtagswahlen nach der politischen Wende 1990

Den ersten freien Wahlen des Landtages gingen im Jahr 1990 bereits die im März stattfindende letzte Volkskammerwahl und die im Mai stattfindende Kommunalwahl im Land voraus, aus denen die CDU jeweils als Sieger hervorging. In den drei nördlichen Bezirken Rostock, Schwerin und Neubrandenburg konnte die „Allianz für Deutschland" 39,3 Prozent der Stimmen verbuchen, wovon allein auf die CDU 36,3 Prozent entfielen. Wenngleich dieses Ergebnis das DDR-weite Niveau von 48 Prozent (Allianz für Deutschland) unterbot, manifestierte sich die Stärke der Christdemokraten im Norden, speziell im Vergleich zur DSU.[50] Dieser Trend bestätigte sich in den Kommunalwahlen

---

48 Die folgenden Ausführungen basieren auf: Christlich Demokratische Union Deutschlands Landesverband Mecklenburg-Vorpommern (Hrsg.), Klar und Entschlossen. Wahlprogramm der CDU Mecklenburg-Vorpommern, Schwerin 2011; CDU Bundesgeschäftsstelle (Hrsg.), Wir haben die Kraft. Gemeinsam für unser Land. Regierungsprogramm 2009–2013, Berlin 2009.

49 Vgl. Thomas Bräuninger/Marc Debus, Parteienwettbewerb in den deutschen Bundesländern, Wiesbaden 2012, S. 102–105.

50 Vgl. Hennecke, Die CDU in Mecklenburg und Vorpommern, in: Werz/Hennecke (Hrsg.), Parteien und Politik in Mecklenburg-Vorpommern, 2000, S. 22.

am 6. Mai 1990. In den 31 Kreisen und acht kreisfreien Städten konnte sie 27,8 Prozent der Stimmen erlangen und stellte damit 573 der 2 053 Mandate.[51]

Der Ausgang der Landtagswahl am 14. Oktober 1990 galt trotz der bisherigen Erfolge der CDU als ungewiss. Die Umfragewerte oszillierten zwischen einem deutlichen Vorsprung der CDU bis hin zu einer knappen Führung der SPD. Im Gegensatz zu den Sozialdemokraten war die Wahl des Spitzenkandidaten ein schwieriges Unterfangen. In der Berliner Volkskammerfraktion unter Leitung von Günther Krause wurde das ehemalige Mitglied der Bauernpartei Werner Meyer-Bodemann als geeignete Option vorgestellt. Dieser zog sich jedoch, wegen Kontroversen in der Parteibasis und Mutmaßungen über eine etwaige Tätigkeit in der Staatssicherheit zurück.[52] Neben ihm konnte sich Georg Diederich in den Vordergrund spielen. Auf dem Landesparteitag Ende August übernahm sich Diederich allerdings mit der klaren Haltung zu Schwerin in der Hauptstadtdiskussion. Die Wahl fiel schließlich auf den Greifswalder Alfred Gomolka, der selbst überrascht, „ungeschickt und schüchtern in den Wahlkampf einstieg".[53] Obwohl die innerparteilichen Querelen einen professionellen Wahlkampf erschwerten, profitierten die Christdemokraten vom Bonus des Kanzlers der Einheit.[54] Dafür nützlich war der Auftritt Helmut Kohls kurz vor der Wahl in Schwerin vor 25 000 Bürgern, der von einigen Pfiffen abgesehen, großen Beifall erntete.[55] Insgesamt basierte die Außenwirkung des Landesverbandes primär auf der positiven Einstellung des Wahlvolkes zur Bundes-CDU und der kurz darauf folgenden Bundestagswahl im Dezember.

Mit 38,3 Prozent ging die CDU als Wahlsieger aus der Landtagswahl hervor. Der Zuwachs gegenüber der Kommunalwahl ergibt sich dabei zum Teil aus der Zusammenrechnung der Ergebnisse von DSU, DA und DBD. Speziell in den ländlichen Gebieten Vorpommerns profitierte die CDU vom Verschwinden der Bauernpartei, die im Norden relativ starke Resultate erzielt hatte und dadurch Steigerungen um zweistellige Prozentzahlen erreichte.[56] Frauen, konfessionell gebundene, Selbständige und Arbeiter bildeten die Hauptwählergruppen der Union. Die ehemaligen Bezirkshauptstädte Rostock, Schwerin und Neubrandenburg sowie die mecklenburgischen Gebiete konnten allerdings nicht in gleichem Umfang gewonnen werden.[57] Bereits die erste Wahl zeigt

---

51 Vgl. Hennecke, Die CDU in Mecklenburg und Vorpommern, in: Werz/Hennecke (Hrsg.), Parteien und Politik in Mecklenburg-Vorpommern, 2000, S. 26.

52 Vgl. ebd., S. 28.

53 Max-Stefan Koslik, Gut Gebrüllt ist halb gewonnen, in: SVZ, 13. 10. 1990.

54 Vgl. ebd.

55 Vgl. Wilfried Erdmann, Kohl: Mecklenburg wird bald blühen, in: SN, 10. 10. 1990.

56 Vgl. Hennecke, Die CDU in Mecklenburg und Vorpommern, in: Werz/Hennecke (Hrsg.), Parteien und Politik in Mecklenburg-Vorpommern, 2000, S. 27. Im Juli 1990 erfolgte die Fusion mit der DBD (Demokratische Bauernpartei Deutschlands). Diese vollzog sich nicht automatisch sondern erforderte eine ausdrückliche Beitrittserklärung der bisherigen DBD Mitglieder.

57 Vgl. Hennecke, Die CDU in Mecklenburg und Vorpommern, in: Werz/Hennecke (Hrsg.), Parteien und Politik in Mecklenburg-Vorpommern, 2000, S. 30.

das heute noch existente Land-Stadt sowie Ost-West Gefälle der Christdemokraten in Mecklenburg-Vorpommern.

Entsprechend dem Vorbild der Bundesebene orientierte sich die CDU an einer Koalition mit der FDP. Ein gemeinsames Regieren mit der SPD schloss der designierte Ministerpräsident Gomolka von vorn herein aus.[58] Nach anfänglichen Siegesjubel über die Mehrheit von schwarz-gelb machte sich Ernüchterung breit, als das endgültige Ergebnis der Wahl veröffentlicht wurde. Sowohl die sicher geglaubte Regierungskoalition aus CDU und FDP und die Opposition aus SPD und PDS konnten 33 der 66 Sitze im Landtag einnehmen. Diese Pattsituation negierte die vermutete Mehrheit im Landesparlament und bot keine Grundlage für die Wahl Gomolkas zum Ministerpräsidenten.[59] Zu dieser Zeit bildete der Rostocker Wolfgang Schulz das Zünglein an der Waage. Der Abgeordnete der SPD verließ seine Partei wegen ungerechtfertigter Angriffe in Bezug auf eine mutmaßliche Stasivergangenheit und saß als direkt gewählter Fraktionsloser im Landtag.[60] Wenngleich Gomolka eine Große Koalition nicht mehr absolut ablehnte, galt seine Präferenz dem Wohlwollen des Rostockers für die Mehrheitsbildung von Schwarz-Gelb. Gleichzeitig buhlte die SPD mit Unterstützung des damaligen stellvertretenden Bundesparteivorsitzenden Wolfgang Thierse um die Rückkehr von Schulz zur Fraktion.[61] Der Rostocker sagte letztlich der CDU geführten Regierung seine Unterstützung zu. Trotz Streitigkeiten mit der FDP über die Verteilung der Ministerien festigte sich die Koalition und ermöglichte die Regierungsbildung für das Kabinett Gomolka, der mit zwei zusätzlichen Stimmen aus der Opposition zum Ministerpräsidenten gewählt wurde.[62]

Für ein starkes Land im Norden – Landtagswahl 1994

Neben dem Wechsel des Ministerpräsidenten von Gomolka zu Berndt Seite im Vorfeld der Wahlen 1992 verlor auch Günther Krause seinen Posten als Landesvorsitzender an Angela Merkel. Zudem fielen die Untersuchungen zur Stasi-Vergangenheit einiger Abgeordneten der CDU-Landtagsfraktion ins Gewicht. Rehberg bilanzierte mit Bezug auf den Themenkomplex Wirtschaft und Finanzen die gesunkene Arbeitslosigkeit seit 1990 und die Notwendigkeit wirtschaftlicher, verkehrstechnischer Projekte, wie den Bau der A20, die Ansiedlung von Airbus im Land oder den Ausbau der maritimen Wirtschaft.[63]

---

58 Vgl. o. A., Mecklenburg-Vorpommern hat seinen Landtag gewählt. Union wurde stärkste Kraft, Deutschland konservativer, in: SVZ, 15.10.1990.
59 Vgl. o. A., Wahlkrimi nach 24 Uhr, in: SVZ, 16.10.1990.
60 Vgl. o. A., Wahlkrimi nach 24 Uhr, in: SVZ, 16.10.1990.
61 Vgl. o. A., Die CDU will mit Schulz koalieren, in: SN, 18.10.1990.
62 Vgl. o. A., Koalition für den Landtag perfekt, in: SVZ, 22.10.1990.
63 Vgl. Anette Pröber, Wir stehen für Stabilität. Interview mit Eckardt Rehberg, in: OZ, 29.08.1994.

Ministerpräsident Seite sprach sich für die Fortführung der schwarz-gelben Koalition aus, „wenn es reicht für die FDP".[64]

Für die Landes-CDU galt die Ausgangslage vor der Wahl als ungünstig. Einerseits konnte die Europawahl mit Alfred Gomolka als Spitzenkandidat (33,6 %) und die Kommunalwahl (30,6 %) mit leichten Einbußen gewonnen werden. Andererseits sah sie sich mit schlechten Umfragewerten konfrontiert, die Fraktionschef Eckhardt Rehberg neben innerparteilichen Konflikten mit den harten Umständen der Regierungszeit begründete.[65] Die Kommunalwahlen bestätigten zudem das starke Land-Stadt sowie Ost-West Gefälle in den Wahlergebnissen, welches schon 1990 konstatiert werden konnte. Im Landkreis Demmin (45,1 %) und den Vorpommerschen Städten Greifswald (40 %) und Stralsund (37,2 %) wurden überdurchschnittliche Ergebnisse erzielt. Im Gegensatz dazu brachen die Ergebnisse in den mecklenburgischen Städten Rostock (18,3 %), Schwerin (15,4 %) und Wismar (19,2 %) förmlich ein.[66] Ebenso offenbarte die Wahl in den Kommunen die unvorteilhafte strategische Situation der CDU. Da absolute Mehrheiten undenkbar waren, stand sie trotz gewonnener Wahlen häufig einer möglichen rot-roten Koalition gegenüber.[67]

Die Konfrontation mit rot-roten Koalitionen in den Kommunen führte zu wahlkampftaktischen Diskussionen der Landes-CDU. Der Vorschlag von Bundesgeneralsekretär Peter Hintze die „Rote-Socken"-Kampagne mitzutragen, wurde eher aus stilistischen denn aus ideologischen Gründen von Merkel und Klaus Preschle (Generalsekretär seit 1993) abgelehnt. Allerdings konnten auch die eigenen Plakate mit dem SED Symbol der „abgebrochenen Hände" nicht als innovative Neuerung bezeichnet werden.[68] Die Kehrtwende der negativen Umfragewerte entstand ungeachtet der Wahlkampagne durch die terminliche Überschneidung mit der Bundestagswahl, die ausdrücklich von der CDU gewünscht wurde.[69] Dementsprechend führte die „Bäderreise" Helmut Kohls im Wahljahr ähnlich wie 1990 zu einem positiven Effekt bei der Wählerschaft.[70]

Aus der Landtagswahl von 1994 gingen die Christdemokraten erneut als Wahlsieger hervor. Mit 37,7 Prozent der Zweitstimmen wurden sie stärkste Kraft (zum Vergleich: SPD 29,5 %, PDS 22,7 %) und konnten ebenfalls mit Abstand die meisten Wahlkreise (28 von 36) gewinnen.[71] Unter Berücksichtigung der schwachen Umfrageergebnisse vor der Wahl sowie schwerwiegende Konflikte in der Regierungszeit überrascht die Bestäti-

---

64 O. A., Seite will Koalition mit der FDP fortsetzen, in: OZ, 17. 03. 1994.
65 Vgl. Anette Pröber, Wir stehen für Stabilität. Interview mit Eckhardt Rehberg, in: OZ, 29. 08. 1994.
66 Landeswahlleiterin Mecklenburg Vorpommern, Kommunalwahl M-V nach Kreisen 1994.
67 Vgl. Hennecke, Die CDU in Mecklenburg und Vorpommern, in: Werz/Hennecke (Hrsg.), Parteien und Politik in Mecklenburg-Vorpommern, 2000, S. 41.
68 Vgl. Werz/Schmidt, Wahlen in Mecklenburg Vorpommern, Rostock 1996. S. 24–25.
69 Vgl. o. A., Landtagswahltermin offen. CDU will den 16. Oktober, in: OZ, 17. 02. 1994.
70 Vgl. Hennecke, Die CDU in Mecklenburg und Vorpommern, in: Werz/Hennecke (Hrsg.), Parteien und Politik in Mecklenburg-Vorpommern, 2000, S. 41.
71 Landeswahlleiterin Mecklenburg Vorpommern, Wahl zum Landtag von Mecklenburg-Vorpommern am 16. Oktober 1994.

gung des ersten Landtagswahlresultats, lässt sich aber auf die Gleichzeitigkeit der Wahlen zurückführen. Die Präsenz Kohls als Kanzler der Einheit und das von der Bundespartei vorgelegte Programm der Arbeitsbeschaffungsmaßnahmen (ABM) erbrachten in dem von starker Arbeitslosigkeit geplagten Mecklenburg-Vorpommern immensen Zuspruch.

Generell erzielte die CDU flächendeckend gute Ergebnisse mit über einem Drittel der abgegebenen Stimmen, allerdings mit großen regionalen Unterschieden. Noch gravierender als das Stadt-Land Gefälle offenbarte sich dabei die Trennlinie zwischen den östlichen und westlichen Landesteilen. Die besten Resultate erreichte sie in Demmin, Nord-, Ostvorpommern und Uecker-Randow, ihre schlechtesten in den mecklenburgischen Städten.[72] Ferner konnte sie ihre Hegemonie in den östlichen Hochburgen unangefochten halten, woraus sich ein stabiles Stammwählerpotenzial ableiten lässt.[73] Im soziokulturellen Kontext punktete die Partei weit überdurchschnittlich in Gebieten mit einem hohen Anteil von Beschäftigten in der Landwirtschaft. Umgekehrt sind die Ergebnisse im Handels- und Dienstleistungssektor schwächer ausgefallen.[74]

Wegen des Scheiterns der FDP an der Fünf-Prozent-Hürde sah sich die CDU mit derselben Situation konfrontiert, die sich bereits auf der kommunalen Ebene andeutete. Der Wegfall des Koalitionspartners ließ nur die SPD als Option für ein gemeinsames Regieren offen, zumal eine rot-rote Koalition mehrheitsfähig gewesen wäre. Letztendlich beugte sich der mit der PDS sympathisierende SPD-Spitzenkandidat Harald Ringstorff dem Druck der Bonner SPD-Spitze und stimmte dem schwarz-roten Bündnis unter Seite zu.[75]

Von der Regierung in die Opposition – Landtagswahl 1998

Die zweite CDU-geführte Legislaturperiode war noch stärker von Streitigkeiten mit dem Koalitionspartnern geplagt, als die Zusammenarbeit mit der FDP. Die fast oppositionell anmutenden Auseinandersetzungen, die 1996 fast zum Bruch der Koalition führten, verschlechterten die strategische Lage der Christdemokraten. Für die Landtagswahlen, die erneut parallel zu den Bundestagswahlen am 27. September 1998 stattfanden, positionierte man sich deshalb vorrangig gegen die PDS. Eine Neuauflage der „Rote Socken"-Kampagne von Hintze wurde von der Schweriner CDU für den Wahlkampf abermals als ungeeignet empfunden. Vielmehr versuchten Seite und Rehberg die Partei als ostdeutsche Regionalpartei mit Schlagworten wie „regionale Identität" oder „so-

---

72 Vgl. Werz/Schmidt, Wahlen in Mecklenburg Vorpommern, 1996, S. 26.
73 Vgl. ebd., S. 27.
74 Vgl. ebd., S. 29. Berechnungen der Autoren mit Daten des Statistischen Landesamtes.
75 Vgl. Hennecke, Die CDU in Mecklenburg und Vorpommern, in: Werz/Hennecke (Hrsg.), Parteien und Politik in Mecklenburg-Vorpommern, 2000, S. 42.

ziales Wohlbefinden" zu etablieren, um potenzielle PDS-Wähler für sich zu gewinnen.[76] Diese Einstellung wurde aus strategischer Sicht umso notwendiger, da der Wechsel von Rudolf Scharping zu Oskar Lafontaine in der SPD-Spitze 1995 eine offenere Position gegenüber einer rot-roten Koalition aus Richtung Bundespartei mit sich brachte.[77]

Die strategisch ungünstige Stellung war nicht das einzige Hindernis für die nordöstlichen Christdemokraten. In den Umfragewerten vor der Wahl lag die CDU weit hinter der SPD und ein neuerliches Aufkommen der FDP als potenzieller Partner schien ausgeschlossen. Der Situation geschuldet half auch die etwas größere Kompetenzzuschreibung Seites gegenüber Ringstorff nicht.[78] Die hohe Arbeitslosigkeit und das „bundesweit zu beobachtende politische Wechselklima"[79] wirkten vernichtend für die Chancen auf eine Führungsrolle der Christdemokraten im Land. Der Bundestrend, der bei der letzten Wahl den Garant für den Erfolg der Partei dargestellt hatte, wandelte sich nun zum größten Hindernis.

Die Wahlergebnisse vom 27. September 1998 bestätigten das befürchtete Szenario für Bundes- und Länderebene – den Gang in die Opposition. Mit 30,2 Prozent und „nur" 14 gewonnenen Wahlkreisen büßte die CDU kräftig gegenüber den Sozialdemokraten ein (34,2 %, 20 Wahlkreise), die nun stärkste Kraft im Schweriner Schloss waren. An dritter Stelle fügte sich die PDS mit 24,4 Prozent ein.[80] Ministerpräsident Berndt Seite zog aus dem Wahlergebnis eine persönliche Konsequenz und beschränkte sich ausschließlich auf die Ausübung seines Landtagsmandates ohne weitere (partei-)politische Ämter zu bekleiden.[81] Merkel offerierte ihre Bereitschaft „falls nötig" eine Funktion für die Landespartei zu übernehmen, „ob in der Opposition oder anderweitig".[82]

Harald Ringstorff führte jeweils mit der CDU und der PDS Sondierungsgespräche nach der Wahl. Der Kurswechsel der Bundes-SPD sowie die unharmonische Regierungszeit mit der CDU machten eine weitere Auflage der Großen Koalition jedoch unwahrscheinlich und führten zur ersten rot-roten Koalition in Deutschland. Trotz der Wählerabwanderung blieb weiterhin die regionalspezifische und soziokulturelle Wählerstruktur erhalten. Im Osten des Landes waren die Verluste lediglich gradueller Art.[83]

---

76 Vgl. Grabow, Das Parteiensystem in Mecklenburg-Vorpommern, in: Jun/Haas/Niedermayer (Hrsg.), Parteien und Parteiensysteme in den deutschen Ländern, 2008, S. 270.

77 Vgl. Hennecke, Die CDU in Mecklenburg und Vorpommern, in: Werz/Hennecke (Hrsg.), Parteien und Politik in Mecklenburg-Vorpommern, 2000, S. 43.

78 Vgl. Daniel Neumann, Wer macht im Land das Rennen?, in: NNN, 15. 09. 98. und o. A., Bürger meinen: Seite löst Probleme besser: in: SVZ, 15. 09. 1998.

79 Grabow, Das Parteiensystem in Mecklenburg-Vorpommern, in: Jun/Haas/Niedermayer (Hrsg.), Parteien und Parteiensystem in den deutschen Ländern, 2008, S. 270.

80 Vgl. Landeswahlleiterin Mecklenburg Vorpommern, Wahl zum Landtag von Mecklenburg-Vorpommern am 27. September 1998.

81 Vgl. o. A., Seite befürchtet Stillstand im Land, in: OZ, 28. 09. 1998.

82 Vgl. o. A., SPD und PDS vor einer Koalition in Schwerin, in: FAZ, 29. 09. 1998.

83 Vgl. Hennecke, Die CDU in Mecklenburg und Vorpommern, in: Werz/Hennecke (Hrsg.), Parteien und Politik in Mecklenburg-Vorpommern, 2000, S. 52.

Den Löwenanteil der Stimmen büßte die Partei in den mecklenburgischen Gebieten ein, in denen die SPD ihre Dominanz weiter ausbauen konnte.[84] Wenngleich die Landes-CDU immerhin knapp zwei Prozentpunkte mehr erreichen konnte als die Bundespartei, machten die Gleichzeitigkeit der Wahl und die Stimmung im Bund ungeachtet des regionalisierten Wahlkampfes die Anstrengung der Landespartei zunichte.

Angriff aus der Opposition – Die Landtagswahl 2002

Zum dritten Mal hintereinander fand auch die Landtagswahl 2002 mit der Bundestagswahl am 22. September 2002 statt. Erstmalig konnte die CDU aus der Opposition heraus Wahlkampf betreiben. Angriffspunkte hatte sie reichlich, da die rot-rote Regierung es innerhalb ihrer Amtszeit nicht geschafft hatte, die hohe Arbeitslosigkeit zu reduzieren und einen kontinuierlichen Abstieg des Bruttoinlandsproduktes seit 1999 verbuchen musste. Ebenso gelang die geplante Ansiedlung von Airbus in Mecklenburg-Vorpommern nicht.[85] Das Scheitern einiger Wahlversprechen musste Harald Ringstorff im Fernsehduell mit dem CDU-Spitzenkandidaten Rehberg sogar offiziell einräumen.[86] Trotz dieser Rückschläge genoss Ringstorff eine hohe Beliebtheit in der Bevölkerung.[87] Als einzige Oppositionspartei und mit den Defiziten der rot-roten Bilanz standen die Chancen prinzipiell nicht schlecht, wieder erfolgreich bei den Wahlen abzuschneiden. Die hohe Popularität sowie der personalisierte Wahlkampf Ringstorffs überragten jedoch wirtschafts- und sozialpolitische Themen. Im Vorfeld der Wahlen kam es so zu einer ambivalenten Situation. Den Christdemokraten wurden in den für die Bürger des Landes wichtigen Politikfeldern Arbeitsmarkt und Wirtschaft größere Kompetenzen zugesprochen. Zudem war eine Mehrheit (58 Prozent gegenüber 38 Prozent, fehlende Prozente: keine Angaben) von der Arbeit der rot-roten Koalition nicht überzeugt. Trotzdem galt eine CDU-geführte Landesregierung keineswegs als Problemlöser.[88] Daher gelang es der SPD mit ihrem Wahlkampf die Umfragewerte, die bis Juli 2002 noch die Christdemokraten vorne sahen, zu kippen. Dieser Trend verstärkte sich auf Grund der bundesweiten Sympathiewelle die Kanzler Gerhard Schröder durch die Bekämpfung der Elbeflut und wegen der ablehnenden Haltung zu potenziellen Bundeswehreinsätzen im

---

84   Vgl. ebd.

85   Grabow, Das Parteiensystem in Mecklenburg-Vorpommern, in: Jun/Haas/Niedermayer (Hrsg.), Parteien und Parteiensystem in den deutschen Ländern, 2008, S. 272.

86   O. A., Das Duell der Kleinen, in: FAZ, 20.09.2002.

87   Grabow, Das Parteiensystem in Mecklenburg-Vorpommern, in: Jun/Haas/Niedermayer (Hrsg.), Parteien und Parteiensystem in den deutschen Ländern, 2008, S. 271.

88   Infratest dimap, LänderTREND Mecklenburg-Vorpommern. September I und II 2002, abrufbar unter: http://www.infratest-dimap.de/umfragen-analysen/bundeslaender/meck lenburg-vorpommern/laendertrend/2002/september-i/ und http://www.infratest-dimap.de/umfragen-analysen/bundeslaender/mecklenburg-vorpommern/laendertrend/2002/september-ii/ (Stand: 15.10.12).

Irak zukam.[89] Wieder sorgte der Bundestrend, neben dem erfolgreichen Personenwahl-kampf Ringstorffs, für einen Aufschwung der Sozialdemokraten im Land.

Obwohl die CDU mit 31,4 Prozent der Zweitstimmen leicht zulegte, war sie abermals nur Zweiter hinter den nochmals erstarkten Sozialdemokraten, die mit 40,6 Prozent das höchste Ergebnis einer Partei in Mecklenburg-Vorpommern überhaupt erreichen konn-ten. Die Mehrheitskonstellation blieb für die CDU weiterhin unvorteilhaft, da eine Ko-alition ohne die Partei weiterhin möglich war. Zudem war Ringstorff am Weiterführen der Koalition mit der PDS interessiert und schloss eine rot-schwarze Zusammenarbeit wegen der „schlechten Erfahrungen mit der großen Koalition zwischen 1994 und 1998"[90] aus. Wie nach der letzten Wahl musste die CDU deshalb in die Opposition gehen und die Koalition aus SPD und PDS wurde fortgesetzt.

Bis auf den Wahlkreis von Lorenz Caffier (Mecklenburg-Strelitz II) kamen alle 12 Wahlkreissieger aus den vorpommerschen Landesteilen, was die traditionelle Ost-West-Verteilung bestätigt.[91] Bei der Wählerwanderung profitierte die CDU vorrangig von der SPD. In den Bevölkerungsgruppen konnte sie im Vergleich zur 1998er Wahl vor allem bei Arbeitslosen (7 Prozentpunkte), Personen mittlerer und hoher Bildung (14 und 9) sowie den Nicht-Konfessionellen (11) überdurchschnittlich zulegen. Gleiches gilt für die weibliche Altersgruppe von 25–34 Jahren (12) und Männern zwischen 35 und 44 Jahren (15). Eine Stammwählergruppe der Christdemokraten, die über 60jährigen wandelte sich jedoch zu sozialdemokratischem Terrain.[92]

Die Gleichzeitigkeit der Bundestagswahlen überschattete erneut die landespoliti-schen Themen. Speziell aus Sicht der CDU versuchte man, nur dann regionalspezifisch zu punkten, wenn die Stimmung im Bund auf Seiten der Sozialdemokraten stand, wel-che im Land die größte Konkurrenz darstellten.

Gemeinsam mehr erreichen – Die Landtagswahlen 2006

Für die Landtagswahlen am 17. September 2006 agierten die Christdemokraten erneut aus der Opposition heraus. Die fünfte Wahl des Landesparlaments fand dabei losge-löst von den auf 2005 vorgezogenen Bundestagswahlen statt. Dieser Umstand ermög-lichte einen landesspezifischen Wahlkampf der in nicht so starkem Maße von bundes-politischen Themen überlagert wurde. Auf dem elften politischen Aschermittwoch in

89 Vgl. Grabow, Das Parteiensystem in Mecklenburg-Vorpommern, in: Jun/Haas/Niedermayer (Hrsg.), Parteien und Parteiensystem in den deutschen Ländern, 2008, S. 272.

90 Arne Boecker, Vorbereitungen für die rot-rote Koalition, in: SZ, 24.09.2002.

91 Vgl. Landeswahlleiterin Mecklenburg-Vorpommern, Wahl zum Landtag von Mecklenburg-Vorpom-mern am 22. September 2002. Gewählte Wahlkreisbewerber (Erststimmen).

92 Daten nach Infratest Dimap in: Viola Neu/Verene Lieber, PolitikKompass Analyse der Landtagswahl in Mecklenburg-Vorpommern vom 22. September 2002, KAS (Hrsg.) Nr. 92, Sankt Augustin 2002, S. 12–17.

Demmin äußerte Angela Merkel, nun Kanzlerin, ihre klare Haltung gegen die Regierungskoalition im Land. Spitzenkandidat Jürgen Seidel unterstrich die Aussage der Kanzlerin und profilierte sich selbst als Gegner der rot-roten Regierung.[93] Bereits bei der Programmdiskussion der Landespartei im Frühling 2006 äußerte Seidel harsche Kritik an Ringstorff, den er auf Landes- und Bundesebene als inkompetent betitelte. Kanzleramtschef Thomas de Maizière, einst Staatskanzleichef in Schwerin, bremste den aggressiven Ton und stellte eine Große Koalition im Land in Aussicht, mit der es sich eventuell zu arrangieren galt.[94] Diese Strategie erschien aufgrund der bundespolitischen Umstände (schwarz-rote Koalition seit 2005) sowie der mangelnden Koalitionsoptionen der Landes-CDU durchaus sinnvoll.

Der Landeswahlkampf war dementsprechend von zwei Prämissen geprägt. Zum einen von der klaren Abgrenzung und thematischen Kritik an der Landesregierung, zum anderen von der personalisierten Konfrontation der Spitzenkandidaten Ringstorff und Seidel. Obwohl Seidel wegen seiner Ministertätigkeiten (1994–1998) im Land nicht völlig unbekannt war, überragte ihn die immer noch in weiten Teilen bestehende Popularität des Ministerpräsidenten. Der ansonsten zurückhaltende, zum Teil auf Konsens gerichtete Wahlkampf der Christdemokraten spitzte sich auf den „Mann des Ausgleichs" zu.[95] Als Lichtblick wirkte daher das von der Presse einstimmig zu Gunsten Seidels entschiedene TV-Duell zwischen den Spitzenkandidaten.[96] Dieser Sieg auf medialer Ebene bekräftigte zwar die Annäherung in den Beliebtheitswerten Seidels gegenüber Ringstorff, konnte die Stimmung im Land jedoch nicht umwälzen. Ebenso versuchte die Landespartei durch gemeinsame Auftritte mit der Bundeskanzlerin Merkels zu punkten, welche von Seiten der Sozialdemokraten jedoch als fehlendes landespolitisches Profil gerügt wurde.[97]

Mit 28,8 Prozent der Zweitstimmen erreichte die CDU ihr bis dato schlechtestes Ergebnis im Land. Wenngleich der SPD mit nur 30,2 Prozent ein großer Anteil der Wählerschaft gegenüber 2002 abhanden gegangen war, blieb diese stärkste Kraft im Land. Die PDS konnte minimal zulegen (16,8 %). Die CDU schaffte es zwar, unzufriedene Wähler von der SPD aufzufangen, verlor jedoch in noch größerem Maß an die Liberalen, Rechtsextremen und Nichtwähler.[98] Allerdings konnte sie wieder mehr Direktmandate

---

93 Vgl. Schwießelmann, Wahlkampf mit Weichspüler? – Die CDU, in: Schoon/Werz (Hrsg.), Die Landtagswahl in Mecklenburg Vorpommern 2006, 2006, S. 31.

94 Vgl. Michael Seidel, Berliner Gast schwört CDU des Landes auf Große Koalition ein, in: Nordkurier, 28. 04. 2006.

95 Vgl. Schwießelmann, Wahlkampf mit Weichspüler? – Die CDU, in: Schoon/Werz (Hrsg.), Die Landtagswahl in Mecklenburg Vorpommern 2006, 2006. S. 31–32.

96 Vgl. stellvertretend für alle regionalen Zeitungen: Max-Stefan Koslik/Frank Ruhkieck, Kopf oder Zahl, in: SVZ, 14. 09. 2006.

97 Schwießelmann, Wahlkampf mit Weichspüler? – Die CDU, in: Schoon/Werz (Hrsg.), Die Landtagswahl in Mecklenburg Vorpommern 2006, 2006. S. 35–38.

98 Vgl. nach Infratest dimap in: Schwießelmann, Wahlkampf mit Weichspüler? – Die CDU, in: Schoon/Werz (Hrsg.), Die Landtagswahl in Mecklenburg Vorpommern 2006, 2006, S. 41.

erreichen und festigte ihre regionalen Hochburgen. Das über drei Legislaturperioden stabile Dreiparteiensystem erodierte durch den erneuten Einzug der FDP (9,6 %) und dem Erstmaligen der NPD (7,3 %). Die für 2002 konstatierte Wählerstruktur ist bei dieser Wahl ebenso erkennbar wie die nun schon traditionelle regionale Verteilung. Hauptsächlich stimmten die mittleren Altersklassen, Beschäftigte der Landwirtschaft und die kleine Gruppe der konfessionell Gebundenen für die Christdemokraten. Bei den unter 30-jährigen sowie über 60-jährigen verlor man hingegen weiter an die SPD und ein Teil der gering qualifizierten und Arbeitslosen wanderte zu den Rechtsextremen.[99]

Schlussendlich lag dieses schlechte Abschneiden bei der Wahl auch an wahlstrategischen Fehlern. Die CDU konnte sich aus der Opposition heraus nicht als kompetente Alternative präsentieren und verpasste es damit Nutzen aus der vorhandenen Unzufriedenheit gegenüber der Landesregierung zu ziehen.[100] Die Entscheidung zu einem personenorientiertem Wahlkampf ließ zudem klassische thematische Steckenpferde wie Wirtschafs-, Innen- und Sicherheitspolitik in den Hintergrund rücken. Nicht zuletzt kehrte sich der erhoffte Kanzlerinnenbonus ins Gegenteil um, weil das mangelnde Vertrauen in die Bundes-CDU in der Großen Koalition das Mobilisieren der Stammwählerschaft zusätzlich erschwerte.[101]

Im Anschluss an die Wahl musste die Union sich rasch zur Großen Koalition bekennen. Generalsekretär Lorenz Caffier sprach von einer „Koalition der Vernunft", die Ringstorff eingehen sollte.[102] Er spielte mit Blick auf die nur knappe Mehrheit von Rot-Rot auf die prekären Verhältnisse im Landtag an. Ringstorff entschied sich widerwillig „aus Gründen der politischen Stabilität" für jene rot-schwarzen Koalition.[103] Jürgen Seidel übernahm den Posten des stellvertretenden Ministerpräsidenten und die CDU beteiligte sich nach acht Jahren Opposition wieder an der Landesregierung.

Klar und Entschlossen – Die Landtagswahl 2011

Bei der letzten Landtagswahl am 4. September 2011 fuhr die CDU das bislang schlechteste Resultat in ihrer Landesgeschichte ein. Lediglich 23 Prozent der Wähler stimmten für die Christdemokraten. Die Landes-CDU errang nur halb so viele Direktmandate wie die SPD (CDU 12, SPD 24), welche primär in den regionalen Hochburgen erzielt wurden. Harry Glawe erreichte allerdings 49,9 Prozent, gleichbedeutend mit der höchs-

---

99   Vgl. ebd.
100 Vgl. Infratest dimap, LänderTREND Mecklenburg-Vorpommern. September 2006.
101 Vgl. Schwießelmann, Wahlkampf mit Weichspüler? – Die CDU, in: Schoon/Werz (Hrsg.), Die Landtagswahl in Mecklenburg Vorpommern 2006, 2006, S. 41.
102 Vgl. o. A., CDU fordert eine Koalition der Vernunft, in: Nordkurier, 19.09.2006.
103 Vgl. Grabow, Das Parteiensystem in Mecklenburg-Vorpommern, in: Jun/Haas/Niedermayer (Hrsg.), Parteien und Parteiensystem in den deutschen Ländern, 2008, S. 274.

ten Zustimmung für einen Kandidaten überhaupt im Land.[104] Die regionale Verteilung zeigte sich trotz teilweise herber Verluste im traditionellen Ost-West Gefälle in Bezug auf die Zweitstimmen, sowie gewonnene Direktmandate.[105] Die CDU muss klar als Verlierer der Wahl betitelt werden, was jedoch keine vollständige politische Niederlage implizierte.

Der sukzessive Verlust von Stimmen begründet sich primär mit der mangelnden Fähigkeit der CDU eigene Kompetenzen und Erfolge zu vermitteln. Als Juniorpartner der Großen Koalition unter Ringstorff, respektive Erwin Sellering, konnte die CDU unter anderen die Ressorts für Wirtschaft (Jürgen Seidel) und Inneres (Lorenz Caffier) besetzen. Deren politische Arbeit wies auf Grund der gesunkenen Arbeitslosenzahlen sowie der Polizeireform handfeste Ergebnisse vor. Generell wurde die Zusammenarbeit im Gegensatz zur ersten großen Koalition als gut bewertet.[106] Es kann daher nicht verwundern, dass die Bevölkerung sowie speziell die CDU-Mitglieder einem Fortführen der rot-schwarzen Koalition durchaus positiv gegenüberstanden.[107] Die starke Präferenz der Christdemokraten für die weitere Zusammenarbeit mit der SPD resultiert vorrangig aus der immer noch bestehenden Optionslosigkeit bei der Auswahl von Koalitionspartnern.

Die Landespartei führte einen sehr defensiven Wahlkampf. Thematisch Akzente wurden, bzw. konnten kaum gesetzt werden, da speziell im wichtigen Wirtschafts- und Arbeitsbereich deutliche Überschneidungen mit den Sozialdemokraten aufkamen. Einzig Fragen zum Studiensystem, bei der Wahl 2006 noch Konsensgarant, und über den Mindestlohn ließen nun Kontroversen zwischen den Parteien zu, wenngleich auf sehr niedrigem Niveau.[108] Dieser zurückhaltende Trend setzte sich in der personellen Auseinandersetzung zwischen den Spitzenkandidaten fort. Die „C-wie-Zukunft"-Kampagne von Caffier erntete zumeist Hohn und Spott in der medialen Rezeption, konnte damit allerdings für Bekanntheit sorgen.[109] Das Rededuell zwischen Sellering und Caffier im NDR deklassierten die Medien als „Duett"[110] der beiden, was auf Grund der thematischen Dopplungen und dem positiven Bilanzieren der gemeinsamen Regierungszeit keineswegs übertrieben schien. Einzig gegenüber Die LINKE blieb die CDU auf An-

---

104 Vgl. Landeswahlleiterin, Endgültiges Ergebnis Wahl zum Landtag von Mecklenburg-Vorpommern am 4. September 2011: Gewählte Wahlkreisbewerber (Erststimmen).

105 Vgl. Huchel/Rausch, Verlieren um zu bleiben – Die CDU, in: Koschkar/Scheele (Hrsg.), Die Landtagswahlen in Mecklenburg-Vorpommern, 2011, S. 53.

106 Vgl. ebd., S. 46.

107 Vgl. ebd., S. 47.

108 Vgl. Schwießelmann, Wahlkampf mit Weichspüler? – Die CDU, in: Schoon/Werz (Hrsg.), Die Landtagswahl in Mecklenburg Vorpommern 2006, 2006. S. 40.

109 Vgl. Huchel/Rausch, Verlieren um zu bleiben – Die CDU, in: Koschkar/Scheele (Hrsg.), Die Landtagswahlen in Mecklenburg-Vorpommern 2011, 2011, S. 50.

110 Stellvertretend für mehrere Rezeptionen: O. A., Müdes Rede-Duell, in: SVZ, 31.08.2011.

griffskurs, auch unter der allgegenwärtigen Devise Rot-Rot zu verhindern.[111] Der Effekt dieser Form des Wahlkampfes offenbarte sich ernüchternd.

Bei allen Berufsgruppen, speziell den Beamten, verlor die Landespartei Stimmen, hauptsächlich in Richtung der SPD. Caffier begründete diesen Umstand kurz nach der Wahl damit, dass in einer „großen Koalition der Chef die Punkte einsammelt".[112] Diese These bewahrheitete sich außerdem durch das passive Verhalten im Wahlkampf seitens der CDU. Die Christdemokraten haben es nicht geschafft ihre politischen Leistungen im Vergleich zur SPD zu illustrieren. Weiterhin verkörperte Lorenz Caffier in der personenzentrierten Phase des Wahlkampfs keine Alternative zum Ministerpräsidenten. Dieses Defizit enthüllte sich schon vor der Wahl durch die weit auseinander klaffenden Ergebnisse bei der Direktwahlfrage.[113] Hatte es die SPD in der rot-roten Koalition geschafft „Die LINKE zu ‚entzaubern', so hat sie in der vergangenen Legislaturperiode die CDU ‚weichgespült'".[114] Nichtsdestotrotz präferierte Erwin Sellering Kontinuität und blickte auf die verhältnismäßig hohe Zustimmung der bisherigen Koalitionsarbeit.[115] Die Christdemokraten durften als geschwächter Partner weiter die Regierung mitgestalten. Die Entscheidung zu Gunsten der CDU anstatt des theoretisch ebenso möglichen rot-roten Bündnisses überraschte wegen des beinahe harmonischen Wahlkampfes nicht.

Die Wählerstruktur der CDU in Mecklenburg-Vorpommern seit 1990

Rückblickend auf sechs vollzogene Landtagswahlen kann für die Christdemokraten in Mecklenburg-Vorpommern ein Stammwählerklientel festgestellt werden, wenngleich sich von Wahl zu Wahl kleinere Fluktuationen in den soziokulturellen Gruppen ereigneten.

Die regionale Disposition im Land offenbarte sich bereits 1990. Vorpommern und wenige östliche Gebiete Mecklenburgs gehören fest ins politische Milieu der Landespartei. Im Kontrast dazu liegen die westlichen Landesteile und ‚urbanen' Zentren Rostock, Schwerin und Wismar primär in Händen der SPD. Stark vereinfacht ist der typische CDU Wähler nach den vorliegenden Erörterungen männlich, 35 Jahre alt, in der Landwirtschaft tätig, aus Vorpommern und konfessionell gebunden. Das letztgenannte Attribut darf aber wegen der schwachen Ausprägung im Land nicht überbewertet werden. Während mittlerweile bei Arbeitslosen und Selbstständigen zusätzlich Anstiege erkennbar sind, gingen die über 60-jährigen zu großen Teilen an die Sozialdemokraten oder die Partei Die LINKE.

---

111 Vgl. o. A., Linke unfähig zum Regieren, in: OZ, 16. 08. 2011.
112 O. A., C wie zerknirscht: Union verliert die Wahl, in: OZ, 05. 09. 2011.
113 Vgl. Huchel/Rausch, Verlieren um zu bleiben – Die CDU, in: Koschkar/Scheele (Hrsg.), Die Landtagswahlen in Mecklenburg-Vorpommern 2011, 2011, S. 53.
114 Ebd., S. 54.
115 Vgl. o. A., Sellering setzt auf Kontinuität, in: SZ, 23. 09. 2011.

Tabelle 2   Wählerstruktur in Mecklenburg-Vorpommern

		2002[a]	2006[b]	2011[c]
Geschlecht	männlich	33	29	24
	weiblich	29	29	23
Alter	18–24	28	21	16
	25–34	34	27	23
	35–44	35	31	25
	45–59	32	30	23
	60 Jahre +	28	29	24
Berufsgruppe	Arbeiter	33	28	21
	Angestellte	31	30	22
	Beamte	41	44	33
	Selbstständige	47	42	35
	Landwirte	47	39	27
Berufstätigkeit	Rentner	28	28	23
	Auszubildende	24	22	k. A.
	arbeitslos	28	21	13
Konfession	konfessionslos	26	25	19
	katholisch	48	51	48
	evangelisch	40	36	31
Bildung	hoch	28	28	21/25*
	mittel	33	30	25
	niedrig	32	28	24
MV gesamt		31,4	28,8	23,0

Quelle: Eigene Darstellung. Angaben in Prozent nach:

[a] Viola Neu/Verene Lieber, PolitikKompass Analyse der Landtagswahl in Mecklenburg-Vorpommern vom 22. September 2002, KAS Arbeitspapier, Nr. 92 (2002).

[b] Viola Neu, Landtagswahl in Mecklenburg-Vorpommern und Abgeordnetenhauswahl in Berlin am 17. September 2006: Wahlanalyse, Berlin 2006.

[c] KAS (Hrsg.), Landtagswahl in Mecklenburg-Vorpommern am 4. September 2011, Berlin, 2011.

* Daten in diesem Zusammenhang: Abitur/Hochschulabschluss.

Tabelle 3   Ergebnisse der Landtagswahlen in Mecklenburg-Vorpommern seit 1990

Partei/Jahr	1990	1994	1998	2002	2006	2011
CDU	38,3	37,7	30,2	31,4	28,8	23,0
SPD	27,0	29,5	34,3	40,6	30,2	35,6
Die LINKE	15,7	22,7	24,4	16,4	16,8	18,4

Quelle: Daten nach Angaben der Landeswahlleiterin, Statistisches Landesamt Mecklenburg-Vorpommern. Eigene
Darstellung. Angaben in Prozent.

Trotz der regionalen Hochburgen und der zumeist stabilen Stammwählerschaft musste
die CDU seit den Wahlerfolgen Anfang der 1990er Jahre einen kontinuierlichen Abstieg
ihrer Landtagswahlergebnisse hinnehmen. Damit ist sie die einzige der drei großen Parteien in Mecklenburg-Vorpommern, die dieses Schicksal ereilt. Die SPD etablierte sich
zur Landespartei, obwohl sie ihr fulminantes Ergebnis von 2002 bisher noch nicht wie-
derholen konnte. Die Resultate von Die LINKE oszillierten von 15,7 bis 24,4 Prozent,
stabilisierten sich aber in den letzten Jahren bei 16–18 Prozent.

Für die CDU besteht seit einiger Zeit die strategisch unvorteilhafte Position der feh-
lenden Koalitionspartner. Während sie ihre Dominanz auf kommunaler Ebene seit der
politischen Wende 1990 verteidigen konnte, ist sie auf Landesebene auf das Wohlwollen
der SPD angewiesen, um dem Schreckgespenst einer rot-roten Koalition zu entgehen.

5   Die Partei im Parlament und in der Regierung

Landesführung durch die CDU – 1990–1998

Infolge der deutlich gewonnenen ersten Landtagswahl in Mecklenburg-Vorpommern
stellte die CDU Fraktion 29 der 66 Abgeordnete im Schweriner Schloss. Im Anschluss
an die Kontroverse um Wolfgang Schulz war es den Christdemokraten unter Alfred
Gomolka möglich, mit der FDP die Regierung zu stellen. Die Koalitionsverhandlungen
entwickelten sich trotz eines heftigen Diskurses über Zuständigkeiten zu einem zügigen
positiven Ende.[116]

Gomolka zielte beim Besetzen der Ministerposten, neben „einer Mischung aus Kalkül, Spontaneität und Zufall", auf eine Adaption der bestehenden Machtverhältnisse.[117]
Exemplarisch dafür zu nennen sind die ehemaligen Bezirksbevollmächtigten Georg

---

116 Vgl. o. A., Platzt doch noch die geplante Koalition?, in: SN, 24. 10. 1990.
117 Hennecke, Die CDU in Mecklenburg und Vorpommern, in; Werz/Hennecke (Hrsg.), Parteien und Politik in Mecklenburg-Vorpommern, 2000, S. 30.

Diederich und Hans-Joachim Kalendrusch, welche im Kabinett die Schlüsselpositionen des Innenministers und des parlamentarischen Staatssekretärs ausübten. In gleicher Systematik erhielt Martin Brick, einstiger Landesbeauftragter von Mecklenburg-Vorpommern, das Ressort Landwirtschaft.[118] Weiterhin bestand fast das gesamte Kabinett, mit Ausnahme von Justizminister Ulrich Born, aus ostdeutschen Politkern. CDU-Neumitglied Rainer Prachtl übte die Funktion des Landtagspräsidenten aus und trat so als Ausgleich zum ehemaligen Blockparteimitglied Gomolka auf.[119] Eckart Rehberg und sein Parlamentarischer Geschäftsführer Lorenz Caffier führten die Fraktion im Landtag, als Vertreter der letzten DDR-Regierung erhielt Oswald Wutzke den Posten des Kultusministers. Mit der jüngsten Ministerin in Deutschland, Petra Uhlmann (Umwelt) und der Greifswalderin Bärbel Kleedehn (Finanzen), setzte der Ministerpräsident nochmals eigene Akzente im Männer-dominiertem Kabinett.[120] Das Wirtschafts- und Sozialministerium überließen die Christdemokraten dem Koalitionspartner.

Die erste Legislaturperiode war voller Hindernisse für die schwarz-gelbe Koalition. Hauptaugenmerk lag auf dem Verabschieden der Landesverfassung, der Kommunalverfassung, der Hauptstadtdiskussion, der Konfrontation mit dem Pogrom von Rostock-Lichtenhagen und der ersten Werftenkrise. Besonders das Management der Werftenkrise hatte für den Ministerpräsidenten personelle Konsequenzen. Die CDU sprach sich geschlossen für einen Gesamtverbund aller Werften für den Übergang zur Privatwirtschaft aus und widersprach damit der Forderung von Wirtschaftsminister Conrad-Michael Lehment (FDP), der eine einzelne mittelständische Privatisierung präferierte.[121] Infolge dieses Diskurses verhärteten sich die Fronten zwischen der FDP und der CDU, welche Rückendeckung vom Landesvorsitzenden und Bundesverkehrsminister Günther Krause erhielt. Dieser sprach sich für eine Paketlösung aus und forderte den Rücktritt von Lehment. Am Ende verabschiedete man einen Entwurf, bei dem die Kernbereiche in zwei „Pakete" aufgeteilt wurden.[122] Alfred Gomolka beschrieb dieses Konzept als Kompromisslösung.[123]

---

118 Vgl. Max-Stefan Koslik, Kabinett steht, in: SVZ, 26.10.1990.

119 Vgl. Hennecke, Die CDU in Mecklenburg und Vorpommern, in; Werz/Hennecke (Hrsg.), Parteien und Politik in Mecklenburg-Vorpommern, 2000, S. 31.

120 Vgl. Hennecke, Die CDU in Mecklenburg und Vorpommern, in; Werz/Hennecke (Hrsg.), Parteien und Politik in Mecklenburg-Vorpommern, 2000.

121 Vgl. o. A., Werftenkrise schlägt Regierungsschiff leck, in: SVZ, 29.02.1992.

122 Wolfgang Dalk, Die Eskalation der Schweriner Regierungskrise, in: SVZ, 16.03.1992. Die Diskussionen um den Übergang der Werften in die Privatwirtschaft wurden von Demonstrationen zahlreicher Werftarbeiter begleitet. So zum Beispiel am 2 März 1992 als in Wismar, Warnemünde und Waren 10 000 Arbeiter an Werftbesetzungen teilnahmen, um die Gomolka Regierung zu einer Einigung zu zwingen. Am Ende erhielt die Bremer Vulkan AG die MTW Schiffswerft GmbH in Wismar und das Dieselmotorenwerk Rostock. Die Rostocker/Warnemünder Neptun-Warnow-Werft fiel der norwegischen Kvaerner AS zu.

123 Vgl. ebd.

Das Misstrauen in die Koalition als ein Resultat des Werftenmanagements und in die Person Gomolka erfuhr seinen Höhepunkt als dieser Justizminister Ulrich Born wegen mangelnder Loyalität entließ.[124] Mehrere CDU-Mitglieder stellten einen Misstrauensantrag und Gomolka erklärte seinen Rücktritt. Die Situation für die Wahl des neuen Ministerpräsidenten gestaltete sich dabei schwierig, da auf Grund der Mehrheitsverhältnisse im Landtag Gomolkas Stimme entscheidend war. Im Anschluss an personelle Debatten über den Nachfolger konnte Generalsekretär Berndt Seite nach Vorschlag von Günther Krause als neuer Regierungschef gewählt werden. Seite baute zudem auf die Unterstützung Gomolkas, schaffte es jedoch erst im zweiten Wahlgang wegen zwei ungültigen Stimmen.[125]

Er übte sich nach der Amtsübernahme vorerst in Zurückhaltung gegenüber der aufgeladenen Werftenthematik und profitierte von seiner externen Rolle als Generalsekretär im Streit darüber.[126] Der Ministerpräsident versuchte sein Kabinett durch „Westimporte" zu professionalisieren. Mit dem neuen Justizminister Herbert Helmrich und der Kultusministerin Steffie Schnoor etablierten sich zwei erfahrene Bonner Politiker. Zudem ersetzte Rudi Geil den bisherigen Innenminister Lothar Kupfer, dem man Versagen im Umgang und mit der Aufarbeitung des Pogroms von Rostock-Lichtenhagen unterstellte.[127] Im Laufe der Legislaturperiode wurde er von Armin Jäger abgelöst. Der von Seite forcierte Wechsel von Günther Krause zu Angela Merkel als Landesvorsitzende beendete den personellen Wandel in der CDU Führung. Generell vermochte es Seite mit Angela Merkel und Eckardt Rehberg die Stimmung innerhalb der Koalition zu beruhigen und die Christdemokraten zu disziplinieren.[128]

Bei der Landtagswahl 1994 stellte die CDU erneut mit 30 von nun 71 Mandaten die größte Fraktion im Schweriner Schloss. Weiterhin blieb der schwache Anteil von Frauen bestehen. Gerade einmal vier der 30 Sitze wurden durch weibliche Abgeordnete besetzt.[129] Die Christdemokraten mussten wegen des Scheiterns der FDP an der Fünf-Prozent-Hürde eine große Koalition eingehen. Dieser Zusammenschluss war von persönlichen Abneigungen zwischen dem Fraktionsvorsitzenden Eckhardt Rehberg, Berndt Seite und Harald Ringstorff geprägt.[130]

Seites zweites Kabinett hielt nicht mehr so viele Posten für die CDU parat. Rudi Geil (Inneres), Martin Brick (Landwirtschaft) und Bärbel Kleedehn (Finanzen) durf-

124 Vgl. ebd.
125 Vgl. Hennecke, Die CDU in Mecklenburg und Vorpommern, in; Werz/Hennecke (Hrsg.), Parteien und Politik in Mecklenburg-Vorpommern, 2000, S. 37.
126 Vgl. ebd.
127 Vgl. Grabow, Das Parteiensystem in Mecklenburg-Vorpommern, in: Jun/Haas/Niedermayer (Hrsg.), Parteien und Parteiensystem in den deutschen Ländern, 2008, S. 268.
128 Vgl. ebd.
129 Vgl. o. A., Die Abgeordneten, in: OZ, 16. 11. 1994. Die weiblichen Abgeordneten waren: Bärbel Kleedehn, Steffie Schnoor, Gesine Skrzepski und Renate Holznagel.
130 Vgl. Schoon, Mecklenburg-Vorpommern – Pragmatismus und Kontinuität bei struktureller Schwäche, in: Kost/Rellecke/Weber (Hrsg.), Parteien in den deutschen Ländern, 2010, S. 246.

ten ihre Funktion weiter ausüben. Das Umweltministerium leitete Jürgen Seidel. Höhepunkt der von personellen und inhaltlichen Querelen geplagten Koalition bildete die Kritik an dem Verhalten von Bärbel Kleedehn 1996. Die Ministerin beriet sich mit dem Bund über ein Finanzierungskonzept für die problembehafteten Werften, ohne Abstimmung mit dem Wirtschaftsminister Ringstorff, der sich seinerseits übergangen fühlte.[131] Dieser heftig geführte Diskurs ließ Harald Ringstorff erneut mit einer rot-roten Koalition liebäugeln, was jedoch abermals von der Bundes-SPD sowie durch Widerstand in der Landespartei verhindert wurde.[132] Resultat jenes Konfliktes war ein Personalkarussell innerhalb des Kabinetts. Ringstorff verzichtete auf seinen Ministerposten und übernahm den Fraktionsvorsitz. Als Kompromiss löste Sigrid Keler (SPD) ihre Kollegin Bärbel Kleedehn im Finanzministerium ab. Kleedehn wechselte in das Umwelt-/Bauressort und Jürgen Seidel wurde neuer Wirtschaftsminister. Spätestens jetzt standen sich die beiden Regierungspartner wie zwei Oppositionsparteien gegenüber.[133] Speziell das gestörte Verhältnis zwischen Ringstorff und Rehberg, die sich nun als jeweilige Fraktionsvorsitzende gegenüberstanden feuerte diesen Umstand an.

Der Gang in die Opposition 1998–2006

Das Wahlergebnis von 1998 änderte die parteipolitischen Machtverhältnisse wie in Kapitel 4 erläutert. Mit 24 Mandaten stellten die Christdemokraten die zweitgrößte Fraktion im Landesparlament, konnten eine rot-rote Koalition aber nicht verhindern. Alle vor der Wahl aktuellen Minister sicherten sich über Landesliste oder Direktwahl einen Platz im Schweriner Schloss.[134]

Der Landtagsfraktion gehörten wie in den Jahren zuvor verhältnismäßig wenige Frauen an. Es blieb bei den vier Etablierten Größen Steffie Schnoor, Renate Holznagel, Bärbel (Nehring-)Kleedehn und Gesine Skrzepski. Im Vergleich zu den anderen Parteien hat die CDU mit lediglich einem Sechstel Frauen die schwächste Quote (SPD: ein Drittel; PDS: die Hälfte).

In der Opposition lehnte sich die Landespartei sehr an die Bundes-CDU an. Eckhardt Rehberg übernahm den Slogan „Mitten im Leben" aus Berlin und Angela Merkel fügte ihm den Zusatz „Auf dem Weg in die Regierungsverantwortung im Land MV" hinzu.[135] Dieses Hand-in-Hand gehen mit der Bundespartei sollte primär für Geschlos-

---

131 Vgl. Grabow, Das Parteiensystem in Mecklenburg-Vorpommern, in: Jun/Haas/Niedermayer (Hrsg.), Parteien und Parteiensystem in den deutschen Ländern, 2008, S. 269.
132 Vgl. Hennecke, Die CDU in Mecklenburg und Vorpommern, in: Werz/Hennecke (Hrsg.), Parteien und Politik in Mecklenburg-Vorpommern, 2000, S. 44.
133 Vgl. Adalbert Zehnder, Die alten Wunden sind noch längst nicht verheilt, in: SZ, 31.01.1998.
134 Vgl. Der Landeswahlleiterin des Landes Mecklenburg-Vorpommern, Wahlkreisergebnisse 1998.
135 Vgl. Hennecke, Die CDU in Mecklenburg und Vorpommern, in; Werz/Hennecke (Hrsg.), Parteien und Politik in Mecklenburg-Vorpommern, 2000, S. 54.

senheit innerhalb des Landesverbandes sorgen. Trotz rascher Wahlerfolge bei den Europa- und Kommunalwahlen 1999 verfolgten die Christdemokraten in Mecklenburg-Vorpommern keineswegs einen gemeinsamen Kurs in ihrer oppositionellen Rolle. Die nur im zweiten Wahlgang absolvierte Wiederwahl Rehbergs zum Fraktionsvorsitzenden kann als ein Zeugnis dessen gesehen werden.[136] Die Landesvorsitzende Merkel genoss hingegen breites Vertrauen und erzielte bei ihrer Wiederwahl 94 Prozent.[137] Im Anschluss an die Wahl Merkels zur Bundesvorsitzenden übernahm die ehemalige Kultusministerin Steffie Schnoor im Mai 2000 der Vorsitz der Landespartei. Sie stellte vorrangig die kommunale Verankerung in den Mittelpunkt und sprach sich für einen neuen Aufbruch der Landespartei aus.[138]

Die Landesregierung bot Angriffspunkte mit Streitigkeiten über das dreigliedrige Schulsystem, dem Ausbau des öffentlichen Beschäftigungssektors und nicht zuletzt die ‚Präsidentialisierung' Ringstorffs.[139] So betonte Rehberg mit Bezug auf die verkehrstechnischen Großprojekte: „sie [Die Landesregierung, d. A.] bewege nichts, tauche ab und sitze alle Probleme im Land aus".[140]

In der zweiten Legislaturperiode als Opposition ab 2002 ergaben sich innerhalb der Fraktion einige Neuerungen. Sie bestand nun aus mehr Frauen und erfuhr mit den Abgeordneten Vincent Kokert, Ilka Lochner-Borst, Kerstin Fiedler-Wilhelm und Beate Schlupp eine leichte Verjüngung.[141] Zudem rückte Maika Friedmann-Jennert nach, weil Eckhardt Rehberg ab 2005 ein Bundestagsmandat ausübte.

Seit 2006 Juniorpartner auf der Regierungsbank

Wenngleich die Christdemokraten in Mecklenburg-Vorpommern bei der Landtagswahl 2006 erneut Stimmen verloren hatten, ermöglichten ihnen Verluste der SPD die Regierungsbeteiligung. Personell arrangierte sich die Fraktion mit Armin Jäger als Vorsitzenden neu, da Seidel seinerseits zum stellvertretenden Ministerpräsident und Wirtschaftsminister berufen wurde. Im dritten Kabinett von Ministerpräsident Ringstorff präsentierte sich die CDU wegen der fast gleichen Mandatszahl (CDU: 22, SPD: 23) im

---

136 Vgl. ebd.

137 Vgl. o. A., Merkel im Amt bestätigt, in: Mecklenburgische Morgenpost, 29.11.1999.

138 Vgl. o. A., Angela Merkels Nachfolgerin, in: Hamburger Abendblatt; o. A., Steffi Schnoor neue CDU-Chefin, in: SZ, beide 22.05.2000.

139 Vgl. Hennecke, Die CDU in Mecklenburg und Vorpommern, in; Werz/Hennecke (Hrsg.), Parteien und Politik in Mecklenburg-Vorpommern, 2000, S. 53. Der Begriff Präsidentialisierung bezieht sich auf die Vereinnahmung des Justizressorts des Ministerpräsidenten ab 2001.

140 O. A., Angela Merkel rechnet mit Rot-Rot ab, in: Lübecker Nachrichten, 29.11.1999. Rehberg meinte damit besonders die defensive, zurückhaltende Position Ringstorffs gegenüber der Endmontage des Airbus A3XX und dem Bau einer Transrapidstrecke zwischen Hamburg und Berlin.

141 Vgl. Landeswahlleiterin des Landes Mecklenburg-Vorpommern, Wahl zum Landtag am 22. September 2002, Gewählte Wahlkreisbewerber Erststimmen/Zweitstimmen.

Landtag auf Augenhöhe, sodass die Ressorts paritätisch besetzt wurden. Neben Seidel bekamen Lorenz Caffier (Inneres), Uta-Maria Kuder (Justiz) und der nach der Wahl zur CDU beigetretene ehemalige Schulleiter des Carolinums Neustrelitz Henry Tesch (Kultur und Bildung) einen Platz im Kabinett. In der Fraktion blieb die Unterrepräsentation von Frauen mit vier von 22 Mandaten weiterhin bestehen. Nach kleineren Rotationen in der Fraktion konnten mit Beate Schlupp und Renate Holznagel sogar nur zwei Frauen ihr Mandat bis 2011 ausüben.[142] Infolge der letzten Wahl schied Holznagel aus, wofür Maika Friemann-Jennert ihren Wiedereinzug erlebte. Es bleibt festzuhalten, dass die Landtagsfraktion der Christdemokraten im Vergleich zu PDS/Die LINKE und SPD durchgängig den mit Abstand niedrigsten Anteil von Frauen hat.

Die inhaltliche Arbeit der Landesregierung in der fünften Legislaturperiode konzentrierte sich primär auf die Arbeitsmarktpolitik, die Kreisgebietsreform, die Werftenkrise von 2009, Kinderbetreuung, Haushaltspolitik und den Ausbau der Infrastruktur. In diesen Bereichen konnte die große Koalition durchaus Erfolge für sich verbuchen. Obwohl Mecklenburg-Vorpommern mit 11,9 Prozent im Jahr 2011 das Schlusslicht in der Bundesrepublik darstellte, galt der Rückgang der Arbeitslosigkeit von ehemals über 20 Prozent (2006) als ein Erfolg der Landesregierung.[143] Im Kontrast zur konfliktreichen Atmosphäre in der ersten großen Koalition unter Berndt Seite agierte die Koalition unter Ringstorff bzw. Erwin Sellering auffällig harmonisch, ohne größere Auseinandersetzungen oder Krisen in der Zeit gemeinsamer Regierungsverantwortung.[144]

Während bei der SPD 2008 gleichzeitig mit dem aus Altersgründen zurückgetretenen Ringstorff und der Wahl Sellerings zum Regierungschef eine Rotation in ihren Ressorts stattfand, blieben die Vertreter der Christdemokraten in ihren Ministerien bestehen. Allerdings mussten sie nach der Landtagswahl von 2011 als geschwächter Juniorpartner der Koalition das Kultusministerium an die SPD abtreten. Zudem übernahm der Fraktionsvorsitzende (2009–2011) Harry Glawe das Wirtschaftsministerium von Jürgen Seidel. Spätestens nach der Wahl Vincent Kokerts in seine neuen Ämter lässt sich eine Rekrutierungshochburg im Land feststellen. Seidel in seinen mannigfaltigen Positionen stammt aus Waren (Müritz). Caffier (aktuell Landesvorsitzender, Innenminister, stellvertretender Ministerpräsident) und Henry Tesch (ehemaliger Kultusminister) waren im Raum Neubrandenburg bzw. Neustrelitz tätig. Kokert (Generalsekretär und Fraktionsvorsitzender) sowie Beate Schlupp (erste Vizepräsidentin des Landtages) sind gebürtige Neustrelitzer.[145] Außerdem wurde mit Wolf-Dieter Ringguth ein weiterer Entsandter der Region parlamentarischer Geschäftsführer. Diese stärkere Präsenz

---

142 Vgl. Landtag Mecklenburg-Vorpommern (Hrsg.), Handbuch 5. Wahlperiode 2006–2011, 9. Auflage, Schwerin, 2011, S. 92.

143 Vgl. Axel Meyer/Iris Leithold, Mehr Jobs, aber höhere Arbeitslosigkeit in MV, in: OZ, 01. 07. 2011.

144 Vgl. Frank Pergande, Die SPD kann wählen, die CDU nicht, in: FAZ, 19. 07. 2011.

145 Vgl. Landtag Mecklenburg-Vorpommern (Hrsg.), Handbuch 5. Wahlperiode 2006–2011, Schwerin 2011; CDU Landtagsfraktion in Mecklenburg-Vorpommern, Internetauftritt, abrufbar unter: http://cdu-fraktion.de/fraktion.html (Stand 02. 11. 12).

des heutigen Landkreises Mecklenburgisch-Seenplatte in wichtigen Funktionen ist nicht durch Mitgliedszahlen gedeckt. Es ist daher fraglich warum sich genau aus diesem Gebiet ein Großteil der Führungsriege der Landespartei bzw. der Landtagsfraktion rekrutiert.

6   Zukunft der CDU – dauerhafter Juniorpartner?

Die CDU hat die Politik in Mecklenburg-Vorpommern in entscheidendem Maße seit der Loslösung von der SED 1989 mitgeprägt. Stellte sie zunächst die drei Regierungsbevollmächtigten für die drei Bezirke in der Endphase der DDR, so konnte sie auch nach der Neugründung des Landes durch die Übernahme der Regierungsverantwortung von 1990 bis 1998 Mecklenburg-Vorpommern in seinen ersten Jahren entscheidend prägen. Mit der Bildung der rot-roten Koalition im Jahr 1998 verlor die CDU Mecklenburg-Vorpommerns nicht nur auf Landesebene erheblich an Einfluss, auch auf Bundesebene ist seit dem Ende der 1990er Jahre die Geltung des Landesverbandes zurückgegangen. Paradox erscheint diese Situation nicht zuletzt, da aus dem Landesverband Angela Merkel sowohl als Parteivorsitzende als auch als Bundeskanzlerin eine herausragende Stellung auf der Bundesebene einnimmt. Davon konnte der Landesverband jedoch nicht profitieren. So konnte dieser weder einen verstärkten Einfluss auf die Bundesebene geltend machen, noch in Hinsicht auf die Landtagswahlen von dem „Bundeskanzlerinnenbonus"[146] profitieren. Das dürfte auch darauf zurückzuführen sein, dass die Kanzlerin weniger in der Landespartei als vielmehr in der Bundespartei sozialisiert wurde.

Die CDU im Land befindet sich in der schwierigen Lage, dass es ihr an Koalitionspartnern mangelt, während die SPD in ihrer „Mittellage"[147] zwischen CDU, der Partei Die LINKE und – seit der Landtagswahl 2011 – der Partei Bündnis90/Die Grünen wählen kann. Die einzige derzeit denkbare Option für die CDU weiterhin Regierungsverantwortung zu übernehmen, beschränkt sich auf die Rolle als Juniorpartner innerhalb einer Großen Koalition. Die Probleme als kleinerer Partner in einer solchen Koalition die eigenen Erfolge zu kommunizieren und sich vom Regierungspartner inhaltlich abzusetzen ohne eine Fortführung der Koalition zu riskieren, wurden anhand der Landtagswahl 2011 deutlich.[148] Zugleich blieb eine kritische Diskussion der schlechten Landtagswahlergebnisse aus, was zu einer gewissen Unzufriedenheit an der Basis geführt hat.[149] Inhaltlich steht die CDU künftig vor der Herausforderung, ihre Kompetenzthe-

---

146 Thomas Vitzthum, Vergebliches Hoffen auf den Merkel Bonus, in: Die Welt, 05. 09. 2011.
147 Koschkar, Mecklenburg-Vorpommern im Wahljahr 2011, in: Koschkar/Scheele (Hrsg.,), Die Landtagswahl in Mecklenburg-Vorpommern, 2011, S. 11.
148 Vgl. Huchel/Rausch, Verlieren um zu bleiben – Die CDU, in: Koschkar/Scheele (Hrsg.), Die Landtagswahlen in Mecklenburg-Vorpommern 2011, 2011, S. 54.
149 Indikatoren dafür sind zum einen in der geringen Zustimmung zur Wiederwahl Caffiers 2011 zu sehen und zum anderen sind knapp 30 Prozent der Mitglieder laut einer Umfrage unzufrieden bzw. sehr

men, wie die Wirtschaftspolitik und die Innere Sicherheit, zu betonen und erzielte Erfolge für sich zu beanspruchen. Zudem muss sich die CDU personell erneuern. Als Spitzenkandidat hat sich Caffier gegenüber Sellering nicht profilieren können und lag nicht nur bei der Beliebtheit im Vergleich zum SPD-Kandidaten weit zurück, sondern auch bei der Bekanntheit, obwohl Caffier bereits seit 1990 in der Landespolitik engagiert ist.[150] Daneben hat sich Caffier auch durch die Durchführung der Kreisgebietsreform bei den kommunalen Vertretern unbeliebt gemacht. Dies könnte nicht zuletzt der starken Verankerung der Union im kommunalen Bereich schaden, wobei erste Anzeichen dafür bereits die Kreistagswahlen des Jahres 2011 lieferten.

unzufrieden: Vgl. CDU Landesgeschäftsstelle Mecklenburg-Vorpommern (Hrsg.), CDU MV aktuell: Newsletter der CDU Mecklenburg-Vorpommern, Sonderausgabe, Nr. 2 (2011), Schwerin 2011, S. 5.
150 Vgl. Huchel/Rausch, Verlieren um zu bleiben – Die CDU, in: Koschkar/Scheele (Hrsg.), Die Landtagswahlen in Mecklenburg-Vorpommern 2011, 2011, S. 54.

Die PDS/LINKE in Mecklenburg-Vorpommern

Christopher Scheele

1 Entwicklung

Die erste Regierungsbeteiligung bundesweit ließ den Landesverband Mecklenburg-Vorpommern innerhalb der PDS über Jahre eine führende Rolle einnehmen; schon ab 1994 wurde hier auf eine Koalition hingearbeitet, während in anderen Bundesländern trotz hoher Stimmenanteile teils bis heute rigorose Oppositionspolitik betrieben wird. Jedoch war Mecklenburg-Vorpommern auch der erste Verband, der trotz bundesweitem Aufwärtstrend den Gang in die Opposition antreten musste. War man hinsichtlich der Stimmenanteile bis 1998 ein Vorreiter gewesen, geriet man im Osten der Republik langsam ins Hintertreffen. Dies wirft Fragen nach den Gründen dieser Stagnation und des Absturzes des Landesverbands Mecklenburg-Vorpommern auf, ebenso Fragen nach den Verhältnissen und Besonderheiten in den Jahren zuvor, die es erst ermöglichten, dass das Bundesland bundesweit für eine Normalisierung und Alltäglichkeit im Umgang mit der PDS/Die LINKE stand und bis heute steht.

Schon frühzeitig entschied sich die PDS-Führung im Nordosten für einen pragmatischen, gänzlich anderen Weg als beispielsweise die Genossen in Sachsen, die fast zehn Jahre benötigten, um erstmals ein belastbares Angebot über gemeinsame Oppositionsarbeit an die SPD abzugeben. Gleichzeitig begann die PDS in Mecklenburg-Vorpommern früher als andere Landesverbände mit ihrer politischen Arbeit. Von ideologischen Grabenkämpfen blieb allerdings auch sie nicht verschont, jedoch führten diese, anders als in Sachsen, nicht zur Handlungsunfähigkeit der Partei. Helmut Holter fasste in einem Zitat den pragmatisch-modernen Kurs der Partei Die LINKE in Mecklenburg-Vorpommern zusammen. Gleichzeitig beschreibt Holter deutlich die Probleme der Partei, in der sich zwischen dem Ansatz des pragmatischen Mitmachens im politischen System und der Unfähigkeit der Aufarbeitung der eigenen Geschichte in weiten Teilen Apathie breitgemacht hat und viel Raum für ideologisch motivierte Graben- und Machtkämpfe gelassen wurde:

> DIE LINKE muss nachvollziehen, was die PDS schon hinter sich hat: Sie muss sich glaubhaft und eindeutig zu ihrer Geschichte positionieren und das, was das SED-Regime ausgemacht hat, klar verurteilen: Terror, Mord, Repression. Zweitens muss sich DIE LINKE zur Gesellschaft öffnen und mehr um deren Mitte kümmern. Sie muss ihre sozialpolitischen Forderungen mit wirtschafts- und finanzpolitischer Kompetenz unterfüttern. Umverteilung allein reicht nicht – es kann nur verteilt werden, was erwirtschaftet wurde.[1]

Der Landesverband war die erste Parteigliederung der PDS, die nach dem Ende der DDR wieder in Regierungsverantwortung stand, und gleichzeitig auch die erste, die sich für DDR-Unrecht entschuldigte. Die Bundespartei brauchte dafür bis zum Jahr 2001, ehe die Vorsitzende Petra Pau eine Entschuldigung formulierte. Holters Zitat zeigte zudem den programmatischen Versuch aus der politischen Isolation des ausgehenden 20. Jahrhunderts zu entkommen und sich für neue Wählergruppen zu öffnen. Die Modernisierung und Regierungsverantwortung der Partei waren und sind aber Fluch und Segen zugleich. Die Realpolitik der Regierungsjahre hat die Partei im Nordosten endgültig in Fundis und Pragmatiker gespalten.

Forschungsstand

Seit 1990 wurden zahlreiche Werke zur Partei Die LINKE publiziert. Das Literaturangebot deckt dabei eine große Bandbreite ab, da sich nicht nur Politologen am wissenschaftlichen Diskurs beteiligt haben, sondern neben der Parteispitze und namhaften Vordenkern in der Partei auch der politische Gegner in Form seiner parteinahen Stiftungen. Von Seiten der Partei Die LINKE sind neben dem medial allgegenwärtigen Gregor Gysi vor allem die Brüder Brie zu nennen, die im ideologisch-strategischen Bereich der Partei eine exponierte Rolle einnehmen und zu den Reformern zählen.[2] Für die Hanns-Seidel-Stiftung untersuchten Gerhard Hirscher, Peter Segall und Rita Schorpp-Grabiak von Mitte bis Ende der 1990er Jahre die damalige PDS mit Blick auf ihre SED-Vergangenheit und ihre möglichen Entwicklungschancen innerhalb des bundesdeutschen Partei-

---

1   O. A., Was macht eigentlich... Helmut Holter, in: Der Stern, 7. 09. 2008, abrufbar unter: http://www.stern.de/lifestyle/leute/was-macht-eigentlich-helmut-holter-636824.html (Stand: 01. 01. 2013).
2   Vgl. Michael Brie/Rudolf Woderich, Die PDS im Parteiensystem (Schriften/Rosa-Luxemburg-Stiftung, Bd. 4), Berlin 2000; Michael Brie (Hrsg.), Die PDS: postkommunistische Kaderorganisation, ostdeutscher Traditionsverein oder linke Volkspartei? Empirische Befunde und kontroverse Analysen, Köln 1995; Gregor Gysi, Ein Blick zurück, ein Schritt nach vorn, Hamburg 2001.

ensystems.[3] Für die Konrad-Adenauer-Stiftung waren es u. a. Patrick Moreau und Viola Neu, die auch immer wieder auf ein extremistisches Potential des politischen Gegners aus der ehemaligen DDR abstellten.[4] Durch die spätere Fusion von PDS und WASG zu Die LINKE wurde im Nachgang auch die Programmentwicklung aufgegriffen und diskutiert.[5] Hinzu kamen zahlreiche Werke diverser Autoren zum Transformationsprozess und zur Geschichte der Partei.[6] Während dieser Zweig mehr und mehr an Bedeutung verliert, da inzwischen die wichtigsten MfS-Akten gelesen und die meisten Archiv-Sperrfristen abgelaufen sind, so wird doch der politologische Zugang, aufgrund der fortwährenden Wandlung der Partei, aktuell bleiben. Lothar Probst, der die damals junge Regierungspartei PDS im Rahmen einer Studie untersuchte,[7] legte hier zusammen mit der Universität Rostock den Grundstein für die Forschungen zu PDS, Linkspartei.PDS und Die LINKE im Nordosten. Seit Mitte der 1990er Jahre hat der Lehrstuhl für Vergleichende Regierungslehre von Nikolaus Werz mit thematischen Publikationen[8] sowie den regelmäßig erscheinenden Wahlstudien der AG „Politik und Wahlen in Mecklenburg-Vorpommern"[9] eine Forschungsgrundlage zur Linkspartei im Nordosten geschaffen.

---

3   Vgl. Hartmut Koschyk/Konrad Weiss (Hrsg.), Von Erblasten und Seilschaften: die Folgen der SED-Diktatur und die Gefahren für die Demokratie, Landsberg am Lech 1996; Gerhard Hirscher/Peter Christian Segall/Rita Schorpp-Grabiak, Die PDS im Wahljahr 1999: „Politik von links, von unten und von Osten", München 1999; Gerhard Hirscher/Peter Christian Segall (Hrsg.), Die PDS: Zustand und Entwicklungsperspektiven, München 2000.

4   Vgl. Jürgen P. Lang/Viola Neu/Patrick Moreau, Auferstanden aus Ruinen …? Die PDS nach dem Super-Wahljahr 1994, Sankt Augustin 1995; Jürgen P. Lang, Das Prinzip Gegenmacht: PDS und Parlamentarismus, Sankt Augustin 1998; Heinrich Lummer, Das wahre Gesicht der PDS, Hamburg 2001; Patrick Moreau/Viola Neu, Die PDS zwischen Linksextremismus und Linkspopulismus, Sankt Augustin 1994; Patrick Moreau, Politische Positionierung der PDS – Wandel oder Kontinuität?, München 2002; Patrick Moreau, Was will die PDS?, Frankfurt/Main 1994; Viola Neu, Das Janusgesicht der PDS: Wähler und Partei zwischen Demokratie und Extremismus, Baden-Baden 2004; Viola Neu/Verena Lieber, Politikkompass: Analyse der Landtagswahl in Mecklenburg-Vorpommern vom 22. September 2002, Sankt Augustin 2002; Manfred Wilke, PDS – Systemveränderung am Kabinettstisch?, Sankt Augustin 2001.

5   Vgl. Viola Neu, Von Gysi geeint – von Lafontaine geschweißt : die programmatische Entwicklung der Partei Die Linke/PDS von 1990 bis 2011, Sankt Augustin 2011.

6   Vgl. Heinrich Bortfeldt, Von der SED zur PDS: Wandlung zur Demokratie? Berlin/Bonn 1991; Michael Gerner, Partei ohne Zukunft? Von der SED zur PDS, München 1994; Thomas Falkner/Diemtar Huber, Aufschwung PDS: Rote Socken – zurück zur Macht?, München 1994; Gero Neugebauer/Richard Stöss, Die PDS: Geschichte. Organisation. Wähler. Konkurrenten, Opladen 1996.

7   Vgl. Lothar Probst, Die PDS – von der Staats- zur Regierungspartei. Eine Studie aus Mecklenburg-Vorpommern (Schriftenreihe Politica, Bd. 39), Hamburg 2000.

8   Vgl. Steffen Schoon, Die PDS in Mecklenburg-Vorpommern: Wahlen und Wähler, Rostock 2000; Steffen Schoon, Wahlen, Wählerverhalten und politische Traditionen in Mecklenburg-Vorpommern: eine politikwissenschaftlich-empirische Untersuchung zur Stabilität und strukturellen Verankerung des Parteiensystems zwischen Elbe und Ostsee im Zeitraum von 1871 bis 2002, Rostock 2005; Nikolaus Werz/Hans Jörg Hennecke (Hrsg.), Parteien und Politik in Mecklenburg-Vorpommern, München 2000.

9   Vgl. Nikolaus Werz/Jochen Schmidt, Wahlen in Mecklenburg-Vorpommern, Rostock 1996; Dies.: Mecklenburg-Vorpommern im Wandel: Bilanz und Ausblick, München 1998; Nikolaus Werz (Hrsg.), Kommunale Direktwahlen in Mecklenburg-Vorpommern, Rostock 2001; Steffen Schoon (Hrsg.), Die

2   Die PDS/LINKE als Organisation

Als ehemalige Staatspartei SED in der DDR war die PDS 1990/91 erwartungsgemäß die mitglieder- und organisationsstärkste politische Kraft im Land. Wie in allen fünf neuen Bundesländern setzte auch in Mecklenburg-Vorpommern im Transformationsprozess eine massive Erosion der PDS-Mitgliederzahlen ein. Hatte die SED 1989 noch insgesamt fast 2,3 Millionen Mitglieder, so waren es in der PDS zum Jahresabschluss 1990 bundesweit rund 285 000. Ende des Jahres 1991[10] besaß die PDS Mecklenburg-Vorpommern 21 903 Mitglieder, die in 32 Kreisverbänden organisiert waren. Zwei Aspekte sind hierbei von besonderem Interesse: Erstens hat sich die Mitgliederzahl von 21 903 auf 4 719 (31.12.2012) Parteimitglieder verkleinert. Der zunächst dramatisch erscheinende Verlust relativiert sich jedoch mit Blick auf den Zeitverlauf. Während auf dem Weg zur Regierungsbeteiligung im Jahr 1998 11 289 Mitglieder der Partei den Rücken kehrten, waren es in den letzten 14 Jahren nur noch 5 895 Personen, was einem durchschnittlichen Verlust von rund 1 613 Mitgliedern pro Jahr bis 1998 entspricht; danach flacht die Kurve deutlich ab. Dies kann vor allem mit den Streitigkeiten auf dem Weg zur rot-roten Koalition erklärt werden. Auffällig ist zudem, dass die weiteren Streitigkeiten und Machtkämpfe, besonders der Kampf um die Kreisgebietsreform 2002–2004[11] sowie die Konfrontation in der Debatte um den Mauerbau im Vorfeld der Landtagswahl 2011,[12] zu keinen weiteren Austrittswellen führten. Zweitens offenbart der Vergleich der Mitgliederzahlen zwischen Mecklenburg und Vorpommern zunächst regionale Schwerpunkte, die sich zunehmend abschwächen. Besaß der westliche Landesteil bis ca. 1997 ein deutliches Übergewicht, so bewegen sich die Mitgliederzahlen seitdem aufeinander zu.

Der Mitgliederrückgang wird vor allem durch die demographische Zusammensetzung verschärft. Mit einem Anteil von rund 62 Prozent der Mitglieder im Alter von über 65 Jahren steht nur ca. ein Drittel tatsächlich noch aktiv einsetzbare Mitglieder[13] zur

Kommunalwahlen 2004 in Mecklenburg-Vorpommern, Rostock 2004; Ders./Nikolaus Werz (Hrsg.), Die Landtagswahl in Mecklenburg-Vorpommern 2006 – die Parteien im Wahlkampf und ihre Wähler, Rostock 2006; Steffen Schoon/Arne Lehmann (Hrsg.), Die Kommunalwahlen 2009 in Mecklenburg-Vorpommern, Rostock 2009; Martin Koschkar/Christopher Scheele (Hrsg.), Die Landtagswahl in Mecklenburg-Vorpommern 2011 – Die Parteien im Wahlkampf und ihre Wähler, Rostock 2011.

10 Aufgrund der teilweise chaotischen Transformationsphase von SED zu PDS liegen für das Berichtsjahr 1990 keine Daten für Mecklenburg-Vorpommern vor, vgl. Christopher Scheele, Die PDS/LINKE in Mecklenburg-Vorpommern, München 2010, S. 15.

11 Vgl. ebd., S. 157.

12 Vgl. Michael Maser/Christopher Scheele, Letzte Chance: Modernisierung – Die LINKE, in: Martin Koschkar/Christopher Scheele (Hrsg.), Die Landtagswahl in Mecklenburg-Vorpommern 2011 – Die Parteien im Wahlkampf und ihre Wähler, Rostock 2011, S. 55–66, hier: S. 57.

13 Die Definition der Einsatzfähigkeit erfolgt analog zu § 66 Abs. 2 LKWG-MV. Hauptamtliche Bürgermeister und Landräte können erstmalig bis zum Vollenden des 60. Lebensjahres gewählt werden, letztmalig bis zum Vollenden des 64. Lebensjahres wiedergewählt werden. Aufgrund der derzeit bestehenden Pensionsgrenzen von durchschnittlich 63 Jahren für Frauen und 65 Jahren für Männer erscheint in diesem Kontext auch ein Absinken der politischen Arbeits- und Leistungsfähigkeit gegeben.

Tabelle 1   Die Mitgliederentwicklung (M) der PDS in Mecklenburg-Vorpommern seit 1990

	1990	1991	1992	1993	1994	1995	1996	1997	1998
M	~24 000	21 903	18 913	15 857	14 154	13 306	11 846	11 143	10 614

	1999	2000	2001	2002	2003	2004	2005	2006	2007
M	9 998	9 511	8 645	7 991	7 590	7 110	6 793	6 423	6 040

	2008	2009	2010	2011	2012				
M	5 836	5 684	5 460	5 123	4 719				

Quelle: Eigene Darstellung; Daten Landesgeschäftsstelle Die LINKE MV.

Verfügung. Langfristig wird die Partei auf ca. ein Drittel ihrer derzeitigen Mitglieder-zahl fallen, was finanziell schwerwiegende Auswirkungen erwarten lässt. Zwar konnte die Partei im Laufe der Jahre einen Mitgliederschwund von über 60 Prozent finanziell wegstecken, jedoch gibt der Landesverband ca. die Hälfte seiner Einnahmen an Mit-gliedsbeiträgen für Personalkosten aus. Sparmaßnahmen in diesem Bereich schwächen die Partei insgesamt. Die Einnahmen speisen sich ebenfalls aus Abgaben der Abgeord-neten, so dass eine hier einsetzende Abwärtsspirale existenzbedrohende Ausmaße an-nehmen kann.

Der Landesverband Mecklenburg-Vorpommern ist dreistufig hierarchisch organi-siert, basierend auf Kreisverbänden sowie Basisorganisationen,[14] die die kleinste Einheit bilden.[15] Er wird vom „Geschäftsführenden Ausschuss des Landesvorstandes" geleitet, der sich aus dem Vorsitzenden, drei Stellvertretern sowie dem Landesgeschäftsführer zusammensetzt. Die Stellvertreter decken dabei jeweils einzelne Fachbereiche ab. Bis

Tabelle 2   Altersstruktur der Parteimitglieder (Stand: 12/2012)

Alterskohorte	−20	21–30	31–40	41–50	51–60	61–70	71–80	80+
Anzahl	19	149	147	299	746	740	1433	1186
Prozentsatz	0,4	3,2	3,1	6,3	15,8	15,7	30,4	25,1
über 65 Jahre	2941 Mitglieder = 62,3 Prozent							
Altersschnitt	68,5 Jahre							

Quelle: Eigene Darstellung; Daten Landesgeschäftsstelle Die LINKE MV.

---

14   Anstelle von Ortsverbänden gliedert sich Die LINKE auf Ortsebene in Basisorganisationen (BO), da-bei variiert die Anzahl je nach Ortsgröße. Laut Auskunft der Landesgeschäftsstelle MV der Partei Die LINKE werden keine Daten über Anzahl und Mitglieder von Basisorganisationen erhoben.

15   Vgl. Die LINKE, Landessatzung der Partei DIE LINKE. Mecklenburg-Vorpommern, Schwerin 2012, ab-rufbar unter: http://www.originalsozial.de/partei/dokumente/landessatzung/ (Stand: 25. 01. 2013).

dato hatte die PDS/Die LINKE fünf Landesvorsitzende. 1990–91 führte der letzte SED-Bezirksvorsitzende Neubrandenburgs Jürgen Zelm das Amt in der transformierten Partei fort, ehe er nach MfS-Vorwürfen zurücktreten musste. Im Jahr 1991 übernahm daraufhin mit Helmut Holter abermals ein Neubrandenburger das Ruder im Nordosten. Holter überließ nach zehn Jahren Peter Ritter 2001 den Vortritt. Auf dem Parteitag 2009 in Rostock wurde mit Steffen Bockhahn (zum Zeitpunkt der Wahl 31 Jahre) der mit Abstand jüngste Landesvorsitzende[16] gewählt. Im November 2012 trat Bockhahn überraschend zurück und reichte den Staffelstab an die 54-jährige Heidrun Bluhm weiter.[17]

In den Jahren 1990/91 verfügte die PDS noch über 32 Kreisverbände. Bereits vor der ersten Kreisgebietsreform im Jahr 1994 war diese Zahl auf 17 Verbände fast halbiert worden. Mit Blick auf die massiven Mitgliederverluste und damit einhergehenden Verluste an Mitgliedsbeiträgen erschien die vorweggenommene Reduzierung als wirtschaftlich geboten. Im Jahr 2006 reduzierte sich die Anzahl der Kreisverbände abermals, hier wurde der beschlossenen Kreisgebietsreform vorgegriffen, die sich dann jedoch noch bis 2011 verzögerte.[18] Danach reduzierten sich die Kreisverbände durch Zusammenschlüsse auf aktuell neun.

Neben diesen hierarchischen Strukturen gibt es mit den Landesarbeitsgemeinschaften (LAG) weitere Zusammenschlüsse, die sich auf thematischer Ebene als Diskussionsplattform und Netzwerk bilden. Insgesamt 17 LAGs zählt der Landesverband Mecklenburg-Vorpommern im Jahr 2012. Darunter fällt auch die Kommunistische Plattform (KPF), die in den 1990er Jahren eine der einflussreichsten Parteiströmungen in der Bundes-PDS darstellte, im Landesverband jedoch als aufgelöst galt und nie Einfluss gewann. Dennoch verläuft im Land bis heute mehr denn je ein ideologischer Riss durch den Landesverband, der die Partei in realpolitische Pragmatiker/Reformer und im ideologischen Spektrum weit links verorteten „Fundamentalisten/Fundis" spaltet. In Mecklenburg-Vorpommern organisieren sich die Fundis vor allem in der 2006 gegründeten Antikapitalistischen Linke (AKL). Die AKL stellt dabei ein Sammelbecken für eine Vielzahl von Strömungen dar, die vor allem die Ablehnung des Kapitalismus, des Militarismus und die Ablehnung von Regierungsbeteiligungen eint.

Wichtige Vertreter des Fundi-/AKL-Flügels in Mecklenburg-Vorpommern sind Barbara Borchardt, Birgit Schwebs, Marianne Linke und Arnold Schönenburg.[19] In den 1990er Jahren hatte sich vor allem Caterina Muth an die Spitze des Fundi-Flügels gesetzt.

---

16 Jürgen Zelm war bei seiner Wahl 37 Jahre, Helmut Holter 38 Jahre und Peter Ritter 42 Jahre; vgl. Christopher Scheele, Die PDS/LINKE in Mecklenburg-Vorpommern, München 2010, S. 175.

17 Vgl. Nordkurier, Linke-Landeschef Bockhahn wirft das Handtuch, 2. 11. 2012, Neubrandenburg 2012, abrufbar unter: http://www.nordkurier.de/cmlink/nordkurier/nachrichten/mv/linke-landeschef-bock-hahn-wirft-das-handtuch-1.503166 (Stand: 25. 01. 2013).

18 Vgl. Die LINKE Mecklenburg-Vorpommern, Kreisverbände, abrufbar unter: http://www.originalsozial.de/partei/kreisverbaende/ (Stand: 22. 11. 2012).

19 Antikapitalistische Linke, Unterschriftenliste des Gründungsaufrufs, abrufbar unter: http://www.anti-kapitalistische-linke.de/topic/10.unterschriften.html (Stand: 25. 01. 2013).

Der Reformer-Flügel wird von den ehemaligen Landesvorsitzenden Helmut Holter, Peter Ritter und Steffen Bockhahn, Umweltminister a. D. Wolfgang Methling, André Brie sowie Ex-Bundesgeschäftsführer Dietmar Bartsch getragen. Die Fundis vertreten traditionell die Position gegen eine Regierungsbeteiligung, während die Reformer in die Regierung drängen.[20] Dieser Widerstreit beider Flügel entzündete sich besonders an der Reform der Kreisverbände analog zur Kreisgebietsreform.

Angestrebt war die Reduzierung auf acht Kreisverbände statt aktuell neun. Jedoch gab es an dieser Stelle Widerstände und Unwägbarkeiten. In der ursprünglichen Planung sollten sich die Kreisverbände Nordvorpommern, Rügen und Stralsund zum Kreisverband Vorpommern-Rügen-Stralsund (VRS) zusammenschließen. Die Fusion wurde jedoch von der Stralsunder Kreisvorsitzenden und ehemaligen Sozialministerin Marianne Linke blockiert. Innerparteilich inzwischen zunehmend isoliert, fürchtete das ehemalige Aushängeschild der AKL um ihre letzte Macht- und Einflussbasis. Linke beugte sich nicht dem politischen Druck des Landesvorstandes, der auf einer Fusion bestand. Die Satzung der Partei ließ jedoch den juristischen Weg zu, diese Fusion zu erzwingen. Dazu war eine Satzungsänderung nötig, die von einem Parteitag mit 2/3 der Stimmen angenommen werden musste. Dieser Versuch scheiterte jedoch im September 2012. Nur 57 Prozent anstelle der notwendigen 2/3 der Delegierten folgten dem Antrag des Landesvorstands. Damit blieb der kleinste Keisverband ohne eigenen Landkreis in den Reihen der Partei Die LINKE bestehen.[21]

3   Die PDS/LINKE und ihr Programm

Die programmatische Ausrichtung der Partei Die LINKE erfolgte stets im Spannungsfeld der bundespolitischen Vorgaben und der landespolitischen Rahmenbedingungen. Die Bundespartei erneuerte ihr Programm in den Jahren 1990, 1993, 2003 und 2011. Dazu kamen mit dem „Rostocker Manifest" im Jahr 1998 und der „Programmatischen Gründungserklärung" 2007 zwei Dokumente ohne offiziellen Programmstatus. Dabei zeigt auch die Programmentwicklung die Zerrissenheit der Partei. Das Programm von 1990 versuchte das gesamte linke politische Spektrum abzudecken. Ein bunter Mix aus Sozialismus, sozialer Marktwirtschaft, Liberalismus, Umweltthemen und Pazifismus boten das Bild einer linken *Catch-All-Party* ohne Kontur. Gleichzeitig stellte dieses Programm die Geburtsstunde der besonderen „Ost-Kompetenz" der PDS dar. Der Landesverband Mecklenburg-Vorpommern formulierte kein eigenes Grundsatzprogramm, sondern nur Landtagswahlprogramme zu den Wahlen ab 1994. Schwerpunkt des einzigen Ak-

---

20 Vgl. Scheele, Die PDS/LINKE in Mecklenburg-Vorpommern, 2010, S. 178.
21 O. A., Linke-Parteitag von Zwist überschattet, in Nordkurier, 17. 09. 2012, abrufbar unter: http://www.nordkurier.de/cmlink/nordkurier/nachrichten/mv/linke-parteitag-von-zwist-uberschattet-1.486713 (Stand: 25. 01. 2013).

tionsprogramms 1991 war die Sicherung von Arbeitsplätzen, die Forderung nach Reformen im Bereich der Bildungspolitik, Sicherung des Agrarsektors und die Einführung einer staatlichen Grundsicherung für alle Bürger. Man wandte sich zudem strikt gegen berufliche Konsequenzen für ehemalige Mitarbeiter des Ministeriums für Staatssicherheit. Deutlichstes Signal für die politische Eigenständigkeit der Genossen im Nordosten war die Forderung Holters im Dezember 1991, es sei Zeit für die „Befreiung von alten Theorien und Dogmen",[22] während noch gut 1 1/2 Jahre später die Bundespartei zum Klassenkampf aufrief. Mit dem Bundesprogramm von 1993 wurde ein deutlicher Links-Schwenk vollzogen. Die Neuausrichtung des Programms war dabei auch eine Reaktion auf die schwachen Wahlergebnisse der übrigen Landesverbände. Die Analysen hatten Akademiker, alte SED-Kader und -Mitglieder, Einheitsverlierer und Ostalgiker als Wählerklientel ausgemacht. Die ursprünglich angepeilte Zielgruppe, Bevölkerung mit niederen Bildungsabschlüssen und Arbeiter hatte man nicht erreichen können. Zudem waren die Wählerschaft und die Parteimitglieder mit kleinen Ausnahmen auf das Gebiet der ehemaligen DDR beschränkt. Inhalt und Rhetorik des Programms wurden maßgeblich von den links-orthodoxen Gruppierungen wie Kommunistische Plattform beeinflusst. Es wurde gefordert, das Wirtschaftssystem und die gesellschaftlichen Normen der Bundesrepublik durch ein erneuertes, sozialistisches System mit einer Form der Planwirtschaft zu ersetzen. Der Kampf darum sollte sowohl parlamentarisch als auch außerparlamentarisch geführt werden. Damit stellte die Bundes-PDS die Weichen in Richtung „Ost-, Klientel- und linker Programmpartei" und „Fundamentalopposition".[23]

Das Wahlprogramm in Mecklenburg-Vorpommern von 1994 war klar und detailliert ausgearbeitet. Die Kernpunkte waren dabei die Auflösung des ABM[24]-Sektors und die unbefristete Übernahme bestehender ABM-Stellen. Weiterhin sollten mit einem öffentlich geförderten Beschäftigungssektor (ÖBS) und der Einführung des Grundrechts auf Arbeit die Lage auf dem Arbeitsmarkt verbessert werden. Die große Jugendarbeitslosigkeit wollte man mit einem Rechtsanspruch auf Ausbildung und Übernahme bekämpfen. Die soziale Sicherung und medizinische Versorgung sollten ebenso ausgebaut werden wie die Bemühungen im Bereich des Umweltschutzes. Die Ablehnung des Baus der Bundesautobahn A 20 war daher folgerichtig. Den Kommunen wurde eine strukturelle wie auch finanzielle Besserstellung in Aussicht gestellt, zudem sollte die Partizipation der Bürger ausgebaut werden. Der Forderungskatalog im Bereich Arbeitsmarkt- und Gesundheitspolitik zielte dabei vor allem auf die soziale Mittelschicht ab.[25]

Im Vergleich dazu war das Programm von 1998 deutlich weniger präzise. Im Bereich der Gesundheit wurden die Forderungen entschärft, nun sollte nur noch jeder

22 Zuarbeit zum Referat Gen. G. Gysi von Helmut Holter, Landesvorsitzender Mecklenburg-Vorpommern, 03.12.1991, Archiv Demokratischer Sozialismus (ADS), Signatur: 2008-XVII-41.
23 Vgl. Scheele, Die PDS/LINKE in Mecklenburg-Vorpommern, 2010, S. 88.
24 Arbeitsbeschaffungsmaße, Förderinstrument der Bundesanstalt für Arbeit in den 1990er Jahren..
25 Vgl. Landeswahlprogramm der PDS MV 1994, ADS, Signatur: 20008-XVII-48; Scheele, Die PDS/ LINKE in Mecklenburg-Vorpommern, 2010, S. 111–117.

Zugang zu medizinischer Versorgung haben. Das Recht auf Arbeit wurde deutlich ab-
geschwächt. Auch den Widerstand gegen den Bau der A 20 sowie die ABM wurde aufgegeben. Letztere sollten sogar noch ausgebaut werden. Die alte Stammwählerklientel mit
besonderer Bindung zur DDR versuchte die Partei mit der Forderung nach einem Mo-
ratorium der Bodenreform zu locken. Ein eindeutiges Signal in Richtung Regierungsbeteiligung war zudem der Plan, dass die Netto-Neuverschuldung gesenkt werden sollte,
dies jedoch bei gleichzeitiger Steigerung der Investitionsquote. Das Programm mit dem
Fokus auf Arbeitsmarkt, Gesundheit und Soziales sollte vor allem die Mittelschicht mit
ihren Zukunftsängsten ansprechen. Die PDS ging im Jahr 1998 noch stärker als 1994 auf
neue Wählergruppen zu. Hatte die Partei im Nordosten schon traditionell auf links-or-
thodoxe Forderungen verzichtet, so zeichnete dieses Programm auch den Widerstreit
zwischen Fundis und Realos im Landesverband nach. Auch anhand der Themensetzung
lässt sich ablesen, dass die Fundis bis 1998 deutlich an Bedeutung verloren und thematisch weniger Einfluss erreichten.[26]

Zur Landtagswahl 2002 löste sich die PDS vom Grundrecht auf Arbeit und vom Bür-
gereinkommen. An ihre Stelle traten Qualifizierungsmaßnahmen für Arbeitslose und
Ansiedlung neuer Unternehmen. Statt einer Begrenzung der Nettoneuverschuldung
wurde nun die Konsolidierung des Haushaltes gefordert. Bezahlbarer Wohnraum sollte
nun nicht mehr durch eine Deckelung der Mieten durch staatliche Eingriffe, sondern
durch Förderung des sozialen Wohnungsbaus geschaffen werden. Das Programm von
2002 zeigt, dass aufgrund der Regierungsbeteiligung die ambitionierten Ziele der Jahre
zuvor deutlich abgesenkt wurden. Die „Entzauberungspolitik" der SPD zwang die PDS
zunehmend sich in den politischen und finanziellen Realitäten eines der struktur- und
finanzschwächsten Länder der Bundesrepublik einzurichten. Gleichzeitig gab die PDS
ihre stärkste Wählergruppe der Jahre 1994 und 1998 preis: die mittlere Bildungsschicht.[27]

Das 2003 verabschiedete Bundesprogramm trug deutlich die Handschrift der inzwischen innerparteilich gestärkten Pragmatiker. So bekannte sich die PDS nun auch
zu dem im Namen der SED, des Kommunismus und des Sozialismus begangenen Un-
rechts. Nicht mehr Klassenkampf, sondern die Reform der Wirtschaft zurück zu einer
„sozialen Marktwirtschaft" wurde postuliert, ohne jede Form von Extremismus zu to-
lerieren. Damit bekannte sich die PDS auch eindeutig zur freiheitlich-demokratischen
Grundordnung.[28]

Mit dem Landeswahlprogramm 2006 versuchte sich die Linkspartei.PDS nach dem
Erfolg bei den Bundestagswahlen 2005 auch im Land als Protestpartei und Partei der
sozial Schwachen zu profilieren. So wurden neben einem Mindestlohn wieder ein ver-

---

26 Vgl. Landeswahlprogramm der PDS MV 1998, Schwerin 1998; Scheele, Die PDS/LINKE in Mecklen-
    burg-Vorpommern, 2010, S. 132–140.
27 Vgl. Landeswahlprogramm der PDS MV 2002, ADS, Signatur: 2008-XXX; Scheele, Die PDS/LINKE in
    Mecklenburg-Vorpommern, 2010, S. 147–153.
28 Vgl. PDS Bundesprogramm, Berlin 2003; Scheele, Die PDS/LINKE in Mecklenburg-Vorpommern,
    2010, S. 92–96.

fassungsmäßiges Recht auf Arbeit und Ausbildung eingefordert. Weiterhin wollte die Partei von der Proteststimmung gegen das geplante Kohlekraftwerk Lubmin profitieren und übertrug den Protest gegen das in Brandenburg geplante „Bombodrom" kurzerhand auf Mecklenburg-Vorpommern. Die Verunsicherung nach der Wahl 2002, die Entzauberungspolitik der SPD und der parteiinterne Streit aufgrund der Kreisgebietsreform hatte die Linkspartei.PDS scheinbar programmatisch gelähmt. Weder Fundis noch Realos konnten sich entscheidend durchsetzen, jedoch suchte die Partei nach einem Weg, ein weiteres Debakel wie im Jahr 2002 zu verhindern. Während die Fundis die Regierungsbeteiligung offen in Frage stellten und die Partei in der Nähe der Alt-Kader und links-orthodoxen positionieren wollten, sahen auch die Realos die Notwendigkeit, die Partei neu auszurichten. Die Stammwählerklientel im SED-Spektrum allein hatte sich bereits 2002 als zu schwach und langfristig zu alt erwiesen. Durch die Entzauberung hätte es jedoch auch deutlich stärkerer realpolitischer Akzente in der Partei bedurft, um die Wählerschichten von 1994/98 zurückzugewinnen; dies wiederum blockierte die wiedererstarkte Parteilinke. Die Bundestagwahl 2005 schürte mit dem starken Ergebnis nach einem durchaus kontroversen Wahlkampf Hoffnungen auf eine Lösung.[29]

Durch die Parteifusion von PDS und WASG zu Die LINKE wurde im Jahr 2007 ein vorläufiges Grundsatzpapier entwickelt, auf dessen Basis die neue Partei ein breitgefächertes Programm gründen konnte. Dies sollte die Öffnung für Wählerschichten im linken politischen Spektrum der gesamten Bundesrepublik ermöglichen. So versuchte Die LINKE, sich mehr in den Bereichen Bildung, Soziales und Arbeit zu profilieren und das Image der ostdeutschen Klientelpartei abzustreifen.[30]

Zur Landtagswahl 2011 zog Die LINKE mit der Forderung nach einem generellen Mindestlohn und einem Förderprogramm zur Arbeitsplatzschaffung und -erhaltung in den Wahlkampf. Weiterhin sollte der Öffentliche Dienst gestärkt, das öffentliche Eigentum erhalten und ein öffentlich geförderter Beschäftigungssektor eingeführt werden. Weiterer wichtiger Punkt war der Ausbau der erneuerbaren Energien sowie Energieeinsparungen durch Sanierungen von Gebäuden; die Städtebauförderung sollte verstärkt werden. Für den ländlichen Raum wurde eine Stärkung und Reform des Agrarsektors mit Blick auf den Verbraucherschutz versprochen, ebenso ein Ausbau des ÖPNV. In zahlreichen Bereichen ergab das Wahlprogramm vergleichsweise deutliche Schnittmengen mit der SPD. Das Wahlprogramm richtete sich vor allem an höhere Altersgruppen in der Anhängerschaft der Partei Die LINKE, dies umfasste sowohl die ehemalige SED-Anhänger und die Stammwählerschaft der letzten Jahre, genauso wie Rentner allgemein. Zudem waren sozial Schwache als weitere Zielgruppe im Programm verankert. Die so-

---

29 Vgl. Landeswahlprogramm 2006 der Linkspartei.PDS MV, Schwerin 2006; Scheele, Die PDS/LINKE in Mecklenburg-Vorpommern, 2010, S. 164–170.

30 Vgl. Die Linke: Vorläufiges Bundesprogramm, Berlin 2007; Scheele, Die PDS/LINKE in Mecklenburg-Vorpommern, 2010, S. 97–101.

ziale Mittelschicht fand erstmals seit 1998 wieder in geringen Maße Berücksichtigung durch beispielsweise die Stärkung der frühkindlichen Bildung.[31]

4   Die PDS/LINKE und ihre Wählerschaft

4.1   Wahlergebnisse

Bei den Bundestagswahlen 1990 bis 1998 gelang es der PDS in Mecklenburg-Vorpommern, stets als stärkster Landesverband der Partei abzuschneiden. Dafür gab es zunächst zwei Gründe.

1) Die PDS profitierte von der exponierten Stellung (Rostock als einziger Überseehafen und „Tor zur Welt", maritime Wirtschaft und Tourismus) der drei Nordbezirke in der DDR, was dazu führte, dass die Ablehnung gegenüber den Erben des alten Systems längst nicht so stark ausfiel, wie beispielsweise in Sachsen oder Thüringen. Die Nordbezirke wurden strukturell und materiell gefördert.
2) Die pragmatische Ausrichtung der Partei öffnete diese auch für andere Wählergruppen über die eigene Stammwählerklientel hinaus.

Bei der Bundestagswahl 2002 kam zur Krise der Bundespartei im Land besonders die Entzauberungspolitik der SPD zum Tragen. Die PDS war im harten Regierungsalltag angekommen und musste nun auch unpopuläre Entscheidungen fällen und vertreten. Skandale auf Landesebene hatten ebenso Wählerstimmen gekostet wie die thematische Neuausrichtung. Erschwerend kam auf Bundesebene die Frontalstellung zwischen Schwarz-Gelb und Rot-Grün (Stoiber gegen Schröder) hinzu, die deren Anhänger stärker an die Parteien band und Abweichler in den eigenen Reihen hielt. Diese Situation ging vor allem zu Lasten der PDS. Von der deutlichen Unzufriedenheit mit der rot-grünen Bundesregierung profitierte u. a. auch die PDS am Wahlsonntag 2005. Am Wahlergebnis lassen sich jedoch auch die landespolitischen Querelen innerhalb der Partei ablesen. Zu diesem Zeitpunkt fand der erbitterte Streit um die geplante Kreisgebietsreform seinen Höhepunkt.[32]

Bei der Bundestagswahl 2009 gelang der Partei Die LINKE dann das bis dato beste Ergebnis bei einer Bundestagswahl in Mecklenburg-Vorpommern. Vor allem das schlechte Abschneiden der SPD hatte gerade Die LINKE profitieren lassen. Begünstigend kam hinzu, dass die Partei im Land nicht mehr durch eine Regierungsbeteiligung

---

31 Vgl. Maser/Scheele, Letzte Chance: Modernisierung, in: Koschkar/Scheele (Hrsg.), Die Landtagswahl in Mecklenburg-Vorpommern 2011 - Die Parteien im Wahlkampf und ihre Wähler, 2011, S. 60-62.
32 Vgl. Scheele, Die PDS/LINKE in Mecklenburg-Vorpommern, 2010, S. 157.

„belastet" wurde, sondern auch hier von der Unzufriedenheit mit der Landesregierung zehren konnte.

Nach dem guten Start in die Landtagswahl 1990 konnte die PDS ihr Ergebnis 1994 ausbauen. Dabei zeigte sich, dass der Verzicht auf Fundamentalopposition wie in Sachsen von Wählern im Land honoriert wurde. Mit der programmatischen Ausrichtung auf jüngere Zielgruppen konnten neue Wähler gewonnen werden. Die PDS profitierte auch vom zerstrittenen Bild der schwarz-gelben Landesregierung und der schwierigen wirtschaftlichen Situation im Land. Nach den massiven Problemen innerhalb der Großen Koalition, die 1996 fast zu einer rot-roten Regierungsübernahme in Schwerin geführt hätten, wurde die Landes-PDS sowohl von der Wechselstimmung im Land wie im Bund angetrieben. Das bis dato beste Landtagswahlergebnis ermöglichte 1998 schließlich die erste rot-rote Landesregierung. Das Ergebnis von 2002 zeigt recht anschaulich den Preis einer Regierungsbeteiligung. Die PDS verlor deutlich an Stimmen. Ursache ist hier neben der konzeptionellen Fehlplanung im Wahlprogramm auch der Effekt der Entzauberung durch die SPD.

Eine ähnliche Diagnose ist auch für das Wahljahr 2006 zu stellen. Das Ringen um die Kreisgebietsreform, die Tatsache, dass mit Helmut Holter als Arbeitsminister ausgerechnet ein PDS-Politiker die Hartz-Reformen umsetzen musste, all dies hatte auch die Landespartei tief verunsichert und ihr letztlich den Mut für einen programmatischen Befreiungsschlag im Wahlkampf 2006 geraubt. Stattdessen wurde versucht, den erfolgreichen Bundestagswahlkampf 2005 zu kopieren. Dies hätte einen Angriffswahlkampf erfordert, der jedoch nicht stattfand. Die demokratischen Parteien hatten sich vor dem Hintergrund der erstarkten NPD auf einen „Nichtangriffspakt" geeinigt, um dem politischen Gegner am rechten Rand keine Angriffsfläche zu bieten.[33] Nach fünf Jahren in der Opposition gelang es 2011 trotz oder gerade wegen des Machtkampfes zwischen Realos und AKL, das Ergebnis gegenüber 2006 leicht zu steigern. Bei Hintergrundgesprächen mit jüngeren Mitgliedern aus dem Flügel der Realos war im Umfeld der Regionalkonferenzen während der Programmfindung deutlich der Wunsch zu hören gewesen, eine ähnliche programmatische Ausrichtung wie 1994 zu erreichen. Jedoch sei dies „nicht mit den Alten zu machen".[34] Es herrschte vielfach die Auffassung, dass nach 2002 und 2006 abermals die falschen Wählergruppen angesprochen wurden.[35]

---

33 Vgl. Frithjof Reimers/Christopher Scheele, Aus der Regierung zurück in die Opposition – Die Linkspartei.PDS, in: Schoon/Werz (Hrsg.), Die Landtagswahl in Mecklenburg-Vorpommern 2006, 2006, S. 43–53, hier: S. 45–48.

34 Hintergrundgespräch mit einem ehemaligen Mitglied des Landesvorstands Mecklenburg-Vorpommern.

35 Vgl. Maser/Scheele, Letzte Chance: Modernisierung, 2011, S. 56.

Tabelle 3 Wahlergebnisse der PDS/LINKE (Zweitstimmen in Prozent)

Wahl	1990	1994	1998	1999	2002
Kommunalwahl	19,0	24,3	–	21,9	
Landtagswahl	15,7	22,7	24,4		16,4
Bundestagswahl	14,2	23,6	23,6	–	16,3
Wahl zum EP	–	27,3	–	24,3	–
	2004	**2005**	**2006**	**2009**	**2011**
Kommunalwahl	20,2	–	–	21,6	19,2
Landtagswahl	–	–	16,8	–	18,4
Bundestagswahl	–	23,7	–	29,0	–
Wahl zum EP	21,7	–	–	23,5	–

Quelle: Eigene Darstellung nach Angaben des statistischen Landesamtes Mecklenburg-Vorpommern.

4.2 Wählerstrukturen und Stammwählerklientel

Die Verteilung der Wählerschaft nach Bildungsabschlüssen zeigt deutlich, dass Die LINKE in Mecklenburg-Vorpommern keine Partei der sozial Schwächeren ist, sondern ihren Schwerpunkt im Bereich der mittleren bis hohen Bildungsabschlüsse hat. Es zeigt sich zudem, dass trotz des Versuches über die Zuspitzung des Programms die Partei für sozial Schwache und niedrige Bildungsschichten attraktiv zu machen, die Partei gerade hier an Zuspruch verliert. Vor diesem Hintergrund werden die Ursachen für das Wahlergebnis 2006 nochmals deutlich. Hervorzuheben ist auch, dass die PDS ihr gutes Abschneiden bei den Wahlen 1994 und 1998 auch der weiblichen Wählerschaft zu verdanken hatte. Die Tatsache, dass man diese Gruppe mit einer anderen Thematik 2002 und 2006 deutlich schlechter erreichen konnte, wird durch die Zahlen belegt. Die thematischen Korrekturen könnten die leichte Gegenbewegung des Jahres 2011 mit erklären. Die Tendenz zur Mittelschicht zeichnet sich auch in der Analyse nach Berufsgruppen ab. Das Jahr 1990 zeigt den Übergang von der SED-dominierten Führungselite hin zur neu gestalteten Situation der Nachwendejahre. Zusammen machen Angestellte und Führungskräfte rund 50 % der Wählerschaft aus. In der Gruppe der Selbstständigen sind ebenfalls Mitglieder aus der Führungselite von 1990 zu vermuten, die sich neu orientiert haben und nun einen festen Wählerkern bilden. Besonders die Ergebnisse der Wahlen 2006 und 2011 zeigen dabei eindrücklich, warum gerade 2006 die Kopie des populistischen Wahlkampfes der Bundestagswahl gegen Hartz-IV in Mecklenburg-Vorpommern nicht wirken konnte. Die Zahlen von 1994 bis 2002 hätten den Strategen deutlich machen müssen, dass gerade die Arbeitslosen im Land eben nicht den Schutz der Partei Die LINKE suchen.

Tabelle 4   Wählerstruktur der PDS/LINKE bei den Landtagswahlen in Prozent

Jahr	1990	1994	1998	2002	2006	2011
Bildung						
Haupt	–	–	–	16	15	13
Real/POS	–	–	–	39	38	40
Abitur/EOS	–	–	–	16	16	17
Hochschule	–	–	–	25	25	24
Geschlecht						
männlich	48,3	47,7	48,0	50,0	52,0	51,0
weiblich	46,4	52,3	52,0	50,0	48,0	49,0
Berufsgruppe						
Arbeiter	24,3	28,9	28,0	33,0	30,0	32,0
Angestellte	48,8	46,8	46,0	44,0	48,0	45,0
Leitende Angestellte/Beamte	10,6	2,4	4,0	4,0	3,0	4,0
Selbstständige	1,6	5,6	5,0	7,0	5,0	7,0
Landwirte	–	1,8	3,0	4,0	3,0	3,0
Berufsstand						
Berufstätige	–	49,4	54,0	47,0	41,0	47,0
Rentner	–	24,0	22,0	33,0	37,0	39,0
Arbeitslose	–	15,0	14,0	12,0	10,0	7,0

Quelle: Eigene Darstellung Vgl. Schoon, Wählerverhalten und politische Traditionen, 2005, S. 460–470; Forschungsgruppe Wahlen, Landtagswahl 2006 in Mecklenburg-Vorpommern, Mannheim 2006, S. 40–44; Forschungsgruppe Wahlen, Landtagswahl 2011 in Mecklenburg-Vorpommern, Mannheim 2011, S. 20–25.

Der zweite Befund wird deutlich bei der Betrachtung des Anteil der Rentner am Wahlergebnis der Partei Die LINKE. Die Partei altert und mit ihr ihre Wählerschaft. Vor allem im Einbruch des Wahlergebnisse von 1998 zu 2002 wird auch in diesen Wählergruppenanteilen deutlich, die Partei fiel auf ihr Stammwählerklientel zurück und verharrt bislang dort. Vor allem im Wahljahr 2011 zeigte sich das Überalterungsproblem der Partei Die LINKE deutlich. Zwei große Wählergruppen sammeln sich in den Kohorten 44–59 Jahre und 60+. Dies birgt für die Partei in zwei Schritten eine Gefahr. 39 Prozent der Wähler sind über 60, 36 Prozent sind zwischen 44 und 59 Jahre alt; zusammen sind dies 75 Prozent. In der Langfristprognose droht somit binnen zehn Jahren das Abrutschen der Partei auf um die zehn Prozent der Wählerstimmen. Bei den Wahlen 1994 machte die Altersgruppen 18 bis 34 Jahre 32,2 Prozent der Wähler aus, 1998 immer noch 24 Prozent. 2011 waren es in der Altersklasse bis 29 Jahre nur noch acht Prozent.

Die Analyse der Wählerstruktur lässt sich wie folgt zusammenfassen: Erstens ist Die LINKE in Mecklenburg-Vorpommern keine Partei, die von sozial Schwachen gewählt wird. Zweitens ist die Wählerschaft der Partei Die LINKE zunehmend überaltert. Drittens verfügt Die LINKE über ein Stammwählerklientel, die sich aus Angestellten und Führungskräften mit mittleren bis hohen Bildungsabschlüssen, Akademikern, SED-Altkadern und Rentnern zusammensetzt.

5   Die Partei im Parlament und in der Regierung

Für eine echte Transformation blieb der PDS am Ende der DDR und nach ihrem Start in Mecklenburg-Vorpommern wenig Zeit. Durch den Verzicht auf Fundamentalopposition und die von der Bundespartei abweichende Programmatik eröffnete sich der Partei im Superwahljahr 1994 erstmals die Machtoption auf eine Regierungsbeteiligung. Johann Scheringer führte seine Partei als Spitzenkandidat in die Wahl.[36] Zusammen mit dem Gewinn eines Direktmandates (Gerd Böttger; Schwerin II) besaß die Fraktion 18 Abgeordnete. Mit seinem Einzug ins Parlament konnte nun auch der neue Landesvorsitzende Holter erstmals direkt in die parlamentarische Arbeit seiner Partei eingreifen. Diese Entwicklung setzte sowohl die CDU als auch im Besonderen die SPD unter Druck, zumal Holter der SPD die Tolerierung einer SPD-Minderheitsregierung anbot, eine Regierungsbeteiligung für die eigene Partei aber „historisch verfrüht"[37] sah. Nach der Wahl war Johann Scheringer ins Landtagspräsidium gewählt worden und hatte an der Fraktionsspitze Caterina Muth Platz gemacht. Muth war dem Fundi-Flügel zuzurechnen und galt als eine entschiedene Gegnerin sowohl einer Regierungsbeteiligung als auch des Realos Holter.[38] Besonderes Hindernis in Bezug auf eine Zusammenarbeit mit der SPD war deren Forderung an die PDS, sich für das SED- und DDR-Unrecht zu entschuldigen.[39] Diese Forderung war vor allem für den Fundi-Flügel vollkommen unannehmbar und nicht verhandlungsfähig. Dennoch gelang es Holter auf dem Weg ins Wahljahr 1998 den Widerstand der Fundis durch die Hintertür zu brechen und seine Partei letztlich so in Zugzwang zu bringen, dass diese bei einem Wahlerfolg eine Regierungsbeteiligung nicht würde ausschlagen können.[40] Holter ließ sich dabei auch von herben Rückschlägen nicht aufhalten, so verlor er die Kampfkandidatur um den Listenplatz 1 gegen Caterina Muth. Die erklärte Gegnerin eines rot-roten Bündnisses führte nun die PDS als Spitzenkandidatin in die entscheidende Wahl.[41] Von der Wechselstim-

---

36   Vgl. Scheele, Die PDS/LINKE in Mecklenburg-Vorpommern, 2010, S. 132.
37   Vgl. Helmut Holter, Referat des Landesvorsitzenden auf der 4. (außerordentlichen) Tagung des 3. Landesparteitags PDS MV, ADS, Signatur: 2008-XVII-51.
38   Vgl. Caterina Muth, Rede auf der 2. Tagung des 5. Landesparteitags der PDS MV, ADS, Signatur: 2008-XVII-340.
39   Vgl. Helmut Holter, Referat des Landesvorsitzenden auf der 5. Tagung des 3. Landesparteitags der PDS MV, ADS, Signatur: 2008-XVII-52.
40   Vgl. Helmut Holter: Referat des Landesvorsitzenden auf der 4. Tagung des 4. Landesparteitags der PDS MV, ADS, Signatur: 2008-XVII-339.
41   Vgl. Wahlprotokoll 2. Tagung des 5. Landesparteitags, ADS, Signatur: 2008-XVII-342.

mung im Land konnte tatsächlich auch die PDS profitieren und erzielte 1998 ihr bis dato bestes Landtagswahlergebnis in der Geschichte Mecklenburg-Vorpommerns. Mit zwei gewonnenen Direktmandaten (Gerd Böttger; Schwerin II/Caterina Muth; Neubrandenburg I) stellte die PDS nun 20 Abgeordnete. Dieser Deutlichkeit des Wählerwillens, denn auch die SPD hatte hinzugewonnen, für eine rot-rote Koalition konnten sich nun auch die größten Kritiker eines Bündnisses in PDS und SPD nicht mehr verweigern und so wurde in Mecklenburg-Vorpommern im Herbst 1998 Geschichte geschrieben. Mit der Unterschrift unter den Koalitionsvertrag besiegelten Harald Ringstorff und Helmut Holter die erste SPD-PDS-Koalition. Mit Martina Bunge (Soziales und Gesundheit), Helmut Holter (Arbeit und Bau, stellv. Ministerpräsident) sowie Wolfgang Methling (Umwelt) stellte die PDS drei Minster.[42]

Die rot-rote Koalition

Das junge Bündnis startete wider Erwarten gut in den Regierungsalltag. Dennoch blieb gerade die PDS nicht von atmosphärischen Störungen und Skandalen verschont, die zwischen 1999 und 2001 die Partei in Atem hielt. Den Anfang machte Holters Kontrahentin und Fraktionsvorsitzende Caterina Muth, die wegen Ladendiebstahls im Wert von 23,– DM vom Fraktionsvorsitz zurücktreten musste.[43] Dies traf vor allem den Fundi-Flügel zu einem denkbar ungünstigen Zeitpunkt. Holter hatte vor der Regierungsbildung seiner Partei die lange von der SPD eingeforderte Entschuldigung für DDR-Unrecht abgenötigt[44] und gegen den Willen der Fundis die Partei in Regierungsverantwortung geführt. Nun verlor dieser Flügel nicht nur sein Sprachrohr, sondern auch den Einfluss des Postens der Fraktionsvorsitzenden, ihre Nachfolgerin wurde die Pragmatikerin Angelika Gramkow.[45] Damit stand zu befürchten, dass dieser Parteiflügel nicht ausreichend eingebunden werden würde und ein Eigenleben gegen die Fraktion entwickeln könnte. Für weitere Unruhe sorgten die Stasi-Debatte um den Abgeordneten Torsten Koplin und die Landtagsvizepräsidentin Gabriele Schulz, die am gleichen Tag wie Muth zurücktreten musste. Doch auch der Arbeits- und Bauminister Holter trug selbst zur Unruhe in der Koalition bei. Im Sommer 2001 begann die sogenannte „Ehefrauen-Affäre", in deren Folge der Staatssekretär im Arbeitsministerium Joachim Wegrad verdächtigt wurde, der auf Weiterbildung Arbeitsloser spezialisierten Firma seiner Ehefrau Aufträge und Fördergelder verschafft zu haben. Verschärft wurde die Situation dadurch, dass die Ehefrau Helmut Holters in diesem Unternehmen beschäftigt wurde. In Folge der Affäre wurde Wegrad entlassen und Holters Ehefrau zog sich aus besag-

---

42 Vgl. Scheele, Die PDS/LINKE in Mecklenburg-Vorpommern, 2010, S. 142.
43 Vgl. ebd., S. 147.
44 Vgl. Helmut Holter, Antrag an den/Rede auf dem außerordentlichen Landesparteitag der PDS MV, 31.10.1998, ADS, Signatur: 2008-XVII-350.
45 Vgl. Scheele, Die PDS/LINKE in Mecklenburg-Vorpommern, 2010, S. 156.

tem Unternehmen zurück. Nur wenige Wochen später stand Helmut Holter abermals im Fokus, auch diesmal war sein Ministerium betroffen. Referatsleiter Roland Klinger wurde als hauptamtlicher und inoffizieller Mitarbeiter des MfS enttarnt. Arbeitsminister Holter dementierte jede Kenntnis und entließ ihn nach langem Zögern auf Druck der SPD. Dem geschassten Klinger eilte nun der entlassene Staatssekretär Wegrad zu Hilfe und sagte aus, Holter wisse schon zwei Jahre von der MfS-Tätigkeit Klingers.[46] Die Affären überstand Holter, dennoch schien der politische Aufstieg des stellvertretenden Ministerpräsidenten im Sommer 2001 zu Ende. Holter gab den Landesvorsitz der PDS an Peter Ritter ab.[47]

In der Folge wurde nicht Helmut Holter Spitzenkandidat, sondern die Fraktionsvorsitzende Angelika Gramkow. Mit der Wahl 2002 verkleinerte sich die PDS-Fraktion wieder deutlich auf 13 Abgeordnete. Auch die beiden Direktmandate gingen verloren. Um den Fundi-Flügel wieder zu integrieren, musste Martina Bunge ihren Platz als Ministerin räumen. Aufgrund der schlechteren Ausgangssituation wurde das Ministerium von Neuministerin Marianne Linke verkleinert und der Bereich Gesundheit herausgeschnitten.[48] Die machttaktische Integration der Parteilinken sollte sich als schwere Hypothek erweisen, da deren Alleingänge die Koalition nach der Wahl 2006 enden ließen. Holter und Methling blieben Minister, den Posten des stellv. Ministerpräsidenten übernahm nun Wolfgang Methling.

Die zweite Legislaturperiode in Regierungsverantwortung sollte für die PDS zu ihrer größten Belastungsprobe seit der Transformation von der SED zur PDS werden. Die Koalition wurde vor allem durch die geplante Kreisgebietsreform belastet. Im Koalitionsausschuss hatte die PDS-Fraktion einer Reform mit großer Reichweite und starken Einschnitten zugestimmt. Daraufhin verweigerte die Parteibasis, angeführt von den Fundis, der Fraktion die Gefolgschaft und zwang diese in der Angelegenheit nachzuverhandeln.[49] Diese Entscheidung stellte ein absolutes Novum dar und gleichzeitig den Bruch zwischen Fundis und Realos. Bis dahin hatte gegolten, dass der Landesverband zwar in Realos und Fundis gespalten war, aber dennoch an der Einheit der Partei festhielt. Dies begründet sich vor allem in der Anatomie des Landesverbandes. Der Fundi-Flügel drängte deutlich weniger in die Führungspositionen der Partei. Die pragmatischen Realos, in der Regel dem jüngeren Spektrum zuzuordnen, hingegen sind in der Führungsarbeit der Partei deutlich aktiver. Aufgrund dessen haben die Realos in der Partei einen strategischen Vorteil, da es ihnen tendenziell leichter fällt, in Führungspositionen zu gelangen. Der anschließende Parteitag in Sternberg glich daher einem Gang nach Canossa. Nach langen Verhandlungen und vielen Zugeständnissen konnte letzt-

---

46 Vgl. ebd., S. 147.
47 Vgl. ebd., S. 153.
48 Vgl. ebd., S. 155.
49 Vgl. André Brie, Diskussionsbeitrag, außerordentliche Tagung des 8. Landesparteitags der PDS MV, 17. 01. 2004, ADS, Signatur: 2008-XVII-367; Beschluss, außerordentliche Tagung des 8. Landesparteitags der PDS MV, 17. 01. 2004, ADS, Signatur: 2008-XVII-367.

lich ein Kompromiss gefunden werden, bei dem zwar die Entscheidung für die Kreisgebietsreform gehalten werden, aber auch der Fundi-Flügel sein Gesicht wahren konnte.[50]
Trotzdem war das Klima fortan vergiftet und der Fundi-Flügel sah sich weiter im Aufwind, nachdem man bereits 2002 Marianne Linke als Ministerin hatte durchsetzen können. Anders als in anderen Landesverbänden besaß die WASG in Mecklenburg-Vorpommern keine Bedeutung. Die gewünschte Fusion mit der Linkspartei.PDS zu Die
LINKE wurde nach immer neuen Forderungen und Provokationen vom Fusionsbeauf-
tragten Steffen Bockhahn abgebrochen und auf die Zeit nach der Wahl verschoben. Die
WASG trat eigenständig zur Wahl an und konnte kaum Wählerstimmen auf sich vereinigen. Nach der Wahl 2006 erfolgte dann doch die Fusion, jedoch ging die ehemalige
WASG personell und strukturell in der neuen Partei unter.[51]

Vor der Wahl 2006 versuchte die Partei auch wegen dieser Störfeuer die Wogen zu
glätten und präsentierte mit Umweltminister Methling einen Pragmatiker als Spitzenkandidat. Methling war sowohl in der Partei als auch bei den Wählern beliebt, was mit
Blick auf den übermächtigen Amtsbonus von Landesvater Ringstorff wichtig erschien.
Das Erstarken der NPD vereitelte jedoch einen Wahlkampf im klassischen Sinne, da
die demokratischen Parteien sich in Eintracht übten, um der NPD keine Angriffsfläche zu bieten. Unter dieser Einschränkung litt vor allem die Linkspartei.PDS, da sie
mit der Kopie des populistischen Wahlkampfkonzeptes der Bundestagswahl 2005 geplant hatte und sich in Zurückhaltung üben musste. Vor allem mit Blick auf die Zerwürfnisse um die Kreisgebietsreform konzentrierte sich die Partei auf ihre Stammwäh-
ler und absolvierte einen „Sicherheits-Wahlkampf". Auch wenn es Wolfgang Methling
gelang, ein Direktmandat in Rostock zu holen, konnte die Linkspartei.PDS keine weiteren Sitze hinzugewinnen.[52] Aufgrund des schwächeren Abschneidens der SPD, die jedoch weiterhin knapp stärkste Kraft blieb, besaß die alte Koalition eine Mehrheit von
nur noch einem Sitz. Kurz nach der Wahl verband Marianne Linke ihre Stimme bei der
Wiederwahl des Ministerpräsidenten mit ihrer eigenen Zukunft als Ministerin. Ihr Er-
pressungsversuch führte dazu, dass die SPD eine große Koalition mit der CDU einging.
Linkes Vorstoß hatte somit die Koalition gesprengt und das Klima zwischen Fundis und
Realos weiter vergiftet, so dass es nun zu offenen Anfeindungen kam.[53]

---

50 Vgl. Beschluss: Kommunalpolitische Leitlinien, 2. Tagung des 8. Landesparteitags der PDS MV, ADS,
    Signatur: 2008-XXX.
51 Vgl. Scheele, Die PDS/LINKE in Mecklenburg-Vorpommern, 2010, S. 160–162.
52 Vgl. Reimers/Scheele, Aus der Regierung zurück in die Opposition, in Schoon/Werz, Die Landtagswahl
    in Mecklenburg-Vorpommern 2006, S. 45–48.
53 Vgl. Frank Käßner, CDU knickt vor Ringstorff ein, abrufbar unter: http://www.welt.de/print-welt/artic-
    le158522/CDU_knickt_vor_Ringstorff_ein.html (Stand: 01. 01. 2013).

Wieder in der Opposition

In der Opposition war die Partei weitgehend von einer breiten Regierungsmehrheit blockiert. Bewegung in die Partei kam erst wieder durch die Ereignisse in Schwerin im Jahr 2008, in deren Konsequenz es Angelika Gramkow gelang, sich zur Oberbürgermeisterin wählen zu lassen. Sie musste aus dem Landtag ausscheiden und den Platz an der Fraktionsspitze räumen. Diesen übernahm im November 2008 Wolfgang Methling, um bereits am 21. April 2009 aus persönlichen Gründen auf das Amt zu verzichten. Dieser Rückzug löste in der Partei eine Dynamik aus, deren Nachwirkungen bis heute anhalten. Nachdem Helmut Holter bereits 2001 den Landesvorsitz abgegeben hatte, seit 2002 nicht mehr stellv. Ministerpräsident war und seit 2006 nur noch Fraktionsvize, bahnte sich im Frühjahr 2009 ein unerwartetes Comeback an. Methling schlug der Fraktion vor, Helmut Holter zu seinem Nachfolger zu wählen. Dies war für die AKL ein offener Affront. Marianne Linke hielt Holter öffentlich vor, für das Amt nicht die nötige Integrität zu besitzen. Sie begründete dies mit den Affären des Arbeitsministeriums im Jahr 2001.[54] Der politische Schlagabtausch dieser Tage führte soweit, dass Fraktionschef Methling seine Parteigenossin öffentlich als „Natter" bezeichnete, die „sich am Busen der Partei nähre".[55] Trotz dieser Eskalation konnte die AKL die Wahl Holters nicht verhindern. Im Sommer des Jahres 2009 wurde auf dem Rostocker Parteitag der Generationenwechsel an der Spitze des Landesverbandes vollzogen.[56] Peter Ritter übergab den Landesvorsitz an seinen bisherigen Stellvertreter Steffen Bockhahn. Der junge Politologe aus Rostock gewann im Herbst 2009 ein Bundestagsdirektmandat, hatte sich in der Rostocker Bürgerschaft profiliert und gilt als überzeugter Realo. Bockhahn stand dabei für einen konsequenten Modernisierungskurs seiner Partei nach dem Vorbild der Wahlen 1994 und 1998. Er sah es als hoffnungslos an, weiterhin auf eine Stammwählerklientel deutlich jenseits der 60 Jahre zu setzen. Die Erfahrung hat jedoch gezeigt, dass diese Modernisierung der Partei eher mit realpolitischen Themen denn mit der ideologisierenden Herangehensweise der AKL möglich ist. Zudem hatte sich die AKL offen gegen Regierungsbeteiligungen gestellt und somit auch die Daseinsberechtigung der Partei im politischen Wettbewerb in Frage gestellt. Im folgenden Jahr wurde Helmut Holter erstmals Spitzenkandidat für eine Landtagswahl. Motiviert durch die guten Ergebnisse bei den Europa-, Kommunal- und Bundestagswahlen wurde der Fraktionsvorsitzende sogar als Ministerpräsidentenkandidat proklamiert. Diese Entscheidung war ein weiterer Fingerzeig der Realos in Richtung AKL, dass man im Modernisierungskurs keine Kompromisse eingehen würde. Die Entschlossenheit zur Öffnung für neue, junge Wählergruppen zeigte sich Ende 2010 nach einem IM-Fall. Steffen Bockhahn machte deutlich,

---

54 Vgl. Maser/Scheele, Letzte Chance: Modernisierung, 2011, S. 56.
55 Björn Hengst, „Linke streitet über ihr Spitzenpersonal", abrufbar unter: http://www.spiegel.de/politik/deutschland/0,1518,620053,00.html (Stand: 05.01.2013).
56 Vgl. Michael Maser/Christopher Scheele, Letzte Chance: Modernisierung, 2011, S. 56.

dass Diskussionen über die DDR-Vergangenheit notwendig seien, und distanzierte sich deutlich von der revisionistischen Position von Teilen der AKL.[57]

Im Vorfeld der Landtagswahl 2011 eskalierte die Lage innerhalb der Partei zusehends. Auf dem Nominierungsparteitag zur Landesliste im März 2011 kam es dann zum Eklat. Der realpolitische Flügel konnte alle seine Kandidaten in Kampfabstimmungen auf aussichtsreichen Plätzen gegen die AKL positionieren. Die meisten AKL-Kandidaten konnten daher nur noch über Direktmandate in den Landtag einziehen. Die Fundis sprachen erbost von einem „Putsch" und warfen dem Landesvorstand indirekt Einflussnahmen und Manipulationen vor.[58] Vor dem Landesparteitags 2011 hatte der Landesvorstand ein DDR-kritisches Positionspapier zum Mauerbau eingebracht, welches die AKL mit einem eigenen Gegenvorschlag beantwortete, den viele als Rechtfertigung des Mauerbaus verstanden. Das Medieninteresse war groß – lag der Termin doch ausgerechnet auf dem des 50. Jahrestages des Mauerbaus. So wurde der Parteitag auch von Protesten der Opferverbände begleitet. Den größten Schaden fügte sich die Parteilinke jedoch selbst zu, als die Sitzungspräsidentin Angelika Gramkow zu einer Schweigeminute für die Maueropfer aufrief und drei Delegierte, darunter Ex-Sozialministerin Marianne Linke, diese verweigerten. Auch ihre späteren Erklärungen in der Presse dazu beschädigten Linkes Reputation endgültig, wurden sie doch als unglaubwürdig bezeichnet. Seit der Landtagswahl 2011 sind fast ausschließlich Mitglieder des real-politischen Flügels in der Fraktion vertreten, denn kein Direktkandidat der Partei Die LINKE konnte ein Mandat erringen. Mit leichten Zugewinnen konnte sich die Fraktion jedoch wieder auf 14 Abgeordnete vergrößern.[59] Dass die Pragmatiker nun keine Rücksicht mehr nehmen, ließ bereits ein zwischenzeitliches Parteiausschlussverfahren gegen Marianne Linke erahnen, das jedoch wieder zurückgezogen wurde. Allein die Entstehung des Verfahrens und sein Ablauf haben Marianne Linke weiter geschadet. So hatte sie ihrer Partei „stalinistische Methoden" vorgeworfen und die Antragstellerin angeblich in ihrer beruflichen Existenz bedroht.[60] Der Kampf um die Vorherrschaft in der Partei dauert aktuell an, der Ausgang ist ungewiss. So scheiterte die AKL nach der Landtagswahl mit einem Abwahlversuch gegen Steffen Bockhahn. Jedoch musste auch Bockhahn eine Niederlage bei dem Versuch hinnehmen, den Kreisverband Stralsund durch eine Satzungsänderung aufzulösen und seine größte Rivalin Marianne Linke zu entmachten. Im September 2012 verpasste der zugehörige Antrag des Landesvorstandes die notwendige Zweidrittelmehrheit um fast 10 Prozent. Steffen Bockhahn bezeichnete diese Entwicklung als „fatales Signal"[61]

---

57 Vgl. ebd., S. 57–58.
58 Vgl. ebd., S. 58.
59 Vgl. ebd., S. 62.
60 Vgl. ebd., S. 65.
61 Nordkurier, Linke-Parteitag von Zwist überschattet, abrufbar unter: http://www.nordkurier.de/cmlink/
    nordkurier/nachrichten/mv/linke-parteitag-von-zwist-uberschattet-1.486713 (Stand: 25.01.2013).

und stellte im November 2012 sein Amt als Parteivorsitzender zur Verfügung.[62] Damit konnte die AKL ihrerseits einen großen Erfolg im Land verbuchen. Als Nachfolgerin wurde mit Heidrun Bluhm die langjährige Stellvertreterin im Landesvorstand gewählt, die ebenfalls Mitglied des Bundestages ist. Bluhm war ab 1977 fest in der SED verwurzelt und wird zum Zirkel der gemäßigten Pragmatiker gezählt.

6   Ausblick – erfolgreich entzaubert?

Betrachtet man die derzeitige Situation der Partei Die LINKE insgesamt, so scheint der Landesverband Mecklenburg-Vorpommern einmal mehr seiner Zeit voraus zu sein. In der alten Bundesrepublik hat Die LINKE zunehmend Schwierigkeiten, die Sperrklausel zu überspringen, die Bundespartei ist in Realos und Fundis gespalten und Die LINKE ist auf dem Weg zurück zum „DDR-Nostalgieverein".[63] Der Streit um das Gedenken an den Bau der Berliner Mauer hat dies mit aller Deutlichkeit in den Fokus gerückt, ebenso die Kommunismusdebatte um Gesine Lötzsch und die Telegramme der Parteiführung in Richtung Kuba.[64] Damit einher geht der fortlaufende Verlust an Parteimitgliedern und die Überalterung der Parteibasis. Einstweilen scheint der Rückzug auf das Gebiet der ehemaligen DDR das Überleben im Parlamentarismus der Bundesrepublik zu sichern. Doch bereits 1999 mahnte Helmut Holter das „ostdeutsche Profil [wird perspektivisch] aufgebraucht sein".[65] Es wird in spätestens 20 Jahren keine Neid-Diskussion um Renten- und Gehaltsgefälle zwischen Ost und West mehr geben, dann ist die letzte Generation des Kalten Krieges lange in Rente. Keine Regionalpartei konnte in der Bundesrepublik langfristig ohne Unterstützung einer großen Partei überleben. Daher wird auch kein Mitglied ernsthaft von einer CSU des Ostens träumen können und dürfen.

Doch ist Mecklenburg-Vorpommern hier bereits einen Schritt weiter. Der Landesverband versuchte – gebremst von den Fundis – den Weg in die Realpolitik zu finden. Jedoch folgte an der entscheidenden Stelle im Jahr 2002 nicht der notwendige Folgeschritt. So wie in Mecklenburg-Vorpommern wird es auch der übrigen Partei eher früher als später ergehen. Fakt ist, dass es Ende des Jahres 2012 um nicht weniger als die politische Zukunft des Landesverbandes geht. Die Prognosen für alle relevanten Kennzahlen sind negativ.

---

62 Vgl. Nordkurier, Linke-Landeschef Bockhahn wirft das Handtuch, abrufbar unter: http://www.nordkurier.de/cmlink/nordkurier/nachrichten/mv/linke-landeschef-bockhahn-wirft-das-handtuch-1.503166 (Stand: 25.01.2013).

63 Vgl. Kölner Stadtanzeiger, NRW-Linke: DDR war ein legitimer Versuch, abrufbar unter: http://www.ksta.de/politik/nrw-linke--ddr-war-ein-legitimer-versuch-,15187246,12708558.html (Stand: 25.01.2013).

64 Vgl. Björn Hengst, Glückwünsche von Lötzsch und Ernst: Linke hadern mit Castro-Kotau, abrufbar unter: http://www.spiegel.de/politik/deutschland/glueckwuensche-von-loetzsch-und-ernst-linke-hadern-mit-castro-kotau-a-781485.html (Stand: 25.01.2013).

65 Helmut Holter, Rede auf der 1. Tagung des 6. Landesparteitags der PDS MV, ADS, Signatur: 2008-XVII-353.

Nur wenn die Partei neue Mitglieder und neue, junge Wählergruppen gewinnt, kann sie politisch im Land überleben. Ideologisch motivierte Machtkämpfe passen dabei weder ins Land, noch sind sie hilfreich in dieser Situation. Inwieweit auch der Rückzug von Steffen Bockhahn ein Schachzug ist, bleibt abzuwarten. Zu einer Handlungsoption wird auch der Bruch mit einer stetig alternden Wählerklientel gehören. Hier wird sich die Partei fragen müssen, ob sie notfalls diesen Trennungsprozess vorzieht und sich für neue Wählergruppen öffnet. Diese Wähler werden derzeit neben programmatischen Gründen vor allem durch die Zerrissenheit der Partei abgeschreckt. Für Die LINKE kann die Sperrklausel von fünf Prozent zu einem Schreckgespenst werden. Denn auch in den anderen vier östlichen Landesverbänden ist die Lage nicht besser. Da jedoch die östlichen Landesverbände rund die Hälfte der Mitglieder stellen, bedeutet der perspektivische Verlust von Zweidrittel der Mitglieder aus demographischen Gründen in Brandenburg, Mecklenburg-Vorpommern, Sachsen, Sachsen-Anhalt und Thüringen in Konsequenz eine Gefahr für die Bundespartei, in personeller, finanzieller und existenzieller Hinsicht.[66]

---

66 Bundesweit besaß Die LINKE Ende 2011 69 458 Mitglieder, auf die fünf östlichen Landesverbände entfielen davon 35 031 Mitglieder, vgl. Die LINKE, Mitgliederzahlen, abrufbar unter: http://www.die-linke.de/partei/fakten/mitgliederzahlen/ (Stand 01. 02. 2013);

Bündnis 90/Die Grünen in Mecklenburg-Vorpommern

Michael Koch/Franziska Struck[1]

1   Einleitung

Mecklenburg-Vorpommern war das letzte Bundesland in dem die Bündnisgrünen in den Landtag einziehen konnten. Dies ist deshalb bemerkenswert, weil die Bündnisgrünen nach der Wende kein reiner „West-Import" waren sondern mit ihrer Nähe zu Bündnis 90 und dem Neuen Forum (NF) an das Erbe der Bürgerbewegungen anknüpfen konnten. Erst im September 2011 gelang es ihnen das nachzuholen, was vielleicht schon 20 Jahre zuvor, in der bewegten Anfangszeit direkt nach der Wende, möglich gewesen wäre. Bei den ersten Landtagswahlen am 14. Oktober 1990 traten das Neue Forum, die Grünen und Bündnis 90, trotz großer inhaltlicher Übereinstimmungen, getrennt an. Das Ergebnis zeigte, dass damit die wohl schlechteste aller möglichen Entscheidungen getroffen worden war. Zusammen erreichten die drei Gruppierungen zwar 9,3 Prozent der Stimmen, doch für sich genommen gelang es keiner, die Fünf-Prozent-Hürde zu überwinden (NF 2,9 Prozent, Grüne 4,2 Prozent, Bündnis 90 2,2 Prozent). Diese strategische Fehlentscheidung hatte ihren Ursprung unter anderem in der Eigenständigkeits- und Abgrenzungspolitik des NF wie auch in der geringen Kompromissbereitschaft innerhalb der Grünen.[2]

Die Vereinigung von Bündnis 90 und den Grünen erfolgte im Juni 1993 in Güstrow, einen Monat nach der offiziellen Vereinigung beider Parteien auf Bundesebene. In den „Landespolitischen Grundsätzen" wird als Hauptmotivation für den Zusammenschluss explizit auf den Misserfolg bei den ersten Landtagswahlen Bezug genommen. Das NF

---

1   Die Autoren danken dem Landesgeschäftsführer Ole Krüger für zahlreiche Informationen und Hinweise.

2   Vgl. Jochen Schmidt, Bündnis 90/Die Grünen in Mecklenburg-Vorpommern, in: Nikolaus Werz/Hans Jörg Hennecke (Hrsg.), Parteien und Politik in Mecklenburg-Vorpommern, München 2000. S. 160–169, hier: S. 160–162.

trat der neuen Partei nicht bei, verzichtete aber bei der nächsten Wahl auf eine konkur-
rierende Liste. Dennoch gelang es Bündnis 90/Die Grünen bei keiner der folgenden
Wahlen seit 1994 der Fünf-Prozent-Hürde auch nur nahe zu kommen. Der Nichteinzug
in den Landtag 1990 erwies sich als tiefgreifende Weichenstellung, die sich sowohl in der
anhaltenden Struktur- als auch Mitgliederschwäche der Bündnisgrünen im Nordosten
niederschlagen sollte.[3]

Seit dem Ende des Jahres 2010 gelang es dem Landesverband in Mecklenburg-Vorpommern jedoch massiv an Mitgliedern und Zustimmung zu gewinnen. Dies lag vor allem am Stimmungshoch der Bundespartei, welches sich auf die Proteste gegen Stuttgart
21 und die Atomdebatte nach dem Reaktorunglück in Fukushima gründete. Die Entwicklung führte schließlich zum erstmaligen Einzug der Bündnisgrünen in den Landtag
Mecklenburg-Vorpommerns am 4. September 2011.

Im Folgenden soll neben der Beschreibung der Organisationsstrukturen, Programm-
matik, der Wahlergebnisse und Wählerschaft sowie der Arbeit der Partei im Parlament
vor allem auf die Auswirkungen der genannten Aspekte auf die Partei und ihre Chancen
im demokratischen Wettbewerb eingegangen werden. Angeknüpft wird dabei an vorliegende Studien[4], die den Werdegang und die Politik der Bündnisgrünen in Mecklenburg-Vorpommern beschreiben.

2   Die Partei als Organisation

Die Partei Bündnis 90/Die Grünen verfolgt sowohl auf Bundes- als auch auf Landesebene eine basisdemokratische Organisationsstruktur, weshalb der Aufbau des Lan-
des- dem des Bundesverbandes gleicht. Dennoch treffen die Landesdelegiertenkonferenz, der Landesdelegierten-, Landesfrauen- und der Landesfinanzrat als Organe des
Landeverbandes Mecklenburg-Vorpommerns Personal-, Programm-, Satzungs- und Fi-
nanzentscheidungen unabhängig von der Parteispitze. Gleiches gilt für die acht Kreisverbände und weitere Ortsverbände deren neue Landes- und Ortsgrenzen durch die
Kreisgebietsreform in Mecklenburg-Vorpommern im Jahr 2011 festgelegt wurden.

---

3   Vgl. Schmidt, Bündnis 90/Die Grünen in Mecklenburg-Vorpommern, in: Werz/Hennecke (Hrsg.), Par-
    teien und Politik in Mecklenburg-Vorpommern, 2000, S. 162–163.
4   Siehe Nikolaus Werz/Hans Jörg Hennecke (Hrsg.), Parteien und Politik in Mecklenburg-Vorpommern,
    München 2000; Steffen Schoon/Britta Saß/Johannes Saalfeld, Kein Land(tag) in Sicht? – Bündnis 90/
    Die Grünen in Mecklenburg-Vorpommern, München 2006.

Die Organe des Landesverbandes

Der Landesvorstand ist die Vertretung der Landespartei nach innen und außen, bestehend aus zwei gleichberechtigten Vorsitzenden, bis zu sieben weiteren Mitgliedern, einem Schatzmeister, einer frauenpolitischen Sprecherin und einem Mitglied der Grünen Jugend (das zugleich Mitglied von Bündnis 90/Die Grünen ist).[5] Mit Hilfe des so genannten Frauenstatuts[6] wird im Vorstand, auf Wahllisten, in Versammlungen und anderen Gremien eine (Mindest-)Parität von Frauen auf allen politischen Ebenen eingehalten. Gewählt wird der Landesvorstand (mit Ausnahme des Mitglieds der Grünen Jugend) für zwei Jahre in freien und geheimen Wahlen auf der Landesdelegiertenkonferenz.[7] Als formales Kollektivorgan obliegt dem Landesvorstand die Geschäftsführung des Landesverbandes.[8]

Delegierte der jährlich stattfindenden Landesdelegiertenkonferenz[9] (LDK) werden von den acht Kreisverbänden entsprechend ihrer Größe entsandt. Zusätzlich nehmen zwei Mitglieder der Grünen Jugend teil, die allerdings nicht stimmberechtigt sind.[10] Auf der Konferenz werden unter anderem der Parteivorstand und die Kandidaten für die Bundes- und Landtagswahlen gewählt. Ferner findet auf ihr die Beschlussfassung über die Satzungen, das Programm sowie den Landeshaushalt statt.[11] Im Oktober 2012 wurde erstmals ein vergrößerter Landesvorstand gewählt, der durch eine Satzungsänderung auf der Landesdelegiertenkonferenz in Güstrow im Mai 2012 beschlossen worden war.

Ab 2013 soll der Landesdelegiertenrat regelmäßig, ein Mal im Jahr, einberufen werden.[12] Ihm obliegt die Kontrolle des Landesvorstandes und die Überprüfung sowie gegebenenfalls Aufhebung von Beschlüssen. Zusätzlich entscheidet er über die politischen Richtlinien zwischen den Landesdelegiertenkonferenzen. Er setzte sich im Jahr 2007 aus jeweils zwei Vertretern der Kreisverbände und des Landesvorstandes, zwei Mandatsträ-

---

5   Vgl. Bündnis 90/Die Grünen Mecklenburg-Vorpommern, Satzung des Landesverbandes, § 14, Abs. 2, abrufbar unter: http://www.gruene-mv.de/fileadmin/user_upload/ldk_1205_sn/beschluesse/1205_GrueneMV_Satzung.pdf (Stand: 30.09.2012).

6   Vgl. Bündnis 90/Die Grünen, Das Frauenstatut von Bündnis 90/Die Grünen, § 1–3, abrufbar unter: http://www.gruene-partei.de/cms/default/dok/15/15336.das_frauenstatut_von_buendnis_90die_grue.htm (Stand: 30.09.2012).

7   Vgl. Bündnis 90/Die Grünen Mecklenburg-Vorpommern, Satzung des Landesverbandes, § 14, Abs. 3.

8   Die von der Partei festgeschriebene strikte Trennung von Parteiämtern und Mandat aus dem Jahr 1980, deren Ziel es ist, eine Machtkonzentration auf nur eine Person zu verhindern, wurde 2003 gelockert, sodass zwei Fraktionsabgeordnete des Landtags zugleich stimmenberechtigte Beisitzer im Landesvorstand sein dürfen (vgl. Ole Krüger: Angaben des Landesgeschäftsführers Bündnis 90/Die Grünen Mecklenburg-Vorpommern, Rostock 2012).

9   Die Landesdelegiertenkonferenz hat die Funktion eines Parteitages.

10 Vgl. Bündnis 90/Die Grünen Mecklenburg-Vorpommern, Satzung des Landesverbandes, Landesdelegiertenkonferenz, § 10, Abs. 1.

11 Vgl. ebd. Landesdelegiertenkonferenz, § 10, Abs. 7.

12 Vgl. Krüger, Angaben des Landesgeschäftsführers Bündnis 90/Die Grünen Mecklenburg-Vorpommern, 2012.

gern im Landtag, im Deutschen Bundestag oder im Europäischen Parlament sowie jeweils zwei Delegierten der Grünen Jugend und des Landesfrauenrates zusammen.[13]

Die Landesarbeitsgemeinschaften (LAGs), in denen ein Großteil der themenbezogenen, programmatischen Arbeit stattfindet, spiegeln die Themen der bündnisgrünen Parteiarbeit in Mecklenburg-Vorpommern wider. Die Themen Bildung, Demokratie, Innen und Recht (DIR), Gesundheit und Soziales, Kultur, Landwirtschaft, Migration und Flüchtlinge, Rechtsextremismus, Schwulen- und Lesbenpolitik, Verkehr und Siedlungswesen sowie Wirtschaft standen im Jahr 2012 im Fokus der Partei.[14] Ergänzt wird das Themenspektrum grüner Landesarbeit durch die seit Mai 2012 ins Leben gerufenen LAGs Ständiger Wahlkampf sowie Internationales und Frieden.[15] Das Vorhaben der Partei, einen flächendeckenden Wahlkampf im Land zu realisieren, kann als Ursache für die Neugründung[16] der Arbeitsgemeinschaft Ständiger Wahlkampf betrachtet werden. Es zeigt sich insgesamt eine Korrelation zwischen dem Aufbau des Landes- und des Bundesverbandes von Bündnis 90/Die Grünen: Mit Ausnahme der LAG Rechtsextremismus finden sich alle weiteren Themen auch in den Bundesarbeitsgemeinschaften wieder.[17]

Drei der genannten LAGs (Bildung, Wirtschaft und Landwirtschaft) setzen sich mit Programmschwerpunkten der bündnisgrünen Landtagsfraktion auseinander, weshalb ihnen eine besondere Bedeutung zukommt: Vorsitzender der LAG Bildung und des Landesvorstandes ist Andreas Katz und auch die Beisitzerin des Landesvorstandes, Sonja Imken, ist Mitglied der Arbeitsgruppe. Außerdem ist Ulrike Berger als stellvertretende Fraktionsvorsitzende im Landtag und zugleich Vorsitzende des Ausschusses für Bildung, Wissenschaft und Kultur mit dem für die Partei wichtigen Thema betraut. Zweiter Kernpunkt grüner Fraktionsarbeit im Landtag ist die Vereinbarkeit von Wirtschaft und Umwelt. Für diesen setzen sich Jutta Gerkan im Ausschuss für Wirtschaft, Bau und Tourismus und Ursula Karlowski im Ausschuss für Landwirtschaft, Umwelt und Verbraucherschutz, kurz Agrarausschuss, ein.[18]

---

13 Vgl. Bündnis 90/Die Grünen Mecklenburg-Vorpommern, Satzung des Landesverbandes, Landesdelegiertenrat § 11, Abs. 1 und 2.
14 Vgl. Bündnis 90/Die Grünen Mecklenburg-Vorpommern, Landesarbeitsgemeinschaften, abrufbar unter: http://www.gruene-mv.de/partei/arbeitsgemeinschaften.html (Stand: 30. 09. 2012).
15 Vgl. Bündnis 90/Die Grünen Mecklenburg-Vorpommern, Protokoll der Landesdelegiertenkonferenz am 12. 05. 2012/13. 05. 2012 in Güstrow, abrufbar unter http://www.gruene-mv.de/partei/gremien/landesdelegiertenkonferenz/ldk-guestrow-2012/beschluesse.html (Stand: 30. 09. 2012).
16 Bereits auf Antrag von mindestens fünf Mitgliedern ist die Neugründung von Arbeitsgemeinschaften und somit ein Variieren ihrer Anzahl möglich (vgl. Bündnis 90/Die Grünen Mecklenburg-Vorpommern, Satzung des Landesverbandes, Landesarbeitsgemeinschaften, § 16, Abs. 1.
17 Vgl. Bündnis 90/Die Grünen, Bundesarbeitsgemeinschaften, abrufbar unter:http://www.gruene-bag.de/cms/default/rubrik/0/42.htm (Stand: 27. 11. 2012).
18 Vgl. Landtag Mecklenburg-Vorpommern, Ausschüsse, abrufbar unter: http://www.landtag-mv.de/landtag/gremien/ausschuesse/agrarausschuss/mitglieder.html (Stand: 27. 11. 2012).

In Anlehnung an den Bundesfrauenrat auf Bundesebene gehört in Mecklenburg-Vorpommern ein Landesfrauenrat zu den Organen des Landesverbandes. Neben der Vorgabe von Richtlinien für die Frauenpolitik und der Koordination der Arbeit zwischen den Landesorganen, ist seine wichtigste Aufgabe die Kontrolle des bereits erwähnten Frauenstatuts. Der Vollständigkeit halber ist zuletzt der Landesfinanzrat als Organ des bündnisgrünen Landesverbandes zu nennen, dessen Aufgaben die Beratung des Landesvorstandes in Finanzfragen, der Entwurf eines Haushaltsplans sowie die Vergabe von Finanzmitteln ist.[19]

Die Grüne Jugend

Die Grüne Jugend Mecklenburg-Vorpommern ist die politische Jugendorganisation von Bündnis 90/Die Grünen. Sie fungiert als weitgehend autonomer Landesverband, dessen Mitglieder zugleich dem Bundesverband Grüne Jugend angehören. Eine Mitgliedschaft ist bis zum 28. Lebensjahr möglich. Trotz der bestehenden Nähe nimmt die Grüne Jugend durchaus kritische Positionen zur Partei ein und wahrt ihre Unabhängigkeit. Die drei Arbeitsgruppen des Landes sind in Rostock, Bad Doberan und Greifwald ansässig. Zwei Sprecher, ein Besitzer, ein gender- und frauenpolitischer Sprecher, ein Bildungsreferent sowie einer für die Mitgliederverwaltung und der Schatzmeister bilden, unter Berücksichtigung des Frauenstatuts, den Landesvorstand der Jugendorganisation.[20] Auf den mehrfach im Jahr stattfindenden Landeskongressen der Grünen Jugend werden zugleich die Landesmitgliederversammlungen abgehalten, auf welchen die Gremienmitglieder und der Landesvorstand gewählt und Anträge diskutiert werden.[21] In so genannten „Openmeetings" werden regelmäßig Aktiventreffen per Video-Chat abgehalten, in denen die Mitglieder live diskutieren und planen.[22] Besonders relevante politische Themen der Grünen Jugend MV sind die Förderung von Gleichberechtigung, der Kampf gegen Rassismus und für erneuerbare Energien.[23]

---

19 Vgl. Bündnis 90/Die Grünen Mecklenburg-Vorpommern, Satzung des Landesverbandes, Landesfrauenrat und Landefinanzrat, § 12 und § 13.
20 Vgl. Grüne Jugend M-V, Wiki Grüne Jugend MV, abrufbar unter: http://wiki.gruene-mv.de/index.php/Gr%C3%BCne_Jugend (Stand: 30.09.2012).
21 Vgl. Grüne Jugend M-V, Landeskongress, abrufbar unter: http://wiki.gruene-mv.de/index.php/Landeskongress (Stand: 30.09.2012).
22 Vgl. Grüne Jugend M-V, Kommunikation & Treffen, abrufbar unter: http://wiki.gruene-mv.de/index.php/Gr%C3%BCne_Jugend#Kommunikation_.26_Treffen (Stand: 30.09.2012).
23 Vgl. Grüne Jugend M-V, 25. August 2012, abrufbar unter: http://www.gj-mv.de/ (Stand: 30.09.2012).

Die Heinrich-Böll-Stiftung Mecklenburg-Vorpommern

Unter der grünen Stiftungsreform 1996[24] ging die Heinrich-Böll-Stiftung Mecklenburg-Vorpommern aus den drei grünennahen Stiftungen der Frauenanstiftung, dem Buntstift (die damalige Landesstiftung) und der alten Heinrich-Böll-Stiftung hervor. Zuvor waren die drei Stiftungen gemeinsam unter dem Stiftungsverband Regenbogen tätig. Als eine von insgesamt sechzehn Landesstiftungen fördert die neu gegründete Heinrich-Böll-Stiftung Mecklenburg-Vorpommern seitdem politische Bildungsarbeit auf der Landesebene, mit dem Ziel gegenseitiger Achtung, unabhängig von der Herkunft, geschlechtlicher oder kultureller Identität und politischer Meinung. Zu diesem Zweck unterstützt sie Kunst und Kultur, Gruppen und Einzelpersonen. Demokratie, Gewaltfreiheit, Solidarität und Ökologie sind die Grundwerte, denen sich die Stiftung bei ihrer Arbeit verschrieben hat.[25]

Ganz im Sinne Heinrich Bölls, der sich für eine couragierte Einmischung in öffentliche Angelegenheiten einsetzte, sollen Bildungsveranstaltungen der Landesstiftung den Dialog und die Beschäftigung mit öffentlichen Themen fördern. Dies geschieht zumeist in Zusammenarbeit mit Instituten, Einrichtungen, Vereinen und Bürgerinitiativen. Themenschwerpunkte der Stiftung in Mecklenburg-Vorpommern sind insbesondere die Förderung von Demokratie und Zivilgesellschaft, von Kunst, Kultur und Medien und der grünen Landespartei. Ihren Sitz hat die Landesstiftung im Haus Böll im Zentrum Rostocks.[26]

Grüne im Land und im Bund

Seit der Landtagswahl im September 2011 sind Bündnis 90/Die Grünen zum ersten Mal im Landtag Mecklenburg-Vorpommerns vertreten. Mit nur sieben Abgeordneten (Ulrike Berger, Silke Gajek, Jutta Gerkan, Johann-Georg Jaeger, Ursula Karlowski, Johannes Saalfeld und Jürgen Suhr) stellen die Bündnisgrünen die kleinste demokratische Fraktion im Schweriner Schloss.

Neben ihrem bereits erwähnten Vorsitz im Bildungsausschuss ist Ulrike Berger stellvertretende Fraktionsvorsitzende. Fraktionsvorsitzender ist Jürgen Suhr. Selbiger ist

---

24 Das Ziel der 1994 vom Bundesvorstand Bündnis 90/Die Grünen angetriebenen Stiftungsreform war die Aufhebung der Dreigliedrigkeit der Stiftung in die Frauenanstiftung, den Buntstift und die alte Heinrich-Böll-Stiftung zu Gunsten von Effizienz, Parteinähe und sinnvollem Fördermitteleinsatz (vgl. Bildungswerk Berlin der Heinrich-Böll-Stiftung, Verein, abrufbar unter: http://www.bildungswerk-boell.de/web/131.html (Stand: 27.11.2012).

25 Heinrich-Böll-Stiftung e.V., Struktur, abrufbar unter: http://www.boell.de/stiftung/struktur/struktur-309.html (Stand: 27.11.2012).

26 Vgl. Heinrich-Böll-Stiftung Mecklenburg-Vorpommern, abrufbar unter: http://www.boell-mv.de/service/kontakt/ (Stand: 30.09.2012).

Mitglied im Europa- und Rechtsausschuss, bereits seit 2009 Fraktionsvorsitzender in der Bürgerschaft der Hansestadt Stralsund und Abgeordneter des Kreistages Vorpommern-Rügen. Die Landesvorsitzende von Bündnis 90/Die Grünen Mecklenburg-Vorpommern der Jahre 2008 bis 2011, Silke Gajek, ist Landtagsvizepräsidentin, im Ältestenrat und der Enquetekommission tätig. Daneben vertritt sie die Landespartei im Sozialausschuss. Während die Arbeit Jutta Gerkans im Wirtschafts- und im Petitionsausschuss stattfindet, ist der parlamentarische Geschäftsführer, Johann-Georg Jaeger, im Energieausschuss tätig. Ursula Karlowski arbeitet im Agrarausschuss. Der siebte Landtagsabgeordneten Johannes Saalfeld ist Mitglied des Innen- und des Finanzausschusses sowie hochschulpolitischer Sprecher seiner Partei.[27]

Im Jahr 2009 zog Harald Terpe (MdB) zum zweiten Mal in den Deutschen Bundestag ein und ist damit wiederholt einziger bündnisgrüner Abgeordneter aus Mecklenburg-Vorpommern. Er trat im Wahlkreis Rostock an und wurde über die Landesliste gewählt. Der gebürtige Greifswalder begann seinen politischen Werdegang mit Mandaten für das Neue Forum bereits zu seiner Zeit als praktizierender Arzt ab 1989. War er zwischen 1990 und 1994 noch als Fraktionssprecher der Wählergemeinschaft Bündnis 90 (später Bündnis 90/Die Grünen) in Rostock tätig, wurde Harald Terpe 1999 zum Rostocker Bürgerschaftsmitglied für Bündnis 90 gewählt.[28] Im Jahr 2006, nach seinem ersten Einzug in den Deutschen Bundestag, wurde er Mitglied von Bündnis 90/Die Grünen. Neben seinen Kernthemen Gesundheit und Drogenpolitik setzt sich der Bundestagsabgeordnete insbesondere gegen die Massentierhaltung im Land ein. Gemeinsam mit der grünen Bundestagsfraktion fordert er eine artgerechte, nachhaltige und ökologische Tierhaltung.[29]

Während zurzeit kein Parteimitglied von Bündnis 90/Die Grünen Landrat ist, stellen die Grünen mit Joachim Stein in Malchow seit 1992, Steffen Marklein in Bröbberow (seit 1999) und Hans-Joachim Lang in Kassow (seit 2009) drei Bürgermeister in Mecklenburg-Vorpommern.[30] Die Gemeinde Malchow liegt seit der Kreisgebietsreform im September 2011 in dem neu gegründeten Landkreis Mecklenburgische Seenplatte, Bröbberow und Kassow im Landkreis Rostock. Die sozialdemokratisch geführten Kreistage beider Landkreise deuten auf eine Personenwahl der grünen Bürgermeister hin. Im Jahr 2012 trat der bündnisgrüne Kandidat Christian Blauel bei der Oberbürgermeisterwahl

---

27 Vgl. Landtag Mecklenburg-Vorpommern, Landtag, Abgeordnete, Fraktion, Grüne, abrufbar unter: http://www.landtag-mv.de/landtag/abgeordnete/fraktion.html (Stand: 30.09.2012).

28 Zu den „grünen" Besonderheiten in der Hansestadt Rostock vgl. Johannes Saalfeld, Die Wahl zur Rostocker Bürgerschaft 2009 – Experimentaldemokratie und ihre Ursachen, in: Steffen Schoon/Arne Lehmann (Hrsg.), Die Kommunalwahlen 2009 in Mecklenburg-Vorpommern, Rostock 2009. S. 19–30.

29 Vgl. Harald Terpe MdB, abrufbar unter: http://www.harald-terpe.de/ (Stand: 30.09.2012).

30 Vgl. ZEIT ONLINE, Grüne Bürgermeister, abrufbar unter: http://www.zeit.de/2009/39/Deutschlandkarte-Buergermeister-39 (Stand: 30.09.2012).

in Rostock an. Trotz Bürgernähe und einer interaktiven Internetseite konnte der Architekt nur 5,4 Prozent der Stimmen erzielen.[31]

Die Partei und ihre Mitglieder

Im Land Mecklenburg-Vorpommern ist die Anzahl der Mitglieder bei Bündnis 90/Die Grünen mit 563 so hoch wie nie zuvor.[32] Während zwischen 1990 und 1998 die Mitgliederzahlen (mit Ausnahme 1992) insbesondere ein Jahr nach der Parteifusion 1993 kontinuierlich anstiegen, kehrte sich dieser Trend bis zum Jahr 2005 um. Als ein Auslöser kann, obwohl es sich hierbei um einen Prozess auf Bundesebene handelte, die Regierungsübernahme von SPD und Bündnis 90/Die Grünen im Bund gelten, da der Landesverband durch den sich nur langsam vollziehenden Atomausstieg, den umstrittenen Eingriff in den Kosovo-Konflikt 1999 und den „Enduring-Freedom"-Einsatz in Afghanistan großen internen Spannungen ausgesetzt war.[33] Einen erneuten Zuwachs konnte die Partei seit der Großen Koalition im Jahr 2005 verzeichnen. Der positive Trend erreichte seinen zwischenzeitlichen Höhepunkt 2010. Nie zuvor hatte Bündnis 90/Die Grünen so viele Mitglieder in Mecklenburg-Vorpommern. Insgesamt hat es die Partei in rund zwanzig Jahren geschafft, die Anzahl ihrer Mitglieder mehr als zu verdoppeln, eine Entwicklung die keine anderen demokratischen Partei in Mecklenburg-Vorpommern gemacht hat.[34]

Die Mitgliederbefragungen[35] aus den Jahren 1997 und 2000 liefern Daten über die Zusammensetzung der Partei. Sie zeigen, dass die wenigsten Parteiangehörigen unter 30 Jahren alt sind. Stattdessen ist der Großteil zwischen 30 und 50 Jahren; im Jahr 1997 betrug das Durchschnittsalter 41 Jahre, im Jahr 2000 lag es bei 44,8 Jahren. Die Umfrage aus dem Jahr 2000 legt außerdem nahe, dass es sich bei Bündnis 90/Die Grünen um eine Partei für Menschen mit höherer Bildung handelt.[36] Die schwächsten Kreisverbände sind Ludwigslust-Parchim mit 34 Mitgliedern und Nordwestmecklenburg

---

31 Vgl. Bündnis 90/Die Grünen Mecklenburg-Vorpommern, Dank an Rostocker OB-Kandidat Blauel für Engagement im Wahlkampf, abrufbar unter http://www.gruene-mv.de/index.php?id=2542&tx_ttnews[tt_news]=1111&cHash=694fbde6f9d6ba378789269a3688da84 (Stand: 30.09.2012).

32 Vgl. Krüger, Angaben des Landesgeschäftsführers Bündnis 90/Die Grünen Mecklenburg-Vorpommern, 2012.

33 Vgl. Steffen Schoon, Die strukturelle Verankerung von Bündnis 90/Die Grünen in Mecklenburg-Vorpommern: Mitgliederstruktur und Auswirkungen, in: Steffen Schoon/Britta Saß/Johannes Saalfeld, Kein Land(tag) in Sicht? – Bündnis 90/Die Grünen in Mecklenburg-Vorpommern, München 2006, S. 115–147, hier S. 119–120.

34 Die Piratenpartei erfährt an dieser Stelle keine Berücksichtigung, da sie erst im Jahr 2006 gegründet wurde.

35 Der bündnisgrüne Landesverband erhebt nur sehr unregelmäßig Daten über seine Mitglieder, sodass es sich bei den genannten Befragungen um die Aktuellsten handelt.

36 Vgl. Schoon, Die strukturelle Verankerung von Bündnis 90/Die Grünen in Mecklenburg-Vorpommern, in: Schoon/Saß/Saalfeld, Kein Land(tag) in Sicht, 2006, S. 122.

Tabelle 1 Grünen-Mitglieder in Mecklenburg-Vorpommern 1990–2012*

	1990	1991	1992	1993	1994	1995	1996	1997	1998	1999	2000
M	254	250	144	335	382	375	359	403	415	350	311

	2001	2002	2003	2004	2005	2006	2007	2008	2009	2010	2011
M	253	259	263	277	288	302	305	308	372	446	548

* Vgl. Oskar Niedermayer, Parteimitglieder in Deutschland, abrufbar unter: http://www.polsoz.fu-berlin.de/polwiss/for-schung/systeme/empsoz/schriften/Arbeitshefte/Oskar_Niedermayer_-_Parteimitglieder_in_Deutschland__Version_2011.pdf (Stand: 30.09.2012).

mit 38 Mitgliedern. Besonders viele Mitglieder finden sich im städtischen Raum, in der Hansestadt Rostock sind 167 ansässig, in Schwerin immerhin noch 56 Mitglieder.[37]

Die seit 2006 wachsende Anzahl an Parteimitgliedern stärkt die Struktur der Partei. Dadurch wird nicht nur die Gründung neuer Landesarbeitsgemeinschaften vereinfacht, sondern auch ein flächendeckender Wahlkampf außerhalb der größeren Städte ermöglicht. Auch wenn sich im Vergleich zwischen den neuen und alten Bundesländern zeigt, dass die Einnahmen aus Mitgliedsbeiträgen der ostdeutschen Landesverbände geringer sind, verbesserte sich die Finanzlage der Landespartei. Im Jahr 2008 erzielten Bündnis 90/Die Grünen einen Gewinn von 48 000 Euro[38], ein Jahr zuvor waren es 57 000 Euro.[39] Die hohen Ausgaben für die Wahlkämpfe von Bundestags- und Europawahl 2009 sind die Ursache des negativen Jahresabschlusses der Landespartei mit 31 500 Euro[40] Verlust und so hält die positive finanzielle Entwicklung mit einem Plus von 85 000[41] Euro für die Bündnisgrünen im Jahr 2010 dank Mitgliederwachstum weiterhin an. Nichts desto trotz sind Zuschüsse des Bundesverbandes (im Jahr 2010 rund 220 000 Euro) eine wichtige Einnahmequelle des Landesverbandes.[42] Die nach wie vor erschwerte finanzielle

---

37 Vgl. Krüger: Angaben des Landesgeschäftsführers Bündnis 90/Die Grünen Mecklenburg-Vorpommern, 2012.

38 Vgl. Deutscher Bundestag, Fundstellenverzeichnis der Rechenschaftsberichte: Unterrichtung durch den Präsidenten des Deutschen Bundestages, Bekanntmachung von Rechenschaftsberichten politischer Parteien für das Kalenderjahr 2008 (1. Teil Bundestagsparteien), Drucksache 17/630, Berlin 2010, S. 135, abrufbar unter: http://www.bundestag.de/bundestag/parteienfinanzierung/rechenschaftsberichte/index.html (Stand: 30.09.2012).

39 Vgl. Deutscher Bundestag, Bekanntmachung von Rechenschaftsberichten politischer Parteien für das Kalenderjahr 2007 (1. Teil Bundestagsparteien), Drucksache 16/12550, Berlin 2009, S. 113.

40 Vgl. Deutscher Bundestag, Bekanntmachung von Rechenschaftsberichten politischer Parteien für das Kalenderjahr 2009 (1. Teil Bundestagsparteien), Drucksache 17/4800, Berlin 2011, S. 185.

41 Vgl. Deutscher Bundestag, Bekanntmachung von Rechenschaftsberichten politischer Parteien für das Kalenderjahr 2010 (1. Teil Bundestagsparteien), Drucksache 17/88550, Berlin 2012, S. 139.

42 Vgl. Deutscher Bundestag, Fundstellenverzeichnis der Rechenschaftsberichte: Unterrichtung durch den Präsidenten des Deutschen Bundestages, Bekanntmachung von Rechenschaftsberichten politischer Parteien für das Kalenderjahr 2010 (1. Teil Bundestagsparteien), Drucksache 17/8550, Berlin 2012, S. 165.

Situation der Landespartei ist zugleich auch eine Erklärung für ihre bis dato anhaltend spärliche Personalausstattung, die sich beispielhaft an den drei Mitarbeitern der Landesgeschäftsstelle in Schwerin zeigt.[43]

3   Die Partei und ihr Programm

Mit der Übernahme der Regierungsverantwortung durch Bündnis 90/Die Grünen auf Bundesebene im Jahr 1998 ergab sich für den Landesverband in Mecklenburg-Vorpommern zum ersten Mal die Notwendigkeit, auf Handlungen der Bundespartei direkt reagieren zu müssen. Dies war für die Grünen eine besonders schmerzvolle Erfahrung, da sich die Partei bisher ausschließlich in der außerparlamentarischen Opposition befand. Aufgrund dessen gab es in der Partei noch ein sehr heterogenes Meinungsbild in vielen Bereichen. Am aufreibendsten waren dabei die Konflikte um den Kosovo-Einsatz der Bundeswehr 1999, um den Atomkonsens, den Afghanistankrieg und die Agenda 2010 in den jeweils folgenden Jahren. Sie alle berührten Kernpunkte grüner Identität und Programmatik.[44]

Die Einsätze der Bundeswehr im Kosovo 1999 und in Afghanistan 2001 führten zu weitreichenden Auseinandersetzungen in der Partei, die nicht zuletzt in der Friedensbewegung eine ihrer ideologischen Wurzeln hat. Der Landesverband war in beiden Fällen gespalten. Es gab eine Gruppe scharfer Gegner der Einsätze und eine Gruppe, die diese aus politischem Pragmatismus befürworteten oder zumindest akzeptierten. In beiden Fällen sprach sich der Landesverband mehrheitlich gegen die Einsätze, und damit auch gegen die Politik des grünen Außenministers Joschka Fischer und der Bundestagsfraktion, aus. Mit dem im Jahr 2000 geschlossenen Atomkonsens und dem daraus folgenden Atomausstieg war eine der zentrale Forderungen grüner Politik umgesetzt worden. Nichtsdestotrotz herrschte große Uneinigkeit über den „Erfolg", da die langen Restlaufzeiten für viele in der Partei enttäuschend waren. Dies zeigt sich nicht nur in den Debatten, ob der Landesverband weiter Proteste gegen CASTOR-Transporte unterstützen sollte, sondern auch in den Beschlüssen der Landesdelegiertenkonferenzen zwischen 1999 und 2001, die zum Teil zu völlig unterschiedlichen Ergebnissen kamen. Zusätzlich belastet wurde die Debatte um den Atomausstieg durch die Baugenehmigung für das Zwischenlager Nord in Lubmin durch Bundesumweltminister Jürgen Trittin. Vor allem fühlten sich die Grünen und die Bürgerinitiativen vor Ort nicht genügend in den Entscheidungsprozess über das Zwischenlager, das sie so lange bekämpft hatten, eingebunden. In einem Brief an Jürgen Trittin und die Bundestagfraktion wurden vom Lan-

---

43 Vgl. Bündnis 90/Die Grünen Mecklenburg-Vorpommern, Partei, Landesvorstand, abrufbar unter: http://www.gruene-mv.de/partei/landesgeschaeftsstelle.html (Stand: 27. 11. 2012).

44 Vgl. Saalfeld, Bündnis 90/Die Grünen in Mecklenburg-Vorpommern von 1993–2006 – Der lange Weg zur Partei, in: Schoon/Saß/Saalfeld, Kein Land(tag) in Sicht, 2006, S. 94–96.

desverband sowohl die Entscheidung an sich, als auch das Verhalten von Trittin scharf kritisiert.[45]

Obwohl sich der Landesverband in diesen Punkten gegen die kontroversen Beschlüsse der Bundesebene stellte und damit nicht von den ursprünglichen grünen Werten abwich, verlor er in den ersten drei Jahren der rot-grünen Bundesregierung fast 40 Prozent seiner Mitglieder. Dadurch nahm die Heterogenität innerhalb des Landesverbandes stark ab. Im Zuge dessen war allerdings auch ein wachsender Pragmatismus innerhalb des Landesverbandes festzustellen, der die Debatte bestimmte.[46]

Mitte der neunziger Jahre sahen sich die Bündnisgrünen mit dem Vorwurf konfrontiert, kategorische Nein-Sager zu sein. Dies führte zu einer Aufarbeitung inhaltlicher Schwächen, vor allem in den Bereichen Wirtschaft und Arbeitsmarkt, und zu einer breiteren programmatischen Aufstellung.[47]

Traditionell bilden Nachhaltigkeit und umweltbewusstes Wirtschaften Grund- und Leitlinien der bündnisgrünen Politik. In Mecklenburg-Vorpommern mussten sie sich allerdings früh damit abfinden, dass auch andere Parteien, vor allem die SPD, diese „grünen" Werte in ihr Programm aufgenommen haben und damit die Grünen ihres Alleinstellungsmerkmals beraubten. Allerdings gehen die Bündnisgrünen auf diese Themen zumeist weitreichender ein, als die anderen Parteien. So sind sie die einzige Partei, die ein Kapitel über die Rechte von Tieren in ihrem Programm verankert hat.[48] Weiterhin betrachten sie ihre Programmatik mehr als Diskussionsvorschlag und setzen auf einen ständigen Dialog mit den Bürgerinnen und Bürgern.[49]

Nicht erst seit der Übernahme des Konzeptes des „Green New Deal" durch die Bundespartei im Jahr 2009 bildete die Verbindung von Wirtschafts- und Umweltpolitik einen wichtigen Eckpunkt grüner Programmatik in Mecklenburg-Vorpommern.[50] Das Konzept geht davon aus, dass durch den Ausbau Erneuerbarer Energien, wie beispielsweise der Windenergie, mehrere tausend Arbeitsplätze geschaffen werden und gleichzeitig die hohe Lebensqualität der Region erhalten werden kann. Besonders den in Mecklenburg-Vorpommern zu beobachtenden Brain-Drain, die Abwanderung gut ausgebildeter (junger) Leute, will die Partei durch den Ausbau solcher Zukunftsbranchen und einer hohen Lebensqualität aufhalten.[51]

Im Bereich Bildung sind die Bündnisgrünen Fürsprecher einer „Schule für alle", die ein gemeinsames Lernen bis zur 10. Klasse mit Inklusion einer sozialpädagogischen Be-

---

45 Vgl. ebd., S. 96–108.

46 Vgl. ebd., S. 95, 107–108.

47 Vgl. ebd., S. 111.

48 Vgl. Bündnis 90/Die Grünen Mecklenburg-Vorpommern (Hrsg.), Landtagswahlprogramm 2011, beschlossen auf der Landesdelegierten-konferenz am 2. und 3. April 2011 in Rostock, 2011, S. 116–117.

49 Vgl. ebd., S. 5.

50 Vgl. Bündnis 90/Die Grünen Mecklenburg-Vorpommern (Hrsg.), Grün muss rein – Programm zur Landtagswahl 2002, beschlossen von der Landesdelegiertenkonferenz am 3. November 2001, S. 7–18.

51 Vgl. Bündnis 90/Die Grünen Mecklenburg-Vorpommern (Hrsg.), Landtagswahlprogramm 2011. S. 6–35.

treuung verbindet. Ihre Konzepte setzen dabei verstärkt auf individuelle Beurteilung und Betreuung der Schüler. Außerdem sollen die Schulen weitreichendere Autonomie, vor allem in Finanzfragen, erhalten und Eltern mehr Mitspracherecht, zum Beispiel bei der Schulwahl, bekommen. Bei den Hochschulen steht ebenfalls die Förderung der Autonomie der einzelnen Standorte im Vordergrund. Gleichzeitig sprechen sich die Grünen für eine stärkere finanzielle Förderung der Schulen und Hochschulen aus. Diese ist aus Sicht der Partei notwendig, um die Ziele, vor allem in den staatlichen Schulen, zu erreichen.[52]

4 Die Partei und ihre Wählerschaft

Wahlergebnisse, Wählerstruktur und Stammwählerklientel

Bei der Europawahl 1994 erreichten die Bündnisgrünen mit 4,8 Prozent ein verheißungsvolles Wahlergebnis. Nur wenige Monate später wich die Hoffnung jedoch der nüchternen Realität: 3,7 Prozent der Stimmen bei der Landtags- und 3,6 Prozent bei der zeitgleich ausgeführten Bundestagswahl. Die Partei konnte nicht von der durch die Doppelwahl höheren Wahlbeteiligung profitieren und das sollte auch in den folgenden Wahlperiode so bleiben. Nur 2,7 Prozent erzielten Sie 1998 auf Landes-, 2,9 Prozent auf Bundesebene. Die Europawahl 1999 (2,5 Prozent), die Bundestagswahl 2002 (3,5 Prozent) und die Landtagswahl 2002 (2,6 Prozent) waren keine Trendwende. Bei der Europawahl im Jahr 2004 schien sich die Tendenz mit einem Ergebnis von 4,8 Prozent in Mecklenburg-Vorpommern umzukehren, schließlich landete die Partei bei der Bundestagswahl 2009 ihren großen Wurf. Bündnis 90/Die Grünen übersprang mit 5,5 Prozent der Zweitstimmen in Mecklenburg-Vorpommern die Fünf-Prozent-Hürde. Die im selben Jahr abgehaltene Europawahl hatte bereits ein identisches Ergebnis unter anderen Rahmenbedingungen erbracht. Es kann von einer langsam vonstatten gehender Befreiung der Bündnisgrünen aus der Rolle der Kleinstpartei in Mecklenburg-Vorpommern gesprochen werden. Der lang ersehnte Einzug in den Landtag erfolgte im Jahr 2011 mit 8,7 Prozent der Zweitstimmen.

Diesen Erfolg verdankt die Partei allen Altersgruppen gleichermaßen, auch wenn sich nach wie vor mehr Anhänger unter der jungen Wählern finden lassen. In den Altersgruppe ab 45 Jahren bis hin zu der Generation der über 60-Järigen finden sich, im Gegensatz zu westdeutschen Bundesländern, kaum Grünenwähler im Land. Als wahrscheinlichster Grund ist die unterschiedliche politische Sozialisation in der ehemaligen DDR durch die SED anzunehmen.[53] Sozial handelt es sich bei einem Großteil der

---

52 Vgl. ebd., S. 39–66.
53 Vgl. Schoon, Die strukturelle Verankerung von Bündnis 90/Die Grünen in Mecklenburg-Vorpommern, in: Schoon/Saß/Saalfeld, Kein Land(tag) in Sicht, 2006, S. 138–139.

Tabelle 2   Ergebnisse von Bündnis 90/Die Grünen bei Wahlen in MV in Prozent*

	1990	1994	1998	1999	2002	2004	2005	2006	2009	2011
Landtagswahl	6,4**	3,7	2,7		2,6			3,4		8,7
Bundestagswahl		3,6	2,9		3,5		4,0		5,5	
Europawahl		4,8		2,5		4,8			5,5	

* Vgl. Landeswahlleiterin Mecklenburg-Vorpommern, Europawahlen, Bundestagswahlen, Landtagswahlen, abrufbar unter: http://www.statistik-mv.de/cms2/STAM_prod/STAM/de/start/_Landeswahlleiter/Landeswahlleiter/lwlstart/index.jsp (Stand: 30.09.2012).

** Addiertes Ergebnis von Grüne (4,2 Prozent) und Bündnis 90 (2,2 Prozent)

bündnisgrünen Anhängerschaft in Mecklenburg-Vorpommern um noch in der Bildungsphase befindliche oder höher gebildete Wähler. Hier findet sich auch der Grund für regionale Schwerpunkte der grünen Wählerschaft: Angezogen durch die Universitäten und Fachhochschulen in den Städten Greifwald, Rostock, Schwerin, Stralsund und Neubrandenburg gibt es dort ein hohes Wählerpotential für die Partei.

Deswegen schnitt die Partei bei den Landtagswahlen 2011 im urbaneren Mecklenburg besser ab, als in Vorpommern.[54] Die Wahlergebnisse städtischer Wahlkreise, etwa Greifwald (15,8 Prozent), Rostock III (19,1 Prozent) und IV (16,8 Prozent), Schwerin I (12,6 Prozent) und Stralsund II (10,7 Prozent), bestätigen gegenüber den Wahlkreisen im Nordosten des Landes mit Ergebnissen vorwiegend um 6,5 Prozent der Wählerstimmen dieses Bild.[55] Der durchschnittliche bündnisgrüne Wähler lebt im urbanen Mecklenburg-Vorpommern, ist zwischen 18 und 45 Jahren alt, gut gebildet und erwerbstätig. Bei den Landtagswahlen 2011 lag der Anteil weiblicher Wähler ein wenig über dem der männlichen: So wählten 15 Prozent der Frauen und 11 Prozent der Männer zwischen 18 und 29 Jahren Bündnis 90/Die Grünen. Bei den 30 bis 44-Jährigen lag der Anteil der Wählerinnen bei 14 Prozent, der Anteil an männlichen Wählern bei 12 Prozent.[56]

Angesichts der erfolgreichen Landtagswahlen 2011 zeigt sich das erste Mal eine alternative Wählerschaft für Bündnis 90/Die Grünen in Mecklenburg-Vorpommern. Die Partei profitierte nicht nur von der gestiegenen Zahl konfessionell gebundener Wähler im Vergleich zu 2006, sondern auch von den Selbstständigen (+14 Prozentpunkte), Beamten (+6 Prozentpunkte) und Angestellten (+6 Prozentpunkte). Daneben war es die

---

54 Vgl. Schmidt, Bündnis 90/Die Grünen in Mecklenburg-Vorpommern: Organisation und Mitglieder, in Werz/Hennecke (Hrsg.), Parteien und Politik in Mecklenburg-Vorpommern, 2000, S. 165.

55 Vgl. Landeswahlleiterin Mecklenburg-Vorpommern, Wahl zum Landtag in Mecklenburg-Vorpommern am 4. September 2011, Endgültiges Ergebnis, Landesliste (Zweitstimmen in %), abrufbar unter: http://service.mvnet.de/cgibin/wahlen/2011_kom_land/wahl2011_ anz.pl?L _Proz_Zweit.htm (Stand: 27.11.12).

56 Vgl. Konrad-Adenauer-Stiftung, Landtagswahl in Mecklenburg-Vorpommern am 4. September 2011, Wählerstromkonto Grüne, Berlin 2011, S. 8.

Tabelle 3   Stimmenanteile (in Prozent) bei den Landtagswahlen 1994–2011* von Bündnis 90/
die Grünen in sozialen Gruppen

		1994	1998	2002	2006	2011
Geschlecht	männlich	4	3	2	3	9
	weiblich	4	3	3	4	9
Alter	18–24	9	7	4	7	12**
	25–34	6	4	4	6	12**
	35–44	5	3	3	5	12**
	45–59	3	1	2	3	9
	60 Jahre +	1	1	1	1	5
Berufsgruppe	Arbeiter	3	2	2	3	5
	Angestellte	4	3	3	5	11
	Beamte	3	2	2	3	9
	Selbstständige	5	3	5	3	17
	Landwirte	1	4	1	1	5
Berufstätigkeit	berufstätig	4	3	3	4	11
	Rentner	1	3	2	1	5
	Auszubildende	13	9	8	10	k. A.
	arbeitslos	4	3	2	3	6
Konfession	konfessionslos	4	3	1	3	8
	katholisch	4	3	2	4	9
	evangelisch	3	3	5	4	11
Bildung	Hauptschule	1	2	2	2	3
	Mittlere Reife	3	2	2	2	7
	Abitur/Hochschule	7	5	4	6	13
MV gesamt		3,7	2,7	2,6	3,4	8,7

* Für die Angaben der Jahre 1994 bis einschließlich 2006 vgl. Schoon, Die strukturelle Verankerung von Bündnis 90/Die Grünen in Mecklenburg-Vorpommern, in: Schoon/Saß/Saalfeld, Kein Land(tag) in Sicht, 2006, S. 139–140. Für Angaben des Jahres 2011 vgl. Konrad-Adenauer-Stiftung, Landtagswahl in Mecklenburg-Vorpommern am 4. September 2011, Wahltagsbefragung in Mecklenburg-Vorpommern am 4. September 2011, Wahlentscheidung in sozialen Gruppen, Berlin 2011, S. 8–9.

** Angaben für die Altersgruppen 18–24, 25–34 und 35–44 Jahre aus: Konrad-Adenauer-Stiftung, Landtagswahl in Mecklenburg-Vorpommern am 4. September 2011, Landtagswahl in Mecklenburg-Vorpommern am 4. September 2011, Wahlverhalten in Bevölkerungsgruppen, Berlin 2011, S. 6.

Altersklasse der 45–59 Jährigen, die die Bündnis 90/Die Grünen in den westdeutschen Bundesländern seit Jahren stützt, welche der Partei den lang ersehnten Sprung über die Fünf-Prozent-Hürde bescherte. Ob sich tatsächlich ein Wandel des grünen Wählermilieus vollzieht oder ob die Partei ihren Erfolg vor allem dem Zustrom der ehemaligen SPD-Wähler verdankt, kann erst im Zuge der nächsten Wahlen beurteilt werden. Neben der SPD (–11 000) verloren auch die CDU (–6 000) und die FDP (–5 000) Teile ihrer einstigen Wählerschaft an die Bündnisgrünen und auch bei Erstwählern waren die Grünen erfolgreicher als die genannten demokratischen Parteien und Die LINKE.[57] Es scheint so, als ziehe nicht nur die Unzufriedenheit mit der schwarz-gelben Bundesregierung sondern auch die bündnisgrüne Haltung gegenüber strittigen und ökologischen Themen ein breiteres Wählerspektrum an. Beispielsweise profitierte Bündnis 90/ Die Grünen in Mecklenburg-Vorpommern, wie in der gesamten Bundesrepublik vom problembehafteten Bahnhofsprojekt „Stuttgart 21" der Jahre 2010 und 2011. Ausgelöst von der Nuklearkatastrophe im Kernkraftwerk von Fukushima (Japan) im März 2011 erreichten Bündnis 90/Die Grünen eine weitere Welle des Zuspruchs für ihre Anti-Atomkraft Haltung[58], von der auch die Partei in Mecklenburg-Vorpommern profitieren konnte. Schließlich setzten sich die Bündnisgrünen nicht nur gegen Strom aus Atomenergie ein sondern auch schon lange gegen die Erweiterung des 1999 in Betrieb genommenen Zwischenlagers Lubmin für radioaktive Abfallstoffe.

5   Die Partei innerhalb und außerhalb des Parlaments

Bei den Landtagswahlen im September 2011 gelang es den Bündnisgrünen erstmals die Fünf-Prozent-Hürde zu überspringen und in das Parlament einzuziehen. In den Jahren davor mussten sie die Mittel einer außerparlamentarischen Opposition nutzen, um am Meinungsbildungsprozess und der Landespolitik wirksam teilnehmen zu können. Dazu bedienten sich die Grünen mehrfach dem Mittel der Volksinitiative. Aufgrund ihrer eigenen strukturellen Schwäche scheiterten alle diese Initiativen an der geforderten Sammlung von 15 000 Unterschriften binnen Monatsfrist, bis auf die Initiative zum öffentlichen Personen Nahverkehr (ÖPNV). Auch diese Initiative im Jahr 1995 konnte nur mit Hilfe vieler weiterer Organisationen, unter anderem auch einiger Nahverkehrsbetriebe, erfolgreich realisiert werden. Der Gesetzentwurf der Grünen sah dabei vor, dass der ÖPNV zur Pflichtaufgabe der Städte und Kreise erklärt wird und die Tarife sozialverträglich gestaltet werden sollen, was das Land durch Förderung des ÖPNV sicherstellen sollte. Auch sollte nicht mehr der Bedarf sondern das Nutzerpotenzial für den

---

57 Vgl. Konrad-Adenauer-Stiftung, Landtagswahl in Mecklenburg-Vorpommern am 4. September 2011, Wählerstromkonto Grüne, Berlin 2011, S. 12.
58 Bereits im Jahr 2000 beschloss die damals rot-grüne Bundesregierung unter Bundeskanzler Gerhard Schröder den ersten Ausstieg der Bundesrepublik aus der Atomenergie.

ÖPNV ausschlaggebend sein und die besonderen Bedürfnisse von Frauen, Kindern, Senioren und Behinderten berücksichtigt werden. Dieser Vorschlag wurde auch durch die PDS-Fraktion unterstützt. In der Sitzung des Landtages am 25. Oktober 1995, in der die Volksinitiative zum ersten Mal beraten und schließlich in die Ausschüsse weiterverwiesen wurde, wurde der Gesetzentwurf der Regierungsparteien SPD und CDU bereits zum zweiten Mal gelesen und dann auch beschlossen. Durch diesen „Geschäftsordnungstrick" gelang es der Regierung unter Harald Ringstorff, sich einer ernsthaften Beratung dieses Vorschlags zu entziehen. BUND, Grüne und PDS kritisierten daraufhin das Vorgehen der Regierung scharf. Die lange, sympathisierende Mediendiskussion nach der Landtagssitzung und auch die positive Berichterstattung während der Unterschriftensammlung führten dazu, dass diese Volksinitiative, trotz ihres Scheiterns im Parlament, für die Grünen einen äußerst positiven Effekt hatte, was die Wahrnehmung als politische Kraft im Land betraf.[59]

Im Jahr 1997 plante die Landesregierung die Novellierung des Sicherheits- und Ordnungsgesetzes (SOG). Am Gesetzentwurf der Regierung kritisierten die Grünen vor allem die verdachts- und ereignisunabhängige Personenkontrolle innerhalb einer 30 Kilometerzone um die Grenze sowie die Einführung des großen Lauschangriffes, der schon das Abhören zur „vorbeugenden Bekämpfung" der Kriminalität ermöglichen sollte. Mehrere Rechtsexperten äußerten ihre Bedenken bezüglich des Gesetzes und auch die Bündnisgrünen holten ein Rechtsgutachten beim Düsseldorfer Polizeipräsidenten Hans Lisken ein. Dieser kommt in seinem Gutachten zu dem Schluss, dass das SOG verfassungswidrig sei.[60] Dieser Einschätzung folgend, sprachen sich die Grünen gegen das Gesetz und die damit verbundenen Einschränkungen der Bürgerrechte aus. Am Tag der Beschlussfassung führten sie vor dem Landtag „Personenkontrollen" unter den Abgeordneten durch und verteilten Grundgesetze. Trotzdem wurde das SOG beschlossen. Daraufhin legten im Juli 1998 mehrere Mitglieder von Bündnis 90/Die Grünen Verfassungsbeschwerde beim Landesverfassungsgericht ein, wobei sie finanziell von ihrer Partei unterstützt wurden. Das Landesverfassungsgericht stellte nicht nur die unmittelbare Betroffenheit der Antragsteller und damit ihre begründete Beschwerde, sondern auch die Unverhältnismäßigkeit der gesetzlichen Maßnahmen fest. Alle Maßnahmen des SOG, die über eine reine Identitätsfeststellung der Personen hinausgingen, mussten unterbleiben.[61] Damit hatten sich die Grünen, trotz knapper personeller und finanzieller

---

59 Vgl. Saalfeld, Bündnis 90/Die Grünen in Mecklenburg-Vorpommern von 1993–2006 – Der lange Weg zur Partei , in: Schoon/Saß/Saalfeld, Kein Land(tag) in Sicht, 2006, S. 83–86.

60 Vgl. Ulrike Seemann-Katz, Jörg Suaskat: Schleierfahndung in Mecklenburg-Vorpommern nichtig, in: Unbequem – Zeitung der Bundesarbeitsgemeinschaft Kritischer Polizistinnen und Polizisten e. V., März 2000, S. 14.

61 Vgl. Urteil des Landesverfassungsgerichtes zur Schleierfahndung, abrufbar unter: http://www.gruene-mv.de/themen/innen-recht-und-kommunales/dokumentation-polizeirecht-in-mecklenburg-vorpommern/urteil-des-landesverfassungsgerichtes-zur-schleierfahndung.html (Stand: 03. 12. 2012).

Mittel, als schlagkräftige außerparlamentarische Opposition erwiesen, die in der Lage war, lange Auseinandersetzungen mit den Regierungsparteien für sich zu entscheiden.[62]

Nach verschiedenen Urteilen des Bundesverfassungsgerichtes und einiger Landes-verfassungsgerichte muss die bei Wahlen gültige Sperrklausel von fünf Prozent immer wieder dahingehend überprüft werden, ob sie noch den ihr angedachten Zweck, die Erhaltung der Handlungsfähigkeit des Parlaments, erfüllt. Ein Rechtsgutachten, das die Bündnisgrünen in Auftrag gegeben hatten, kam 1999 zu dem Schluss, dass dies auf Kommunalebene auch ohne die Hürde erfüllt sei und so legte der Landesvorstand im März 1999 Verfassungsbeschwerde ein. Am 14. Dezember 2000 wurde das Urteil ge-sprochen, in dem das Landesverfassungsgericht die Landesregierung aufforderte, die entsprechende Speerklausel bis zu den nächsten Kommunalwahlen im Jahr 2004 zu überprüfen. Zu einer solchen Überprüfung kam es nicht, stattdessen hob die Landesre-gierung am 25. Mai 2003 die Fünf-Prozent-Hürde auf kommunaler Ebene auf. Nur zwei Monate später wurde allerdings die Mindeststärke einer Fraktion erhöht. Danach soll-ten statt der bisherigen zwei Abgeordneten künftig drei (in Städten über 20 000 Ein-wohnern) oder sogar vier Abgeordnete (in Städten über 50 000 Einwohner) notwendig sein, um eine Fraktion zu bilden. Dieser Schritt wurde von den Bündnisgrünen scharf kritisiert und als eine Einführung der Fünf-Prozent-Hürde durch die Hintertür gescholt-ten. Durch diese Maßnahme würde es vor allem kleinen Parteien erschwert werden, Fraktionen zu bilden, die durch besondere Rechte, wie eine Grundredezeit und finan-zielle Zuwendungen, einen Vorteil im politischen Prozess besitzen. Nach den Kommu-nalwahlen am 25. Juni 2004 reichten die Grünen deshalb Beschwerde beim Landesver-fassungsgericht ein. Dieses entschied zwar in einer einstweiligen Anordnung, dass der Fraktionsstatus weiter ab zwei Mitgliedern gewährt wird, bestätigte dann in der Haupt-verhandlung aber die Anhebung der Mindeststärke einer Fraktion. Trotz dieser gericht-lichen Niederlage ermöglichte der Wegfall der Fünf-Prozent-Hürde Bündnis 90/Die Grünen erstmals den flächendeckenden Einzug in die Kreistage und Gemeindevertre-tungen. Allerdings machte die Anhebung der Mindeststärke einer Fraktion mancher-orts Zweckbündnisse mit anderen Parteien notwendig.[63]

Die von den Grünen erhofften positiven Effekte aus dieser nun flächendecken-den Kreistagsarbeit auf einen möglichen Einzug in den Landtag blieben allerdings aus. Durch das Atomunglück in Fukushima und die daraus resultierende Atomdiskussion in Deutschland erhielten die Bündnisgrünen den Auftrieb, der sie schließlich bei den Wahlen am 4. September 2011 in Fraktionsstärke in den Landtag führte. Mit Beginn des Jahres 2012 veröffentlichten Bündnis 90/Die Grünen unter den Titel „10 Initiativen für den Landtag" ein Programm, welches Kernpunkte künftiger grüner Landtagsarbeit absteckt. Dazu gehören die Überprüfung der Betriebsgenehmigung des Atommüllzwi-

62 Vgl. Saalfeld, Bündnis 90/Die Grünen in Mecklenburg-Vorpommern von 1993–2006, in: Schoon/Saß/ Saalfeld, Kein Land(tag) in Sicht, 2006, S. 87–90.

63 Vgl. ebd., S. 90–93.

schenlagers Nord in Lubmin, der Ausbau der Windenergie und Förderung der Bioener-
gie, die Einrichtung einer Enquetekommission zum demografischen Wandel, Nachbes-
serungen im Theaterkonzept der Landesregierung, die Abschaffung der Kopfnoten in
Schulen und die Vereinfachung der Finanzierung der Kitas, die Schaffung eines landesweiten Verkehrsverbundes für den öffentlichen Nahverkehr, das Erschweren der
Rahmenbedingungen für Anlagen der industriellen Massentierhaltung sowie die Einrichtung eines „Bürger_innenantrages", der die Mitwirkungsmöglichkeiten der Bevölkerung stärken soll.[64]

6   Ausblick

Auch nach den Landtagswahlen 2011 bleibt fraglich, ob Bündnis 90/Die Grünen langfristig ihre guten Ergebnisse halten können. Dies liegt vor allem daran, dass die grundlegenden Herausforderungen der Partei weiterhin ungelöst sind. Bereits nach den
Kommunalwahlen 2004 zeigte sich dieser Effekt, als die Bündnisgrünen nicht ihre kommunalen Wahlerfolge auf Landesebene umsetzten konnten.

Den Grünen in Mecklenburg-Vorpommern mangelt es an einer Führungspersön-
lichkeit, die außerhalb des grünen Stammklientels bekannt ist. Sie sind deshalb darauf
angewiesen sich als Themenpartei aufzustellen. Umso schwerer wiegt es, dass die Grünen keine Themen haben, die sie alleine besetzten können. Besonders die SPD hat sich
originär „grüne" Themen zu Eigen gemacht, weshalb es schwer fällt, sich gegenüber anderen Parteien zu profilieren.

Zudem bleiben als größte Hürden für die erfolgreiche Arbeit der Partei ihre anhaltende Struktur- und Mitgliederschwäche, eine geringe finanzielle und personelle Ausstattung sowie eine geringe Wahrnehmung der Bevölkerung, was ihre (wahlkampf-)po-
litischen Aktivitäten betrifft. Der Mitgliederzustrom nach den Protesten um Stuttgart 21
und Fukushima symbolisiert in diesem Zusammenhang zweierlei: Zum einen zeigt er
das durchaus vorhandene Interesse der Landesbevölkerung an originär grünen Themen
wie Bürgerrechten und Umwelt, zum anderen aber auch, dass es den Grünen bisher
nicht gelungen ist, diese alleinig zu besetzen. Nur wenn die Bündnisgrünen mit eigenen
Themen eine stabile Wähler- und Anhängerschaft hinter sich vereinen, wird ihr Wahlerfolg 2011 keine Ausnahme bleiben.

---

64 Vgl. Bündnis 90/Die Grünen Mecklenburg-Vorpommern, 10 Grüne Initiativen für den Start in den
     Landtag, abrufbar unter: http://gruene-fraktion-mv.de/parlamentarische-arbeit/10-initiativen-fuer-
     den-landtag/ (Stand: 30. 09. 2012).

Die FDP in Mecklenburg-Vorpommern

Othmara Glas/Anika Hirte

1   Von der LDP zur FDP

Die Entwicklung des heutigen Mecklenburg-Vorpommerns war kaum liberal geprägt, obwohl sich der Liberalismus in der Region bis ins 19. Jahrhundert zurückverfolgen lässt und bekannte Unterstützer wie Arno Esch hervorgebracht hat. Nach dem Ende des Zweiten Weltkriegs organisierten sich Liberale in der „Liberal-Demokratischen Partei Deutschlands" (LDP),[1] die bei der ersten Landtagswahl 1946 12,5 Prozent der Stimmen erreichte. 1948 wurde die ebenfalls liberale Gegenpartei „National-Demokratische Partei Deutschlands" (NDPD) gegründet.[2] Beide mussten sich nach der Gründung der Deutschen Demokratischen Republik der Sozialistischen Einheitspartei Deutschlands als Blockparteien innerhalb der „Nationalen Front" unterordnen.[3] 1989 unterstützte die LDPD „als erste Blockpartei die Forderungen der Bürgerbewegung."[4] Nach der Wiedervereinigung wurde die LDPD wieder in LDP umbenannt und schloss sich im Vorfeld der Volkskammerwahlen 1990 mit der Deutschen Forumspartei zum „Bund Freier Demokraten" (BFD) zu einem Wahlbündnis zusammen. Diesem Wahlbündnis trat auch die am 4. Februar 1990 gegründete FDP der DDR bei.[5] Nach den Wahlen vom 18. März 1990 fusionierten die eigenständig angetretene NDPD und die LDPD zu der Partei „BFD-Die Liberalen". Als politische Kraft wurde das liberale Bündnis aus BFD, DFP und Ost-FDP

---

1   Ab 1951 mit LDPD abgekürzt.
2   Vgl. Nikolaus Werz/Hans Jörg Hennecke, Die F.D.P. in Mecklenburg-Vorpommern, in: Nikolaus Werz/ Hans Jörg Hennecke (Hrsg.), Parteien und Politik in Mecklenburg-Vorpommern, München 2000, S. 140–159, hier: S. 140.
3   Vgl. ebd. S. 142.
4   Nico Jessen, Die FDP in Mecklenburg-Vorpommern – Entwicklungen seit 1998, Rostock 2006, S. 9.
5   Offizielle Schreibweise: F.D.P der DDR; bei der gesamtdeutschen FDP bis 2001: F.D.P.

jedoch erst wahrgenommen, nachdem es sich im August 1990 mit der West-FDP zu einer bundesweiten FDP zusammengeschlossen hatte.[6]

Die FDP war nur in der ersten (1990–1994) und fünften Wahlperiode (2006–2011) im Landtag vertreten. Aufgrund ihrer langen Abwesenheit im Schweriner Schloss wurde die FDP in Mecklenburg-Vorpommern zum „Zuschauer" des Dreiparteiensystems zwischen CDU, SPD und der Partei Die LINKE degradiert.[7] Sie ist daher nur selten Gegenstand wissenschaftlicher Ausarbeitungen. Eine detaillierte Darstellung der Entwicklung von der LDP zur einheitlichen FDP geben Hans Jörg Hennecke und Nikolaus Werz in ihrem Buch „Parteien und Politik in Mecklenburg-Vorpommern" aus dem Jahr 2000.[8] Ines Soldwisch untersucht in ihrer Dissertation die Geschichte der LPD in Mecklenburg von 1946–1952.[9] Eine Übersicht zur FDP im gesamtdeutschen Parteiensystem findet sich bei Jürgen Dittberner, der einen Einblick in die Geschichte, Personen, Organisation und Perspektiven der Partei gibt.[10] Speziell für Mecklenburg-Vorpommern beschreibt Nico Jessen den Weg der Liberalen ausführlich in seiner B. A.-Arbeit „Die FDP in Mecklenburg-Vorpommern – Entwicklungen seit 1998".[11] Weiterhin betrachtet er den Wahlerfolg bei der Landtagswahl 2006 im Artikel „Zurück im Schweriner Schloss – Die FDP" in einer Studie zur Landtagswahl des Instituts für Politik- und Verwaltungswissenschaften der Universität Rostock.[12] Die Gründe für das Verfehlen der Fünf-Prozent-Hürde bei der vergangenen Landtagswahl werden in der darauf aufbauenden Landtagswahlstudie 2011 beschrieben.[13]

---

6   Vgl. Werz/Hennecke, Die F.D.P. in Mecklenburg-Vorpommern, in: Werz/Hennecke (Hrsg.), Parteien und Politik in Mecklenburg-Vorpommern, 2000, S. 142–147.

7   Vgl. Jessen, Die FDP in Mecklenburg-Vorpommern, 2006, S. 16.

8   Werz/Hennecke, Die F.D.P. in Mecklenburg-Vorpommern, in: Werz/Hennecke (Hrsg.), Parteien und Politik in Mecklenburg-Vorpommern, S. 140–159.

9   Ines Soldwisch, „… etwas für das ganze Volk zu leisten und nicht nur den Zielen einer Partei dienen …": Geschichte der Liberal-Demokratischen Partei (LPD) in Mecklenburg von 1946–1952, Berlin [u. a.] 2007.

10   Jürgen Dittberner, Die FDP: Geschichte, Personen, Organisation, Perspektiven. Eine Einführung, 2. Aufl., Wiesbaden 2010.

11   Jessen, Die FDP in Mecklenburg-Vorpommern, 2006.

12   Nico Jessen, Zurück im Schweriner Schloss – Die FDP, in: Steffen Schoon/Nikolaus Werz (Hrsg.): Die Landtagswahl in Mecklenburg-Vorpommern 2006 – Die Parteien im Wahlkampf und ihre Wähler, Rostock 2006, S. 54–59.

13   Othmara Glas, Nicht mehr im Landtag vertreten – Die FDP, in: Martin Koschkar/Christopher Scheele (Hrsg.), Die Landtagswahl in Mecklenburg-Vorpommern 2011 – Die Parteien im Wahlkampf und ihre Wähler, Rostock 2011, S. 90–99.

2 Die FDP als Organisation

2.1 Die Organisationsstruktur der FDP

Der Landesverband der FDP in Mecklenburg-Vorpommern besteht gemäß seiner Satzung aus vier Organen. Das oberste ist der Landesparteitag, welcher einmal jährlich, spätestens aber 15 Monate nach dem letzten Landesparteitag, ausgerichtet werden muss und dessen Vereinbarungen für alle weiteren Organe und die Mitglieder der mecklenburg-vorpommerschen FDP verbindlich sind.[14] Es folgt der erweiterte Landesvorstand, der aus stimmberechtigten Mitgliedern des Landesvorstandes und den Kreisvorsitzenden bzw. deren offiziellen Vertretern und aus je einem Vertreter der Jungen Liberalen, Liberalen Senioren und der Vereinigung Liberaler Kommunalpolitiker besteht. Innerhalb des erweiterten Landesvorstands nehmen der FDP angehörende Landes- und Bundespolitiker, die Vorsitzenden der Landesfachausschüsse und des Landessatzungsausschusses und der Präsident des Landesschiedsgerichts eine beratende Funktion ein. Als weitere beratende Mitglieder fungieren je ein Vertreter aus den eingetragenen liberalen Stiftungen, Verbänden oder Organisationen.[15] Der erweiterte Landesvorstand dient der Klärung von politischen und organisatorischen Fragen, die auf dem Landesparteitag nicht ausreichend entschieden wurden, und der Durchführung und Überwachung des Parteiprogramms sowie der Beschlüsse von Bundes- und Landesparteitagen. Ein weiteres Organ des Landesverbandes ist der Landesvorstand. Hierzu gehört der Landesvorsitzende. Dieses Amt hatte seit 2007 Christian Ahrendt inne. Nach dessen Wahl zum Vizepräsidenten des Bundesrechnungshofes im November 2012 hat René Domke als erster Stellvertretender Landesvorsitzender die Amtsgeschäfte bis zum Landesparteitag im April 2013 übernommen.[16] Der erste und zweite stellvertretende Landesvorsitzende sowie neun Beisitzer gehören ebenfalls dem Landesvorstand an. Weiterhin sind der Landesschatzmeister, der Generalsekretär, der Ehrenvorsitzende und ein Vertreter der Ländergruppe der FDP-Bundestagsabgeordneten, die in Mecklenburg-Vorpommern ansässig sind, im Landesvorstand vertreten.[17] Dieses Gremium ist mit der Aufgabe betraut, den Landesverband zu leiten, den Landesgeschäftsführer in sein Amt einzusetzen und zu entlassen, den Haushalt des Landesverbandes zu beschließen und Sprecher einzelner Politikbereiche festzulegen.[18] Das letzte Organ des Landesverbandes ist die Landesvertreterversammlung. Sie ist für die Aufstellung der Landeslisten sowie der

---

14 Vgl. Satzung des FDP-Landesverbandes Mecklenburg-Vorpommern, § 11 f., abrufbar unter: http://www.fdp-mv.de/files/56/Landessatzung-Stand_2011.pdf (Stand: 27.09.2012).
15 Vgl. ebd., § 16 Abs. 1 und Abs. 2 lit. a-b.
16 Pressemitteilung 2012–126 vom 23.11.2012, FDP: Ahrendt zum Vizepräsidenten des Bundesrechnungshofes gewählt, abrufbar unter: http://www.fdp-mv.de/FDP-Ahrendt-zum-Vizepraesidenten-des-Bundesrechnungshofes-gewaehlt/888c1347i1p15/index.html (Stand: 25.02.2013).
17 Vgl. Satzung des FDP-Landesverbandes Mecklenburg-Vorpommern, § 19 Abs. 1 lit. a-i.
18 Vgl. ebd., § 21 Abs. 1 f.

Bewerber für den Landesverband und das Europäische Parlament zuständig. Darüber hinaus wählt sie die Vertreter des Landesverbandes für die Bundesvertreterversammlung.[19] Überdies gliedert sich der Landesverband der FDP in Mecklenburg-Vorpommern gemäß § 8 Abs. 1 der Satzung des Landesverbandes in Kreisverbände. In Folge der Kreisgebietsreform werden momentan einige Kreisverbände zusammengelegt. Zuletzt die Kreisverbände Demmin, Mecklenburgische Seenplatte und Müritz im November 2012. Seitdem unterhält die FDP insgesamt 13 Kreisverbände in Mecklenburg und Vorpommern.[20]

Neben dieser Tätigkeit auf politischer Ebene werden die Liberalen von verschiedenen, parteinahen Organisationen und Vereinen in ihrer Arbeit unterstützt. Hierzu zählen unter anderem die Friedrich-Naumann-Stiftung in Lübeck und die Arno-Esch-Stiftung.[21] Darüber hinaus gibt es zahlreiche Teilorganisationen, die eng mit ihren Pendants aus anderen Bundesländern zusammenarbeiten, um die liberale Politik auf Landes- und Bundesebene zu beeinflussen. Neben den bereits genannten Jungen Liberalen M-V, den Liberalen Senioren M-V (e. V.) und der Vereinigung Liberaler Kommunalpolitiker (e. V.) Mecklenburg-Vorpommern gehören auch die Liberalen Frauen, die Liberalen Männer, die Vereinigung Liberaler Juristen, die liberale Wirtschafts- und Mittelstandsvereinigung M-V und die Liberalen Hochschulgruppen in Rostock, Greifswald und Wismar hierzu.[22] 2011 engagierten sich viele dieser FDP-nahen Vereinigungen bei der Organisation und Durchführung des 62. Bundesparteitages der FDP in Rostock. Auf europäischer Ebene versucht die Landes-FDP durch die schleswig-holsteinische Abgeordnete im Europäischen Parlament, Britta Reimers, die auch die Interessen Mecklenburg-Vorpommerns vertritt, Einfluss auf die europäische Politik zu nehmen.[23]

2.2   Die Mitgliederentwicklung der FDP

Der Zusammenschluss der liberalen Parteien zu einer gemeinsamen Ost-FDP zog für die Liberalen den bis heute höchsten Mitgliederstand nach sich. Zusammen mit den Anhängern der LDP und der NDPD hatte die FDP in Mecklenburg-Vorpommern 1990

---

19   Vgl. Satzung des FDP-Landesverbandes Mecklenburg-Vorpommern, § 15 Abs. 1 lit. a-c.
20   Angaben der Landesgeschäftsführerin des FDP-Landesverbandes Mecklenburg-Vorpommern in Schwerin.
21   Arno Esch war Student an der Universität Rostock und seit Juni 1946 Mitglied der LDP. Er war Mitglied des Zentralvorstandes der LDP und vertrat seine liberalen Ansichten als Anführer einer Widerstandsgruppe gegen die SED öffentlich. 1949 wurde er daraufhin verhaftet und mit anderen Gleichgesinnten zum Tode verurteilt.
22   Vgl. FDP, Liberale Familie, abrufbar unter: http://www.fdp-mv.de/Liberale-Familie/135b51/index.html (Stand: 27. 09. 2012).
23   Vgl Britta Reimers, Wahlkreis, abrufbar unter: http://brittareimers.eu/pages/wahlkreis (Stand: 27. 09. 2012).

Tabelle 1   Die Mitglieder der FDP in Mecklenburg-Vorpommern seit 1990

Jahr	Mitglieder	Jahr	Mitglieder	Jahr	Mitglieder
1990	13 154	1998	1 936	2006	1 054
1991	7 994	1999	1 467	2007	1 037
1992	5 826	2000	1 354	2008	1 006
1993	3 755	2001	1 266	2009	1 095
1994	3 220	2002	1 239	2010	1 044
1995	2 528	2003	1 159	2011	951
1996	2 395	2004	1 121		
1997	2 128	2005	1 073		

Quelle: Eigene Darstellung nach Oskar Niedermayer, Parteimitglieder in Deutschland: Version 2012: Arbeitshefte aus dem Otto-Stammer-Zentrum, Nr. 19, Berlin 2012. S. 8–9.

13 154 Mitglieder.[24] Diese Zahl hat sich bis in das darauffolgende Jahr annähernd halbiert, da viele nach dem Ende der Vormachtstellung der SED keinen Grund für eine weitere Parteimitgliedschaft sahen.[25] In dieser bestand eine der wenigen Möglichkeiten, sich politisch zu engagieren ohne der SED beitreten zu müssen, auch wenn allen Blockparteien kaum Mitgestaltungsspielraum innerhalb des DDR-Systems zugestanden wurde.

Nach den massenhaften Austritten aus der FDP in den Folgejahren der Wiedervereinigung ging die Mitgliedszahl seit 1995 langsamer zurück. 1998 sank sie erstmals auf unter 2 000. Anhaltende Parteiaustritte verursachten 2008 einen Tiefststand von 1 006 Mitgliedern.[26] Diese stark rückläufigen Zahlen sind wohl auch mit den mangelnden Erfolgen der Liberalen bei den Landtagswahlen zu erklären. Abgesehen von ihrer Regierungsbeteiligung in den Jahren 1990 bis 1994 mit der CDU, gelang es den Liberalen bis zu den Landtagswahlen 2006 nicht die Fünf-Prozent-Hürde zu überwinden. War in den Jahren 2009 und 2010 ein kleiner Zuwachs zu verzeichnen, rutschte die Mitgliedszahl 2011 unter die Tausendermarke. Hierbei war wohl der schlechte Zustand der Landes-FDP im Wahljahr ausschlaggebend.[27]

Weiterhin nimmt auch die Altersstruktur der FDP in Mecklenburg-Vorpommern maßgeblich Einfluss auf die Mitgliederentwicklung. Während 32 Prozent der Parteian-

---

24 Vgl. Oskar Niedermayer, Parteimitglieder in Deutschland: Version 2012: Arbeitshefte aus dem Otto-Stammer-Zentrum, Nr. 19, Berlin 2012, abrufbar unter: http://www.polsoz.fu-berlin.de/polwiss/forschung/systeme/empsoz/schriften/Arbeitshefte/ahosz19.pdf (Stand: 25. 02. 2013), S. 8.

25 Vgl. Jessen, Die FDP in Mecklenburg-Vorpommern, 2006, S. 17.

26 Vgl. Oskar Niedermayer, Parteimitglieder in Deutschland: Version 2011: Arbeitshefte aus dem Otto-Stammer-Zentrum, Nr. 18, Berlin 2011. S. 9.

27 Vgl. Glas, Nicht mehr im Landtag vertreten – Die FDP, in: Koschkar/Scheele (Hrsg.), Die Landtagswahl in Mecklenburg-Vorpommern 2011, 2011, S. 92–93.

gehörigen über 60 Jahre alt sind, ist der liberale Nachwuchs bis 24 Jahre nur mit drei
Prozent der Mitglieder vertreten.[28] Bis 2002 gab es einen hohen Zulauf junger Menschen
in die FDP. Dies geht auf einen Trend zurück, der bundesweit bei den Liberalen bis 2003
zu beobachten war.[29]

3   Die FDP und ihr Programm

Vor dem Hintergrund der Wiedervereinigung setzten die Liberalen in ihrem Programm
„Liberale Politik für Mecklenburg-Vorpommern am besten mit der F.D.P." auf ein fried-
liches Zusammenwachsen Europas, um das Bundesland politisch und vor allem ökono-
misch zu stärken. Das Programm zur Landtagswahl 1990 eröffneten sie mit dem Thema
Wirtschaft. Hierfür verfolgten sie unter dem Motto „Mehr Markt – weniger Staat" die
Umsetzung der sozialen Marktwirtschaft, eine Privatisierung der Unternehmen und
eine schnelle Ansiedlung kleiner und mittelständischer Betriebe.[30] Einen weiteren wichtigen Themenschwerpunkt nahm die „Einheit von Wirtschaft und Umwelt" ein.[31] Die
teils einzigartige Umwelt in Mecklenburg-Vorpommern sollte nicht unter der zu stei-
gernden ökonomischen Leistungsfähigkeit zu leiden haben. Um dieses Vorhaben zu
unterstützen, wurde die Erhebung einer Klimaschutzsteuer für die Verwendung fossi-
ler Brennstoffe gefordert und Konzepte zur Energieeinsparung verlangt.[32] Im Bereich
der Landwirtschaft schlug die FDP die Verwendung ungenutzter landwirtschaftlicher
Flächen für den Tourismus vor. Am Ende des Programms wurde nach den zuvor an-
geschnittenen Themen wie Bildung, Forschung und Kultur noch ein Schwerpunkt auf
die Rechtspolitik gelegt. Die Liberalen setzten sich hierbei für die Sicherung der Freiheit und den Ausbau der Bürgerrechte ein. Weiterhin wollten sie die Rechtsstaatlichkeit
durch Gewaltenteilung und die kommunale Selbstverwaltung unterstützen.[33]

1994 unterschied sich das Landtagswahlprogramm der FDP unter dem Motto „Die
Politik, die das Land jetzt braucht" in den wichtigsten liberalen Punkten nicht von dem
Vorherigen. Es begann erneut mit dem Themenschwerpunkt Wirtschaft und forderte
auch hier die Verbesserung der Standortbedingungen in Mecklenburg-Vorpommern
für Unternehmen, die Schaffung von neuen Arbeitsplätzen und die Stärkung der Land-

---

28 Vgl. Jessen, Die FDP in Mecklenburg-Vorpommern, 2006, S. 19.
29 Vgl. ebd., S. 19.
30 Vgl. Wahlprogramm zur Landtagswahl 1990 der Freien Demokratischen Partei in Mecklenburg-Vor-
    pommern „Liberale Politik für Mecklenburg-Vorpommern am besten mit der F. D. P.", abrufbar unter:
    http://www.la.fnst-freiheit.org/uploads/644/Mecklenburg-Vorpommern_1990.pdf (Stand: 28.09.2012).
31 Ebd., S. 5.
32 Vgl. ebd.
33 Vgl. ebd., S. 11.

wirtschaft als „wichtigste[m] Wirtschaftszweig".[34] Hierfür planten sie die Stärkung der Chancengleichheit bei der Vergabe von Krediten, die Fortführung von Arbeitsbeschaffungsmaßnahmen für die ländliche Bevölkerung und die Förderung des überregionalen Exports der einheimischen Produkte. Außerdem beabsichtigten sie, in die Bildung sowie in die Forschung für eine konkurrenzfähige Zukunft zu investieren. Neu waren die Forderungen nach einer flächendeckenden Gesundheitsversorgung besonders im ländlichen Raum.[35] Zudem gab es umfangreiche Pläne im Bereich der Sozialpolitik, wie die Sanierung von Pflege- und Altenheimen, die Gleichstellung der Geschlechter auf dem Arbeitsmarkt und die konsequente Durchsetzung des Subsidiaritätsprinzips in allen sozialen Fragen.[36] Den Abschluss bildete erneut das Themenfeld der Rechtspolitik, in welchem eine unabhängige Justiz, die Ausgestaltung des freiheitlich-demokratischen Rechtsstaates und die kommunale Selbstverwaltung gefordert wurden.[37]

Der Kurs der Landes-FDP wurde nach der Wahlniederlage 1994 stärker der wirtschaftsliberalen Ausrichtung der Bundespartei angepasst. Aus diesem Grund traten die Freien Demokraten zur Landtagswahl 1998 mit dem auffallend wirtschaftsorientierten Programm „Durch Reformen Arbeit und Zukunft" an. Die wichtigsten Anliegen waren die Schaffung von Arbeitsplätzen, die Absenkung von Steuern, die Unterstützung von Unternehmensneugründungen und die Erschließung neuer Wirtschaftsräume.[38]

Um die landespolitischen Belange noch stärker an die bundespolitischen Ideale zu binden, wurde dieses Programm für die Landtagswahl 2002 mit weiteren ökonomischen Bestrebungen erweitert und unter dem Titel „Damit es endlich vorwärts geht!" veröffentlicht. Die Liberalen hatten das Ziel, die lokale Wirtschaft weiter zu stärken um Mecklenburg-Vorpommern leistungs- und konkurrenzfähig zu machen. Durch die Abschaffung überflüssiger Gesetze sollte die Bürokratie begrenzt werden. Bildung rückte erstmals in den Mittelpunkt der liberalen Landespolitik. Ziel war es Schulen und Universitäten mehr zu fördern. Weitere Themen wie Gesundheit und Kulturpolitik kamen in geringem Ausmaß vor. Das Programm sah außerdem die Einführung von Elementen der direkten Demokratie vor, um so den Bürgern mehr Mitsprache einzuräumen und als „Garanten der Sicherheit und Freiheit jedes Einzelnen"[39] zu fungieren.

---

34 Vgl. Wahlprogramm zur Landtagswahl 1994 der Freien Demokratischen Partei in Mecklenburg-Vorpommern „Die Politik, die das Land jetzt braucht", abrufbar unter: http://www.la.fnst-freiheit.org/uploads/644/Mecklenburg-Vorpommern_1994.pdf (Stand: 28.09.2012).

35 Vgl. ebd., S. 21.

36 Vgl. ebd., S. 22.

37 Vgl. ebd., S. 40.

38 Vgl. Wahlprogramm zur Landtagswahl 1998 der Freien Demokratischen Partei in Mecklenburg-Vorpommern „Durch Reformen Arbeit und Zukunft", abrufbar unter: http://www.la.fnst-freiheit.org/uploads/644/Mecklenburg-Vorpommern_1998.pdf (Stand: 28.09.2012).

39 Vgl. Wahlprogramm zur Landtagswahl 2002 der Freien Demokratischen Partei in Mecklenburg-Vorpommern „Damit es endlich vorwärts geht!", abrufbar unter: http://www.la.fnst-freiheit.org/uploads/644/Mecklenburg-Vorpommern_2002.pdf (Stand: 28.09.2012).

Im darauffolgenden Wahlkampfprogramm 2006 „Stark für unser Land" wurde die Bildungspolitik noch vor der Wirtschaft zum ersten Thema bestimmt. Die Liberalen standen für die Förderung kostenfreier Kindergartenplätze, den Erhalt von Schulen besonders in ländlichen Regionen und den Ausbau des Konzepts der Ganztagsschulen. Darüber hinaus sollte das System der beruflichen Aus- und Weiterbildungen verbessert werden.[40] In diesem Zusammenhang wollte sich die FDP auch für mehr Autonomie der Hochschulen stark machen und unterstützte die Bürgerinitiative „Pro Jura", welche sich gegen die Schließung der Juristischen Fakultät der Universität Rostock einsetzte.[41] Erst danach folgte der Themenkomplex Wirtschaft mit den bereits bekannten Forderungen nach Steuersenkungen und der Förderung des Mittelstandes. Im Bereich des Umwelt- und Naturschutzes schrieb die FDP erstmals den Schutz der Ostsee in ihr Programm und wollte hierbei die Reduzierung der Nährstoff- und Giftstoffeinträge sowie den Küstenschutz verbessern.[42]

Die stete Anpassung und Weiterentwicklung des Wahlprogramms waren 2006 mitentscheidend für den Wiedereinzug der Liberalen ins Schweriner Schloss. Für die Landtagswahl 2011 erweiterte die FDP ihre politischen Absichtsbekundungen erneut. Unter dem Titel „Fortschritt beschleunigen, Bürgerfreiheit schützen, Sicherheit ausbauen" veröffentlichte sie nicht nur ihr umfassendstes Wahlprogramm seit 1990, sondern mit 60 Seiten auch eines der umfangreichsten in diesem Wahlkampf. Als erster thematischer Schwerpunkt wurde erneut die Bildung gewählt. Hier standen die Forderung nach kostenfreien Betreuungsplätzen und eine bessere Förderung der Lehrerausbildung im Mittelpunkt.[43] Das Wirtschaftskapitel, welches die meisten Seiten einnahm, beschrieb eine zukunftsfähige, ökonomische Entwicklung. Um die besondere Lage des Bundeslandes als unmittelbare Verbindung zwischen Skandinavien, Ost- und Westeuropa für europäische und internationale Unternehmen interessant zu machen, sollten die Infrastruktur ausgebaut und die Spannungen zwischen Ökonomie und Ökologie abgebaut werden. Mit dem Credo „Privat vor Staat" wollte man zudem den hohen Anteil an Selbstständigen in der liberalen Wählerschaft ansprechen. Ein zentrales Anliegen der Liberalen war hierbei die Einführung eines Mittelstandsgesetzes, welches alle wichtigen Maßnahmen und Vorschriften für mittelständische Betriebe bündeln sollte. Außerdem waren der langfristige Abbau von Subventionen und die Umstellung von Zuschüssen auf Darlehensformen geplant.[44] Insgesamt sollten die Interessen Mecklenburg-Vorpommerns

---

40 Vgl. Wahlprogramm zur Landtagswahl 2006 der Freien Demokratischen Partei in Mecklenburg-Vorpommern „Stark für unser Land", abrufbar unter: http://www.la.fnst-freiheit.org/uploads/644/Mecklenburg-Vorpommern_2006.pdf (Stand: 28.09.2012).

41 Vgl. Jessen, Zurück im Schweriner Schloss – Die FDP, in: Schoon/Werz (Hrsg.): Die Landtagswahl in Mecklenburg-Vorpommern 2006, 2006, S. 56.

42 Vgl. Wahlprogramm zur Landtagswahl 2006 „Stark für unser Land", S. 38–39.

43 Vgl. Wahlprogramm zur Landtagswahl 2011 der Freien Demokratischen Partei in Mecklenburg-Vorpommern „Fortschritt beschleunigen, Bürgerfreiheit schützen, Sicherheit ausbauen", abrufbar unter: http://www.freiheit.org/files/288/Mecklenburg-Vorpommern_2011.pdf (Stand: 28.09.2012).

44 Vgl. ebd., S. 13–14.

stärker in der Europäischen Union durchgesetzt und die grenzüberschreitende Zusammenarbeit gefördert werden. Eigens hierfür wurde der Aufbau eines ständigen Informationsbüros der Landes-FDP in Brüssel geplant.[45]

In der programmatischen Entwicklung seit 1990 ist festzuhalten, dass der Schwerpunkt der Liberalen nach ihrer Annäherung an die Bundes-FDP auf der Stärkung und Weiterentwicklung der regionalen Wirtschaft liegt. Zudem ist die Bildung ein wichtiges Thema geworden, mit dem Ziel Fachkräfte im eigenen Land auszubilden und sie nach Möglichkeit mit zahlreichen neuen Arbeitsplätzen auch in der Region zu halten. Diese beiden Ziele stärker miteinander zu verbinden, ist eine zentrale Absicht der Liberalen in Mecklenburg-Vorpommern.

4   Die FDP und ihre Wählerschaft

4.1   Wahlergebnisse

Die FDP konnte sich in Mecklenburg-Vorpommern als „liberale Einheitspartei" etablieren.[46] Bei der ersten Landtagswahl am 14. Oktober 1990 erhielten die Freien Demokraten sowohl bei den Erst-, als auch bei den Zweitstimmen jeweils 5,5 Prozent und konnten so mit vier Mandaten in den Landtag einziehen.[47] Verglichen mit den anderen ostdeutschen FDP-Verbänden war dies jedoch eher enttäuschend. Zumal nach der Wahl nicht klar war, ob es für eine Regierungsbeteiligung, wie in Brandenburg, Sachsen-Anhalt und Thüringen, reichen würde.[48] Erst mithilfe des Abgeordneten Wolfgang Schulz, der als SPD-Direktkandidat in den Landtag eingezogen war und bereits vor der Wahl beschlossen hatte, aus der SPD auszutreten, erhielt die Koalition aus CDU und FDP mit seiner Stimme eine knappe Mehrheit.[49] Rund zwei Monate später, am 4. Dezember, erhielten die Freien Demokraten bei der Wahl zum ersten gesamtdeutschen Bundestag dann bereits 10,2 Prozent der Erststimmen und 9,1 Prozent der Zweitstimmen in Mecklenburg-Vorpommern. Bei beiden Wahlen konnte die Partei noch vom „Einigungsbonus" profitieren.[50]

Dies änderte sich jedoch 1994. Nicht nur, dass es innerhalb der Koalition und im Landesverband Unstimmigkeiten gab,[51] auch die sozialliberale Ausrichtung der FDP im

---

45 Vgl. ebd., S. 47.

46 Jessen, Die FDP in Mecklenburg-Vorpommern, 2006, S. 10.

47 Für alle Wahlergebnisse siehe Angaben der Landeswahlleiterin Mecklenburg-Vorpommern, abrufbar unter: www.wahlen.m-v.de (Stand: 22.12.2012).

48 Vgl. Werz/Hennecke, Die F.D.P. in Mecklenburg-Vorpommern, in: Werz/Hennecke (Hrsg.), Parteien und Politik in Mecklenburg-Vorpommern, 2000, S. 148.

49 Vgl. Hans Jörg Hennecke, Die CDU in Mecklenburg-Vorpommern; in: Werz/Hennecke (Hrsg.), Parteien und Politik in Mecklenburg-Vorpommern, 2000, S. 15–65, hier: S. 30.

50 Vgl. Jessen, Die FDP in Mecklenburg-Vorpommern, 2006, S. 15.

51 Vgl. ebd., S. 10–11.

Nordosten Deutschlands stand dem wirtschaftsliberalen Profil der Bundespartei entgegen, was die Wähler zusätzlich verunsicherte. Besonders deutlich wurde dies bei den Kommunalwahlen und den Wahlen zum Europäischen Parlament im Juni 1994, wo die Partei sehr unterschiedliche Stimmergebnisse zu verzeichnen hatte. Bei den Kommunalwahlen erhielt sie landesweit insgesamt 5,4 Prozent und war damit in einem Großteil der Kreistage vertreten – wenn auch in keiner der Bürgerschaften der kreisfreien Städte. Bei der am gleichen Tag stattfindenden Europawahl machte sich hingegen der negative Bundestrend der Partei stärker bemerkbar und zeigte die instabile Wählerbasis der Liberalen, indem sie hier nur 2,3 Prozent der Stimmen erlangten.[52]

Bei den ebenfalls zusammen abgehaltenen Bundes- und Landtagswahlen am 16. Oktober 1994 verloren die Freien Demokraten verglichen zu 1990 deutlich an Stimmen. Die Verluste waren bei den Zweitstimmen auf Landesebene zwar wesentlich geringer (−1,7 Prozentpunkte) als auf Bundesebene (−5,7 Prozentpunkte), doch mit 3,8 Prozent verpasste die FDP den Wiedereinzug in den Landtag und geriet in die außerparlamentarische Opposition. Bei den Erststimmen waren die Verluste noch deutlicher: −2,2 Prozentpunkte bei der Landtagswahl und −7,6 bei der Bundestagswahl. Als Folge dieser Wahlniederlage wurde die FDP in Mecklenburg-Vorpommern unter dem Vorsitz des Unternehmers Detlef Thomaneck bis 1998 an den Kurs der Bundespartei angepasst und verlor mit der Zeit immer mehr ihr sozialliberales Profil.[53] Doch diese Bestrebungen waren nicht von Erfolg gekrönt. In Verbindung mit der sogenannten „Anti-Kohl-Wahl" 1998 mussten die Freien Demokraten sowohl bei der Landtagswahl, mit nur noch 1,6 Prozent der Zweitstimmen, als auch bei der Bundestagswahl, mit 2,2 Prozent, ihre bisher schlechtesten Ergebnisse hinnehmen. Bei den Kommunal- und Europawahlen 1999 zeigte sich zumindest, dass die FDP kommunalpolitisch stärker verankert war. Zwar verlor sie 1,3 Prozentpunkte im Vergleich zu 1994, doch war das Ergebnis von 4,1 Prozent deutlich besser als die 1,3 Prozent (−1,0 Prozentpunkte) bei den Europawahlen.

Im Jahr 2002 hatte die FDP ihren Tiefpunkt überwunden und verzeichnete einen Stimmengewinn. So konnte sie bei der Bundestagswahl ihre Zweitstimmen mehr als verdoppeln (5,4 Prozent), trotzdem blieb sie bei den erneut gleichzeitig stattfindenden Landtagswahlen mit 4,7 Prozent (+3,1 Prozentpunkte) unter der entscheidenden Fünf-Prozent-Hürde. Von besonderer Bedeutung für die Liberalen waren deshalb die Kommunalwahlen 2004, da hier erstmals die Fünf-Prozent-Klausel keine Anwendung fand und sie so in alle Bürgerschaften und Kreistage einziehen konnten. Auch bei den Wahlen zum Europäischen Parlament zeigte sich mit 3,9 Prozent (+2,6 Prozentpunkte) der Aufwärtstrend, obwohl dieses Ergebnis noch 2,2 Prozentpunkte unter dem der Kommunalwahl (6,1 Prozent) am selben Tag lag. Die vorgezogene Bundestagswahl 2005 mit

---

52 Vgl. Werz/Hennecke, Die F.D.P. in Mecklenburg-Vorpommern, in: Werz/Hennecke (Hrsg.), Parteien und Politik in Mecklenburg-Vorpommern, 2000, S. 151–152.

53 Vgl. Jessen, Die FDP in Mecklenburg-Vorpommern, 2006, S. 10–11.

6,3 Prozent der Zweitstimmen aus Mecklenburg-Vorpommern (+0,9 Prozentpunkte) bestätigte die positive Tendenz der FDP. Aufgrund der Rahmenbedingungen durch die Große Koalition aus CDU und SPD auf Bundesebene und das nicht Vorhandensein der FDP im Schweriner Landtag, nahm sie im Wahlkampf 2006 die Rolle der „doppelten Oppositionspartei" ein.[54] Dies und die positive Stimmung gegenüber der Bundespartei sorgten dafür, dass die Freien Demokraten nach zwölf Jahren Abstinenz mit einem Wahlergebnis von 9,6 Prozent (+4,9 Prozentpunkte) nun mit sieben Abgeordneten im Schweriner Schloss vertreten waren. Nach ihrem Wiedereinzug als „demokratische Protestpartei"[55] von den Bürgern angenommen, signalisierten die Wahlergebnisse bei den Kommunalwahlen und der Wahl zum Europäischen Parlament am 7. Juni 2009 mit 8,7 bzw. 7,6 Prozent eine gewisse Zufriedenheit der liberalen Wählerschaft. Auch die Bundestagswahl im selben Jahr, bei der die FDP 9,8 Prozent in Mecklenburg-Vorpommern erhielt, lässt sich dahingehend deuten.

Das Superwahljahr 2011 mit Wahlen in sieben Bundesländern hatte für die FDP zunächst gut angefangen: In Hamburg erhielt sie im Februar 6,7 Prozent der Zweitstimmen (+1,9 Prozentpunkte).[56] Doch bereits einen Monat später, bei den Wahlen am 20. März 2011 in Sachsen-Anhalt, büßte die Partei mit einem Zweitstimmenergebnis von 3,8 Prozent (−2,8 Prozentpunkte) ihre Sitze im Landtag ein.[57] Auch bei den drei darauffolgenden Wahlen in Baden-Württemberg, Rheinland-Pfalz und Bremen mussten die Liberalen starke Verluste hinnehmen. Einzig in Baden-Württemberg schaffte es die FDP noch mit 5,3 Prozent erneut in den Landtag (−5,4 Prozentpunkte).[58] Die Wahlergebnisse lassen sich auch auf die Kritik am politischen Kurs und die personellen Querelen in der Bundespartei zurückführen, an deren Ende Außenminister Guido Westerwelle nicht erneut bei der Wahl zum Bundesvorsitzenden auf dem Parteitag in Rostock im Mai 2011 kandidierte.[59] Dieser negative Bundestrend überschattete schließlich die Wahrnehmung der Arbeit der Liberalen in Mecklenburg-Vorpommern. Hinzu kam, dass es im mecklenburg-vorpommerschen Landesverband ebenfalls zu internen Streitigkeiten kam.[60] Nach dem Eklat um die Vergabe der Listenplätze Anfang April

---

54 Vgl. Jessen, Zurück im Schweriner Schloss - Die FDP, in: Schoon/Werz, Die Landtagswahl in Mecklenburg-Vorpommern 2006, 2006, S. 54.

55 Glas, Nicht mehr im Landtag vertreten – Die FDP, in: Koschkar/Scheele (Hrsg.), Die Landtagswahl in Mecklenburg-Vorpommern 2011, 2011, S. 91.

56 Angaben des Statistikamtes Nord, abrufbar unter: http://www.statistik-nord.de/uploads/tx_standocuments/INTBUEWA01.pdf (Stand 22.12.2012).

57 Angaben des Statistischen Landsamtes Sachsen-Anhalt, abrufbar unter: http://www.stala.sachsen-anhalt.de/wahlen/lt11/fms/fms2111311.html(Stand: 22.12.2012).

58 Angaben des Statistischen Landsamtes Baden-Württemberg, abrufbar unter: http://www.statistik-bw.de/Wahlen/Landtagswahl_2011/Land.asp (Stand: 22.12.2012).

59 Vgl. Glas, Nicht mehr im Landtag vertreten – Die FDP, in: Koschkar/Scheele (Hrsg.), Die Landtagswahl in Mecklenburg-Vorpommern 2011, 2011, S. 92.

60 Vor allem zwischen dem Landesvorsitzenden Christian Ahrendt und dem Fraktionsvorsitzendem Michael Roolf gab es eine beständige Rivalität. Der Höhepunkt der Streitigkeiten wurde jedoch auf dem Wahlparteitag erreicht. Roolf sollte – als einziger Bewerber – zum Spitzenkandidaten der bevorstehen-

Tabelle 2   Wahlergebnisse der FDP (Zweitstimmen in Prozent)

Wahl	1990	1994	1998	1999	2002
Kommunalwahl	6,4*	5,4		4,1	
Landtagswahl	5,5	3,8	1,6		4,7
Bundestagswahl	9,1	3,4	2,2		5,4
Wahl zum EP		2,3		1,3	
	2004	2005	2006	2009	2011
Kommunalwahl	6,1			8,7	4,3
Landtagswahl			9,6		2,8
Bundestagswahl		6,3		9,8	
Wahl zum EP	3,9			7,6	

Quelle: Eigene Darstellung nach Angaben des statistischen Landesamtes Mecklenburg-Vorpommern.
* Werz/Hennecke, Parteien und Politik in Mecklenburg-Vorpommern, S. 268.

2011,[61] fiel der Umfragewert der FDP binnen weniger Wochen unter die psychologisch wichtige Fünf-Prozent-Sperrklausel auf drei Prozent.[62] Dem entsprechend hatte die FDP in Mecklenburg-Vorpommern nicht die beste Ausgangslage. So verloren die Freien Demokraten mehr als die Hälfte der Wählerstimmen und bekamen bei der Landtagswahl nur 3,2 Prozent (−5,4 Prozentpunkte) der Erst- und 2,8 Prozent der Zweitstimmen (−6,8 Prozentpunkte).[63] Etwas besser schnitten sie bei den gleichzeitig abgehaltenen Kommunalwahlen ab, wo sie zwar 4,3 Prozent erhielten, aber dennoch 4,4 Prozentpunkte innerhalb von zwei Jahren verloren.

4.2   Wählerstrukturen und Stammwählerklientel

Wie die Wahlergebnisse bereits zeigen, kann die FDP in Mecklenburg-Vorpommern kaum auf verfestigte Wählerstrukturen zurückgreifen. Der Erfolg der Liberalen im Land ist immer von Wechselwählern abhängig. Dies beweisen besonders die Landtagswahlen

den Landtagswahl gewählt werden. Die Mehrheit der Delegierten stimmte jedoch überraschenderweise gegen ihn und wählte danach Gino Leonard, den Parlamentarischen Geschäftsführer der Landtagsfraktion, auf Listenplatz eins.

61 Vgl. Max-Stefan Koslik, FDP-Wahlkampfstart mit Hindernissen, abrufbar unter: http://wws.svz.de/nachrichten/home/top-thema/article//fdp-wahlkampfstart-mit-hindernissen.html (03.04.2011) und ders., Reicht der FDP noch Geschlossenheit?, in: SVZ, 08.04.2011.

62 Infratest Dimap (Hrsg.), Mecklenburg-VorpommernTREND April, Berlin 2011; im März hatte es die Partei bei einer Umfrage durch Emnid im Auftrag der SVZ noch auf fünf Prozent gebracht.

63 Die 2,8 Prozent erreichte die FDP erst in Folge der Nachwahl am 18. September 2011auf Rügen. Bis dahin waren es 2,7 Prozent gewesen.

2006 und 2011. Im Jahr 2006 hatten die Liberalen mit 9,6 Prozent enorm gewonnen und lagen weit über ihrem üblichen Landesschnitt, der bis dahin zwischen 1,6 und 5,5 Prozent lag. Damals hatte die Partei vor allem von der Unzufriedenheit mit der Großen Koalition im Bund profitiert.[64] Diese Stimmen büßte sie 2011 jedoch wieder ein, als sie rund 60 000 Stimmen verlor, die meisten dabei an SPD (–12 000) und CDU (–11 000), aber auch an das Nichtwählerlager (–12 000).[65]

Anhand ihrer Wahlprogramme und Wahlthemen lässt sich feststellen, dass die FDP in Mecklenburg-Vorpommern eine Entwicklung weg von einer sozialliberalen Partei gemacht hat und nun durchaus versucht, eine gut ausgebildete bürgerliche Mittelschicht anzusprechen. Da diese Klientel in Mecklenburg-Vorpommern allerdings kaum vorhanden ist, ist das Wählerprofil der Liberalen sehr unspezifisch und heterogen. Die meiste Zustimmung erhält sie von Selbstständigen, Beamten und in Grenzen von gewerkschaftlich organisierten Arbeitern. Gerade im vergangenen Wahlkampf wollte die Partei deshalb auch Selbstständige ansprechen, da sie bei ihnen die größten Stimmpotentiale sah. Wie Tabelle 3 zeigt, gelang dies aufgrund der dargestellten schlechten Rahmenbedingungen nur mäßig. Sie erhielt in der Gruppe der Selbstständigen nach wie vor die meisten Stimmen, doch musste sie hier auch ihren größten Stimmverlust hinnehmen. Die Kernwählerschaft der Partei ist zudem relativ jung und findet sich in der Altersgruppe der 18 bis 44-jährigen wieder. Geschlecht und Bildung sind hingegen kaum von Bedeutung. Das höchste Stimmenpotential ist demnach „bei den im werktätigen Alter befindlichen Wählern" angesiedelt.[66]

Insgesamt lässt sich festhalten, dass die Sozialstruktur eine eher untergeordnete Rolle bei der Wahlentscheidung für die FDP spielt. Die Wähler weisen kaum eine langfristige Bindung mit der Partei auf. Nur 15 Prozent gaben diese als Grund für ihre Wahlentscheidung an. Eine Festlegung auf die Liberalen erfolgte eher kurzfristig; bei den beiden vergangenen Landtagswahlen waren über 60 Prozent Spätentschlossene. Sie entschieden sich in den letzten Wochen vor der Wahl oder gar erst am Wahltag. Darin liegt auch ein großer Unterschied zu den anderen Parteien (abgesehen von der SPD), die eine größere Wählerbindung aufweisen können. Rund die Hälfte der Wähler von Die LINKE, Bündnis 90/Die Grünen und der NPD hatten sich bereits vor längerer Zeit für ihre Partei entschieden; bei der CDU waren es 44 und bei der SPD 36 Prozent. Für die liberale Wählerschaft sind der Wahlkampf und die von der Partei vertretenen Themen entscheidend, insbesondere wirtschafts- und arbeitsmarktpolitische Fragen.[67]

---

64 Vgl. Infratest Dimap (Hrsg.), Wahlreport. Landtagswahl in Mecklenburg-Vorpommern 17. September 2006, Berlin 2006, S. 32.

65 Vgl. Infratest Dimap (Hrsg.), Wahlreport: Landtagswahl in Mecklenburg-Vorpommern 4. September 2011, Berlin/Schwerin 2011, S. 7.

66 Jessen, Zurück im Schweriner Schloss – Die FDP, in: Schoon/Werz, Die Landtagswahl in Mecklenburg-Vorpommern 2006, 2006, S. 58.

67 Vgl. Infratest Dimap (Hrsg.), Wahlreport 2011, S. 16–19; vgl. Infratest Dimap (Hrsg.), Wahlreport 2006, S. 47.

Tabelle 3 Wählerstruktur der FDP bei der Landtagswahl 2011 in Mecklenburg-Vorpommern (im Vergleich zu 2006) in Prozent

Alter		18–24 J.	24–34	35–44	45–59	60 +
alle		4 (−8)	4 (−8)	4 (−9)	3 (−7)	2 (−4)
Geschlecht						
Frauen	2 (−7)	4 (−8)	4 (−10)	3 (−9)	3 (−7)	2 (−4)
Männer	3 (−7)	4 (−8)	4 (−9)	4 (−9)	3 (−8)	2 (−4)
Bildung	Hoch	Mittel	Niedrig			
	3 (−8)	3 (−7)	3 (+1)			
Beruf/Tätigkeit	Arbeiter	Angestellte	Beamte	Selbstständige	Rentner	Arbeitslose
	2 (−10)	3 (−7)	5 (−6)	6 (−13)	1 (−4)	2 (−7)
Gewerkschaftlich organisiert	Mitglied	org. Arbeiter	Nicht-Mitglied			
	3 (−4)	5 (−12)	3 (−8)			
Konfession	Evangelisch	Katholisch	Keine/ Andere			
	3 (−7)	4 (−0)	(3 (−7))			
Wahlmotive	Kandidat	Lösungsvor- schläge	Parteibindung			
	23 (+8)	61 (−6)	15 (+3)			
Wahlthemen	Wirtschaft	Arbeitsmarkt	Soz. Gerech- tigkeit	Schule/ Bildung	Steuerpolitik	Sonst.
	48 (+8)	27 (−9)	27 (+4)	20 (−1)	12 (−9)	45 (k. A.)
Zeitpunkt der Wahlentscheidung	Wahltag	letzte Tage	letzte Woche	vor längerer Zeit	immer gleich	
	26 (+7)	24 (−2)	17 (+0)	23 (−5)	8 (+0)	

Quelle: Eigene Darstellung nach den Angaben des Wahlreports zur Landtagswahl in Mecklenburg-Vorpommern am 04. September 2011.

Hochburgen der FDP lassen sich in Mecklenburg-Vorpommern auf Rügen und in Bad-Doberan finden. So war sie beispielsweise trotz der wenigen Erfolge bei der Kommunalwahl 1999 auch hier weiterhin in den Kreistagen vertreten. Ein Leuchtturm für die Liberalen ist zudem Neu Kaliß im Landkreis Ludwigslust-Parchim. Hier konnte die FDP 2011, dank ihres Bürgermeisters Burkhard Thees, einen Stimmenzuwachs verzeichnen und kam auf 22,8 Prozent. Dies könnte exemplarisch für eine Personenwahl der eigentlich themenorientierte FDP-Wählerschaft stehen.

5 Die Partei im Parlament und in der Regierung

Bereits in der ersten Legislaturperiode 1990–1994 war die FDP im Landtag vertreten. Die Fraktion bestand aus vier Abgeordneten: dem Fraktionsvorsitzenden Walter Goldbeck (Schwerin), Sozialminister Klaus Gollert (Wolgast), Stefanie Wolf aus Rostock und dem Crivitzer Georg Ihde. Zusammen mit der CDU-Fraktion bildete sie die erste Regierungskoalition in Mecklenburg-Vorpommern. Trotz einiger Unstimmigkeiten zwischen CDU und FDP kam die Regierungsbildung recht schnell zustande. Im Koalitionsvertrag bekamen die Liberalen zwei Ministerien zugesprochen. Zum Wirtschaftsminister wurde Conrad-Michael Lehment und zum Sozialminister Klaus Gollert ernannt. Zudem hatte die FDP durchgesetzt, dass sie die Staatssekretärsposten der beiden Ministerien mit „ihren Leuten", Wolfgang Pfletschinger und Neithart Neitzel, besetzen durfte.[68] Der Rostocker Conrad-Michael Lehment war als Sohn einer bedeutenden Unternehmerfamilie der Vertreter für eine zukünftig auf den Mittelstand orientierten Politik und hatte seit 1989 dafür gesorgt, dass die LPDP in Mecklenburg-Vorpommern eine marktwirtschaftliche Grundposition eingenommen hatte.[69] Lehment saß als Abgeordneter in der ersten freien DDR-Volkskammer und nach der Wiedervereinigung bis zum Ende der 11. Legislaturperiode im Dezember 1990 im Deutschen Bundestag. Schon im November war er jedoch von Ministerpräsident Alfred Gomolka als Wirtschaftsminister in die schwarz-gelbe Regierung berufen worden. Der Wolgaster Arzt Klaus Gollert war als Spitzenkandidat für die Liberalen in den Wahlkampf gezogen und übernahm – für diese Zeit für einen FDP-Abgeordneten eher ungewöhnlich – das Sozialministerium.[70]

Bereits im Koalitionsvertrag spiegelten sich einige Streitpunkte wider, die in den folgenden Jahren noch von Bedeutung sein sollten. Dank einer klugen Verhandlungstaktik hatte die FDP viele ihrer Themen verankern können. Dazu gehörten die Unterstützung für kleine und mittelständische Unternehmen, aber auch aktive staatliche Investitionen und diverse arbeitsmarktpolitische Maßnahmen. Insbesondere Sozialminister Gollert hatte sich bei arbeits-, sozial- und gesundheitspolitischen Fragestellungen durchsetzen können, sodass diese viel Platz im Koalitionsvertrag einnahmen.[71] Ende Februar 1991 stellte er sein Programm „Arbeit für Mecklenburg-Vorpommern" vor, dessen Ziel vor allem im landesweiten Aufbau eines Systems für Arbeitsbeschaffungsmaßnahmen lag. Dementsprechend sollten die Träger solcher Maßnahmen unterstützt sowie Umschulungs- und Weiterbildungsmaßnahmen sozial flankiert werden.[72] In diesem Zusammenhang fiel dem Bundesverband die sozialliberale Ausprägung der Landespartei und das besonders klare Profil des Landesverbandes in Mecklenburg-Vorpommern auf.[73] Wirtschaftsminister Lehment, dem auch wichtige verkehrspolitische Angelegenheiten oblagen, setzte seine Schwerpunkte auf ein schnell umzusetzendes Verkehrskonzept

---

68 Vgl. Werz/Hennecke, Die F.D.P. in Mecklenburg-Vorpommern, in: Werz/Hennecke (Hrsg.), Parteien und Politik in Mecklenburg-Vorpommern, 2000, S. 148.
69 Vgl. ebd., S. 149.
70 Vgl. ebd., S. 147–149.
71 Siehe Koalitionsvereinbarung zwischen dem Landesverband der Christlich-Demokratischen Union und dem Landesverband der Freien Demokratischen Partei Mecklenburg-Vorpommern, Oktober 1990.
72 Vgl. O. A., Landwirtschaft und Schiffbau hintenan, in: SVZ, 21. 02. 1991.
73 Vgl. Rainer Linnemann, Die Parteien in den neuen Bundesländern: Konstituierung, Mitgliederentwicklung, Organisationsstrukturen, Münster/New York 1994, S. 250 und 295.

und – entsprechend des FDP-Bundestagswahlkampfes – auf ein ostdeutsches Niedrig-
steuergebiet. Bei der Werftenfrage sah er die Lösung in einer Entflechtung der einzelnen
Standorte und einer anschließenden Teilprivatisierung.[74]

Erste Meinungsverschiedenheiten zwischen CDU und FDP traten bei der Bildungspolitik auf. Die Liberalen favorisierten die Zusammenfassung von Haupt- und Real-
schulen und setzten sich für die Einführung von Philosophie als Schulfach ein, entgegen
dem von den Christdemokraten bevorzugten dreigliedrigen Schulsystem und dem Religionsunterricht. Die Krise der schwarz-gelben Koalition begann mit der Rundfunkfrage,
bei der sich die FDP im Landtag zusammen mit den Oppositionsparteien für einen Zusammenschluss des Nordostdeutschen Rundfunks mit dem NDR gegen die CDU aus-
sprach.[75] Noch schwerwiegender war jedoch die Werftenfrage: Hier gerieten vor allem
Lehment und der damalige Bundesverkehrsminister sowie CDU-Landesvorsitzender
Günther Krause aneinander. Krause und ein Großteil der CDU favorisierten eine Verbundlösung, also eine Staatsbeteiligung an den Werften und keine vollkommene Privatisierung. Obwohl sich die Koalition auf einen Kompromiss, die sogenannte „kleine
Verbundlösung", einigen konnte, führte die Werftenkrise in Verbindung mit dem Zer-
würfnis innerhalb der CDU zum Rücktritt des damaligen Ministerpräsidenten Alfred
Gomolka.[76] Sein Nachfolger, Berndt Seite, stabilisierte zwar die Regierungskoalition
wieder, dennoch hatte es die FDP schwer, sich zu festigen. Die Popularität der Landesminister Lehment und Gollert konnte sich außerdem nicht auf den Landesverband
übertragen.[77]

Im Jahr 2006 war die FDP wieder ins Schweriner Schloss eingezogen und hatte sie-
ben Mandate erhalten. Die daraufhin gebildete Fraktion bestand aus dem Wismarer
Michael Roolf (Fraktionsvorsitzender), der stellvertretenden Fraktionsvorsitzenden
Sigrun Reese aus Anklam, dem Parlamentarischen Geschäftsführer Gino Leonhard (Rü-
gen), Hans Kreher (Bad Kleinen,3. Vizepräsident des Landtages) sowie aus Ralf Grabow
(Rostock), Sebastian Ratjen (Greifswald) und Toralf Schnur (Waren).

Das bedeutendste Thema für die Liberalen war in der fünften Legislaturperiode die
Kreisgebietsreform. Sie sprachen sich offen gegen das im Herbst 2011 durchgeführte
Modell der Kreisgebietsreform mit sechs Landkreisen und zwei kreisfreien Städten aus.
Sie strebten die Beibehaltung der kreisfreien Städte und die Durchführung einer Volks-
befragung an. Außerdem sollten die Verwaltungsaufgaben vor der Ziehung der neuen
Kreisgrenzen festgelegt sowie die kommunale Selbstverwaltung und Selbstorganisa-

---

74 Vgl. Michael Kluth/Birgit Müller, Windmühlen für Mecklenburg, in: Hamburger Abendblatt,
    30.11.1990; O. A., 160 Millionen vom Bund, in: SVZ, 15.12.1990.

75 NDR, 20 Jahre NDR in Mecklenburg-Vorpommern, abrufbar unter: http://www.ndr.de/regional/meck-
    lenburg-vorpommern/20_jahre/index.html (Stand: 17.10.2012).

76 Siehe dazu den Beitrag von Philip Huchel/Stefan Rausch, Die CDU in Mecklenburg-Vorpommern in
    diesem Band.

77 Vgl. Werz/Hennecke, Die F.D.P. in Mecklenburg-Vorpommern, in: Werz/Hennecke (Hrsg.), Parteien
    und Politik in Mecklenburg-Vorpommern, 2000, S. 151–152.

tion gestärkt werden. Weitere wichtige Anliegen der FDP-Fraktion waren die Forderung nach mehr Hochschulautonomie im Zuge der Neufassung des Landeshochschulgesetzes und ein Ende des Stellenabbaus bei der Polizei, welchen die von Innenminister Caffier angestrengte Polizeireform vorsah. Wirtschaftlich gesehen setzte sich die FDP für die Unterstützung kleiner und mittelständiger Unternehmen und die Freigabe der Ladenöffnungszeiten ein. Außerdem strengten sie eine Prüfung an, ob eine Landesregulierungsbehörde geschaffen werden sollte, die für den Ausbau der erneuerbaren Energien zuständig ist.[78]

Der Landesverband selbst hatte in dieser Zeit vor allem mit der ständigen Rivalität zwischen dem 2007 zum Landesvorsitzenden gewählten Christian Ahrendt und dem Fraktionsvorsitzendem Michael Roolf zu kämpfen. Der Höhepunkt dieser Streitigkeiten wurde auf dem Wahlparteitag 2011 erreicht. Roolf sollte – als einziger Bewerber – zum Spitzenkandidaten der bevorstehenden Landtagswahl gewählt werden. Die Mehrheit der Delegierten stimmte jedoch überraschenderweise gegen ihn und wählte danach Gino Leonhard, den Parlamentarischen Geschäftsführer der Landtagsfraktion, auf Listenplatz eins.[79]

Nach den Kommunalwahlen 1994 war die FDP in zehn der zwölf Kreistage vertreten, allerdings in keiner Bürgerschaft einer kreisfreien Stadt. Dennoch stellte sie nach Direktwahlen in fast 50 Gemeinden den Bürgermeister, teilweise sogar hauptamtlich.[80] Nach der Wahlniederlage 1999 waren die Liberalen einzig in den Kreisparlamenten von Rügen, Wismar, Bad Doberan, Güstrow und Uecker-Randow vertreten. Nach der Abschaffung der Fünf-Prozent-Sperrklausel auf kommunaler Ebene hat die FDP Mitglieder in allen Kreistagen und Bürgerschaften, seit 2011 besitzt sie jedoch einzig im Landkreis Ludwigslust-Parchim volle Fraktionsstärke. Auch die aktuelle Anzahl der liberalen Bürgermeister lässt den Abwärtstrend der Partei erkennen: Sie stellt in nur noch 19 Gemeinden, darunter auch Neu Kaliß, den Bürgermeister, davon in Sanitz, Malchin und Putbus hauptamtlich.[81]

---

78 Vgl. FDP-Landtagsfraktion Mecklenburg-Vorpommern (Hrsg.), Die FDP im Landtag von M-V: Bericht der FDP-Landtagsfraktion aus der 5. Legislaturperiode, Schwerin 2011.

79 Vgl. Martin Koschkar/Steffen Schoon, Die mecklenburg-vorpommersche Landtagswahl vom 4. September 2011: Bestätigung der Großen Koalition mit sozialdemokratischem Zugewinn, in: ZParl, Nr. 1 (2012), S. 3–18, hier: S. 6; vgl. Max-Stefan Koslik, FDP-Wahlkampfstart mit Hindernissen, abrufbar unter: http://wws.svz.de/nachrichten/home/top-thema/article//fdp-wahlkampfstart-mit-hindernissen. html (Stand: 03. 04. 2011) und Ders., Reicht der FDP noch Geschlossenheit?, in: SVZ, 08. 04. 2011.

80 Vgl. Werz/Hennecke, Die F.D.P. in Mecklenburg-Vorpommern, in: Werz/Hennecke (Hrsg.), Parteien und Politik in Mecklenburg-Vorpommern, 2000, S. 151–152.

81 Anlage 7 des Geschäftsberichts 2011/12 des Landesverbandes der Freien Demokratischen Partei in Mecklenburg-Vorpommern zu den Bürgermeistern in den Landkreisen (Stand Mai 2012).

6   Ausblick – Nachruf oder neue Chance?

Kleine Parteien sind auf Landesebene stark von der Stimmung der Wähler gegenüber ihrer Bundespartei abhängig. Seit ihren Wahlerfolgen 2009 und als Partner in einer schwarz-gelben Koalition im Bundestag hat die FDP mit sinkenden Umfragewerten zu kämpfen. In Mecklenburg-Vorpommern gelten zudem spezielle Rahmenbedingungen für die FDP. Sie hat es in den fünf Jahren Landtagsarbeit nicht geschafft, sich ein Kompetenzprofil anzueignen und als Opposition wahrgenommen zu werden. Insbesondere der Einzug der NPD und der Umgang mit der Fraktion über den so genannten „Schweriner Weg" hatten Einfluss auf die Streitkultur des Landtages in der abgelaufenen Legislaturperiode.[82] Öffentlich ausgetragene Streitigkeiten zwischen Parteimitgliedern sorgten für eine mangelnde Geschlossenheit in der Wahrnehmung der Bürger. In Krisenzeiten kann die Partei zudem nur auf eine kleine Stammwählerschaft zurückgreifen. Im Nordosten scheint eine bürgerliche Mittelschicht zu fehlen. Diese wäre allerdings notwendig, um eine schwarz-gelbe Mehrheit in der Bevölkerung zu erlangen – zumal die Liberalen von anderen Parteien als Koalitionspartner kaum wahrgenommen werden.[83] Nach der Wahlniederlage 2011 steckt die Partei erneut in einer tiefen strukturellen Krise.[84]

Trotz all dieser negativen Punkte, die gegen ein Wiedererstarken der FDP in Mecklenburg-Vorpommern sprechen, hat die Partei die Chance, sich als Kommunalpartei zu profilieren. Hier hat sie einen deutlichen Vorteil gegenüber Bündnis 90/Die Grünen, welche nur auf die urbanen Zentren konzentriert sind. Die Freien Demokraten sind in allen Kreistagen und Bürgerschaften der kreisfreien Städte vertreten. Sie könnten sich neue Kompetenzen aneignen, indem sie den Herausforderungen, welche die Kreisgebietsreform mit sich gebracht hat, auf eigenen Wegen entgegentreten. Als wirtschaftsliberale Partei kann sie außerdem versuchen, die wirtschaftlichen Probleme in Mecklenburg-Vorpommern durch konstruktive Lösungsvorschläge zu ihrem Thema zu machen. Eine Neuausrichtung des Landesverbandes, beispielsweise wieder in eine sozialliberalere Richtung, wäre überlegenswert, scheint aber unwahrscheinlich, da dies wie in den 1990er Jahren zu sehr dem Bundeskurs entgegenstünde. Um sich wirklich im Parteiensystem Mecklenburg-Vorpommerns zu etablieren, bleibt also nur der Weg über eine gute kommunalpolitische Arbeit, die von den Bürgern als solche wahrgenommen werden muss. Darin besteht auch die Chance der FDP, zurück in den Schweriner Landtag zu gelangen.

---

82 SPD-Landtagsfraktion Mecklenburg-Vorpommern: Der Schweriner Weg – Zum Umgang der Demokraten mit der NPD im Landtag, abrufbar unter: http://spd-fraktion-mv.de/index.php/component/option,com_jotloader/Itemid,50/cid,96_f78342743676a3e78bbfec082340c921/section,files/task,download/ (Stand: 25.02.2013).

83 Vgl. Glas, Nicht mehr im Landtag vertreten – Die FDP, in: Koschkar/Scheele (Hrsg.), Die Landtagswahl in Mecklenburg-Vorpommern 2011, 2011, S. 98.

84 Vgl. ebd.; vgl. Werz/Hennecke, Die F.D.P. in Mecklenburg-Vorpommern, in: Werz/Hennecke (Hrsg.), Parteien und Politik in Mecklenburg-Vorpommern, S. 155.

Die NPD in Mecklenburg-Vorpommern

Gudrun Heinrich/Steffen Schoon

1   Einleitung

Der NPD-Landesverband Mecklenburg-Vorpommern wurde 1990 gegründet. In den ersten zehn Jahren ihrer Geschichte war die NPD im Land eher schwach und ihre Entwicklung unstet. Der Rechtsextremismus insgesamt bot ein gewaltbereites und subkulturell konnotiertes Bild. Mitgliederzahlen und Wahlergebnisse zeigen, dass sich die Partei erst seit der Kommunalwahl 2004 auf dem Weg einer Konsolidierung und Verstetigung befindet.

Betrachtet man die Aktivitäten und das Profil der Partei, so wird deutlich, dass man der NPD in Mecklenburg-Vorpommern nur bedingt mit klassischen parteienanalytischen Kriterien und Fragestellungen gerecht werden kann. Der Landesverband im Nordosten ist aufgrund seiner formellen Struktur eine Partei. Er verfügt über einen Landesvorstand und aktuell sieben Kreisverbände.[1] Seit 2006 ist die NPD mit einer Fraktion im Schweriner Landtag vertreten und zur Zeit mit 26 Mandaten in Kreistagen präsent.[2] Die Kommunikationsstrukturen, die inhaltlichen Bezugspunkte und Kampagnen zeigen jedoch ein eher bewegungsorientiertes Bild. Die NPD MV ist aufgrund ihres Selbstverständnisses, ihrer personellen Struktur und thematisch-ideologischen Ausrichtung

---

1   Nach Angaben der NPD auf deren Homepage: http://www.npd-mv.de/index.php?com=region&mid=13 (Stand: 26. 4. 2013).

2   Oliver Cruzcampo, NPD zieht mit drei Fraktionen in die Kreistage ein, abrufbar unter: http://endstation-rechts.de/index.php?option=com_k2&view=item&id=6483:kreistag& Itemid=428 (Stand: 11. 09. 2011); zu den 2011 gewonnenen Mandaten sind die drei kommunalen Sitze in den kreisfreien Städten Schwerin und Rostock zu addieren, in denen 2011 nicht gewählt wurde.

eine „Bewegungspartei", die sich als Teil der neonationalistischen Bewegung sieht und sich dieser verpflichtet fühlt.[3]

Vor allem die Erfolge der Partei bei den Landtagswahlen 2006 und 2011 sowie die Erfolge bei den Kommunalwahlen haben ihr im Bundesland eine verstärkte öffentliche Aufmerksamkeit beschert.

Forschungsstand

Die Wahlergebnisse wurden sowohl 2006,[4] 2009[5] als auch 2011 analysiert.[6] Die Besonderheiten der NPD Mecklenburg-Vorpommerns und ihre Rolle als Bewegungspartei sind Thema eines Aufsatzes von 2008,[7] einen Überblick über die aktuelle Lage der NPD gibt Brandstetter im Rahmen eines Aufsatzes in der Zeitschrift für Parlamentsfragen 2013.[8] Die Präsenz der NPD im Landtag war Anlass für die SPD-Fraktion in Form eines Sammelbandes unterschiedliche Erkenntnisse zur Fraktion der Rechtsextremisten auf Landesebene aus Wissenschaft und Zivilgesellschaft zusammenzufassen.[9] Die Landespartei wird darüber hinaus auch in Publikationen berücksichtigt, deren Fokus eher auf

---

3   Vgl. Gudrun Heinrich, Die NPD als Bewegungspartei, in: Forschungsjournal Neue soziale Bewegungen, Nr. 4 (2008), S. 29–38; Hartleb spricht mit Blick auf das Partei-Bewegungs-Verhältnis hingegen von „Infiltration" vgl. Florian Hartleb, Gegen Globalisierung und Demokratie: Die NPD als eine neue soziale Bewegung im europäischen Kontext?, in: ZParl Nr. 1 (2009), S. 96–108, hier: S. 101.

4   Gudrun Heinrich/Arne Lehmann, Zwischen Provokation und Systemfeindschaft – Die NPD, in: Steffen Schoon/Nikolaus Werz (Hrsg.), Die Landtagswahl in Mecklenburg-Vorpommern 2006 – Die Parteien im Wahlkampf und ihre Wähler, Rostock 2006, S. 67–77.

5   Steffen Schoon, Kein Höhenrausch, NPD bleibt aber ein Problem – Kurzanalyse der NPD-Ergebnisse bei den Kommunalwahlen 2009 in Mecklenburg-Vorpommern, abrufbar unter: http://www.endstation-rechts.de/index.php?option=com_k2&view=item&id=909:kein-höhenrausch-npd-bleibt-aber-ein-problem---kurzanalyse-der-npd-ergebnisse-bei-den-kommunalwahlen-´09-in-m-v&Itemid=773, Stand: 03. 05. 2013).

6   Gudrun Heinrich, Kernwählerschaft mobilisiert – Die NPD, in: Martin Koschkar/Christopher Scheele (Hrsg.): Die Landtagswahl in Mecklenburg-Vorpommern 2011 – Die Parteien im Wahlkampf und ihre Wähler, Rostock 2011, S. 77–89; Steffen Schoon, Gefestigt und Begrenzt – Die NPD in Mecklenburg-Vorpommern. Eine Betrachtung anhand der Landtagswahl 2011, in: Deutschland Archiv, Nr. 1 (2012), S. 16–23. http://www.bpb.de/geschichte/zeitgeschichte/deutschlandarchiv/74997/npd-in-mecklenburg-vorpommern?p=all (Stand: 03. 05. 2013).

7   Heinrich, Die NPD als Bewegungspartei, in: Forschungsjournal Neue soziale Bewegungen, Nr. 4 (2008), S. 29–38.

8   Marc Brandstetter, Kinderfeste hinter Stacheldraht: Die Entwicklung der NPD in Mecklenburg-Vorpommern nach der Landtagswahl 2011, in: ZParl, Nr. 1 (2013), S. 146–157.

9   Mathias Brodkorb/Volker Schlotmann (Hrsg.), Provokation als Prinzip. Die NPD im Landtag von Mecklenburg-Vorpommern, Rostock 2008; darin: Kai Langer/Arne Lehmann, 18 Monate Populismus und Provokation: Eine Zwischenbilanz der Parlamentsarbeit der NPD in Mecklenburg-Vorpommern, S. 63–95.

der Bundesebene liegt, so widmet Marc Brandstetter im Rahmen seiner Dissertation der NPD in Mecklenburg-Vorpommern an mehreren Stellen besondere Aufmerksamkeit.[10]

Die kommunale Ebene spielt für die NPD eine erhebliche Rolle, ihr Ziel der Verankerung in der breiten Bevölkerung versucht sie gerade über die kommunale Präsenz zu erreichen. Dies berücksichtigen auch die vorliegenden wissenschaftlichen Publikationen zur NPD auf kommunaler Ebene.[11]

Der Blick auf Rechtsextremismus als Phänomen des ländlichen Raumes in Mecklenburg-Vorpommern insgesamt wurde im Rahmen eines größeren Forschungsprojektes der Universitäten Greifswald und Rostock geworfen. Hier wurden Studien zu drei Regionen Mecklenburg-Vorpommerns erstellt.[12] Den regionalen Strukturen des Rechtsextremismus widmet sich Dierk Borstel auch in seiner Dissertation sowie in mehreren Aufsätzen.[13]

Für die Forschung zur NPD in Mecklenburg-Vorpommern ist die umfangreiche Dokumentation und Analyse der NPD und ihrer parlamentarischen Präsenz durch das von den Jusos Mecklenburg-Vorpommern betriebene Internetportal „Endstation Rechts" eine wichtige Quelle.[14]

2   Geschichte der Bundespartei

Die Geschichte der NPD seit 1990 lässt sich in unterschiedliche Phasen gliedern. Unter dem Bundesvorsitzenden Günter Deckert (1991–1996) war die Partei von einem revisionistischen und antimodernen Kurs geprägt. Für den aufbrechenden jugendlichen, subkulturellen und gewaltbereiten Rechtsextremismus erschien sie als „Partei der Alten Herren" wenig attraktiv.[15] Mit der Wahl von Udo Voigt zum Bundesvorsitzenden (1996) wandelte sich nicht nur die programmatisch-inhaltliche Ausrichtung der Partei, son-

---

10 Marc Brandstetter, Die NPD unter Udo Voigt: Organisation. Ideologie. Strategie, Baden-Baden 2012.
11 Hubertus Buchstein (Hrsg.), Kein Platz für Rechtsextremisten in Kommunalparlamenten: Anregungen für Kommunalpolitiker bei der Auseinandersetzung mit Rechtsextremisten im Kommunalwahlkampf, Greifswald 2009; Ders./Benjamin Fischer, Die NPD in den kommunalen Parlamenten Mecklenburg-Vorpommerns, in: Uwe Backes/Henrik Steglich (Hrsg.), Die NPD: Erfolgsbedingungen einer rechtsextremistischen Partei, Baden-Baden 2007, S. 143–165.
12 Hubertus Buchstein/Gudrun Heinrich (Hrsg.), Rechtsextremismus in Ostdeutschland: Demokratie und Rechtsextremismus im ländlichen Raum, Schwalbach 2010.
13 Dierk Borstel, „Braun gehört zu bunt dazu": Rechtsextremismus und Demokratie am Beispiel Ostvorpommern, Münster 2011; Ders., Heimat und Zukunft in Ueckermünde, in: Wilhelm Heitmeyer (Hrsg.), Deutsche Zustände, Band 5, Frankfurt am Main, S. 197–206.
14 http://www.endstation-rechts.de.
15 Zur Entwicklung der NPD siehe u. a. Armin Pfahl-Traughber, Die „alte" und die „neue" NPD: Eine vergleichende Betrachtung zu Gefahrenpotential und Profil, in: Stephan Braun/Alexander Geisler/Martin Gerster (Hrsg.), Strategien der extremen Rechten: Hintergründe – Analysen – Antworten, Wiesbaden 2009, S. 77–91.

dern auch ihre Strategie der Positionierung innerhalb des rechtsextremen Spektrums.[16] Inhaltlich vollzog sich eine Hinwendung zu völkisch verorteten sozialistischen Konzepten. Strategisch öffnete sich die Partei langsam gegenüber Skinheadgruppen, Neonazis und dem breiten Spektrum freier Kräfte. Unter Voigt gelang es, die Partei zum „Gravitationsfeld"[17] des bundesdeutschen Rechtsextremismus aufzubauen.[18]

Dabei waren die Rahmenbedingungen der 90er Jahre des letzten Jahrhunderts nicht nur günstig. Die Verbotswelle gegenüber Vereinen hatte rechtsextreme Akteure in die fluide Form der „Kameradschaften" gedrängt, die bewusst auf klare Mitgliedschaftsstrukturen verzichteten. Der Antrag von Bundestag, Bundesrat und Bundesregierung, die NPD zu verbieten, übte Druck auf die Partei aus. Nachdem das Verfahren 2003 gescheitert war, konnte die NPD wieder freier agieren. Der Wahlerfolg in Sachsen, wo sie 2004 nach gut 25 Jahren wieder in einen bundesdeutschen Landtag einziehen konnte,[19] ließ ihr Selbstbewusstsein steigen. Die Partei öffnete sich weiter für rechtsextreme Akteure der freien Szene[20] und dokumentierte dies unter anderem mit der Wahl zweier radikaler Kameradschaftsvertreter in den Bundesvorstand.[21] Wenn Udo Voigt in einem Interview offen davon sprach, das Ziel der NPD sei „[…] die BRD ebenso abzuwickeln, wie das Volk vor fünfzehn Jahren die DDR abgewickelt hat",[22] so ist das als Türöffner für neonazistische und freie Kameradschaften zu verstehen.

Das strategische Ziel der NPD, die Hegemonie sowohl innerhalb der rechtsextremen Bewegung, wie auch gegenüber möglichen Konkurrenten im extrem rechten Parteienspektrum zu erlangen, ist deutlich sichtbar. Der Weg zu diesem Ziel ist durch die von

---

16 Brandstetter, Die NPD unter Udo Voigt, Baden-Baden 2012; Ders., Die „neue" NPD: Zwischen Systemfeindschaft und bürgerlicher Fassade, Berlin 2012.

17 Bundesamt für Verfassungsschutz (Hrsg.), Die „Nationaldemokratische Partei Deutschlands" (NPD) als Gravitationsfeld im Rechtsextremismus, Köln 2006.

18 Vgl. dazu auch: Armin Pfahl-Traughber, Der „zweite Frühling" der NPD: Entwicklung, Ideologie, Organisation und Strategie einer rechtsextremistischen Partei, Sankt Augustin 2008.

19 Die NPD war 1968 mit 9,8 % in den Landtag Baden-Württembergs eingezogen, verfehlte dann bei der anschließenden Bundestagswahl 1969 mit 4,3 % die 5-Prozent Hürde. 1966 war sie bereits in die Landtage von Bayern (7,4 %) und Hessen (7,9 %) und 1967 in die Landesparlamente von Bremen (8,8 %), Rheinland-Pfalz (6,9 %), Niedersachsen (7,0 %) und Schleswig-Holstein (5,8 %) eingezogen.

20 So erklärte das Präsidium der NPD in einer Erklärung unter dem Titel „Volksfront statt Gruppenegoismus" im September 2004 u. a.: „Ganz bewußt schließen wir dabei auch jene ein, die der NPD in der Vergangenheit aus welchen Gründen auch immer den Rücken gekehrt haben, sofern sie bereit sind, auch ihrerseits das Große und Ganze in den Mittelpunkt ihres Handelns zu stellen. Wir reichen allen konstruktiven, ehrlichen kämpfenden Nationalisten die Hand in partnerschaftlicher Solidarität"; NPD Präsidium, Volksfront statt Gruppenegoismus: Erklärung des Parteipräsidiums der NPD, abrufbar unter: http://www.eine-bewegung-werden.de (Stand: 06.03.2013).

21 Thorsten Heise und Thomas Wulff erhielten den Auftrag, den Kontakt zu den freien Kameradschaften zu halten.

22 „Ziel ist, die BRD abzuwickeln": Der NPD-Vorsitzende Udo Voigt über den Wahlerfolg seiner Partei und den ‚Zusammenbruch des liberal-kapitalistischen Systems', in: Junge Freiheit, 24.09.2004, abrufbar unter: http://www.jungefreiheit.de/Ziel-ist-die-BRD-abzuwickeln.525.98.html? &cHash=98a70acb45&tx_ ttnews[backPid]=432&txttnews [tt_ne ws]=58671 (Stand: 03.05.2013).

Udo Voigt erstmals beschriebene[23] sogenannte „Vier-Säulen-Strategie" gekennzeichnet.[24] Sie beinhaltet den „Kampf um die Köpfe", den „Kampf um die Straße" und den „Kampf um die Parlamente". Diese drei Säulen wurden 2009 ergänzt durch den „Kampf um den organisierten Willen".[25]

Der sogenannte „Kampf um die Köpfe" zielt auf die Verbreiterung der Akzeptanz der Partei innerhalb der Bevölkerung. Durch ein zunehmendes Engagement im vorpolitischen Raum, durch Kooperationen, sogenannte „Kinderfeste", Bürgersprechstunden und andere Aktivitäten will sich die Partei Zustimmung in der Gesellschaft verschaffen.

Das Kernelement des „Kampfes um die Köpfe" ist die Präsenz der NPD auf Straßen und Plätzen. Bei Demonstrationen und Aufmärschen geht es darum, mit Fahnen und begleitenden Informationsständen dem eigenen Kern-Klientel sowie der Bevölkerung die Mitwirkung der NPD an der rechtsextremen Bewegung zu demonstrieren. Ziel ist die mediale Aufmerksamkeit und die Akzeptanz in den eigenen Reihen.

Mit dem „Kampf um die Parlamente" beschreibt die NPD das Kernelement einer Partei im engeren Sinne. Das Ziel der parlamentarischen Präsenz ist für die Nationaldemokraten jedoch eingebettet in die drei weiteren Säulen und nur in Relation zu diesen zu verstehen. Übergeordnetes Ziel der Erlangung von Mandaten ist es, das Parlament als Bühne zu nutzen und Ressourcen wie Finanzen, Stellen und Informationen sowie Aufmerksamkeit zu erlangen

Der „Kampf um den organisierten Willen" beschreibt das Ziel, die Hegemonie im rechtsextremen Parteien- und Organisationsspektrum zu erlangen. Dabei geht es zum einen um die Zurückdrängung anderer Konkurrenten, was der NPD im Fall der DVU auch gelungen ist.[26] Es geht ihr aber auch darum, sich im Sinn einer „Querfrontstrategie"[27] als den zentralen Ansprechpartner für alle Aktivitäten und Strukturen im rechtsextremen Spektrum in Position zu bringen.

Mit dieser strategischen Orientierung beschreitet die Partei einen Weg, der über ein enges Selbstverständnis als Partei[28] hinausgeht: „Die NPD zielt darauf, die Gesellschaft

---

23 Das Konzept findet sich unter anderem in: Udo Voigt, Mit der NAPO auf dem Weg in das neue Jahrtausend, abrufbar unter: www.npd-mv.net/html/theorien/m_napo_.htm (Stand: 03.09.2004).

24 Hierzu siehe auch: Robert Philippsberg, Die Strategie der NPD: Regionale Umsetzung in Ost- und Westdeutschland, Baden-Baden 2009, S. 46–53; Christoph Schulze, Das Viersäulenkonzept der NPD, in: Braun/Geisler/Gerster (Hrsg.), Strategien der extremen Rechten, 2009.

25 Zur Vier-Säulen-Strategie siehe u. a.: Brandstetter, Die NPD unter Udo Voigt, 2012, S. 294–321.

26 Die Ausschalung der DVU durch deren Auflösung im Mai 2012 lässt die Strategie als erfolgreich erscheinen, auch wenn dies nicht zu einem Zuwachs an Ressourcen geführt hat. Siehe hierzu: Marc Brandstetter, Schluss, aus, vorbei: DVU nun auch offiziell begraben, abrufbar unter: www.endstation-rechts.de/index.php?option=com_k2&view=item&id=7253:d vu&Itemid=367 (Stand: 13.03.2013).

27 Lazaros Miliopoulos, Strategische Ansätze, Potentiale und Perspektiven der NPD, in: Backes/Steglich (Hrsg.), Die NPD, 2007, S. 121–141, hier: S. 125–126.

28 Dieses weist den Parteien vier zentrale Funktionen zu: Auswahlfunktion, Vermittlungsfunktion, Interessenausgleichsfunktion, Legitimierungsfunktion, vgl. u. a. Peter Lösche, Aufgaben und Funktionen, in: Parteiensystem der Bundesrepublik Deutschland, Informationen zur politischen Bildung, Heft 292, Bonn 2006, S. 11–14, hier: S. 12–13.

in all ihren Segmenten ganzheitlich für sich zu gewinnen und letztlich zu beherrschen.“[29] Dieses Konzept gilt gleichzeitig als Indikator für den Strategiewechsel hin zu einem nationalrevolutionären und gegenüber Neonazis und freien Kräften offeneren Kurses der Partei.[30] Die zentrale strategische Orientierung der NPD entspricht daher dem Grundmodell einer „Bewegungspartei“.[31]

Die Ära des Bundesvorsitzenden Udo Voigt endete im November 2011 mit der Wahl seines ehemaligen Ziehsohns Holger Apfel zum neuen Bundesvorsitzenden,[32] der sich auch 2013 erneut durchsetzen konnte.[33] Unter dem Stichwort der „seriösen Radikalität“ propagiert der Fraktionsvorsitzende der NPD im sächsischen Landtag einen deutlich pragmatischeren Kurs der Außendarstellung und versucht dennoch den Spagat hin zu den radikaleren Kräften der freien und neonazistischen Szene zu erhalten.[34]

Der Bundesverband der NPD verfügt mit dem „Ring Nationaler Frauen“ seit 2006[35] über eine eigene frauenpolitische Untergruppierung. Die „Jungen Nationaldemokraten“ (JN) als Jugendorganisation der Partei verschaffen sich nicht nur innerhalb der Partei immer wieder Gehör. Sie gelten als der in Inhalt und Politikstil radikalere Arm der Partei. Die JN übernimmt teilweise auch die Funktion einer Kaderschmiede; von 1994 bis 1999 hatte der aktuelle Bundesvorsitzende Holger Apfel den Vorsitz der JN inne. Vor allem sind die „Jungen Nationaldemokraten“ auf Bundesebene als Brücke in das radikale, subkulturell geprägte jugendliche Milieu der rechtsextremen Bewegung zu verstehen.[36]

3   Die NPD in MV

Der mecklenburg-vorpommersche Landesverband nimmt innerhalb der NPD eine Sonderstellung ein. Durch die Wiederholung des Einzugs in den Landtag (2006 und 2011) ist er durchaus erfolgreich. Es gelingt der Partei, ihre lokalen und regionalen Aktivitäten

---

29 Julia Gerlach, Auswirkungen der Verbote rechtsextremistischer Vereine auf die NPD, in: Backes/ Steglich (Hrsg.), Die NPD, 2007, S. 233–260, hier: S. 256
30 Philippsberg, Die Strategie der NPD, 2009, S. 46–53.
31 Heinrich, Die NPD als Bewegungspartei, in: Forschungsjournal Neue soziale Bewegungen Nr. 4 (2008), S. 29–38.
32 Johannes Korge, Neuer Bundesvorsitzender: Apfel krempelt die NPD um, abrufbar unter: http://www. spiegel.de/politik/deutschland/neuer-bundesvorsitzender-apfel-krempelt-die-npd-um-a-797500.html (Stand: 13. 11. 2011).
33 Andreas Speit, NPD: Vorsitzender bleibt, Ärger auch, abrufbar unter: http://www.taz.de/1/archiv/di-gitaz/artikel/?ressort=in&dig=2013%2F04%2F22%2Fa0057&cHash=201c5ea9a50c887c7fe24a9ad5741fe4 (Stand: 22. 04. 2013).
34 Siehe hierzu u. a.: Patrick Gensing, Machtkampf in der NPD: Apfel fordert Voigt heraus, abrufbar unter: http://npd-blog.info/2011/09/20/npd-apfel-fordert-voigt-888/ (Stand: 22. 09. 2011).
35 Siehe hierzu u. a.: Andrea Röpke, „Ohne Emanzipation stark“, in: blick nach rechts, abrufbar unter: http://www.bnr.de/content/ae-ohne-emanzipation-stark-ae (Stand: 01. 05. 2013).
36 Siehe hierzu u. a.: Bundesministerium des Inneren (Hrsg.), Verfassungsschutzbericht 2009, Berlin 2010, S. 100.

mit denen der Landesstruktur auf Partei- wie Fraktionsebene zu vernetzen. Gleichzeitig kann von einer engen Verzahnung der Partei mit der Kameradschaftsszene gesprochen werden. Mit der Öffnung für die neonazistischen Kreise um das Jahr 2004 konnte sich der Landesverband konsolidieren und hält seitdem – abseits der bundespolitischen Kämpfe der Partei – an einem politisch radikalen eindeutig rechtsextremen Kurs im Land fest. Sowohl personell als auch inhaltlich ist ein hohes Maß an Kontinuität festzustellen.

Die enge Kooperation bis hin zur personellen und strategischen Übereinstimmung von Partei und freier Szene scheint *das* Erfolgsrezept des Rechtsextremismus im Nordosten zu sein. Die damit gewonnenen Ressourcen trugen schon 2006 wesentlich dazu bei, einen flächendeckenden Wahlkampf organisieren zu können und letztlich als Fraktion mit 7,3 Prozent der Stimmen ins Schweriner Schloss einziehen zu können. Seitdem ist die Landtagsfraktion (siehe Kapitel 6) die zentrale Instanz der Partei. Durch sie ist eine finanzielle Alimentierung der Szene möglich, sie ist Ideen- und Informationsgeber für Partei und Bewegung.

Aktuell wird der Landesverband von Stefan Köster geführt. Er wurde 2004 nach dem Tod von Hans-Günther Eisenecker zum Landesvorsitzenden gewählt. Der aus Dortmund stammende Köster wurde politisch innerhalb der inzwischen verbotenen Wiking Jugend sozialisiert.[37] Mit David Petereit (stellvertretender Landesvorsitzender), Tino Müller (Beisitzer) und Udo Pastörs („Mitglied kraft Amtes") sind vier der fünf Landtagsabgeordneten auch direkt in den Landesvorstand eingewoben.[38] Mit Michael Grewe wurde ein in der norddeutschen rechtsextremen Szene gut vernetzter Neonazi zum Landesgeschäftsführer („Landesorganisationsleiter") gewählt.

Wie aus den Rechenschaftsberichten der Partei zu entnehmen ist, fielen für die Partei selbst keine Personalausgaben an.[39] Es ist zu vermuten, dass die Parteiarbeit indirekt personelle Ressourcen nutzt, die über die Fraktion zur Verfügung gestellt werden. Durch die Wahlerfolge 2006 und 2011 kommt der NPD-Landesverband auch in den Genuss der staatlichen Parteienfinanzierung.[40] In den Jahren 2009 bis 2011 flossen so zwischen 31 000 und 48 000 Euro staatlicher Mittel auf die Parteikonten im Land.[41]

---

37 Laura Niemann, Die NPD im Landtag von Mecklenburg-Vorpommern: Parlamentsarbeit im ersten Jahr, Greifswald 2008, S. 37.

38 Homepage des Landesverbandes NPD Mecklenburg-Vorpommern, abrufbar unter: www.npd-mv.de (Stand: 13. 03. 2013).

39 Deutscher Bundestag (Hrsg.), Unterrichtung durch den Präsidenten des Deutschen Bundestages: Bekanntmachung von Rechenschaftsberichten politischer Parteien für da Kalenderjahr 2010, Drucksache 17/8551, S. 39; Deutscher Bundestag (Hrsg.), Unterrichtung durch den Präsidenten des Deutschen Bundestages: Bekanntmachung von Rechenschaftsberichten politischer Parteien für das Kalenderjahr 2009, Drucksache 17/4801, S. 39.

40 Anspruchsberechtigt sind u. a. Parteien, die bei den Landtagswahlen mindestens 1 Prozent der Wählerstimmen auf sich vereinigen konnten.

41 Deutscher Bundestag (Hrsg.), Unterrichtung durch den Präsidenten des Deutschen Bundestages: Bekanntmachung von Rechenschaftsberichten politischer Parteien für das Kalenderjahr 2009, Drucksa-

Die durch fehlerhafte Rechenschaftsberichte der Partei verursachten Rückzahlungen in Höhe von gut 1,2 Millionen Euro führten zu einer Reduzierung bzw. zum Aussetzen der Zuweisung staatlicher Gelder.[42] Diese „Finanzkrise" der Bundespartei betrifft direkt den Landesverband, nachdem auch die Landtagsverwaltung die Auszahlung staatlicher Mittel an die Partei mit dem Verweis auf die Rückzahlungsaufforderung der Bundestagsverwaltung zunächst gestoppt hat.[43]

Frauen finden sich im aktiven Kern der NPD in Mecklenburg-Vorpommern nur an wenigen Stellen. Sowohl im Landesvorstand als auch in der Landtagsfraktion sind keine Frauen vertreten. Als Akteurinnen in Erscheinung zu treten, bleibt scheinbar fast nur den Ehefrauen prominenter NPD Akteure vorbehalten. So kandidierte Marianne Pastörs, Ehefrau des Fraktionsvorsitzenden im Landtag 2011 für den Posten des Landrats/der Landrätin im Kreis Ludwigslust-Parchim.[44] Sie ist inzwischen Mitglied im dortigen Kreistag. Weibliche Kreistagsmitglieder[45] sind daneben Fanny Arendt[46] (Vorpommern-Rügen), Stefanie Röhr und Janette Krüger, Ehefrau eines inzwischen verurteilten NPD Kaders (Sven Krüger).[47]

Der Ring Nationaler Frauen verfügt in Mecklenburg-Vorpommern über eine eigene Regionalgruppe.[48] Über deren Tätigkeit und Wirken ist jedoch nichts bekannt. Auch über den Anteil von Frauen an den Mitgliedern der Partei liegen keine belastbaren Informationen vor.

Die seit 2007 konstante Mitgliederzahl spricht auch dafür, dass die Partei kein großes Interesse an direkter Expansion hat, sondern sich vielmehr als verschworene Gemeinschaft versteht. Auch die Auflösung der DVU im Land hat hier keinerlei sichtbare

che 17/4801, S. 37; Deutscher Bundestag (Hrsg.), Unterrichtung durch den Präsidenten des Deutschen Bundestages: Bekanntmachung von Rechenschaftsberichten politischer Parteien für das Kalenderjahr 2010, Drucksache 17/8551, S. 37; Deutscher Bundestag (Hrsg.). Unterrichtung durch den Präsidenten des Deutschen Bundestages: Bekanntmachung von Rechenschaftsberichten politischer Parteien für das Kalenderjahr 2011, Drucksache 17/12341, S. 37.

42 Pierre Briegert/Tomas Sager, Finanzielle Durststrecke für die NPD, abrufbar unter: bnr.de, (Stand: 13.12.2012).

43 Nach Angaben der SVZ werden insgesamt. 20 300 Euro vorerst nicht ausgezahlt und verbleiben „bis auf Weiteres" beim Landtag.

44 Ministerium für Inneres und Sport Mecklenburg-Vorpommern/Abteilung Verfassungsschutz (Hrsg.), Verfassungsschutzbericht 2011, Schwerin 2012, S. 52.

45 Oliver Cruzcampo, NPD zieht mit drei Fraktionen in die Kreistage ein, abrufbar unter: http://endstation-rechts.de/index.php?option=com_k2&view=item&id=6483:kreistag &Itemid=428 (Stand: 11.09.2011).

46 Frau von Dierk Arendt, Wahlkreismitarbeiter und ebenfalls Kreistagsmitglied .

47 Er wurde 2011 vom Landgericht Schwerin zu vier Jahren und drei Monaten Haft verurteilt.

48 Siehe hierzu die Homepage des RNF, abrufbar unter: http://ring-nationaler-frauen-deutschland.de/index.php/rnf-vor-ort/119-regionalgruppe-mecklenburg-vorpommern, (Stand: 13.03.2013); Robert Scholz, NPD-Männersekte hat in MV nun auch einen Fanclub, abrufbar unter: http://www.endstation-rechts.de/index.php?option=com_k2&view=item&id=6107:npd-m%C3%A4nnersekte-hat-m-v-nun-auch-einen-fanclub&Itemid=428 (Stand: 01.05.2013).

Abbildung 1   Mitgliederzahlen der NPD in Mecklenburg-Vorpommern

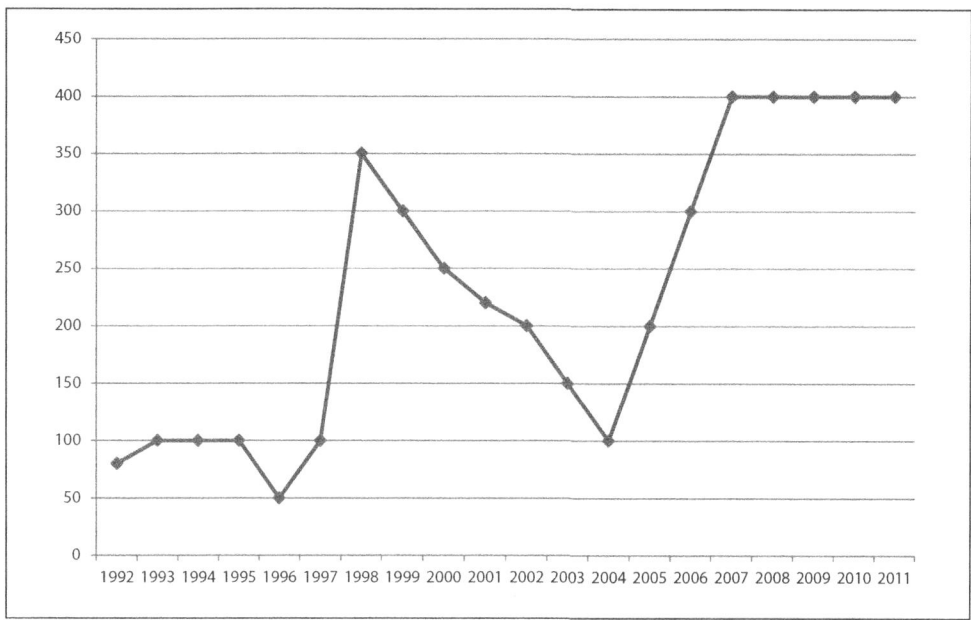

Quelle: Eigene Darstellung nach Angaben des Verfassungsschutzes MV.

personelle Ressourcenaufstockung bewirkt.[49] Die quantitativ schwache Mitgliederbasis lässt jedoch keine Schlüsse auf die Kampagnenfähigkeit der Partei zu.

Zurzeit existieren sieben Kreisverbände der Partei, die damit nicht die Kreisstruktur des Landes abbilden. Die beiden kreisfreien Städte Rostock und Schwerin sind in die größeren Kreisverbände „Mecklenburg-Mitte" sowie „Westmecklenburg" integriert.[50]

Im Hinblick auf die „Jungen Nationaldemokraten" wird in Mecklenburg-Vorpommern aktuell von einem Bedeutungszuwachs gesprochen.[51] Sie verfügen über einen eigenen Internet-Auftritt.[52] Nach eigenen Angaben sind sie vor allem vor Schulen ak-

---

49 Der Verfassungsschutz schreibt zurückhaltend, dass zumindest „nur wenige" ca. 60 Mitglieder der DVU zur NPD gewechselt seien. Ministerium für Inneres und Sport Mecklenburg-Vorpommern/Abteilung Verfassungsschutz (Hrsg.), Verfassungsschutzbericht 2011, 2012, S. 64.

50 Siehe hierzu die Homepage des Landesverbandes NPD Mecklenburg-Vorpommern, abrufbar unter: http://www.npd-mv.de/index.php?com=region&mid=2 (Stand: 12. 03. 2013).

51 Vorsitzender seit 2011 ist Alf Börm. „Er ist dem Umfeld des ‚Thing-Hauses' in Grevesmühlen zuzurechnen und sitzt für die NPD im Kreistag des Landkreises Nordwestmecklenburg", Ministerium für Inneres und Sport Mecklenburg-Vorpommern/Abteilung Verfassungsschutz (Hrsg.), Verfassungsschutzbericht 2011, Schwerin 2012, S. 63.

52 Homepage unter dem Titel: „Die Jugend für Deutschland", abrufbar unter: http://jn-buvo.de/index.php/ mecklenburg-und-pommern (Stand: 15. 03. 2013).

tiv; die Verteilung der unterschiedlichen Schulhof-CDs der NPD wird auch der JN zugeschrieben.

Der Blick auf die internen Strukturen des Landesverbandes lässt ein überschaubares strategisches Zentrum erkennen. Hier lässt sich nicht zwischen Parteiakteuren, Fraktionsmitgliedern, Mitarbeitern der Fraktion oder Kameradschaftsvertretern unterscheiden. Die einzelnen Funktionen und Herkünfte verschmelzen miteinander, wodurch die Kooperation der Ebenen und Funktionsbereiche weiter gestärkt wird. Zentrale Personen sind hier neben Udo Pastörs und Stefan Köster die Landtagsabgeordneten David Petereit und Tino Müller. Ergänzt werden kann dieser Kreis um die Personen Michael Gielnik und Michael Grewe. Michael Andrejewski (MdL) nimmt eine Sonderstellung ein, da er generationell und aufgrund seines Lebenslaufes als leicht außerhalb stehender Stratege einzuschätzen ist. Für ihn ist die NPD ein Mittel im Rahmen seiner politischen Zielstellung.[53] Ein Großteil der Aktiven durchlief den Weg der politischen Sozialisation in freien Kameradschaftsstrukturen oder Verbänden wie der Wiking Jugend (Pastörs, Köster) oder der inzwischen verbotenen Heimattreuen Deutschen Jugend (Tino Müller). Die Akteure selbst symbolisieren damit die Strategie der engen Vernetzung bis hin zur Deckungsgleichheit zwischen parteiförmiger und freier Szene.

4   Ideologie, Programmatik und Strategie

4.1   Ideologie

Die NPD hat in ihrer Programmatik der ihrem Denken zugrundeliegenden völkisch rassistischen Ideologie ein populistisches Mäntelchen verpasst. Daher ist es notwendig, zunächst die Grundlagen der völkischen Ideologie zu klären, bevor einzelne programmatische Ziele und Forderungen der Partei in Mecklenburg-Vorpommern beleuchtet werden.[54]

Ausgangspunkt der völkischen Ideologie ist eine biologistische Sicht der Welt und damit auch sozialer Prozesse. In ihrem Bundesprogramm spricht die NPD von einem „lebensrichtigen Menschenbild",[55] was für sie bedingt, dass der Mensch als Teil der Natur

---

53 „Andrejewski sieht sich als professioneller Berufsrevolutionär, dessen strategisches Handlungsmuster auf die Schaffung einer hohen Bekanntheit und Anbindung vor Ort zielt, um über diesen Weg die Basis für ein weiteres rechtsextrem motiviertes Arbeiten an der Systemfrage jenseits der NPD zu schaffen." Dierk Borstel, Region Anklam, in: Buchstein/Heinrich (Hrsg.), Rechtsextremismus in Ostdeutschland, Schwalbach 2010, S. 67–144, hier: S. 89.
54 Zu den Grundlagen völkischer Ideologie siehe u. a.: Rudolf van Hüllen, Das Rechtsextreme Bündnis: Aktionsformen und Inhalte, St. Augustin/Berlin 2008; Steffen Kailitz, Die nationalsozialistische Ideologie der NPD, in: Backes/Steglich (Hrsg.), Die NPD, 2007, S. 337–353.
55 NPD-Parteiprogramm, Bamberg 2010, S. 5.

in diese verwoben ist und den Naturgesetzen unterliegt. Die biologistische Grundlage der Ideologie führt dazu, dass dem Gleichheitsgrundsatz der Menschenrechtserklärung widersprochen wird. Damit kehrt sich völkisches Denken von der Tradition der Aufklärung ab, die dem Menschen die prinzipielle Entscheidungsfreiheit und damit auch die Möglichkeit der Veränderung zugesteht. Dieses antimoderne Menschenbild zeigt sich auch in der biologistischen Betrachtung von Staatsbürgerschaft.[56]

Im Mittelpunkt völkischen Denkens steht die Idee eines homogenen Volkskörpers als einzig möglicher Form dauerhafter gesellschaftlicher Organisation. Nur als völkisch homogenes Kollektiv ist Gesellschaft überlebensfähig. Der Einzelne geht darin auf und übernimmt nur als Teil dieses Volkes die ihm zugeschriebene Funktion. Mit dem völkischen Kollektiv verbinden sich auch Elemente ethnopluralistischer Auffassungen, die – ausgehend von der „Reinheit des Volkes" – dieses von anderen Einflüssen freihalten wollen. Danach ist eine Trennung unterschiedlicher Gesellschaften notwendig, um sie überlebensfähig zu halten. In der Phase des Nationalsozialismus glauben die Rechtsextremisten diese Ideen einer homogenen „Volksgemeinschaft" erstmalig vollständig umgesetzt. Somit wird dieser zum Vorbild und historischen Referenzpunkt stilisiert.

4.2 Programmatik 2006 und 2011

Die programmatischen Schwerpunkte des Landesverbandes lassen sich – in Ermangelung eines Landesprogramms – vorrangig aus den beiden Landtagswahlprogrammen von 2006 und 2011 ablesen.[57] Es lassen sich drei zentrale Linien ausmachen, die die Programmatik und Zielsetzung der NPD in Mecklenburg-Vorpommern prägen:

Völkische Ideologie

Die herausgehobene Stellung, die die NPD der Familie und der Frau als Mutter in ihren Programmen zuweist, findet in den Grundelementen der völkischen Ideologie ihre Begründung.[58] Die Intensität des Kampfes gegen Kindesmissbrauch bzw. Sexualstraf-

---

56 „Deutscher ist, wer deutscher Herkunft ist und damit in die ethnisch-kulturelle Gemeinschaft des deutschen Volkes hineingeboren wurde. Eine Volkszugehörigkeit kann man sich genausowenig aussuchen wie die eigene Mutter [...]" in: NPD-Parteivorstand (Hrsg.), Argumente für Kandidaten und Funktionsträger, abrufbar unter: http://www.redok.de/images/stories/dokumente/npd-argumente.pdf (Stand: 26. 04. 2013), S. 12.

57 Landesverband NPD Mecklenburg-Vorpommern (Hrsg.), Aktionsprogramm zur Landtagswahl 2006, Hagenow 2006; Landesverband NPD Mecklenburg-Vorpommern (Hrsg.), Unsere Heimat – unser Auftrag: Kurs halten: Für eine bessere Zukunft. (Landtagswahlprogramm 2011) Hagenow.

58 Ebd., S. 2; Landesverband NPD Mecklenburg-Vorpommern (Hrsg.), Weiterdenken: Die Zeitung der NPD zur Landtagswahl in Mecklenburg und Pommern 2011, S. 1.

taten[59] begründet sich ihrerseits aus der Betonung der Familie, dem autoritären Ordnungssinn sowie dem Versuch, dieses emotionale Thema populistisch zu nutzen. Mit dem völkisch begründeten Kollektivgedanken verbinden sich dann auch Fragen einer sozialen – völkisch exklusiven – Forderung nach Gerechtigkeit, die bewusst ausschließend argumentiert.[60]

Hinter den Forderungen im Bereich der Wirtschafts- wie der Landwirtschaftspolitik steht ein raumorientiertes Wirtschaftskonzept, das von Autarkiegedanken, Antiglobalisierungsimpulsen sowie sozialistischen Zielsetzungen geprägt ist.[61]

Forderungen der NPD, die eine ökologische, naturnahe Argumentation aufzeigen, sind als Teil des Konzeptes unter dem Schlagwort „Umweltschutz ist Heimatschutz"[62] in völkische Begründungszusammenhänge integrierbar. Das Verbot von Gentechnik, die Forderung nach artgerechter Tierhaltung sowie die Ablehnung eines atomaren Endlagers in der Region[63] sind Elemente dieser „braunen Ökologie".[64]

Fremdenfeindlichkeit und Ausgrenzung

Die Programme der NPD sind durchzogen von einer ausgrenzenden Fremdenfeindlichkeit. Zur Thematisierung ihres rassistischen Menschen- und Gesellschaftsbildes nutzt die NPD unterschiedliche Politikbereiche. So fordert sie im Bildungsbereich die Trennung von deutschen und ausländischen Schülern[65] sowie die sofortige Rückführung von straffällig gewordenen Ausländern.[66]

Populistische Stilelemente

Die Programmatik sowie vor allem die Wahlkampfstrategie sind durchsetzt mit populistischen Argumentationen und Attitüden. Der bereits 2006 plakatierte und 2011 erneut

---

59 Ebd. S. 4.
60 „Die Einwanderung von Millionen von Ausländern in die Sozialversicherungssysteme muß endlich beendet werden [...] Sozialleistungen sind für Deutsche, die in Not geraten sind, zu gewähren [...]" Mecklenburg-Vorpommern NPD (Hrsg.), Aktionsprogramm zur Landtagswahl 2006, 2006, S. 11.
61 „Unser Ziel ist eine Wirtschaftslenkungspolitik, die den heute herrschenden Kapitalismus ablöst [...] Wir verlangen ein Förderprogramm für eine Siedlungs-, Bevölkerungs- und Strukturpolitik, um den ländlichen Raum wiederzubeleben." (Landesverband NPD Mecklenburg-Vorpommern (Hrsg.), Unsere Heimat – unser Auftrag, 2011, S. 8.)
62 Landesverband NPD Mecklenburg-Vorpommern (Hrsg.), Aktionsprogramm zur Landtagswahl 2006, 2006, S. 12.
63 Landesverband NPD Mecklenburg-Vorpommern (Hrsg.), Unsere Heimat – unser Auftrag, 2011, S. 15–18.
64 Heinrich-Böll-Stiftung/Heinrich-Böll-Stiftung Mecklenburg-Vorpommern/Evangelische Akademie/Universität Rostock (Hrsg.), Braune Ökologen. Hintergründe und Strukturen am Beispiel Mecklenburg-Vorpommerns, Berlin 2012.
65 Landesverband NPD Mecklenburg-Vorpommern (Hrsg.), Unsere Heimat – unser Auftrag, 2011, S. 5.
66 Ebd.: S. 23; Landesverband NPD Mecklenburg-Vorpommern (Hrsg.), Weiterdenken, 2011, S. 4.

aufgenommene Slogan: „Den Bonzen auf die Finger hauen"[67] nimmt das Stilement der Abgrenzung gegen „die Etablierten" auf und schürt Reflexe der Parteienverdrossenheit.[68]

4.3 Strategie

In Mecklenburg-Vorpommern setzt der Landesverband das strategische Vier-Säulen-Konzept nahezu idealtypisch um. Das Konzept orientiert in seiner Zielstellung und in der Wahl der Methoden auf eine Partei in der Funktion einer Bewegungspartei. Die auf parlamentarische Vertretung oder Regierungsbeteiligung zielende Parteiarbeit ist für sie nur ein Spielbein neben einem Standbein, das auf der Funktion eines Sprachrohrs, Ideengebers und Finanziers einer sozialen Bewegung fußt.

Die enge Verzahnung zwischen NPD und der sich selbst so bezeichnenden „nationalen Bewegung" führt in Mecklenburg-Vorpommern zu einer nahezu identischen Personalstruktur, Themensetzung und einer engen strategischen Kooperation.[69]

Die Führungszirkel der NPD als Partei, wie als Fraktion sind in Mecklenburg-Vorpommern so gut wie deckungsgleich mit dem Führungskreis der Kameradschaftsszene. Durch die Anstellung in Abgeordnetenbüros oder als Mitarbeiter der Fraktion in Schwerin wird die Bewegungsszene alimentiert und damit gestützt.[70] Die Biografien der NPD-Abgeordneten weisen in der Regel eine Sozialisation in der rechtsradikalen Bewegung selbst auf. So schreibt David Petereit auf seiner Homepage von seiner Mitgliedschaft in der inzwischen verbotenen Hilfsgemeinschaft Nationaler Gefangener.[71] Er zeichnete auch für die Publikation „Der weiße Wolf" verantwortlich, in dem bereits 2002 ein Dank an den NSU abgedruckt war.[72]

---

67 Ebd., S. 3.

68 „Über 40 % der Wahlberechtigten in MV gehen bereits nicht mehr zur Wahl – warum sollten sie auch, wo sich doch eh nichts ändern kann, weil die Altparteien alle das Gleiche wollen", (Landesverband NPD Mecklenburg-Vorpommern (Hrsg.), Unsere Heimat – unser Auftrag, 2011, S. 2.

69 Auch der Landesverfassungsschutz sieht die enge Kooperation zwischen NPD und Kameradschaftsszene als besonderes Kennzeichen an: „Das im bundesweiten Vergleich bemerkenswert enge Zusammengehen zwischen Neonazistrukturen und der NPD eröffnet der Partei mit ihren weiterhin nur etwa 400 Mitgliedern eine deutlich über ihre eigene Stärke hinausgehende Präsenz in der Fläche. Auf der anderen Seite profitieren die ‚freien Kräfte' vom Parteiapparat der NPD, der sie logistisch und propagandistisch unterstützt. Dabei nutzt die Neonaziszene bewusst den rechtlichen ‚Schutzraum' aus, den eine nicht verbotene Partei bietet." (Ministerium für Inneres und Sport Mecklenburg-Vorpommern (Hrsg.), Verfassungsschutzbericht 2011, 2012, S. 13.)

70 Zu den Mitarbeitern in der Fraktion siehe u. a.: Mathias Brodkorb u. a., Verfassungsfeinde im Parlament: Die NPD im Landtag von MV, Schwerin 2012 (Endstation Rechts – Themenheft), S. 28–31.

71 Dies war eine Organisation, die versuchte, rechtsextreme Inhaftierte in den Justizvollzugsanstalten zu betreuen.

72 Dort war bereits 2002 zu lesen: „Vielen Dank an den NSU, es hat Früchte getragen ;-) Der Kampf geht weiter …"; siehe hierzu: Patrick Gensing, NSU unterstütze auch den Fahnenträger, abrufbar unter: http://www.publikative.org/2012/11/15/nsu-soll-auch-den-fahnentrager-unterstutzt-haben/ (Stand: 01.05.2013).

Die im Land an unterschiedlichen Orten erscheinende Publikation „Der Bote" übernimmt die Funktion einer lokalen Parteizeitung. Presseverantwortlich sind zentrale Akteure der NPD, Herausgeber selbst ist jedoch u. a. die „Bürgerinitiative Schöner und Sicherer Wohnen" in Ueckermünde oder die „Initiative für Volksaufklärung". Auch in der inhaltlichen Schwerpunktsetzung lässt sich eine gemeinsame Strategie der lokalen „Boten" sowie der Partei und der Fraktion erkennen. So ist die Frage des demografischen Wandels ein zentrales Thema, das in der Bewegung unter dem Stichwort „Volkstod stoppen" in unterschiedlichen kampagnenartigen Formaten aufgegriffen wird. Es findet sich als Thema in den parlamentarischen Aktivitäten der NPD, im Rahmen der Fraktionspublikation „Der Ordnungsruf" und immer wieder auch – teilweise mit lokalen Bezügen – in den „Boten" vor Ort.

Sichtbares Beispiel der engen Vernetzung ist das sogenannte „Thing-Haus" in Grevesmühlen (Nordwestmecklenburg). Das festungsähnlich ausgebaute Veranstaltungshaus wird sowohl von der Partei als lokales Büro der Abgeordneten Pastörs und Köster genutzt, als auch als Veranstaltungsort für Musikveranstaltungen der rechtsextremen Szene. Fernsehberichte, die einen Grill mit der Inschrift „Happy Holocaust" zeigten,[73] weisen auf die Funktion des Areals als Treffpunkt und Freizeitort der Szene hin.

5   Wahlen und Wähler

Bis zum Jahr 2004 fristete die NPD bei Wahlen eher ein Schattendasein als Kleinstpartei. Erst die programmatische Radikalisierung und die organisatorische Öffnung zu den Kameradschaften verschafften der Partei auch Wahlerfolge. Bei den Kommunalwahlen 2004 konnte sie in den vier Kreisen bzw. kreisfreien Städten, in denen sie antrat (Stralsund, Müritz, Ludwigslust, Ostvorpommern), erstmals Kreistags- bzw. Bürgerschaftsmandate erringen. Spätestens seit der Bundestagswahl 2005, bei der die Partei 3,5 Prozent der Zweitstimmen im Land erhielt, muss die NPD als relevanter Akteur im mecklenburg-vorpommerschen Parteiensystem angesehen werden. Der Einzug in den Schweriner Landtag 2006 durch ein Wahlergebnis von 7,3 Prozent konnte insofern nicht völlig überraschen. Diese Wahl brachte der Partei jedoch erstmals auch eine breite öffentliche Wahrnehmung ein. Die nachfolgenden Kommunalwahlen 2009 (3,2 Prozent)[74] und die Bundestagswahl (3,3 Prozent) im gleichen Jahr bestätigten das grundlegende Wählerpotential der Partei. Entsprechend kam daher auch der Wiedereinzug der Partei in den Landtag 2011 (6,0 Prozent) – ähnlich wie zwei Jahre zuvor in Sachsen – nicht un-

---

73   „Die Welt von Vice", Sendung auf ZDFKultur vom 13. 04. 2012, abrufbar unter: http://www.youtube. com/watch?v=gEAX0ZS8vF8 (Stand: 08. 05. 2013).

74   Werden die Kreise, in denen die NPD nicht zur Wahl antrat, nicht im Landesergebnis berücksichtigt, so erhöht sich der NPD-Anteil auf landesweit 4,0 Prozent, vgl. Steffen Schoon, Die Kommunalwahlen 2009 in Mecklenburg-Vorpommern – eine Bilanz, in: Ders./Arne Lehmann (Hrsg.), Die Kommunalwahlen 2009 in Mecklenburg-Vorpommern, Rostock 2009, S. 6–18, hier: S. 11.

Tabelle 1   Wahlergebnisse der NPD in MV seit 2004

	Bundestagswahl		Landtagswahl		Kommunalwahlen (Kreistage)[1]		
	2005	2009	2006	2011	2004[2]	2009[3]	2011[4]
Absolute Stimmen	34 747	28 223	59 845	40 642	15 225	60 956	89 440
Stimmenanteil in %	3,5	3,3	7,3	6,0	0,8	3,2	5,4

[1] Nach dem Kommunalwahlrecht kann jeder Wähler drei Stimmen auf die Kandidaten frei verteilen (kumulieren und panaschieren). Die absolute Stimmenzahl ist insofern nicht mit der Anzahl der Wähler gleichzusetzen und daher auch nicht mit den Bundes- oder Landtagswahlen vergleichbar.

[2] Wahlteilnahme der NPD nur in vier der 18 Kreise und kreisfreien Städte.

[3] Wahlteilnahme der NPD nur in 13 der 18 Kreise und kreisfreien Städte.

[4] In den kreisfreien Städten Rostock und Schwerin fanden keine Wahlen statt.

erwartet, auch wenn die Partei Stimmenverluste zu verzeichnen hatte. Bei den gleichzeitig stattfindenden Kommunalwahlen errang sie in allen Kreistagen Mandate, in drei Kreistagen verfügt sie sogar über den Fraktionsstatus.

Die NPD weist ein ausgeprägtes regionales Profil in ihren Wahlergebnissen auf.[75] Ihre Hochburgen liegen vor allem in den vier vorpommerschen Wahlkreisen der ehemaligen Landkreise Uecker-Randow und Ostvorpommern (seit 2011 Landkreis Vorpommern-Greifswald), in denen die Partei bei der letzten Landtagswahl 2011 jeweils ein zweistelliges Ergebnis einfuhr. Insbesondere in dieser Region verfügt die NPD mit den rechtsextremen Kameradschaften über eine feste soziale Verankerung und entsprechend über eine relativ hohe Zahl an aktiven Mitgliedern und Sympathisanten. In einigen der dortigen Gemeinden erzielte die Partei wiederholt Wahlergebnisse über 20 oder gar 30 Prozent und war damit zum Teil sogar stärkste Partei vor Ort. Diese Hochburgenstruktur der NPD-Wahlergebnisse ist außerordentlich stabil, es kristallisieren sich stets dieselben Gemeinden als NPD-Hochburgen heraus. Allerdings handelt es sich hierbei zumeist um sehr kleine Gemeinden, z. B. verbergen sich hinter dem Ergebnis (2011) der Gemeinde Koblentz im Wahlkreis Uecker-Randow II mit 33,0 Prozent lediglich 32 NPD-Wähler. Hohe Resultate verzeichnet die NPD aber auch in vielen größeren Städten, angeführt von Ueckermünde mit über 18 Prozent. Die Wahl der NPD ist insofern entgegen der öffentlichen Meinung kein rein ländliches Phänomen, denn nur die wenigen großen Städte des Landes können klar als NPD-Diaspora bezeichnet werden (Tabelle 2). Im Westen des Landes bildet der Wahlkreis Ludwigslust I (8,3 Prozent) mit der Stadt Lübtheen (15,2 Prozent) eine stabile NPD-Hochburg. Hier wohnen unter anderem mit

---

75   Nachfolgende Ausführungen beruhen zu wesentlichen Teilen auf: Steffen Schoon, Gefestigt und Begrenzt. Die NPD in Mecklenburg-Vorpommern: Eine Betrachtung anhand der Landtagswahl 2011, in: Deutschland Archiv, Nr. 1 (2012), S. 16–23, abrufbar unter: http://www.bpb.de/geschichte/zeitgeschichte/deutschlandarchiv/74997/npd-in-mecklenburg-vorpommern?p=all (Stand: 03. 05. 2013).

Abbildung 2   Ergebnisse der NPD bei der Landtagswahl 2011 nach Wahlkreisen (Karte)

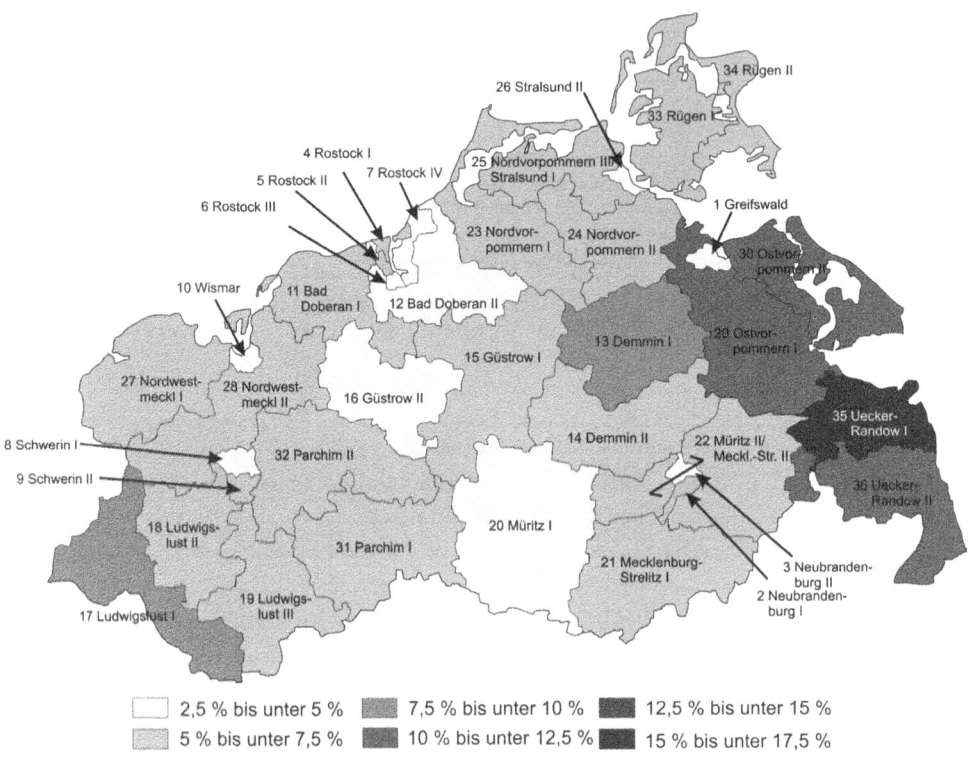

| | 2,5 % bis unter 5 % | | 7,5 % bis unter 10 % | | 12,5 % bis unter 15 % |
| | 5 % bis unter 7,5 % | | 10 % bis unter 12,5 % | | 15 % bis unter 17,5 % |

Quelle: Eigene Darstellung auf Basis des amtlichen Endergebnisses.

Tabelle 2   Landtagswahlergebnisse der NPD 2006 und 2011 in regionalen Kontexten

	Landtagswahl 2006	Landtagswahl 2011
MV gesamt[1]	7,3	6,0
Mecklenburg	6,8	5,3
Vorpommern	9,4	8,4
bis 2 000 Einwohner	8,9	7,5
bis 8 000 Einwohner	7,9	6,5
bis 25 000 Einwohner	8,8	7,8
über 25 000 Einwohner	5,6	4,5

Quelle: Eigene Berechnung auf Grundlage der amtlichen Endergebnisse. Mittelwerte der Zweitstimmenanteile in Prozent. Gemeindeebene (2006: N=845; 2011: N=777, ohne Wahlkreis Rügen I), gewichtet mit der Anzahl der Wahlberechtigten. Ohne Briefwähler in den amtsangehörigen Gemeinden; [1]Amtliche Endergebnisse.

Udo Pastörs und Stefan Köster einige der Führungsfiguren der Partei, die hier offensichtlich über eine gewisse gesellschaftliche Verankerung verfügen. Gleichwohl kann die NPD unabhängig von diesen verfestigten Hochburgen in der gesamten Fläche auf ein relativ solides Wählerpotential bauen. In 26 der 36 Landtagswahlkreise übersprang sie 2011 die – zumindest symbolisch wichtige – Fünf-Prozent-Hürde. Die hohe strukturelle Konstanz der NPD-Wahlergebnisse spricht sehr deutlich gegen eine Einschätzung, nach der es sich bei den NPD-Wählern vor allem um Protestwähler handeln würde.

Die NPD ist in erster Linie eine Partei der jungen, vor allem der jungen männlichen Wähler (Tabelle 3). In der Gruppe der 18–24-jährigen Männer erzielte sie 2011 18 Prozent und war damit nach der SPD zweitstärkste Partei. Gleichwohl ist dieser Anteil gegenüber 2006 um fünf Prozentpunkte überdurchschnittlich zurückgegangen. Auch in der nächsten männlichen Alterskohorte (bis 34 Jahre) ist die NPD mit 15 Prozent stärker als Die LINKE und Bündnis 90/Die Grünen. Frauen wählen dagegen deutlich weniger die NPD. Dennoch konnte die Partei auch bei Wählerinnen bis 34 Jahre klar überdurchschnittlich abschneiden (zehn Prozent). Am wenigsten neigen Frauen über 45 Jahre sowie die Männer ab 60 Jahre der NPD zu.

Einen großen Einfluss auf die Wahrscheinlichkeit der NPD-Wahl hat neben Alter und Geschlecht auch der formale Bildungsgrad. So wählten 2011 nur ein Prozent der Hochschulabsolventen die NPD, während bei denjenigen mit mittlerer Reife oder niedrigerem Schulabschluss immerhin neun bzw. acht Prozent für sie stimmten. In der Gruppe der unter-34jährigen mit niedriger formaler Bildung erreichte die NPD sogar 34 Prozent und war damit deutlich stärkste Partei in diesem Segment. Weit überdurchschnittlich schneiden die Rechtsextremisten bei den Arbeitslosen (2011: 18 Prozent) sowie bei den Arbeitern (2011: 13 Prozent) ab. Selbst bei gewerkschaftlich organisierten Arbeitern fällt die Zustimmung zur NPD überdurchschnittlich aus (2011: neun Prozent). Eine konfessionelle Bindung wirkt hingegen dämpfend auf die Erfolgschancen der NPD.

6   Die NPD im Landesparlament

2011 war es der NPD gelungen, zum zweiten Mal mit einer Fraktion in den Schweriner Landtag einzuziehen. Waren es 2006 noch sechs Landtagsabgeordnete der Rechtsextremisten, so musste sie 2011 mit einem Mandat weniger auskommen.[76]

Die personelle Kontinuität ist – im Gegensatz zu anderen rechtsextremen Fraktionen – relativ hoch. Udo Pastörs, Stefan Köster, Tino Müller und Michael Andrejewski

---

76 Für die zweite Legislaturperiode hatten die beiden Abgeordnete Birger Lüssow (Rostock) und Raimund Borrmann bereits nicht mehr kandidiert. Borrmann soll inzwischen die NPD verlassen haben. Vgl. Gabriel Kords, Diese zwei Rechten streiten sich um Bärchenwaffeln, in: NK, 06. 03. 2013, abrufbar unter: http://www.nordkurier.de/cmlink/nordkurier/lokales/anklam/diese-zwei-nazis-streiten-um-barchenwaffeln-1.549848 (Stand: 01. 05. 2013).

Tabelle 3   NPD-Wähler in MV 2006 und 2011 in sozialen Gruppen (Landtagswahlen)

		NPD %	Diff. zu 2006	CDU	SPD	Linke	FDP	B90/ Grüne
MV gesamt		6,0	−1,3	23,0	35,6	18,4	2,8	8,7
Geschlecht/Alter								
Frauen	18–24 Jahre	10	0	17	27	14	4	15
	25–34 Jahre	9	+1	22	29	12	4	14
	35–44 Jahre	5	0	24	32	14	3	13
	45–59 Jahre	3	0	22	38	20	3	9
	60 und älter	1	0	24	48	19	2	5
Männer	18–24 Jahre	18	−5	16	21	14	4	11
	25–34 Jahre	15	−3	23	25	11	4	11
	35–44 Jahre	11	0	26	27	13	4	11
	45–59 Jahre	8	−2	25	30	20	3	9
	60 und älter	4	+1	23	41	24	2	5
Schulbildung[1]	Hauptschule	8	0	24	44	15	3	3
	Mittlere Reife	9	−1	25	33	17	2	7
	Abitur	5	0	21	34	18	4	11
	Hochschule	1	−2	25	32	22	3	14
Alter u. Schul-bildung[1]	< 34 J. Hauptschule	34	+5	10	21	11	8	4
	< 34 J. Mittl. Reife	16	−4	22	27	10	3	9
	< 34 J. Abitur	7	−1	25	27	11	4	15
	< 34 J. Hochschule	3	0	25	24	10	4	24
	+ 35 J. Hauptschule	5	−1	25	48	15	2	3
	+ 35 J. Mittl. Reife	8	0	26	35	18	2	7
	+ 35 J. Abitur	4	+1	19	37	22	5	9
	+ 35 J. Hochschule	0	−2	24	34	24	3	12
Tätigkeit	Berufstätige[1]	7	−1	24	32	17	4	11
	Arbeiter	13	+1	21	35	16	2	5
	Angestellter	5	0	22	33	19	3	11
	Beamte	3	−2	33	40	8	5	9
	Selbständige	5	−4	35	18	12	6	17
	Rentner	2	0	23	45	23	1	5
	Arbeitslose	18	+1	13	32	19	2	6
Gewerkschaft[1]	Mitglied	6	0	15	39	23	2	9
	kein Mitglied	6	−2	22	35	19	3	9
Arbeiter	Gewerk.-Mitglied	9	+1	12	43	23	2	6
	kein Mitglied	8	−6	21	37	20	2	6
Angestellte	Gewerk.-Mitglied	3	0	14	39	24	2	12
	kein Mitglied	5	+1	20	37	20	3	10
Konfession	evangelisch	5	−1	31	37	11	3	11
	katholisch	3	−3	48	28	4	4	9
	keine/andere	7	−2	19	36	22	3	8

Quellen: Infratest dimap. Landtagswahl Mecklenburg-Vorpommern. Eine Analyse der Wahl vom 04. September 2011. Berlin 2011, S. 39 u. 41.

[1] Forschungsgruppe Wahlen (Hrsg.): Wahl in Mecklenburg-Vorpommern. Eine Analyse der Landtagswahl vom 4. September 2011, Mannheim 2011 (Berichte der FGW; 147), S. 70.

konnten ihr Mandat erneuern. Raimund Borrmann und Birger Lüssow wurden nicht erneut auf die Landesliste gesetzt. Stattdessen konnte David Petereit, ehemaliger Mitarbeiter von Birger Lüssow und Mitglied der Kameradschaftsszene, in den Landtag einziehen.[77]

Udo Pastörs, der bereits von 2006 bis 2011 den Fraktionsvorsitz innehatte, ist die unumstrittene Führungsfigur der Fraktion. Parlamentarischer Geschäftsführer ist der Parteivorsitzende Stefan Köster.[78]

Die Abgeordneten sorgen mit Zwischenrufen und diffamierenden Äußerungen in ihren Redebeiträgen innerhalb der Plenardebatten immer wieder für Aufregung. Zahlreiche Verwarnungen, Ordnungsrufe und Sitzungsverweise wurden bisher vom Landtagspräsidium erteilt. Dies sind Maßnahmen, die die Abgeordneten nicht weiter beeindrucken.[79] Sie scheinen dies teilweise zu provozieren und als „Ritterschlag" anzusehen; nicht ohne Grund heißt das Publikationsorgan der NPD-Fraktion „Der Ordnungsruf".[80]

Ausgehend von einer antidemokratischen und antipluralistischen Ideologie ist für sie der Landtag nicht die legitimierte Entscheidungsinstanz einer Demokratie. Die NPD-Abgeordneten haben vielmehr ein überwiegend instrumentelles Verhältnis zur Landtagsarbeit. Ihre parlamentarischen Aktivitäten dienen der Informationsbeschaffung, der Nutzung des Landtages als Bühne für die Propagierung der Ziele der völkischen Bewegung sowie der Ressourcenakquise.

Jährlich fließen der NPD-Fraktion im Schweriner Landtag ca. 1,4 Millionen Euro in Form von Abgeordnetendiäten, Fraktionszuschüssen, Finanzierung der Wahlkreismitarbeiter und anderem zu.[81]

Zumindest außerhalb der Arbeit in den Ausschüssen des Landtages kann den NPD-Abgeordneten keine Passivität vorgeworfen werden. In der Zeitspanne von Oktober 2011 bis Februar 2013 legte die NPD-Fraktion fast 300 Kleine Anfragen, ca. 50 Anträge, zahlreiche Änderungsanträge, Wahlvorschläge und einen Gesetzesentwurf[82] sowie eine Große Anfrage vor.[83]

---

77 Zur Landesliste für die Landtagswahl 2011: Landesverband NPD Mecklenburg-Vorpommern (Hrsg.): „Unsere Heimat – Unser Auftrag" – Landesliste 2011 aufgestellt, abrufbar unter: http://www.npd.de/html/714/artikel/detail/1967/ (Stand: 12.03.2013).

78 Siehe hierzu seine Homepage, abrufbar unter: http://www.landtag-mv.de/landtag/abgeordnete/koester-stefan.html (Stand: 15.03.2013).

79 „Knapp 600 Ordnungsrufe kassierte die Schweriner NPD-Fraktion in den vergangenen sechs Jahren; Dutzende waren es in Dresden", Annett Meiritz/Laurence Thio, Brauner Pöbel im Parlament, in: Spiegel online, abrufbar unter: http://www.spiegel.de/politik/deutschland/protokoll-der-npd-hetzparolen-braunes-grauen-im-parlament-a-871913.html (Stand 01.05.2013).

80 Siehe hierzu die Homepage der NPD-Fraktion, abrufbar unter: http://www.npd-fraktion-mv.de/index.php? com=pdf &view=category&id=4&mid=17 (Stand: 15.03.2013).

81 O. A, Laut und dubios, Tagesspiegel, 24.08.2011.

82 Thema: 3. Änderung des Landesverfassungsschutzgesetzes (Drucksache 6/83, 02.11.2011).

83 Die Angaben beruhen auf eigenen Erhebungen.

Die NPD nutzt die parlamentarischen Instrumente dazu, thematische Schwerpunkte zu setzen: Neben den für rechtsextreme Parteien bzw. Fraktionen typischen Themenkomplexen wie Asyl/Migration, Innere Sicherheit, Europa und sozialpolitische[84] Fragen erscheinen die Themenkomplexe Gesundheit und Bildung als deutliche Schwerpunkte vor allem im Bereich der Kleinen Anfragen.

Das Ziel, die NPD als Anwalt der „kleinen Leute" erscheinen zu lassen, unterstützt auch die Fraktion (Anträge zu Fragen von Arbeitslosigkeit, Mindestlohn etc.). Hierbei verknüpft die Fraktion die Soziale Frage mit ethnischen Ausgrenzungsstrategien, beispielsweise wenn die Forderung nach Einführung eines Mindestlohnes mit der Aufkündigung der EU-Arbeitnehmerfreizügigkeit verbunden wird.[85] Ihre klassischen ideologischen Felder bedient die NPD-Fraktion durch zahlreiche Anfragen zum Themenkomplex der Inneren Sicherheit (Polizei, Linksextremismus, Kriminalität). Die in Mecklenburg-Vorpommern von allen Parteien diskutierten Herausforderungen des demografischen Wandels werden von der NPD in klassisch völkischer Diktion formuliert, wenn sie fordert: „Den biologischen Fortbestand des deutschen Volkes [zu] bewahren".[86]

Mit dem Instrument der Kleinen Anfragen, die in ihren teilweise sehr detaillierten Fragen die Landesverwaltung umfangreich beschäftigen, bedient sie nicht nur das Informationsbedürfnis der Partei im engeren Sinne sondern zeigt sich auch als Informationsdienstleister für die rechtsextreme Szene insgesamt. Eine Fülle von Anfragen zielt auf die Sammlung von Informationen zu den Aktivitäten des Landes gegen Rechtsextremismus: So wurde nach dem Informationsstand und den Begründungen für „rechtsextreme Straftaten" gefragt[87] oder die Ausgestaltung der historisch-politischen Bildung beleuchtet.[88]

Konkrete Maßnahmen gegen rechtsextreme Aktivitäten werden dabei ebenso akribisch hinterfragt[89] wie Berichte von Opferberatungsstellen zu rechtsextremen Aktivitäten.[90] Das Ziel, Informationen über Personen und Projekte zu sammeln, die sich gegen Rechtsextremismus engagieren, wird auch durch die Kleine Anfrage zum Landespro-

---

84 „Die Themen, die von rechtsextremen Fraktionen behandelt werden, sind sehr unterschiedlich, Schwerpunkte liegen allerdings oft auf der Ausländer- und Asylpolitik sowie auf Aspekten, die Sicherheit und Ordnung betreffen." Niemann, Die NPD im Landtag von Mecklenburg-Vorpommern, 2008, S. 29.

85 Drucksache 6/169, 30.11.2011.

86 Drucksache 6/93, 2.11.2011.

87 Drucksache 6/143, 13.12.2001.

88 Drucksache 6/201, 11.01.2012.

89 „Polizeiliche Maßnahmen im Umfeld des Thing-Hauses", Drucksache 6/355, 07.03.2012; Drucksache 6/425, 28.03.2012; Drucksache 6/432, 02.04.2012; Drucksache 6/433, 03.04.2012; Drucksache 6/434, 02.04.2012.

90 Zum Bericht des Trägers „Lobbi" e.V., der im Bundesland die Opfer rechtsextremer Straftaten berät und betreut, wird detailliert in Form von insgesamt 78 Kleinen Anfragen nachgefragt (Die Drucksachen finden sich zwischen den Nummern Drucksachen 6/437 bis Drucksache 6/530, April 2012).

gramm „Demokratie und Toleranz"[91] oder zu Zuwendungen an Träger für politische Bildung[92] deutlich.

Daneben werden auch immer wieder regionale Themen angesprochen bzw. abgefragt[93] auch das in der rechtsextremen Szene zunehmend offensiver propagierte Thema des Umweltschutzes findet sich im Themenkatalog der Landtagsfraktion.[94]

7   Die Auseinandersetzung mit der NPD in Mecklenburg-Vorpommern

Auch wenn schon vor dem Einzug der NPD in den Landtag über die Gefahren des Rechtsextremismus in Mecklenburg-Vorpommern diskutiert wurde und das Land sich hier klar positioniert, so erhielt die Auseinandersetzung mit der Existenz einer eigenen rechtsextremen Landtagsfraktion eine neue Qualität.

Schon in der ersten Legislaturperiode einigten sich die demokratischen Parteien im Landtag auf einen gemeinsamen Weg des Umgangs mit den antidemokratischen Kräften im eigenen Haus. In leichter Modifikation zum Vorgehen in Sachsen, dem sogenannten „Dresdner Weg" einigte man sich in Schwerin darauf, zu den Anträgen der NPD im Plenum nur eine Gegenrede – gemeinsam von Opposition und Regierung – zu halten, jeden Antrag der NPD geschlossen abzulehnen und an Veranstaltungen (außerhalb des Parlaments) mit Beteiligung von NPD-Vertretern nicht teilzunehmen.[95]

Dieser „Schweriner Weg" wurde teilweise als entpolitisierend kritisiert. Für die Auseinandersetzung innerhalb der Kreistage und Gemeindeparlamente versucht man, sich ebenfalls an diesen Grundsätzen zu orientieren. In der Fläche zeigen sich jedoch andere Probleme. Vor allem die soziale Nähe des ländlichen Raumes machen Abgrenzungsbemühungen der demokratischen Parteien an manchen Stellen deutlich schwieriger.

Im Sinne einer wehrhaften Demokratie wurden weitere Erlasse beschlossen, die es rechtsextremen Akteuren schwerer machen sollen, in entscheidende politische oder gesellschaftliche Positionen vorzurücken. So müssen sich Kandidaten für die Position des ehrenamtlichen oder hauptamtlichen Bürgermeisters sowie des Landrates zur freiheit-

---

91 Drucksache 6/538, 29. 03. 2012.
92 Drucksache 6/540, 29. 03. 2012.
93 So die Kleinen Anfragen zur Trinkwasserversorgung (Drucksache 6/118, 02.12 2011), zur Frage der Feuerwehren (Drucksache 6/290, 21. 02. 2012) und der Abwasserentsorgung in Kleingärten (Drucksache 6/435, 03. 04. 2012).
94 Siehe u. a.: Drucksache 6/41, 27. 10. 2011 zum Thema Offshore-Förderung; Drucksache 6/281, 27. 02. 2012 zum Thema Zukunftstechnologien; Drucksache 6/1039 zum Thema Mais-Monokulturen.
95 Kritisch äußerte sich hierzu u. a. Marcel Winter: Marcel Winter, Die Auseinandersetzung der demokratischen Parteien mit der NPD in Mecklenburg-Vorpommern: Teilzusammenfassung der Studie, Universität Duisburg-Essen 2012, abrufbar unter: http://www.ndr.de/regional/dossiers/der_norden_schaut_hin/studie153.pdf (Stand 01. 06. 2013).

lich demokratischen Grundordnung bekennen.[96] Auch bei der Betriebserlaubnis von Kindertageseinrichtungen wird nun verstärkt auf die Akzeptanz demokratischer Prinzipien geachtete.[97]

In der Auseinandersetzung mit dem Rechtsextremismus insgesamt setzt das Land auf eine dezentrale Struktur von Beratung und Unterstützung. Im Mittelpunkt des Landesprogramms „Demokratie und Toleranz gemeinsam stärken!"[98] steht der Ansatz, über sogenannte „Regionalzentren für demokratische Kultur" an fünf Standorten im Land Beratungs- und Vernetzungsangebote zur Verfügung zu stellen. Mit diesem Angebot wird sowohl dem Charakter des Landes als Flächenland Rechnung getragen als auch auf die unterschiedlichen Bedarfe in den Regionen des Landes reagiert.[99] Flankiert wird das Beratungsangebot von weiteren Projekten wie beispielsweise Angeboten der Opferberatung oder Unterstützungsangebote für Aussteiger aus der rechtsextremen Szene.[100]

8   Ausblick

Die NPD in Mecklenburg-Vorpommern kann zum radikalen Flügel der Bundespartei gerechnet werden. In ihr verbindet sich ein inhaltlich radikaler auf völkisch-rassistischen Argumentationsmustern fußender Kurs mit der Strategie der Zusammenführung von Partei und rechtsextremer Bewegung. Hierin scheint das Erfolgsrezept der NPD im Nordosten zu liegen. Dabei ist es ihr gleichzeitig gelungen, diese radikale Verortung nicht zum Hindernis für eine Wahlentscheidung zugunsten der NPD werden zu lassen. Das Pendel zwischen radikaler Positionierung in Richtung der Bewegungsszene und einer eher rechtspopulistischen Strategie zur Wählermaximierung schlägt in Mecklenburg-Vorpommern eindeutig in die extreme Richtung aus. Wie die Analyse der Wahl-

---

96 Gleiches gilt auch für die Mitglieder freiwilliger Feuerwehren; Innenministeriums Mecklenburg-Vorpommern: Eintreten für die freiheitliche demokratische Grundordnung als Voraussetzung für die Ernennung zum und als Dienstpflicht des Beamten, 2007, abrufbar unter: http://www.regierung-mv.de/cms2/Regierungsportal_prod/Regierungsportal/_downloads/IM/Erlass_Wehrhafte_Demokratie_Februar_07.pdf (Stand. 01. 05. 2013).

97 Ministeriums für Soziales und Gesundheit Mecklenburg-Vorpommern: Gewähr für eine den Zielen des Grundgesetzes förderliche Arbeit bei der Erlaubniserteilung für den Betrieb von Kindertageseinrichtungen, abrufbar unter: http://www.lk-mecklenburgische-seenplatte.de/media/custom/2037_983_1.PDF?1344514371 (Stand: 01. 05. 2013).

98 Interministerielle Arbeitsgruppe Rechtsextremismus (IMAG) (Hrsg.), Bericht der Interministeriellen Arbeitsgruppe „Handlungsrahmen für Demokratie und Toleranz" an das Kabinett zum Themenbereich „Stärkung der Demokratie - Bekämpfung von Rechtsextremismus", gem. Kabinettsbeschluss 21/07, o. A. 2008.

99 Regionalzentren finden sich in Ludwigslust, Roggentin (bei Rostock), Stralsund, Neubrandenburg und Anklam.

100 Siehe hierzu: Demokratie und Toleranz in MV, abrufbar unter: http://www.mv-demokratie.de/cms2/DuT_prod/DuT/de/_Service/mInformationsmaterial/index.jsp (Stand: 26. 04. 2013).

ergebnisse zeigt, kann sie sich dennoch auf verfestigte Hochburgen und auf ein relativ stabiles Wählerklientel stützen.

In der engen Überlappung von freier Szene und Partei ist die NPD auf die Auswirkungen eines möglichen Verbotes bestens vorbereitet. Auch wenn die Alimentierung über staatliche Mittel zunächst wegfallen würde, muss dies nicht zur existentiellen Bedrohung für die Szene werden, die die NPD weitestgehend als Form nutzt und instrumentalisiert. In Mecklenburg-Vorpommern bedient sich eine aktive rechtsextreme Szene des Parteilogos der NPD. Fiele dieses Dach aufgrund eines erfolgreichen Parteiverbotes weg, könnten die Akteure wie auch die Strukturen mit überschaubaren Einbußen an finanzieller Zuwendung und medialer Präsenz weiter existieren. Für die organisierten Rechtsextremisten im Land ist es kein Problem, das Parteilogo abzustreifen und unter neuen, zunächst nur schwer zu dechiffrierenden Namen anzutreten. Bei den bevorstehenden Kommunalwahlen 2014 sind sowohl andere Bezeichnungen wie auch andere Formen der organisatorischen Zusammenschlüsse denkbar. Es wird dann umso schwerer sein, diese zu entschlüsseln und sich dieser zu erwehren.

Die Kleinstparteien in Mecklenburg-Vorpommern

Christian Nestler

1 Einleitung

Kleinparteien wird im Allgemeinen eine zentrale Stellung im politischen System der Bundesrepublik und in anderen parlamentarischen Demokratien zugeschrieben.[1] Nicht selten fungieren sie als „Königsmacher" bei knappen Mehrheitsverhältnissen.[2]

Kleinstparteien dagegen werden gemeinhin als Splitterparteien[3] und Sonstige[4] abgetan. Besonders die Medien finden Verniedlichungen wie „Polit-Zwerge" und „Winz-Vereinigungen" für diese Gruppierungen.[5] Im Allgemeinen gelten sie bei Wahlberichterstattungen – falls sie überhaupt wahrgenommen werden – als „Amüsement am Rande".[6] Der Grund für diese abschätzige Behandlung liegt faktisch in der Tatsache begründet, dass die „Kleinsten" in der politischen Geschichte der Bundesrepublik zumeist ein Schattendasein gefristet haben. In den 1960er Jahren gab es gar juristische Abhand-

---

1   Vgl. Olaf Jandura, Kleinparteien in der Mediendemokratie, Wiesbaden 2007, S. 15.
2   Vgl. Giovanni Sartori, Parties and Party Systems, Cambridge 1976, S. 316–349; Sartori spricht nicht vom „Königsmacher", sondern von „coaliton" und „blackmail potential". Für einen guten Überblick empfiehlt sich: Amir Abedi/Alan Siaroff, The Kingmaker is Dead, Long Live the Kingmaker: Examining the Degree of Influence of Small Parties in the Coalition-formation Process in Germany, in: German Politics, Nr. 2 (2011), S. 243–259.
3   So beispielsweise durch das Handwörterbuch des politischen Systems der Bundesrepublik Deutschland, welches den Schwerpunkt in einer Art ungewollter Präjudizierung auf extremistische Parteien legt. Hierzu: Jürgen Hoffmann, Splitterparteien (linke und bürgerliche), in: Uwe Andersen/Wichard Woyke (Hrsg.), Handwörterbuch des politischen Systems der Bundesrepublik Deutschland, Wiesbaden 2009, S. 639–645.
4   Übliche Subsumierung in der deutschen Wahlberichterstattung.
5   Tim Pröse, Brennpunkt: Splitterparteien, in: Focus, Nr. 36 (2012), S. 44–45, hier: S. 44.
6   Dirk van den Boom, Politik diesseits der Macht? Zu Einfluß, Funktion und Stellung von Kleinstparteien im politischen System der Bundesrepublik Deutschland, Opladen 1999, S. 11.

lungen zur „Ausschaltung von Splitterparteien".[7] Das kämpferisch klingende Anliegen passte in die Zeit und ist, wie noch zu zeigen sein wird, eine Reaktion auf die Erfahrungen mit der Weimarer Republik. Ulrich von Alemann nennt diese Jahre – 1953 bis 1976 – die „Konzentrierungsphase" des Parteiensystems. Sie erreichte ihren Höhepunkt mit den Bundestagswahlen 1972 und 1976, bei denen CDU/CSU, FDP und SPD zusammen 99,1 Prozentpunkte der Wählerstimmen erhielten.[8] Alemann spricht in einem älteren Werk mit Bezug auf die Integrationskraft der Parteien sogar vom „deutschen Parteienwunder".[9] Zeitgleich sieht Wilhelm Hennis das „parteienstaatliche Element" überdehnt und die Parteien „von der autonomen Willensbildung des Volkes" entkoppelt.[10] Einen Teilbeleg für die These Hennis' liefert der „Aufwind für Kleinparteien"[11] in den folgenden 30 Jahren. Bei der Bundestagswahl 2009 erhielten die beiden großen Parteien nur noch 56,8 Prozent der Stimmen.[12] Selbst bei Addition der 14,6 Prozent der FDP ist dies noch ein Verlust von 27,7 Prozentpunkten zu den Bundestagswahlen der 1970er Jahre.

Vor dem Hintergrund dieser Gemengelage überrascht es, dass die Forschung in Deutschland und international lange mit in den Tenor von einer Bedeutungslosigkeit kleiner und vor allem kleinster Parteien eingestimmt hat.[13] Erst die Erfahrung mit den zumeist temporären Erfolgen, wie beispielsweise der Partei Rechtsstaatlicher Offensive – die sogenannte „Schill-Partei" – oder der STATT Partei,[14] sowie der erfolgreiche Aufstieg der Grünen und möglicherweise der Piraten, haben in diesem Feld zu einem Umdenken geführt.[15]

---

7   Wolfgang Bötsch, Die verschiedenen Wege zur Ausschaltung von Splitterparteien im freien Teil Deutschlands, Würzburg 1969.

8   Vgl. Ulrich von Alemann, Das Parteiensystem der Bundesrepublik Deutschland, Wiesbaden 2010, S. 63–68.

9   Ulrich von Alemann, Parteiendemokratie und Willensbildung der Bürger, in: Landeszentrale für politische Bildung des Landes NRW (Hrsg.), Ziele für die Zukunft – Entscheidungen für morgen, Köln 1982, S. 137–152, hier: S. 137.

10 Wilhelm Hennis, Überdehnt und abgekoppelt, in: Ders., Auf dem Weg in den Parteienstaat: Aufsätze aus vier Jahrzehnten, Stuttgart 1998, S. 69–92, hier: S. 74.

11 Uwe Jun/Henry Kreikenbohm/Viola Neu (Hrsg.), Kleine Parteien im Aufwind: Zur Veränderung der deutschen Parteienlandschaft, Frankfurt am Main 2006.

12 Vgl. Peter Lösche, Ende der Volksparteien, in: APuZ, Nr. 51 (2009), S. 6–12, hier: S. 9.

13 Vgl. Ferdinand Müller-Rommel, Small Parties in Comparative Perspective: The State of the Art, in: Ferdinand Müller-Rommel/Geoffrey Pridham, Small Parties in Western Europe: Comparative and National Perspectives, London/Newbury Park/New Dehli 1991, S. 1–22, hier: S. 2.

14 Beide Phänomene sind gut erforscht. An dieser Stelle sei nur auf einige Werke verwiesen: Florian Hartleb, Schill-Partei (Partei Rechtsstaatlicher Offensive), in: Frank Decker/Viola Neu (Hrsg.), Handbuch der deutschen Parteien, Wiesbaden 2007, S. 374–381; Frank Decker/Florian Hartleb, STATT Partei DIE UNABHÄNGIGEN (STATT Partei), in: ebd., S. 404–411; Adriana Wipperling, Protestparteien in Regierungsverantwortung: Die Grünen, die Alternative Liste, die STATT Partei und die Schill-Partei in ihrer ersten Legislaturperiode als kleine Koalitionspartner, Potsdam 2006.

15 Während die Grünen inzwischen ohne jeden Zweifel fester Bestandteil des deutschen Parteiensystems sind, ist die Piratenpartei noch beim Versuch der Etablierung. Dabei ist der Ausgang dieses Prozesses noch offen.

Im Fahrwasser dieser Neuausrichtung gibt es inzwischen eine Bandbreite an Forschungsliteratur.[16] Auf Mecklenburg-Vorpommern trifft diese Feststellung jedoch nur sehr bedingt zu.[17]

Um diese Lücke zu füllen, stellt sich der folgende Beitrag die Frage: Welche Bedeutung haben Kleinstparteien und Einzelbewerber für die Politik und das politische System in Mecklenburg-Vorpommern? Ist seit 1990 ein Anstieg ihrer Bedeutung zu verzeichnen oder sind sie in Mecklenburg-Vorpommern in einer besonderen Randlage?[18]

Die Struktur dieses Artikels weicht, der Natur des betrachteten Gegenstandes gemäß, von der anderer Parteienartikel in diesem Band ab. So werden zunächst einige historische und theoretische Ausgangsüberlegungen (2.) angestellt. Diesen folgt, unter Einbeziehung der politischen Wettbewerbsbedingungen in einem strukturschwachen Flächenland, ein Überblick über die „Kleinsten" und ihre Ergebnisse bei den Landtagswahlen seit der Wiedervereinigung (3.). Die Bedeutung der Kleinstparteien für das Bundesland (4.) wird unter Rückgriff auf die Wahlergebnisse der relativ kontinuierlich antretenden Kleinstparteien und der kumulierten Zweitstimmenanteile der Sonstigen bemessen. Abgeschlossen wird der Artikel durch ein Fazit mit einem Blick auf die offenen Forschungsfragen (5.).

2 Historische und theoretische Ausgangsüberlegungen

Eine Partei ist ihrem lateinischen Wortursprung nach ein „Teil" eines Ganzen. Als Vehikel der politischen Willensbildung des Volkes repräsentieren politische Parteien dementsprechend einen „Teil" des Volkswillens im Parlament.[19] Doch was passiert mit den Voten, die nach der Wahl nicht im Parlament vertreten sind? Die Bürger, die ihre Stimme auf diese Weise vergeben, sind nicht direkt repräsentiert, hinzu kommt das wachsende

---

16 Boom, Politik diesseits der Macht?, 1999; Jandura, Kleinparteien in der Mediendemokratie, 2007; Jun/ Kreikenbom/Neu, Kleine Parteien im Aufwind, 2006; Jan Knipperts, Etablierungschancen und Einflussmöglichkeiten kleiner Parteien im politischen Geschehen Deutschlands, Osnabrück 2011; Jan Köhler, Parteien im Wettbewerb: Zu den Wettbewerbschancen nicht-etablierter politischer Parteien im Rechtssystem der Bundesrepublik Deutschland, Baden-Baden 2006; Manfred Rowold, Im Schatten der Macht: Zur Oppositionsrolle der nicht-etablierten Parteien in der Bundesrepublik, Düsseldorf 1974; Andreas Schulze, Kleinparteien in Deutschland: Aufstieg und Fall nicht-etablierter politischer Vereinigungen, Wiesbaden 2004.

17 Sven Klüsener, Die Kleinstparteien und Einzelbewerber, in: Steffen Schoon/Nikolaus Werz (Hrsg.), Die Landtagswahl in Mecklenburg-Vorpommern 2006 – Die Parteien im Wahlkampf und ihre Wähler, Rostock 2006, S. 78–81; Maria Bischoff/Christian Nestler, Die Kleinstparteien und Einzelbewerber, in: Martin Koschkar/Christopher Scheele (Hrsg.), Die Landtagswahl in Mecklenburg-Vorpommern 2011 – Die Parteien im Wahlkampf und ihre Wähler, Rostock 2011, S. 100–110.

18 Zu den hier behandelten Parteien ist die Datenlage, von den amtlichen Wahlergebnissen abgesehen, schlecht. Weder ist es möglich die Veränderungen der Mitgliederzahlen im Detail festzustellen, noch die Organisationsstrukturen – wie etwa Kreisverbände o. Ä. – zu eruieren.

19 Vgl. Manfred G. Schmidt, Wörterbuch zur Politik, Stuttgart 2004, S. 514–515, 559–560, 771–772.

Lager der Nichtwähler. Doch Interessenvertretungen außerhalb des Parlaments stellen ebenfalls eine Form der Repräsentation dar. Bezieht man die Bemühungen um neue Partizipationsformen in der Gesellschaft mit ein,[20] erlangt folgende von Hanna Pitkin bereits in den 1970er Jahren getroffene Aussage eine weitreichende Bedeutung: „Political representation is as wide and varied in range as representation itself will allow."[21]

Der besonderen Rolle, die Kleinstparteien in diesem Zusammenhang spielen können, trägt die folgende Charakterisierung, als Gegensatz der beispielsweise von von Alemann[22] bekannten Parteiendefinition, Rechnung:

> Eine Klein[st]partei ist eine politische Partei,[23] die sich aufgrund der rechtlichen, finanziellen, personellen, organisatorischen und programmatischen Rahmenbedingungen ihrer Arbeit nicht derart im politischen System durchsetzt, daß sie in signifikantem Maße aktiv gestaltend am Entscheidungsprozeß und der Auswahl politischen Führungspersonals teilhat.[24] Trotzdem ist sie durch die außerparlamentarische Aggregation von Interessen in der Lage, einen Beitrag zur politischen Willensbildung beizusteuern.

Die Mechanismen, die zur oben skizzierten Konzentration des deutschen Parteiensystems geführt haben, stellen sich aus der Sicht der Kleinstparteien als Hemmnisse ihres Erfolges dar. Diese gesetzlich verankerte Marginalisierung lässt sich mit den folgenden drei Punkten illustrieren:[25]

1) Als fester Bestandteil des Verhältniswahlrechts in Deutschland wurde aus der Erfahrung der Weimarer Republik die Notwendigkeit einer Sperrklausel abgeleitet. Mit dem Urteil des Bundesverfassungsgerichtes von 1952 wurde diese im Bund und in den Ländern mit fünf Prozent des Zweitstimmenergebnisses festgesetzt und 1953 durch das Bundeswahlgesetz implementiert.[26] Die Intention des Gesetzgebers ist die Verhinderung einer übermäßigen Aufsplitterung des Parteiensystems. Ein schwer quantifizierbares Problem, welches sich daraus für die Kleinstparteien ergibt,

20 Vgl. Markus Linden/Winfried Thaa, Krise der Repräsentation, in: Dies., Krise und Reform politischer Repräsentation, Baden-Baden 2011, S. 11–41, hier: S. 29–30.
21 Hanna Fenichel Pitkin, The Concept of Representation, Berkley/Los Angeles/London 1972, S. 227.
22 Vgl. Alemann, Das Parteiensystem der Bundesrepublik Deutschland, 2010, S. 11.
23 Vgl. Bundesministerium der Justiz (Hrsg.), Gesetz über die politischen Parteien (Parteiengesetz), § 2, abrufbar unter: http://www.gesetze-im-internet.de/partg/__2.html (Stand: 17.10.2012). In diesem wird als Grundanforderung für die Bezeichnung einer Interessengruppe als Partei angegeben, dass die entsprechende Vereinigung mindestens alle sechs Jahre an einer Landtags- oder Bundestagswahl teilnimmt.
24 Boom, Politik diesseits der Macht?, 1999, S. 21.
25 Punkt 1 und 2 sind weitestgehend analog zu: Bischoff/Nestler, Die Kleinstparteien und Einzelbewerber, in: Koschkar/Scheele (Hrsg.), Die Landtagswahl in Mecklenburg-Vorpommern 2011, 2011, S. 101–102.
26 Vgl. Rowold, Im Schatten der Macht, 1974, S. 91–93.

ist jedoch, dass potenzielle Wähler abwägen, ob ihre Stimme nicht verloren wäre, wenn sie diese an eine Partei ohne realistische Chance des Überwindens eben dieser Hürde geben.

2) Ein weiteres Hindernis für Kleinstparteien ist die Finanzierung ihrer Aktivitäten. Mitgliedsbeiträge und Spenden können in der Regel bei einer neuen Partei nur in Ausnahmefällen die Kosten decken, der einzige Ausweg ist die staatliche Wahl-kampfkostenerstattung. Diese setzt allerdings ein Mindestmaß an Erfolg bei Wahlen voraus.[27] Für Landtagswahlen ist es notwendig, 1 Prozent der Zweitstimmen auf sich zu vereinen. Ausgehend von einer maximalen Wahlbeteiligung entsprach dieser Wert in Mecklenburg-Vorpommern bei der Landtagswahl 2011 genau 13 739 Stimmen. Bei dem tatsächlichen Stimmenaufkommen von 51,5 Prozent waren dann nur 7 081 Stimmen notwendig, um staatliche Unterstützung zu erhalten. Sobald diese Hürde überwunden wird, können die Parteien mit einer Kostenerstattung in Höhe von 0,85 Euro pro gewonnene Stimme rechnen.[28] Diese Beträge werden ihnen im Folgejahr aus dem 2012 150,8 Millionen Euro umfassenden Topf zugewiesen.[29]

3) Als Letztes ist das Erbringen von „Unterstützerunterschriften" – eine persönliche Unterschriftensammlung für die Partei unter den Wahlberechtigten – zu nennen. Eine nicht im Parlament vertretene Partei musste beispielsweise bei der Landtagswahl 2006 in Mecklenburg-Vorpommern 100 Unterschriften vorlegen.[30] Bei einer Direktkandidatur für eine Bundestagswahl sind 200 Unterschriften zu erbringen und für die Landeslisten müssen 0,1 Prozent der Stimmberechtigten der letzten Wahl oder 2 000 Wahlberechtigte unterzeichnen, je nachdem, welche Zahl geringer ist.[31]

Als Landesspezifikum muss die Kopplung von drei Bundestags- und Landtagswahlen zwischen 1994 und 2002 als besondere Hürde ergänzt werden. Die Medien, die als wichtigste Grundlage der Außendarstellung der Parteien bezeichnet werden können, konzentrieren in dieser Konstellation ihre Kapazität auf den Bund und sehen die Landes-

---

27 Vgl. ebd., S. 127.

28 Der Bundeswahlleiter (Hrsg.), Staatliche Finanzierung der Parteien, abrufbar unter: http://www.bundeswahlleiter.de/de/glossar/texte/Staatliche_Finanzierung_der_Parteien.html (Stand: 10. 09. 2012).

29 Das Volumen dieser Art der Finanzierung wurde in den letzten Jahren kontinuierlich angehoben. Waren es 2010 noch 133 Millionen Euro, belief sich die Summe 2011 auf 141,9 Millionen Euro. Ab 2013 wird die Obergrenze jährlich „um den Prozentsatz, abgerundet auf ein Zehntel Prozent, um den sich der Preisindex der für eine Partei typischen Ausgaben in dem Anspruchsjahr vorangegangenen Jahr erhöht hat", angehoben. Vgl. Bundesministerium der Justiz (Hrsg.), Gesetz über die politischen Parteien (Parteiengesetz), § 18, abrufbar unter: http://www.gesetze-im-internet.de/partg/__18.html (Stand: 17. 10. 2012).

30 Vgl. Die Landeswahlleiterin Mecklenburg-Vorpommern (Hrsg.), Bekanntmachung des Landeswahlleiters vom 15. Dezember 2005, abrufbar unter: http://www.statistik-mv.de/cms2/STAM_prod/STAM/de/start/_Landeswahlleiter/Landeswahlleiter/landtagswahlen/200623107/_LW-2006-Rechtsgrundlagen/_LW-2006-Wahlvorschlaege_1/index.jsp (Stand: 10. 09. 2012).

31 Vgl. Bundesministerium der Justiz (Hrsg.), Bundeswahlgesetz, § 27, abrufbar unter: http://www.gesetze-im-internet.de/bwahlg/__27.html (Stand: 10. 09. 2012).

politik aus eben dieser Perspektive. Seit 2006 hat sich dieses Verhältnis zu Gunsten der Landespolitik verschoben.[32] Doch wie oben bereits angedeutet, werden die Kleinstparteien durch die Medien selten mit der angemessenen Aufmerksamkeit, geschweige denn mit der Ernsthaftigkeit behandelt, wie es ihnen zustünde.

3   Kleinstparteien und Einzelbewerber bei Landtagswahlen seit 1990

Mit der friedlichen Revolution von 1989 fand, bedingt durch den Beitritt der DDR zum Staatsgebiet der BRD nach Artikel 23 des Grundgesetzes, eine Wiederbelebung des Föderalismus, im Sinne einer eigenständigen Landespolitik in diesem Teil Deutschlands, statt. Im Gefolge der ersten freien Volkskammerwahl am 18. März 1990 wurde am 22. Juli 1990 das Ländereinführungsgesetz verabschiedet. Dieses führte zu der Formung Mecklenburg-Vorpommerns aus dem Großteil der drei Nordbezirke der DDR. Am 14. Oktober 1990 wurde der erste Landtag des neuen Bundeslandes gewählt.[33] Das erste Mal seit 1932/1933 fand eine freie Landtagswahl statt, doch die Kleinstparteien, die in der Geschichte der alten Landesteile Mecklenburg-Strelitz und Mecklenburg-Schwerin aktiv waren,[34] konnten durch den grundlegenden Wandel der Bevölkerungsstruktur und

---

32 Vgl. Matthias Wyssuwa, Landtagswahlen – Entscheidungen im bundespolitischen Schlaglicht, in: Schoon/Werz (Hrsg.), Die Landtagswahlen in Mecklenburg-Vorpommern 2006, 2006, S. 82–94, hier: S. 91–92. Eine Medienanalyse für Kleinstparteien liegt bisher nicht vor.

33 Vgl. Bundesrat (Hrsg.), Die Geburt der neuen Länder, abrufbar unter: http://www.bundesrat.de/ nn_8396/DE/service/thema-aktuell/10/20100706-Neue-Laender.html (Stand: 18. 10. 2012); Heinrich-Christian Kuhn, Mecklenburg-Vorpommern, in: Hans-Georg Wehling (Hrsg.), Die deutschen Länder: Geschichte, Politik, Wirtschaft, Wiesbaden 2004, S. 165–182, hier: S. 174–175; Michael North, Geschichte Mecklenburg-Vorpommerns, München 2008, S. 113–118; Dieter Schröder, Die Rostocker Initiative für einen Beitritt zur Bundesrepublik Deutschland, in: Universität Rostock (Hrsg.), Herbst '89 – Die Wende in Rostock, Rostock 1999, S. 73–78.

34 Steffen Schoon beschreibt die Klein- und Kleinstparteienlandschaft der Weimarer Republik für die beiden mecklenburgischen Staaten wie folgt: „Neu waren im Vergleich zum Kaiserreich die vielen Klein- und Splitterparteien, die vorrangig bei den Landtagswahlen um Wählerstimmen konkurrierten. Es handelte sich dabei vor allem um Parteien mit einem wirtschaftlich-gewerblichen Hintergrund, wie etwa die Wirtschaftspartei des Mecklenburgischen Mittelstandes (WP) und den Verband für Handwerker und Gewerbetreibende (HG), oder einem landwirtschaftlich-bäuerlichen Hintergrund, wie beispielsweise Dorfbund/Mecklenburgische Bauernpartei (DB), Mecklenburg-Strelitzscher Bauernbund (MSBB) und Bund der kleinen Landwirte (BKL). Ferner gab es Parteien, die die Interessen einer speziellen Bevölkerungsgruppe vertraten. In Mecklenburg-Schwerin stützten sich zum Beispiel die Gruppe für Volkswohlfahrt (GVW) auf eine Wählerklientel aus Rentnern, Mietern und Schuldnern. Für Mecklenburg-Strelitz sind hier unter anderen der Verband der Haus- und Grundbesitzervereine (VhuG), die Vereinigten Erbpächter, Büdner und Häusler (VEBH) sowie die Aufwertungs- und Volksrechtspartei (AVRP) zu nennen. Fast alle diese kleinen Gruppierungen waren wenigstens einmal in einem der beiden mecklenburgischen Landtage vertreten und hatten dort durchaus Einfluß auf die Regierungsbildung und die Landespolitik." Hierzu: Steffen Schoon, Wählerverhalten und politische Tradition in

der soziökonomischen Rahmenbedingungen insgesamt nicht an diese Zeit anknüpfen.[35] Damit lässt sich für kleinere Interessengruppen von einem Kaltstart sprechen. Trotzdem gab es eine Vielzahl von Parteigründungen und Reformierungen aus dem Bereich der ehemaligen Opposition, der Bürgerbewegung und der Blockparteien. Die relevanten Beispiel sind:

- Demokratie Jetzt (DJ)
- Demokratischer Aufbruch (DA)
- Demokratischer Frauenbund Deutschlands (DFD)
- Deutsche Biertrinker Union (DBU)
- Deutsche Soziale Union (DSU)
- Die Nelken, Freie Deutsche Jungend (FDJ)
- Freie Deutsche Union (FDU)
- Initiative Frieden und Menschenrechte (IFM)
- Landesverband Vorpommern (LVP)
- Marxistische Jugendvereinigung Junge Linke (MJV Junge Linke)
- Nationaldemokratische Partei Deutschlands (NDPD)
- Neues Forum
- Unabhängiger Frauenverband (UFV)
- Vereinigte Linke (VL).

Von diesen 14 Parteien traten zur Landtagswahl[36] nur noch vier an. Exemplarisch ergaben sich folgende Verbindungen:[37]

- FDU + CSU = **CSU**
- DFD + Die Nelken + FDJ + MJV Junge Linke + PDS = **LL/PDS**
- DJ + IFM + UFV +VL = **Bündnis 90**

Das Spektrum der Klein- und Kleinstparteien hatte sich aus wahltaktischen und organisatorischen Überlegungen zu Listenkandidaturen und Zusammenschlüssen im Vorfeld der ersten Landtagswahl entschieden. Das Wahltaktik nicht vor Inhalte gestellt wurde zeigt das getrennte Antreten von Bündnis 90, Neues Forum und Die Grünen. Einige der

---

Mecklenburg und Vorpommern (1871–2002): Eine Untersuchung zur Stabilität und struktureller Verankerung des Parteiensystems zwischen Elbe und Ostsee, Düsseldorf 2007, S. 55.

35 Vgl. ebd., S. 12.

36 Alle Wahldaten, wenn sie nicht anders gekennzeichnet sind, entstammen den Publikationen des Statistischen Amtes Mecklenburg-Vorpommern und den Veröffentlichungen der Landeswahlleiter und -leiterin, abrufbar unter: http://www.statistik-mv.de/cms2/STAM_prod/STAM/de/start/_Landeswahlleiter/Landeswahlleiter/landtagswahlen/index.jsp (Stand: 29.10.2012).

37 Vgl. Uwe Heck, Geschichte des Landtags in Mecklenburg: Ein Abriß, Rostock 1997, S. 182–184.

Listenmitglieder von Bündnis 90 und LL/PDS agierten nach der Wahl eigenständig weiter. Sie spielten jedoch keine Rolle mehr und lösten sich im Laufe der 1990er Jahre auf.[38]

Was für Stilblüten diese Zeit trieb, zeigt das Beispiel der DBU. Diese war kurz vor der Volkskammerwahl 1990 in Rostock gegründet worden und erreichte bei der Wahl am 14. Oktober 0,6 Prozent der Zweitstimmen. „Die Deutsche Biertrinker Union setzt sich ein für: Staatlich subventionierte Bierpreise; [...] Einhaltung des deutschen Reinheitsgebots beim Bierbrauen; Heraufsetzung der Null-Promille-Grenze für Kraftfahrer auf 0,6 Promille [u. s. w.]."[39] Durch Habitus und Programmatik wird sie trotz basisdemokratischer Anleihen als Prototyp einer Spaßpartei gesehen.[40] Der Landesverband Vorpommern (LVP) hingegen symbolisiert die Bemühungen, spezifische Interessen zu repräsentieren. Mit 0,5 Prozent der Zweitstimmen gelang dies nicht. Hier zeigt sich die *erste* Besonderheit für Kleinstparteien im Land: Die Nivellierung der Gesellschaft in Mecklenburg-Vorpommern von 1933 bis 1989 hat Spezialinteressen – wie in allen neuen Ländern – marginalisiert. Darüber hinaus ist bei dieser ersten Wahl die Christlich-Soziale Union (CSU) zu erwähnen. Die bayerische „Staatspartei"[41] erreichte mit 1,1 Prozent der Zweitstimmen einen Wert, der zwar nicht für einen Sitz im Landtag reichte, aber staatliche Zuschüsse für das Jahr 1991 sicherte. Weiterhin traten aus dem gesamtdeutschen Kleinstparteienspektrum Die Republikaner (REP) und Die Grauen – Graue Panther (Graue) an.

Mit einem Abstand von vier Jahren hatte sich das Feld deutlich ausdifferenziert. Die Anzahl von sieben Kleinstparteien blieb zwar identisch, doch der Anteil am Zweitstimmenergebnis sank von 4,1 auf 2,2 Prozent. Von dieser Gruppe schafften es nur die REP über die Wahlkampfkostenerstattungshürde von einem Prozent. Erstmals trat die Partei Bibeltreuer Christen (PBC) an, erreichte aber mit 0,1 Prozent ein schwaches Ergebnis.

Die Wahl 1998 sah den relativen Erfolg zweier rechtsextremer bzw. rechtspopulistischer Parteien. Zwar scheiterte die Deutsche Volksunion (DVU) mit 2,9 Prozent der Zweitstimmen deutlich an der Sperrklausel, doch für eine Kleinstpartei in Mecklenburg-Vorpommern lässt sich von einem sehr hohen Ergebnis sprechen. Die andere Partei, die immerhin noch 1,4 Prozent der Wählerstimmen erhielt, war Pro Deutsche Mitte – Initiative Pro D-Mark (Pro DM). Im Abschneiden der DVU zeigt sich die *zweite* Besonderheit des Bundeslandes: Kleinstparteien sind erfolgreich, wenn sie in einem an-

---

38 Vgl. Schoon, Wählerverhalten und politische Tradition in Mecklenburg und Vorpommern (1871–2002), 2007, S. 107–118; Viktoria Urmersbach, Vor 20 Jahren: Spannung bei erster freier Landtagswahl, abrufbar unter: http://www.ndr.de/geschichte/chronologie/landtagswahlmv101.html (Stand: 18. 10. 2012). Zur Situation um die spätere Partei Bündnis 90/Die Grünen bei dieser ersten Landtagswahl siehe auch den Artikel von Koch/Struck in diesem Band.

39 Bernhard Schmidtbauer, Tage, die Bürger bewegten: Ausgewählte Dokumente zur Chronik des Umbruchs in Rostock vom August 1989 bis zum Oktober 1990, Band 2, Rostock 1991, S. 141.

40 Vgl. Andreas Schulze, Deutsche Biertrinker Union (DBU), in: Decker/Neu (Hrsg.), Handbuch der deutschen Parteien, 2007, S. 240–241, hier: S. 241.

41 Andreas Kießling, Christlich-Soziale Union in Bayern e. V. (CSU), in: Decker/Neu (Hrsg.), Handbuch der deutschen Parteien, 2007, S. 223–235, hier: S. 228.

deren Bundesland zuvor ins Parlament eingezogen sind. Sie hatte am 26. April desselben Jahres in Sachsen-Anhalt mit 12,9 Prozent der Stimmen das beste Ergebnis einer rechtsextremen Partei bei Landtagswahlen eingefahren.[42] Damit agierte sie bei der Wahl in Mecklenburg-Vorpommern gewissermaßen von ihren Parlamentssitzen in Magdeburg aus. Eine andere beachtenswerte Gruppierung stellte die Partei der Alternativen Bürgerbewegung 2000 Deutschlands (AB 2000) bei dieser Wahl dar. Sie hatte ohne eine Wahlteilnahme bereits kurz nach ihrer Gründung zu Beginn des Jahres 1998 ein Landtagsmitglied. Horst Voigt war aus der CDU-Fraktion ausgetreten und hoffte mit AB 2000 nach „Wahlsiegen […] die repräsentative Parteiendemokratie durch die Einführung von bundesweiten Volksentscheiden" zu ergänzen.[43] Mit 0,4 Prozent der Zweitstimmen entsprach das Ergebnis nicht diesen Erwartungen.

Bei der Wahl 2002 kam es zu einer Reduktion des Anteils der Sonstigen am Zweitstimmenergebnis von 5,7 auf 3,6 Prozent. Nennenswert sind die 1,7 Prozent der Partei Rechtsstaatlicher Offensive (Schill).[44] Wie bei der DVU 1998 in Sachsen-Anhalt, war es der Schill-Partei bei der Bürgerschaftswahl am 23. September 2001 in Hamburg gelungen, 19,4 Prozent der Stimmen zu ziehen und damit die Sperrklausel zu überwinden.[45] Aus dieser Position ging sie im Land in den Wahlkampf. Die konfliktreiche Gründung des Landesverbandes und der Verlust des eigentlichen Spitzenkandidaten für die Wahl hinderten die Partei nicht daran, das Überspringen der Fünf-Prozent-Hürde und eine Partnerschaft mit der CDU zu ihrem Ziel zu erklären. Mit 350 Mitgliedern – nach eigenen Angaben – erreichte sie eine beachtliche Größe für eine Kleinstpartei.[46] Schill war die einzige Partei des erweiterten rechten Spektrums, die bei dieser Landtagswahl über die 1-Prozent-Marke kam.

Ein folgenreicher Schritt für die Verbesserung der Rahmenbedingungen der Kleinstparteien im Land war die Abschaffung der Fünf-Prozent-Hürde für die Kommunalwahlen im Jahr 2004. So war es nun möglich, über den Erfolg bei Kommunalwahlen

---

42 Vgl. Statistisches Landesamt Sachsen-Anhalt (Hrsg.), Wahl des Landtages von Sachsen-Anhalt am 26. April 1998, abrufbar unter: http://www.stala.sachsen-anhalt.de/wahlen/lt98/index.html (Stand: 21.10.2012); Andreas Frost, Wähler erteilen Rechtsextremen eine klare Absage, in: Nordkurier, 28.09.1998; Armin Pfahl-Traughber, DEUTSCHE VOLKSUNION (DVU), in: Decker/Neu (Hrsg.), Handbuch der deutschen Parteien, 2007, S. 250–255, hier: S. 251.

43 Vgl. o. A., AB 2000 zieht mit eigenem Lied in den Wahlkampf, in: SVZ, 27.08.1998.

44 Im Rahmen der 2002 vom damaligen Innensenator und 2. Bürgermeister der Hansestadt Hamburg, Ronald Schill, eingeleiteten Expansion seiner Partei, trat diese zunächst als Schill-Partei bei Landtagswahlen an. Nach der Loslösung von Schill agierte die Partei als Offensive D. Vgl. Hartleb, Schill-Partei (Partei Rechtsstaatlicher Offensive), in: Decker/Neu (Hrsg.), Handbuch der deutschen Parteien, 2007, S. 375–376.

45 Vgl. Statistisches Amt für Hamburg und Schleswig-Holstein (Hrsg.), Ergebnisse zur Bürgerschaftswahl 2001, abrufbar unter: http://www.statistik-nord.de/wahlen/wahlen-in-hamburg/buergerschaftswahlen/2001/no_css/ (Stand: 21.10.2012).

46 Vgl. Klaus Walter, Schill-Partei will mit Sicherheit punkten, in: OZ, 19.08.2002. dpa, Schill-Partei begnügt sich mit fünf Prozent, in: FAZ, 19.08.2012.

regionale Zentren zu etablieren.[47] Dieser Vorteil wurde durch die Erhöhung der Min-destfraktionsgröße und die Kreisgebietsreform 2011 konterkariert. Die tatsächlichen Folgen können, aus Mangel an belastbaren Daten, erst nach der Kommunalwahl 2014 eingeschätzt werden.[48]

Nachdem bei den ersten drei Landtagswahlen je sieben Parteien unter die Gruppe der Sonstigen zu zählen waren, hatte sich diese Zahl 2002 auf acht erhöht und erlebte ab 2006 sogar einen Anstieg auf zehn Parteien. Am Zweitstimmenanteil änderte das bei dieser Landtagswahl kaum etwas. Gerade einmal um 0,3 Prozentpunkte stieg das ku-mulierte Ergebnis bei wiederum leicht sinkender Wahlbeteiligung. Die einzige Partei, die die 1-Prozent-Marke überstieg, war mit 1,2 Prozent die Familen-Partei Deutschlands (FAMILIE). Eine Auffälligkeit war die Allianz für Gesundheit, Frieden und soziale Ge-rechtigkeit (AGFG), die im Landesdurchschnitt gerade einmal 0,2 Prozent erreichte, je-doch in Nordvorpommern II 2,3 Prozent der Zweitstimmen und sogar 4,7 Prozent der Erststimmen erhielt.[49] Dieses Ergebnis kann als Indikator für die oben beschriebene Verbesserung der Rahmenbedingungen gedeutet werden, allerdings ist die Partei bei der Kommunalwahl 2004 weder in Nordvorpommern noch in einem anderen Wahlkreis in Mecklenburg-Vorpommern angetreten.[50]

2011 schafften es gleich drei Parteien, mehr als ein Prozent der Stimmen zu erreichen. FAMILIE konnte ihr Ergebnis von 2006 ausbauen und gewann 0,3 Prozentpunkte hinzu. Die Landesvereinigung Mecklenburg-Vorpommern der Freien Wähler (FW) versuchte nach dem Erfolg ihres bayerischen Ablegers auch in Mecklenburg-Vorpommern eine alternative Politik anzubieten.[51] Nach eigenen Aussagen hofften sie, „trotz teilweise ak-tiver Ignoranz in den Medien, – Wähler für [sich] zu gewinnen" und die Fünf-Prozent-Hürde zu überspringen. Mit 1,1 Prozent verfehlten sie dieses Ziel deutlich. Als Gewinner unter den Sonstigen erreichte die Piratenpartei Deutschland (PIRATEN) 1,9 Prozent der Stimmen.[52] Verglichen mit den 8,9 Prozent zwei Wochen später bei der Abgeordneten-hauswahl in Berlin, mutet das Ergebnis der PIRATEN in Mecklenburg-Vorpommern

47 Vgl. Steffen Schoon, Die Kommunalwahl in Mecklenburg-Vorpommern, in: Ders., u. a., Die Kommu-nalwahl 2004 in Mecklenburg-Vorpommern, Rostock 2004, S. 6–20, hier: S. 6–8.
48 Vgl. Maximilian Heinz, u. a., Die Kreisgebietsreform 2011, in: Koschkar/Scheele (Hrsg.), Die Landtags-wahl in Mecklenburg-Vorpommern 2011, 2011, S. 112–122. Siehe auch den Beitrag von Scheele zur kom-munalen Ebene in diesem Band.
49 Vgl. Klüsener, Die Kleinstparteien und Einzelbewerber, in: Schoon/Werz (Hrsg.), Die Landtagswahlen in Mecklenburg Vorpommern 2006, 2006, S. 78–81.
50 Vgl. Schoon, Die Kommunalwahl in Mecklenburg-Vorpommern, in: Ders./u. a., Die Kommunalwahl 2004 in Mecklenburg-Vorpommern, 2004, S. 15.
51 Die 2002 gegründete Bürgerpartei MV die Initiative für Mecklenburg-Vorpommern (BMV) fusionier-te am 20. Mai 2006 mit dem am 5. November 2005 gegründeten Bündnis für M-V (Bündnis für MV). Aus diesem geht am 19. Juni 2010 die Partei FREIE WÄHLER hervor.
52 Vgl. Bischoff/Nestler, Die Kleinstparteien und Einzelbewerber, in: Koschkar/Scheele (Hrsg.), Die Land-tagswahlen in Mecklenburg Vorpommern 2011, 2011, S. 104–109.

Tabelle 1   Zweitstimmenergebnisse der „Sonstigen" bei den Landtagswahlen 1990–2011 (in %)

Parteien	1990	1994	1998	2002	2006	2011
AB	–	–	–	–	0,1	0,2
AB 2000	–	–	0,4	–	–	–
AGFG	–	–	–	–	0,2	–
APD	–	–	–	–	0,1	0,1
AUF	–	–	–	–	–	0,2
BfB	–	–	0,2	–	–	–
BUMV	–	0,2	–	–	–	–
Bündnis für MV	–	–	–	–	0,4	–
BMV	–	–	–	0,3	–	–
CSU	1,1	–	–	–	–	–
DBU	0,6	–	–	–	–	–
Deutschland	–	–	–	–	0,4	–
Die Partei	–	–	–	–	–	0,2
DSU	0,8	–	–	–	–	–
DVU	–	–	2,9	–	–	–
FaBu	0,1	–	–	–	–	–
FAMILIE	–	–	–	–	1,2	1,5
FREIE-WÄHLER	–	–	–	–	–	1,1
GRAUE	0,1	0,4	0,2	0,2	0,7	–
LVP	0,5	–	–	–	–	–
NATURGESETZ	–	0,2	–	–	–	–
NdB	–	0,1	–	–	–	–
Offensive D	–	–	–	–	0,1	–
ödp	–	–	–	–	–	0,1
PASS	–	0,5	–	–	–	–
PBC	–	0,1	0,1	0,1	0,2	0,1
PIRATEN	–	–	–	–	–	1,9
Pro DM	–	–	1,4	–	–	–
REP	0,9	1,0	0,5	0,3	–	0,1
Schill	–	–	–	1,7	–	–
SLP	–	–	–	0,1	–	–
SPASSPARTEI	–	–	–	0,7	–	–
V.P.M.V.	–	–	–	0,2	–	–
WASG	–	–	–	–	0,5	–
Σ	4,1	2,5	5,7	3,6	3,9	5,5

Quelle: Eigene Darstellung nach den jeweiligen amtlichen Endergebnissen.

eher bescheiden an. Doch tatsächlich unterstreicht es die besonderen Rahmenbedingungen im Bundesland an der Ostsee.

Die Schwierigkeiten, die bisher für Kleinstparteien skizziert wurden, treffen für Einzelbewerber in besonderem Maße zu. Anders als Parteien werben diese nur um die Erststimme in ihrem jeweiligen Wahlkreis. Bei Erreichen einer Mehrheit könnten sie als Direktkandidat in den Landtag einziehen. In der Wahlgeschichte des Landes seit 1990 ist dies noch nie passiert. Bei Bundestagswahlen gelang es seit 1949 sechs Einzelbewerbern über das Direktmandat einzuziehen. Zumeist hängt dieser Erfolg mit dem vorhergehenden Engagement – ehemaliger Oberbürgermeister, Bürgerrechtler etc. – dieser Kandidaten zusammen.[53] Den bisher größten Stimmengewinn konnte 2006 Jörg Klingohr verbuchen. Im Wahlkreis Parchim II erhielt er 1 766 Erststimmen und schnitt damit besser ab als die Direktkandidaten von FDP, Bündnis 90/Die Grünen und NPD. „Seine Kandidatur (‚Bauer Korl in den Landtag‘) hatte […] eher den Charakter einer Spaßkandidatur […].“[54] Einzelbewerber spielen auf kommunaler Ebene eine bedeutend größere Rolle. So erhielten sie 2004 immerhin 18, 2009 noch 10 und 2011 nur noch 2 Sitze in Kreistagen.[55]

Tabelle 2   Verhältnis des kumulierten Erststimmenergebnisses (ES) der Einzelbewerber (EB) zu den insgesamt gültigen Erststimmen

	1990	1994	1998	2002	2006	2011
Gültige ES	885 628	975 055	1 073 996	965 636	816 088	680 684
Σ St. EB	453	2 069	5 290	3 916	3 620	1 054
Anteil in %*	0,05	0,21	0,49	0,41	0,44	0,15
Anzahl EB	2	3	10	6	5	4

* Damit die Daten eine Aussagekraft haben, wird hier ausnahmsweise auf zwei Nachkommastellen gerundet.

Quelle: Eigene Darstellung nach den jeweiligen amtlichen Endergebnissen.

---

53 Vgl. Valentin Schröder (Hrsg.), Wahlen in Deutschland: Ergebnisse der Einzelbewerber und Wählergruppen, abrufbar unter: http://wahlen-in-deutschland.de/bEZB.htm (Stand: 23. 10. 2012).

54 Klüsener, Die Kleinstparteien und Einzelbewerber, in: Schoon/Werz (Hrsg.), Die Landtagswahlen in Mecklenburg Vorpommern 2006, 2006, S. 81.

55 Vgl. Schoon, Die Kommunalwahl in Mecklenburg-Vorpommern, in: Ders./u. a., Die Kommunalwahl 2004 in Mecklenburg-Vorpommern, 2004, S. 15; Steffen Schoon, Die Kommunalwahlen 2009 in Mecklenburg-Vorpommern – Eine Bilanz, in: Arne Lehmann/Steffen Schoon (Hrsg.), Die Kommunalwahlen 2009 in Mecklenburg-Vorpommern, Rostock 2009, S. 6–18, hier: S. 10; Christopher Scheele, Die Kommunal- und Direktwahlen 2011 in Mecklenburg-Vorpommern, in: Koschkar/Scheele (Hrsg.), Die Landtagswahl in Mecklenburg-Vorpommern 2011, 2011, S. 123–134, hier: S. 132.

4 Bedeutung von Kleinstparteien für das Bundesland

Kleinstparteien sind im Allgemeinen, aber gerade unter den besonderen Bedingungen des Bundeslandes, auf aktive Sympathisanten angewiesen, die ihnen bei der Organisation der Partei und der Vorbereitung der Wahlkämpfe helfen. Die Kosten werden zunächst durch Mitgliedsbeiträge und Spenden finanziert. Dabei ist eine mögliche Refinanzierung ungewiss, da diese vom Abschneiden bei der jeweiligen Wahl abhängt.

Bei der Analyse der Stimmenverteilung im Land fällt auf, dass die Parteien zumeist in den Städten besser abschneiden als auf dem Land. Diese Tatsache folgt dem Fehlen einer flächendeckenden Organisationsstruktur. Trotzdem kann keiner der Parteien ein Zentrum zugeordnet werden, daran ändert auch die Abschaffung der Fünf-Prozent-Hürde auf der Kommunalebene nichts. Denn trotz oben zitierter Beispiele fehlt den meisten Kleinstparteien das „Stehvermögen" um auf einen regionalen Erfolg aufzubauen. Am ehesten ist dies im persönlichen Umfeld der „Spitzenkandidaten" oder für die bundesweit agierenden Kleinstparteien (siehe Tab. 3) möglich. Die Zweitgenannten können durchaus als wahlerfahren bezeichnet werden, es scheint, wie das Beispiel der PBC zeigt, Prestige zu sein, was die Partei antreibt.[56] Seit ihrer ersten Wahlteilnahme ist sie nicht über 0,2 Prozent des Zweitstimmenergebnisses hinausgekommen. Zwei weitere Punkte, die in der Betrachtung evident werden (siehe Tab. 3), sind zum einen der Erststimmenüberhang bei den FW und zum anderen der Anstieg der Parteien, die bei aufeinanderfolgenden Wahlen antreten. Der Erstere erklärt sich aus dem Zusammenschluss zahlreicher regional agierender Einzelkandidaten unter der Oberhoheit der Partei, dies spricht anders als bei der NPD nicht für eine Verfestigung der Strukturen. Das zweite Phänomen muss bei der bisherigen Datenlage als Symptom der Interessenaufsplitterung unter den Kleinstparteien und bei den Wählern im Allgemeinen gedeutet werden.

Die Aufgabe, aus der Unbekanntheit heraus Wählerstimmen zu akquirieren, wird von den Kleinstparteien durch die Konzentration auf ein schmales thematisches Spektrum versucht. Spitzenpersonal, welches völlig unbekannt ist, spielt im Wahlkampf kaum eine Rolle. Diese Einschränkungen auf ein „Issue" oder eine „Nische" führen dazu, dass die Parteien nur ein kleinen Teil der Wahlberechtigten ansprechen.[57] Die Klientel, welche mit diesen begrenzten Mitteln erreicht werden kann, umfasst neben denen, die sich mit „Nischenthemen" identifizieren, Protestwähler und konjunkturelle Nichtwähler, die den etablierten Parteien einen „Denkzettel" verpassen wollen, oder eine Alternative suchen.[58]

---

56 Das Engagement der PBC rechtfertigt sich indes schon aus dem christlichen Missionsbefehl der im neuen Testament zu finden ist (Matthäus 28, 18–20).

57 Vgl. Uwe Jun/Henry Kreikenbom, Nicht nur im Schatten der Macht: Zur Situation kleiner Parteien im deutschen Parteiensystem, in: Jun/Kreikenbom/Neu (Hrsg.), Kleine Parteien im Aufwind, 2006, S. 13–36, hier: S. 22.

58 Vgl. Rowold, Im Schatten der Macht, 1974, S. 82; Eva Wenzel, Hans Rattinger, Nichtwähler und Protestwähler – eine strategische Größe des Parteiensystems?, in: Hans Zehetmair (Hrsg.), Das deutsche Par-

Tabelle 3   Detaillierte Darstellung der „wahlerfahrensten" Kleinstparteien*

Parteien	1990	1994	1998	2002	2006	2011
AB	–	–	–	–	–	–
	–	–	–	–	951/0,1	1 493/0,2
APD	–				–	–
	–	–	–	–	774/0,1	868/0,1
FAMILIE	–	–	–	–	–	1 192/0,2
	–	–	–	–	9 463/1,2	10 538/1,5
FW**	–	–	–	–	4 000/0,5	10 038/1,5
	–	–	–	2 930/0,3	3 547/0,4	7 782/1,1
GRAUE	462/0,1	1 075/0,1	814/0,1	551/0,1	2 438/0,3	–
	1 218/0,1	3 938/0,4	2 649/0,2	2 129/0,2	5 602/0,7	–
PBC	–		244/0,0	–	800/0,1	–
	–	792/0,1	1 176/0,1	1 312/0,1	1 957/0,2	651/0,1
PIRATEN	–	–	–	–	–	1 141/0,2
	–	–	–	–	–	12 727/1,9
REP	–	708/0,1	4 560/0,4			–
	7 584/0,9	9 974/1,0	5 809/0,5	2 442/0,3	–	579/0,1

Quellen: Eigene Darstellung nach den jeweiligen amtlichen Endergebnissen.

* In den beiden Spalten zu den einzelnen Parteien stehen die Erststimmen oben und die Zweitstimmen unten (Zuerst die absolute Zahl, dann in Prozent).

** Unter FREIE WÄHLER wurden BMV und Bündnis für MV (siehe FN 53) subsumiert.

Aus den obigen Ausführungen folgt, dass sich Phasen der Aktivität – der Wahlkampf – mit Phasen der Passivität – der Zeitraum bis zum nächsten Wahlkampf – abwechseln. Strategiefähigkeit und Professionalität in der Wahlkampfführung können nicht mit dem Niveau der etablierten Parteien konkurrieren.[59]

Unabhängig vom bisherigen Abschneiden bei den Landtagswahlen erfüllen die Sonstigen zwei wichtige Aufgaben: Zum einen zeigen sie neue oder unzureichend durch die etablierten Parteien bediente Konfliktlinien innerhalb der Gesellschaft auf und zum anderen befördern sie die Partizipation der Bürger.[60]

---

teiensystem: Perspektiven für das 21. Jahrhundert, Wiesbaden 2004, S. 28–44, hier: S. 28–29. Bei den Nichtwählern gilt es zu beachten, dass diese weniger aus Protest, als aus „schwache[r] Involviertheit in das politische Geschehen sowie das Gefühl, keinen Einfluss auf das politische Geschehen zu haben" agieren. Hierzu: Viola Neu, „Dann bleib ich mal weg": Der Mythos der „Partei" der Nichtwähler, Sankt Augustin/Berlin 2012, S. 37.

59 Vgl. Jun/Kreikenbom, in: Jun/Kreikenbom/Neu (Hrsg.), Kleine Parteien im Aufwind, 2006, S. 23.

60 Vgl. Schulze, Kleinstparteien in Deutschland, 2004, S. 4–5.

Tabelle 4   Entwicklungen der Sonstigen 1990–2011

	1990	1994	1998	2002	2006	2011
∑ Kleinstparteien	7	7	7	8	10	10
∑ Zweitstimmen in Prozent	4,1	2,5	5,7	3,6	3,9	5,5
Durchschnittliche % je Partei*	0,58	0,35	0,81	0,45	0,39	0,55
∑ Zweitstimmen Absolut	81 524	24 454	62 646	33 927	32 219	38 038
Wahlbeteiligung in Prozent	64,8	72,9	79,4	70,6	59,2	51,5

* Siehe Tab. 2. Quelle: Eigene Darstellung nach den jeweiligen amtlichen Endergebnissen.

Bei den bisherigen Landtagswahlen in Mecklenburg-Vorpommern spielten sie dennoch eine untergeordnete Rolle. Die Wählerkonzentration auf die vier seit 2011 im Landtag vertretenen Parteien und die FDP ist bei den bisherigen Wahlen nie unter 94,3 Prozent gefallen.[61] Wie oben bereits ausgeführt, stieg zwar die absolute Anzahl der Kleinstparteien, nicht aber ihr Zweitstimmenergebnis. Tatsächlich kann selbst vor dem Hintergrund des Anstiegs um 2,0 Prozentpunkten von 2006 zu 2011 von einer Aufsplitterung der Stimmen bei sinkender Wahlbeteiligung gesprochen werden (siehe Tab. 4). Diese Zahlen bestätigen die oben beschriebenen Besonderheiten des Landes.

Grundsätzlich gilt, dass es eines großen Maßes an Motivation und Überzeugung für die eigene Sache bedarf, um trotz der vorhandenen Hürden einen erfolgreichen Wahlkampf zu führen.[62]

5   Fazit: Langfristig ohne Chance?

Ohne Personal, Geld, Strukturen in der Fläche und eines thematisch für größere Wählergruppen ansprechenden Wahlkampfes gelingt es den Kleinstparteien bisher nicht, in Mecklenburg-Vorpommern Sitze im Landtag zu erringen. Die außerparlamentarische Repräsentation kann durch die größtenteils fehlende Kontinuität der Parteiarbeit kaum gewährleistet werden. Ein Bedeutungsanstieg der Kleinstparteien ist selbst vor dem Hintergrund der wachsenden Menge – von sieben auf zehn – der angetretenen Parteien

---

61 Aus der Darstellung und der Berechnung der Summen sind die NPD und alle Parteien, die sich zu Bündnis 90/Die Grünen zusammenschlossen, exkludiert. Daraus entsteht eine Abweichung der Ergebnisse der Sonstigen in den bisherigen Veröffentlichungen des Lehrstuhls für Vergleichende Regierungslehre der Universität Rostock.

62 Vgl. Birgit Lüke, Splitterparteien: Wahlkampf aus dem Archiv, in: Politik & Kommunikation, Sonderausgabe 3 (2005), S. 34.

nicht festzustellen.[63] Genauso wenig kann eine Etablierung von regionalen Zentren be-obachtet werden.

Der Blick in die Landschaft der Kleinstparteien in Mecklenburg-Vorpommern hat äußerst schwierige Rahmenbedingungen für einen möglichen Wahlerfolg im Bundes-land gezeigt. Die geringe Siedlungsdichte, das Fehlen von größeren Industriestandor-ten, die Landflucht, sowie ein latenter Rechtsextremismus im östlichen Landesteil ma-chen Mecklenburg-Vorpommern zum „Armenhaus der Republik",[64] oder zum „Land am Rand".[65] Aus den Untersuchungsergebnissen lassen sich vier Hypothesen für die be-sondere Randlage von Kleinstparteien in Mecklenburg-Vorpommern ableiten:

1) Durch die Gleichschaltung der Nationalsozialisten, die Umsiedlungspolitik nach dem Zweiten Weltkrieg, die politische und gesellschaftliche Stasis der DDR-Zeit und die schwierige Transformationsperiode nach 1989 ist die Zivilgesellschaft in Ostdeutsch-land – speziell in Mecklenburg-Vorpommern – sehr schwach ausgeprägt. Spezialin-teressen abseits der Mehrheitsmeinung haben dadurch einen schweren Stand.

2) In Mecklenburg-Vorpommern sind Kleinstparteien nur „erfolgreich", erreichen also mehr als ein Prozent des Zweitstimmenergebnisses bei Landtagswahlen, wenn sie bundesweit agieren oder in mindestens einem weiteren Bundesland in einem Parla-ment vertreten sind.

3) Von 1994 bis 2002 fanden Bundestagswahl und die Landtagswahl in Mecklenburg-Vorpommern zum gleichen Zeitpunkt statt. Dies führte zu einer verstärkten Kon-zentration der Berichterstattung auf die Bundespolitik und ihre Abbilder im Land. Der Raum für die Kleinstparteien war hierdurch äußerst begrenzt. Seit 2006 entzerrt sich das Bild ein wenig. Ein zahlenmäßiger Anstieg der Anzahl der Sonstigen und ihres Zweitstimmenergebnisses könnte ein Symptom dieser Entwicklung sein.

4) Eben dieser Anstieg koinzidiert nicht mit einem Anwachsen des prozentualen Zweit-stimmenanteils der Sonstigen auf ein historischen Höchststand. Dieser lag 1998 noch 0,2 Prozentpunkte höher als 2011. Die sinkende Wahlbeteiligung rückt diesen neu-erlichen „Anstieg" weiter ins Bild. In absoluten Zahlen erlebten die Sonstigen einen Abstieg von 62 646 Wählern 1998 auf 38 038 Wähler 2011.

---

63 Gemessen an der Tatsache, dass in Deutschland, bei den klassischen Lagern, dass Linke viel stärker zer-splittert ist, überrascht es, dass es beispielsweise in Mecklenburg-Vorpommern kaum linke Kleinstpar-teien gibt. Diese Entwicklung lässt sich möglicherweise mit der „Einheitsfront" Einstellung, also der Verbindung aller linken Kräfte, erklären.

64 Karsten Grabow, Das Parteiensystem Mecklenburg-Vorpommerns, in: Uwe Jun/Melanie Haas/Oskar Niedermayer, Parteien und Parteiensysteme in den deutschen Ländern, Wiesbaden 2008, S. 265–290, hier: S. 265–266.

65 Vgl. Steffen Schoon, Mecklenburg-Vorpommern – Pragmatismus und Kontinuität bei struktureller Schwäche, in: Andreas Kost/Werner Rellecke/Reinhold Weber (Hrsg.), Parteien in den deutschen Län-dern: Geschichte und Gegenwart, München 2010, S. 242–254, hier: S. 243–244.

Ausgehend von den obigen Hypothesen wäre ein Vergleich mit anderen Bundesländern nötig um die Validität der getroffenen Aussagen zu überprüfen. Hierbei gibt es zwei logische Fallgruppen: die anderen aus der ehemaligen DDR hervorgegangen Länder und die westlichen Bundesländer, die nicht den sozialgeschichtlichen Hobel einer zweiten Diktatur erdulden mussten.

Schlussendlich muss festgehalten werden, das Nischen- oder Ein-Themen-Parteien auf lange Sicht in Mecklenburg-Vorpommern kaum Chancen haben werden, in das Schweriner Schloss einzuziehen. Inwieweit neue Wettbewerbsformen, wie sie beispielsweise von der Piratenpartei praktiziert werden, hieran etwas ändern können, ist zu diesem Zeitpunkt noch nicht absehbar. Es steht jedoch zu bezweifeln, dass eine reine Onlinekommunikation mit den Wählern im östlichen Landesteil – beziehungsweise Onlineparteitage – eine Präsenz vor Ort ersetzen kann.[66]

66 Vgl. o. A., Piraten lassen Mitglieder abstimmen, in: OZ 05. 11. 2012.

II. Aspekte von Politik, Gesellschaft und Verwaltung

Kirchen und Religiosität in Mecklenburg-Vorpommern im Wandel

Yves Bizeul/Nikolaus Werz

1 Einleitung

Laut einer nordamerikanischen Studie glauben „heute zwischen Elbe und Oder weniger Menschen an einen Gott als in jeder anderen Region der Welt."[1] Nach dem Religionsmonitor 2008 der Bertelsmann-Stiftung waren weltweit etwa 80 Prozent aller Menschen irgendwie religiös gestimmt,[2] Mecklenburg-Vorpommern stellt demnach eine Ausnahme dar. Denn statistisch gehören nur noch 20 Prozent der Bevölkerung des Bundeslandes der evangelischen oder katholischen Kirche an.

Dieser aktuelle Befund sollte jedoch nicht darüber hinwegtäuschen, dass die Kirchen in der Geschichte eine wichtige Rolle gespielt haben. Die Christianisierung begann im 12. Jahrhundert, sichtbare Zeichen finden sich in den Klöstern der Zisterzienser, in der Backsteingotik sowie den frühen Universitätsgründungen in Rostock und Greifswald. Mit der Reformation wurde die Ausübung des katholischen Kultes 1534 in Pommern und 1549 in Mecklenburg untersagt, erst im 17. Jahrhundert wurden wieder katholische Pfarreien geduldet.[3] Die friedliche Revolution von 1989 begann in den protestantischen Kirchen. Im ersten Kabinett in Schwerin 1990 und in allen folgenden Landesregierungen war der Anteil der konfessionell gebundenen Menschen sehr viel höher als im Rest der Bevölkerung. Mit Bundeskanzlerin Angela Merkel, die ihren Wahlkreis in Vorpommern hat, und Bundespräsident Joachim Gauck, der aus Mecklenburg kommt, nehmen

---

1   Robert von Lucius, In der Mitte Europas, in: FAZ, 18. 09. 2012.
2   Vgl. Bertelsmann Stiftung (Hrsg.), Religionsmonitor 2008, Gütersloh 2007.
3   Die Rolle der Kirchen kann erst seit 1989/90 umfassend bearbeitet werden. Einen ersten bebilderten Überblick bietet: Renate Krüger, Spurensuche in Mecklenburg: Innenansichten eines Landes, Rostock 1999. Darüber hinaus können die Stichwörter Kirche bzw. Landeskirche als Ausgangspunkt dienen. Vgl. Geschichtswerkstatt Rostock e. V./Landesheimatverband (Hrsg.), Landeskundlich-historisches Lexikon Mecklenburg-Vorpommern, Rostock 2007.

zwei Personen höchste Ämter in der Bundesrepublik ein, die aus einem evangelischen Pfarrhaus stammen oder Pastor waren. Insofern ist der eingangs erwähnte Befund widersprüchlich: Zwar sinkt die Zahl der „religiös musikalischen" Bürger (Max Weber), gleichzeitig sind sie aber in der Elite stark vertreten und die Kirchen bleiben im kulturellen Bereich präsent.

Nach dieser Einleitung (1.) behandelt der Aufsatz die Geschichte und Transformation ab 1990 (2.). Anschließend geht es um die Fusion zur Nordkirche (3.), den Religionsunterricht und die Zunahme kirchlicher Schulen (4.), die Sozialarbeit der Kirchen (5.), um mit einem Ausblick (6.) zu enden.

2   Die Last der Vergangenheit und die Folgen der Transformation

In Mecklenburg-Vorpommern haben die Kirchen mit den Spätfolgen der durch das SED-Regime forcierten Entchristianisierungspolitik zu kämpfen, die bei einem Teil der Bevölkerung zur Verbreitung eines kruden Materialismus und eines Rückzugs ins Private geführt hat. Nach der Vereinigung sahen sie sich außerdem mit einer ausgeprägten Konsumorientierung konfrontiert. Detlef Pollack spricht von einem Entfremdungsprozess vom Christentum bei vielen Ostdeutschen und führt diesen vor allem auf eine jahrelange Konzentration der Einzelnen auf die Probleme der Sicherung der materiellen Existenz zurück.[4] Allerdings hat die Religion gerade in schwierigen sozialen und psychischen Lagen Trost zu spenden vermocht. Die Entfremdung vom Christentum im östlichen Teil Deutschlands ist nicht so sehr das Ergebnis materieller Deprivationen oder eines durch funktionale Differenzierung bzw. Rationalisierung hervorgebrachten Säkularisierungsprozesses,[5] sondern eher die Folge einer in der DDR konsequent „erzwungenen Säkularisierung",[6] die heute durch Individualisierungstendenzen noch verstärkt wird.

Freilich haben die Kirchen im Osten Deutschlands im politischen Umbruch zunächst von der Tatsache profitiert, dass sie Schutzräume für Ausreisewillige und Oppositionelle boten. Sie spielten auch bei der friedlichen Revolution 1989 eine bedeutende Rolle, seitdem verloren sie jedoch viele Mitglieder. Die Einführung des Einzugs der Kirchensteuer durch die Finanzämter bewegte zahlreiche Bürger, die schon vorher eine distanzierte Haltung zur Kirche pflegten – sogenannte „Karteileichen" – dazu, nun auch

---

4   Vgl. Detlef Pollack, Religiös-kirchlicher Wandel in Ostdeutschland, in: ders./Gert Pickel (Hrsg.), Religiöser und kirchlicher Wandel in Ostdeutschland 1989–1999, Opladen 2000, S. 18–47, hier: S. 44.

5   Siehe hierzu: Wolfgang Jagodzinski, Religiöse Stagnation in den Neuen Bundesländern, in: Pollack/Pickel (Hrsg.), Religiöser und kirchlicher Wandel in Ostdeutschland 1989–1999, 2000, S. 48–69, hier: S. 51.

6   Heiner Meulemann, Erzwungene Säkularisierung in der DDR – Wiederaufleben des Glaubens in Ostdeutschland?, in: Christel Gärtner/Detlef Pollack/Monika Wohlreb-Sahr (Hrsg.): Atheismus und religiöse Indifferenz, Opladen 2003, S. 271–287.

offiziell auszutreten. Nach einem Höhepunkt zwischen 1991 und 1992 stabilisierte sich eine anhaltende Austrittswelle auf niedrigerem Niveau, deren Folgen durch die Abwanderung zahlreicher Landeskinder und den Demografischen Wandel zusätzlich verstärkt wurden. 1950 zählte die Evangelisch-Lutherische Landeskirche Mecklenburgs (ELLM) noch 1,2 Mio. Mitglieder. 1990 waren es nur noch 400 000 und diese Zahl hat sich bis 2010 wiederum halbiert. Der Anteil der Gemeindemitglieder an der Gesamtbevölkerung betrug 2010 gerade noch knapp 17 Prozent. Die Pommersche Evangelische Kirche (PEK) zählte Anfang der 1990er Jahre ca. 200 000 Mitglieder. Die Zahl sank 2010 auf 94 000 (ca. 18 Prozent der Bevölkerung).[7] In beiden Landeskirchen werden die Gottesdienste spärlich und vorwiegend von älteren Menschen besucht.[8] ELLM und PEK sind mit 294 000 Mitgliedern dabei, sich in Volkskirchen ohne Volk zu verwandeln.

In der traditionell protestantischen Region hatte sich durch Flucht und Vertreibung die Zahl der Katholiken nach dem Zweiten Weltkrieg vervierfacht und erreichte 1946 kurzzeitig 300 000; sie ging allerdings bereits zu DDR-Zeiten wegen Abwanderung stark zurück.[9] 1990 lag ihr Anteil bei 91 000, 2010 waren es noch 53 000. Während der deutschen Teilung gehörte Mecklenburg zum Bistum Osnabrück, Vorpommern zum Bistum Berlin. Mecklenburg zählt seit 1995 zum Erzbistum Hamburg, Vorpommern weiterhin zu Berlin. In Mecklenburg gibt es 41 katholische Gemeinden, die in fünf Dekanaten zusammengefasst sind, die 20 katholischen Gemeinden Vorpommerns bilden zwei Dekanate. In der Region Mecklenburg bestanden 2011 noch 23 Pfarreien, in den kommenden Jahren sind mit der Bildung von „Pastoralen Räumen" weitere Umstrukturierungen geplant. Das Durchschnittsalter der Katholiken in Mecklenburg lag mit 49 Jahren über dem Durchschnitt im Erzbistum Hamburg.[10] Als ein Ergebnis der Tätigkeit des Heinrich-Theissing-Institutes und des Thomas-Morus-Bildungswerkes in Schwerin liegen mittlerweile Studien zur Geschichte der katholischen Schulen und Gemeinden vor.[11] Das Bildungswerk war 2011 mit 72 Veranstaltungen an zehn Standorten in der Fläche

---

7   Vgl. Statistisches Amt Mecklenburg-Vorpommern (Hrsg.), Statistisches Jahrbuch Mecklenburg-Vorpommern 2010, Schwerin 2010, S. 118. Siehe hierzu auch: http://www.nordkir che.de/nordkirche/a-z/statistik.html (Stand: 07. 08. 2012), http://www.kirche-mv.de/Zahlen-und-Fakten.15137.0.html (Stand: 07. 08. 2012) und http://www.kirche-mv.de/Zahlen-und-Fakten.15138.0.html (Stand: 07. 08. 2012).

8   Die Kirchgangshäufigkeit lag 2006 in Westdeutschland bei 9,1 Prozent und in Ostdeutschland bei 3,5 Prozent. Vgl. Detlef Pollack/Olaf Müller, Die religiöse Entwicklung in Ostdeutschland nach 1989, in: Gert Pickel/Kornelia Sammet (Hrsg.), Religion und Religiosität im vereinigten Deutschland zwanzig Jahre nach dem Umbruch, Wiesbaden 2011, S. 125–144, hier: S. 129.

9   Vgl. Georg Diederich, Geistige Heimat Kirche: Zur Situation der Flüchtlinge und Vertriebenen in Mecklenburg-Vorpommern nach dem Zweiten Weltkrieg, in: Nikolaus Werz/Reinhard Nuthmann (Hrsg.), Abwanderung und Migration in Mecklenburg und Vorpommern, Wiesbaden 2004, S. 91–111.

10 Vgl. Erzbistum Hamburg (Hrsg.), Kirchliche Statistik 2011, abrufbar unter: http://www.erz bistum-hamburg.de/ebhh/pdf/kirchl_Statistiken/KirchlicheStatistik_2011.pdf (Stand: 24.11.2012).

11 Vgl. Georg Diederich/Renate Krüger (Hrsg.), geduldet, verboten, anerkannt: Katholische Schulen in Mecklenburg, Rostock 2000; Georg Diederich, Chronik der katholischen Gemeinden in Mecklenburg 1709 bis 1961, Schwerin 2006.

Yves Bizeul/Nikolaus Werz

Mecklenburgs vertreten. Hinzu kamen Maßnahmen der katholischen Erwachsenenbildung, Tourismusseelsorge, Integrationskurse und Europäische Jugendwochen.

Aufgrund der negativen Mitgliederentwicklung gehen die Kirchensteuereinnahmen der Landeskirchen in Mecklenburg-Vorpommern zurück. 2010 brachten sie der ELLM weniger als 21,5 Mio. Euro und der PEK knapp 8,9 Mio. Euro ein.[12] Die Finanznot, die trotz kräftiger Unterstützung durch die Evangelische Kirche in Deutschland (EKD) aufgrund der niedrigen Einkommen im Bundesland und der Erhöhung des steuerfreien Existenzminimums noch verschärft wurde, zwang zu drastischen Sparmaßnahmen. Dienststellen wurden abgebaut und die Zahl der Kirchenkreise und der Kirchengemeinden reduziert.[13] In Mecklenburg-Vorpommern gab es vor den Reformen zahlreiche evangelische Gemeinden mit weniger als 500 Mitgliedern, während eine westdeutsche Gemeinde im Durchschnitt weit über 2 000 Mitglieder hat. Allerdings ist die Ausdehnung der Zuständigkeitsbereiche der Pfarrer auf mehrere Kirchengemeinden mittlerweile zum Problem geworden. So hat heute der Pastor im pommerschen Pfarramt Hohenreinkendorf, Sebastian Gabriel, sechs Kirchdörfer im Umkreis von zirka zehn Kilometern zu betreuen.[14] Beklagt wird in diesem Zusammenhang das Fehlen eines vom Pastor unabhängigen Gemeindelebens.

Die neuen Bundesländer sind bezüglich der Religiosität durch eine doppelte Besonderheit gekennzeichnet. Sie sind zum einen stark säkularisiert. Bei der Religiositätsskala der ALLBUS Studie 2002 (Skala von 1 „nicht religiös" bis 10 „religiös") besetzen die neuen Bundesländer die hinteren Plätze. Mecklenburg-Vorpommern erreicht einen Mittelwert von gerade 3,25. Das Land steht damit vor Berlin-Ost (2,64), Brandenburg (3,02) und Sachsen-Anhalt (3,06), aber hinter Thüringen (3,87) und Sachsen (4,04) sowie hinter allen alten Bundesländern.[15]

---

12 Vgl. Statistisches Bundesamt (Hrsg.), Statistisches Jahrbuch 2011: Für die Bundesrepublik Deutschland mit „Internationalen Übersichten", Wiesbaden 2011, S. 70.

13 Unter „Kirchenkreis" wurde in der ELLM und in der unierten PEK Unterschiedliches verstanden. Die beiden großen unierten Propsteien der PEK entsprachen den lutherischen Kirchenkreisen in Mecklenburg und umgekehrt die kleinen Kirchenkreise der PEK den lutherischen Propsteien. Die Leitung der Landeskirche Mecklenburgs bestand aus dem Landesbischof, der Landessynode, der Kirchenleitung (aus Vertretern von Landessynode und Oberkirchenrat gebildet) und dem Oberkirchenrat. Die obersten Organe der PEK waren die Synode und die Kirchenleitung, deren Vorsitzender der Bischof war. Der Konsistorialpräsident war Leiter der kirchlichen „Exekutive", vgl.: Landeszentrale für politische Bildung M-V (Hrsg.), Mecklenburg-Vorpommern: Politische Landeskunde, Schwerin 1995, S. 54–55.

14 Vgl. Christine Senkbeil/Sven Kriszio, Unterwegs durch die Nordkirche: Was unterscheidet, was verbindet die Kirchengemeinden in Ost und West? „Evangelische Zeitung" und „Kirchenzeitung" sind quer durch die Nordkirche gefahren und haben acht Gemeinden besucht, in: Evangelisches Wochenblatt für Mecklenburg und Vorpommern, 27. 05. 2012; Trotz großer Arbeitsbelastung sind die meisten Pastoren in M-V mit ihrem Beruf zufrieden. Vgl. Gothart Magaard/Wolfgang Nethöfel (Hrsg.), Pastorin und Pastor im Norden: Antworten – Fragen – Perspektive, Berlin 2011.

15 Quelle: ALLBUS Studie 2002, Zentralarchiv für Empirische Sozialforschung (Köln) ZA – Nr. 3700. Der Mittelwert aller Bundesländer liegt bei 5,35, Baden-Württemberg erreicht 6,04 und Bayern sogar 6,19. 2008 gaben bei einer ALLBUS-Umfrage 65,3 Prozent der Ostdeutschen an, nie an Gott geglaubt zu haben (10,9 Prozent der Westdeutschen), 71,1 Prozent bezeichneten sich als „gar nicht religiös" (21,5 Pro-

Zweitens zeigen die ostdeutschen konfessionell Gebundenen und religiös Interessierten eine weniger akzentuierte Neigung, zwischen kirchlicher und außerkirchlicher Religiosität streng zu unterscheiden, als die westdeutschen Kirchenmitglieder.[16] Sie tendieren also mehr zu einer deinstitutionalisierten Religiosität. Pollack erklärt diese Haltung mit der Tatsache, dass sich die meisten Konfessionsangehörigen im östlichen Teil Deutschlands in einer „Randstellung von Glauben, Kirche und Religiosität" befinden. Sie seien oft keine „hochidentifizierten Gruppenmitglieder" und tendierten deshalb weniger als die westdeutschen Konfessionsmitglieder dazu, zwischen christlichem und nicht-christlichem Glauben zu trennen.[17] Zugleich zeige sich die große Mehrheit der zahlreichen ostdeutschen Konfessionslosen für außerkirchliche Formen der Religiosität wenig anfällig. Wenn es so ist, verläuft die Trennlinie nicht zwischen einem konventionellen und einem postmodernen patchworkartigen Religiositätstypus wie im Westen, sondern zwischen einer kleinen Minderheit von Gläubigen mit relativ lockeren religiösen Überzeugungen und der großen Mehrheit von religiös Indifferenten.

Nach wie vor ist die Jugendweihe nachgefragt. Schon 1990 wurde unter den neuen politischen Verhältnissen ein entsprechender Landesverband gegründet, der mit einem humanistischen Landesverband kooperiert. 2011 verzeichnete der Landesverband mit 6 000 Jugendweihlingen in Mecklenburg-Vorpommern nach eigenen Angaben einen Anstieg von neun Prozent.[18] Manche Jugendliche gehen sowohl zur Jugendweihe als auch zur Konfirmation oder Kommunion.

Man findet allerdings auch in Mecklenburg-Vorpommern neben den „großen" christlichen Volkskirchen einige kleinere freikirchliche Gemeinden, deren Mitglieder feste Überzeugungen vorweisen.[19] Nach internen Angaben nehmen etwa 70 bis 80 Prozent der Freikirchenmitglieder an den sonntäglichen Gottesdiensten teil und 30 bis 40 Prozent an den speziellen Bibelstunden am Donnerstag. Auch die Siebenten-Tags-Adventisten, die schon lange vor der Wende in Mecklenburg-Vorpommern tätig waren, sind überzeugte Gläubige.

---

zent der Westdeutschen). Vgl. Pollack/Müller, Die religiöse Entwicklung in Ostdeutschland nach 1989, in: Pickel/Sammet (Hrsg.), Religion und Religiosität im vereinigten Deutschland zwanzig Jahre nach dem Umbruch, 2011, S. 136.

16 Vgl. Ebd., S. 139; Vgl. Pollack, Kirchliche und außerkirchliche Religiosität, in: Pollack/Pickel (Hrsg.), Religiöser und kirchlicher Wandel in Ostdeutschland 1989–1999, 2000, S. 294–309.

17 Vgl. Ebd., S. 307. Allerdings sind die Dateien, die diese interessante These beweisen sollen, nicht einfach zu deuten und deshalb nur mit Vorsicht zu betrachten.

18 Jugendweihe Deutschland e. V. (Hrsg.), aktuell aktuell, in: 3 (2011), abrufbar unter: http://www.jugendweihe.de/files/aktuell3_2011_net.pdf (Stand: 24. 11. 2012).

19 Die selbständigen Ortsgemeinden des „Bundes Evangelisch-Freikirchlicher Gemeinden in Deutschland" haben sich vor der Wende in den drei Nordbezirken der DDR zu einer Vereinigung zusammengeschlossen. Heute gehören 20 Gemeinden und 11 Zweiggemeinden dazu. Vgl. http://www.baptisten.de/ (Stand: 07. 08. 2012). Die größten Gemeinden befinden sich in Rostock, Schwerin, Stralsund und Malchin. Die baptistische Gemeinde Rostock wurde bereits 1906 gegründet und 1921 mit 40 Mitgliedern selbstständig. Heute zählt sie über 210 getaufte Mitglieder, mit den Mitgliedern in Bad Doberan, Bützow und Güstrow sind es rund 320. Vgl. http://efg-rostock.jimdo.com/gemeinde/ (07. 08. 2012).

In Rostock und Schwerin bestehen jüdische Gemeinden, denn durch die Immigration aus Ländern der ehemaligen Sowjetunion erwachte das jüdische Leben in den 1990er Jahren zu neuer Blüte. Mittlerweile haben sie in Rostock mit rund 700 Gemeindemitgliedern doppelt so viele wie 1933. Seit 1997 besteht dort das jüdische Theater „Mechaje". In Schwerin leben rund 1 300 Juden. Moscheen sind in Schwerin und Rostock vorhanden. Die muslimische Religionszugehörigkeit wird von der Landesregierung statistisch nicht erfasst.

In Mecklenburg-Vorpommern haben nach 1989/90 Gruppen, die oft als „Sekten" bezeichnet werden, nach neuen Missionierungsfeldern gesucht. Aufgrund mangelnder Erfolge haben sie sich jedoch meist wieder zurückgezogen.[20] Einige sind noch immer bzw. immer wieder neu aktiv, so die Zeugen Jehovas im Kreis Nordwestmecklenburg, die dort schon seit mehr als 60 Jahren tätig sind und in der DDR verfolgt wurden, oder die Scientology-Organisation.[21] Ihre Erfolge sind jedoch äußerst begrenzt. Auch die Esoterik-Szene erfährt in Mecklenburg-Vorpommern keinen breiten Zulauf.[22] Die in ihrem genauen Umfang schwer einschätzbare Verbreitung des Okkultismus und Satanismus stellt allerdings eine besondere Gefahr dar, da diese Bewegung nicht selten mit einer gewaltbereiten rechtsradikalen Jugendszene verbunden ist.[23] Sie scheint vor allem in Vorpommern gewisse Erfolge zu verzeichnen.[24] Oft versuchen die Rechtsextremen auch, die heidnische germanische Religion für ihre Zwecke zu reaktivieren und zu instrumentalisieren.[25]

---

20 Frank Usarski bemerkt, dass der „nach der Vereinigung gemutmaßte ‚Boom' alternativer Religiosität in den neuen Bundesländern [...] ausgeblieben" ist. Vgl. Frank Usarski, „Alternative Religiosität" in Ostdeutschland im Kontinuum zwischen cult-movements und Esoterik-Angeboten, in: Pollack/Pickel (Hrsg.), Religiöser und kirchlicher Wandel in Ostdeutschland 1989–1999, 2000, S. 310–327, hier S. 310.
21 Kultusministerium des Landes M-V (Hrsg.), Informationsbroschüre über Sekten und Weltanschauungsgruppierungen, Schwerin 1995, S. 15.
22 Frank Usarski hierzu: „Auch in der Esoterik-Szene Mecklenburg-Vorpommerns beginnen sich nach Aussage der dortigen ‚Sekten'-Beauftragten im Kultusministerium allmählich einheimische Personen zu etablieren und sich z. B. im Kontext von Esoterikmessen der Öffentlichkeit zu präsentieren. Auch die Existenz von Esoterikläden in Schwerin und Rostock, der Institution *Spirale 7* oder restaurierte Gutshäuser mit Esoterikangeboten im ländlichen Raum sollen diesen Trend bestätigen". Vgl. Usarski, „Alternative Religiosität" in Ostdeutschland im Kontinuum zwischen cult-movements und Esoterik-Angeboten, in: Pollack/Pickel (Hrsg.), Religiöser und kirchlicher Wandel in Ostdeutschland 1989–1999, 2000, S. 316.
23 Friedrich Paul Heller, Mythologie und Okkultismus bei den deutschen Rechtsextremen, in: Thomas Grumke/Bernd Wagner (Hrsg.), Handbuch Rechtsradikalismus: Personen – Organisationen – Netzwerke, vom Neonazismus bis in die Mitte der Gesellschaft, Opladen 2002, S. 203–212.
24 Schon am 3. Juni 1999 wurde eine Informations- und Arbeitstagung zum Thema „Okkultismus/Satanismus" im Schweriner Schloss durch das Bildungsministerium und die Landeszentrale für Politische Bildung Mecklenburg-Vorpommern veranstaltet.
25 Vgl. Heinrich-Böll-Stiftung (Hrsg.), Braune Ökologen – Hintergründe und Strukturen am Beispiel Mecklenburg-Vorpommerns, Berlin 2012.

3   Die Fusion zur Nordkirche 2012

Vor allem die strukturelle Unterfinanzierung der beiden evangelischen Kirchen, die eine Vielzahl von Aufgaben bewältigen müssen, hat die 2012 vollzogene Fusion mit der größeren und finanzkräftigeren Nordelbischen Evangelisch-Lutherischen Kirche (NEK) erforderlich gemacht.[26] Durch die Verschmelzung der drei Landeskirchen sollen Synergieeffekte entstehen und hohe Verwaltungskosten gesenkt werden.

Die Gründung der Evangelisch-Lutherischen Kirche in Norddeutschland (Nordkirche) fand am Pfingstsonntag 2012 statt. Am Gründungsfest in Ratzeburg nahm Bundespräsident Joachim Gauck, der in Rostock geboren ist und in Lüssow und Rostock-Evershagen Pfarrer war, teil. Das Gebiet der neuen Nordkirche umfasst im Wesentlichen neben Mecklenburg-Vorpommern auch die Länder Schleswig-Holstein und Hamburg.

Aufschlussreich ist die Geschichte der Fusion. Ab 2004 wurden zwischen der ELLM und der PEK erste Gespräche über einen möglichen Zusammenschluss der beiden Landeskirchen geführt. 2006 plädierte die PEK überraschend – trotz der Existenz eines Rahmenvertrags für die Fusion mit der ELLM – für Sondierungsgespräche mit der Evangelischen Kirche Berlin-Brandenburg-schlesische Oberlausitz (EKBO). Auch in diesem Fall strebte man eine Verschmelzung mit einer Ostkirche an. Der Vorschlag eines Zusammenschlusses mit einer westdeutschen Landeskirche kam ursprünglich von der Nordelbischen Kirche und wurde von der PEK, die schon seit langem enge Kontakte mit der NEK pflegte, positiv aufgenommen. Ab März 2007 entschied sich auch die ELLM, an Sondierungsgesprächen zwischen NEK und PEK teilzunehmen; am 5. Februar 2009 unterzeichneten die Vertreter der drei Gliedkirchen im Ratzeburger Dom einen Fusionsvertrag, der Ende März von den drei zeitgleich tagenden Landessynoden mit der notwendigen Zwei-Drittel-Mehrheit angenommen wurde. Daraufhin wurde eine verfassungsgebende Synode gebildet. Am 7. Januar 2012 haben die drei Synoden die Verfassung und das Grundordnungsgesetz der Nordkirche beschlossen.

Auf den ersten Blick kann die neue Kirche als Ausdruck des Willens, die deutsche Einheit auf institutioneller Ebene durch die Überwindung der alten Grenzen zu konkretisieren, gedeutet werden. Allerdings wurden Entscheidungen getroffen, welche die Aussagekraft dieser Symbolsetzung gemindert haben. Standort der Landesbischöfin bzw. des Landesbischofs ist zwar Schwerin, das Machtzentrum der neuen Kirche, das Landeskirchenamt, liegt aber in Kiel (eine Außenstelle befindet sich in Schwerin). Das Ungleichgewicht in der neuen Nordkirche erklärt aber nicht die Zurückhaltung vieler Gemeindemitglieder in Mecklenburg-Vorpommern gegenüber der Fusion. Sie ist vielmehr

---

26 Die NEK, die wie die ELLM der EKD und der Vereinigten Evangelisch-Lutherischen Kirche Deutschlands (VELKD) angehörte, erhielt 2010 mehr als 352 Mio. Euro Kirchensteuer. Ihre knapp 2 Mio. Kirchenmitglieder bildeten immerhin 43,3 Prozent der Gesamtbevölkerung.

die Folge einer tief verwurzelten Liebe zur Tradition, einer Furcht vor Ungewohntem oder Fremdem und einer ablehnenden Haltung den „Wessis" gegenüber.[27]

Die Nordkirche ist in drei Sprengel (Schleswig und Holstein, Hamburg und Lübeck und Mecklenburg und Pommern) mit jeweils einem Bischof bzw. einer Bischöfin als geistlicher Leitung sowie in 13 Kirchenkreise mit jeweils einer Kirchenkreissynode unterteilt. Allerdings befinden sich nur zwei dieser Kirchenkreise in Mecklenburg-Vorpommern: der Kirchenkreis Mecklenburg und der Pommersche Evangelische Kirchenkreis. Die Nordkirche mit mehr als 2 Mio. Mitgliedern (39 Prozent der Gesamtbevölkerung) und mehr als 1 000 Kirchengemeinden ist eine der größten Landeskirchen in der Bundesrepublik. Sie verfügt über einen Gesamtetat von zirka 420 Mio. Euro pro Jahr.[28]

Die Dominanz des Luthertums in der neuen Kirche ist offensichtlich, auch wenn sich die Kirche in der Präambel der neuen Verfassung auch auf die Theologische Erklärung der Bekenntnissynode von Barmen beruft, ein Passus, der für manche Lutheraner schwer annehmbar war. Das Recht der Vereinigten Evangelisch-Lutherischen Kirche Deutschlands (VELKD) gilt auf dem ganzen Gebiet der Nordkirche. Die Idee, eine unierte Kirche zu gründen, wurde nicht weiter verfolgt. Das ist auch dadurch zu erklären, dass die PEK eine unierte Kirche ohne reformierten Kirchenkreis und ohne reformierte Gemeinden mit einem Bekenntnis zum Heidelberger Katechismus war. Dennoch ist die Nordkirche wie früher die PEK weiterhin Gastmitglied in der Union Evangelischer Kirchen (UEK). Regionale liturgische Traditionen können weitergepflegt werden.

Die Mitarbeiter innerhalb der Nordkirche, die bei den Körperschaften des öffentlichen Rechts der Kirchenkreise Mecklenburg-Vorpommern bzw. deren Gemeinden angestellt sind, unterstehen dem kirchlichen Arbeitsrecht („Dritter Weg"). Eine paritätisch mit Vertretern der Mitarbeiter im kirchlichen Dienst und Vertretern kirchlicher Arbeitgeber besetzte Arbeitsrechtliche Kommission (ARK) mit verbindlicher Konfliktschlichtung befasst sich seit 2012 mit allen Fragen des Arbeitsrechts für die beiden Kirchenkreise in Mecklenburg-Vorpommern. Das Diakonische Werk Mecklenburg-Vorpommern e. V. hat für die Regelung der Arbeitsverhältnisse seiner Mitarbeiter und seiner Mitglieder eine eigene Arbeitsrechtliche Kommission gebildet.

---

27 Zum Ungleichgewicht in der neuen Nordkirche und zu der Skepsis vieler Gemeindemitglieder angesichts der Fusion siehe u. a.: O. A., Ost und West, sorgsam quotiert: Wie die Nordkirche bei ihrem Gründungsfest versucht, vom Kopf aus langsam in die Herzen vorzudringen, in: FAZ, 29. 05. 2012; o. A., Gauck würdigt Zusammenschluss zur Nordkirche, in: FAZ, 29. 05. 2012.

28 Vgl. Evangelische Kirche in M-V (Hrsg.), Zahlen und Fakten, abrufbar unter: http://www.kirche-mv.de/Zahlen-und-Fakten.23006.0.html (Stand: 08. 08. 2012).

4 Religionsunterricht und kirchliche Schulen

Pollack bemerkt, dass die unmittelbar nach 1989/90 kontrovers geführten Debatten im östlichen Teil Deutschlands um den Erhalt von in der DDR gewachsenen Traditionen bzw. um die Einführung westdeutscher Strukturen, die meistens zur Erhöhung der Handlungsfähigkeit der Kirchen geführt haben,[29] die Kirchen in den neuen Bundesländern unnötig viel Kraft kosteten.[30]

Der geringe Anteil an getauften Kindern und Jugendlichen gegenüber der Gesamtzahl der Schüler wurde auch in Mecklenburg-Vorpommern anfangs als Argument gegen die Wiedereinführung des Religionsunterrichts als ordentliches Lehrfach in den öffentlichen Schulen angeführt. Die Rechtslage des evangelischen und katholischen Religionsunterrichts in Mecklenburg-Vorpommern ist im Grundgesetz und in der Landesverfassung geregelt. Sie sind seit 1992 ordentliche Unterrichtsfächer. Sowohl der im Mai 1994 ratifizierte Staatsvertrag mit den beiden evangelischen Landeskirchen als auch das 1997 unterzeichnete Konkordat zwischen dem Land Mecklenburg-Vorpommern und dem Vatikan bestätigen diese Bestimmungen. Die Umsetzung dieses Rechts in den Schulen des Landes war keineswegs einfach, Religion wird noch immer nicht flächendeckend als Unterrichtsfach angeboten. Im Schuljahr 2003/04 waren in ganz Mecklenburg-Vorpommern nur 326 evangelische Religionslehrer an allgemein bildenden Schulen tätig. Unmittelbar nach der friedlichen Revolution fehlte es an qualifizierten Religionslehrern. Kirchliche Mitarbeiter und Lehrer wurden zwar weitergebildet, jedoch nur zögerlich eingesetzt, u. a. weil seitens der Lehrerschaft Vorbehalte gegen das neue Fach vorhanden waren. Dabei stößt der Religionsunterricht, wenn er angeboten wird, durchaus auf Akzeptanz: Im Schuljahr 2008/2009 besuchten knapp 40 Prozent der Schüler diesen Unterricht. Ein besonderes Eingehen auf die Konfessionslosen wird von den Lehrern vorausgesetzt, Philosophie bzw. Philosophieren mit Kindern ist Ersatzfach. Der Religionsunterricht wird durch die Politik im Land unterstützt. Die Einführung des LER-Modells[31] in Mecklenburg-Vorpommern (trotz der Initiative „LER 2011" des Humanistischen Verbands Mecklenburg-Vorpommern) ist daher unwahrscheinlich.[32] Der Religionsunterricht war selbst unter den evangelischen Kirchenmitarbeitern und -mitgliedern nicht unumstritten, und dies, obwohl er von den Kirchenleitungen laut gefordert wurde, denn er bedrohte die 1949 eingeführte Christenlehre. Die Christenlehre

---

29 Kernpunkte waren: Kirchensteuereinzug durch staatliche Behörden, Militärseelsorge, ökumenische Gottesdienste bei der Eröffnung einer neuen Landtagsperiode, Einführung des Religionsunterricht in den Schulen.

30 Vgl. Detlef Pollack, Bleiben sie Heiden? Religiös-kirchliche Einstellungen und Verhaltensweisen der Ostdeutschen nach dem Umbruch von 1989, in: ders./Irena Borowik/Wolfgang Jagodzinski (Hrsg.), Religiöser Wandel in den postkommunistischen Ländern Ost- und Mitteleuropas, Würzburg 1998, S. 207–252, hier: S. 238.

31 LER steht für: Lebensgestaltung, Ethik, Religionskunde.

32 Vgl. Petra Schulz, Religion unterrichten in Mecklenburg-Vorpommern, in: Theo-Web. Zeitschrift für Religionspädagogik, Nr. 2 (2006), S. 162–178.

hatte sich in der DDR bewährt und findet heute noch in kirchlichen Räumen statt. Allerdings beklagen die Katecheten, dass sie immer mehr Schwierigkeiten haben, Kinder und Eltern zu mobilisieren und in den eigenen Kirchengemeinden ernst genommen zu werden. 1990 fasste die mecklenburgische Kirche einen Beschluss, in dem sie die Bedeutung sowohl der Christenlehre als auch des Religionsunterrichts für die christliche Sozialisation betonte.[33]

Zusammen mit der Einführung des Religionsunterrichts war am Anfang auch die durch einen Vertrag zwischen der EKD und der Bundesrepublik geregelte Militärseelsorge ein Zankapfel. Die Sorge um den Erhalt des Friedens war in den Kirchen im Osten Deutschlands besonders ausgeprägt. Außerdem befürchtete man, eine zu große Staatsnähe könnte den Handlungsspielraum der Kirchen erneut begrenzen. Um dies zu verhindern, wurde in Mecklenburg gemäß eines Beschlusses der Landessynode der ELLM von 1991 die Seelsorge für die Soldaten den Gemeindpfarrern an den jeweiligen Standorten übertragen. Da die Gemeindepfarrer aber mit diesem zusätzlichen Auftrag und aufgrund mangelnder Vorbereitung überfordert waren, hat der Militärbischof 1997 mit der Zustimmung des Rats der EKD zwei hauptamtliche Seelsorger von der Landeskirche Mecklenburgs für die Bundeswehrsoldaten benannt. Um einen unmittelbaren Einfluss des Staates zu vermeiden, wurden die betreffenden Pastorenstellen jedoch nicht direkt vom Bund, sondern vom Rat der EKD bezahlt. Die dadurch entstehenden Kosten wurden vom Verteidigungsministerium erstattet. Die Sonderregelung wurde aufgehoben, als Anfang 2004 der Militärseelsorgevertrag von 1957 zwischen der Bundesrepublik und der EKD auch in den neuen Bundesländern in Kraft getreten ist. In Mecklenburg-Vorpommern ist die Bundeswehr ein wichtiger Arbeitgeber, relativ viele Soldatinnen und Soldaten aus der Region sind an Auslandseinsätzen beteiligt. Nach der Bundeswehrreform hätte das Land künftig mit 6,4 Dienstposten je 1 000 Einwohner die bundesweit höchste Militärdichte.[34]

Neben dem Religionsunterricht und der Christenlehre sind die christlichen Schulen in freier Trägerschaft und die Kinder- und Jugendarbeit bedeutende Orte der Vermittlung christlicher Ansichten und Werte sowie der kirchlichen Beschäftigung mit den Problemen der jungen Generation in Mecklenburg-Vorpommern. Nach 1990 wurden auch in diesem Bundesland Schulen in freier Trägerschaft gegründet, allerdings im Vergleich zu den anderen neuen Bundesländern mit Verspätung. Zahlreiche dieser Schulen sind in kirchlicher Trägerschaft und weisen eine hohe Qualität auf, so die CJD Christophorusschule Rostock, die erste staatlich anerkannte Schule in freier Trägerschaft in Mecklenburg-Vorpommern. Seit 1997 wurden mehr als 20 evangelische Schulen gegründet. Die Evangelische Schulstiftung in Mecklenburg-Vorpommern und Nordelbien

---

33 Vgl. Eckart Schwerin, Christenlehre – Religionsunterricht – Religionskunde, in: Die Christenlehre, Nr. 12 (1990), S. 362–368, hier: S. 365–366; ders., Religionsunterricht in der Schule – Christenlehre in der Gemeinde, in: Pädagogik und Schule in Ost und West, Nr. 4 (1990), S. 209–217.

34 Vgl. Roman Heflik/Christian Unger, Streichungen: Der Norden sorgt sich um seine Soldaten, in: Hamburger Abendblatt, 26. 10. 2011.

hat derzeit die Trägerschaft für 17.[35] Obwohl die evangelischen Schulen fast ausschließlich mit Kirchengemeinden partnerschaftlich und kooperativ verbunden sind, gehören ca. 43 Prozent ihrer Schüler keiner Kirche an.

Katholische Schulen bestehen als Grundschule in Ludwigslust, die Niels-Stensen-Grundschule und Gymnasium in Schwerin sowie die Don-Bosco-Schule mit eben diesen Schulformen in Rostock.

Die Rostocker Geschäftsstelle der Evangelischen Akademie der Nordkirche führt die Arbeit der früheren Evangelischen Akademie Mecklenburg-Vorpommern fort. Sie leistet in Zusammenarbeit mit zahlreichen Institutionen und den Universitäten in Mecklenburg-Vorpommern (vor allem mit den beiden evangelischen Theologischen Fakultäten im Bundesland) einen wichtigen Beitrag zur kirchlichen Bildungsarbeit und zum gesellschaftspolitischen Diskurs im Bundesland. Die Akademie betreut zudem zwei der fünf „Regionalzentren für Demokratische Kultur" in Mecklenburg-Vorpommern und wirkt dementsprechend bei der Förderung von Demokratie und beim Kampf gegen rechtsradikale Einstellungen mit. Außerdem setzte sich die Akademie für die Veröffentlichung einer Handreichung der ELLM zu Demokratie und Rechtsextremismus im Mai 2009 ein. Ein weiterer Schwerpunkt ihrer Arbeit liegt im Bereich des interreligiösen Dialogs, vor allem des Dialogs mit dem Judentum.

Das pommersche Theologisch-Pädagogische Institut ist mit dem mecklenburgischen Theologisch-Pädagogischen Institut und dem nordelbischen Pädagogisch-Theologisches Institut zum Pädagogisch-Theologischen Institut der Nordkirche fusioniert. Das neue PTI der Nordkiche hat vier Hauptsitze: Hamburg, Kiel, Ludwigslust und Greifswald. Es fördert die religionspädagogische Arbeit in den Schulen sowie in den Gemeinden der Nordkirche. Dies geschieht insbesondere durch Aus-, Fort- und Weiterbildungsveranstaltungen, Beratung der Lehrerinnen und Lehrer bzw. von kirchlichen Mitarbeitern, Projekte und Veröffentlichungen, Verleih von Büchern, Unterrichtsmaterialien und Medien und bildungspolitische Arbeit.[36]

An den Universitäten Greifswald und Rostock bestehen Theologische Fakultäten, die 2002 eine Kooperationsvereinbarung in Forschung und Lehre geschlossen haben. Katholische Theologie wird an den Hochschulen des Landes nicht angeboten.

35　Vgl. Evangelische Schulstiftung (Hrsg.), Schulstiftung mit klarem Konzept, abrufbar unter: http://www.ev-schulstiftung-mvn.de/schulstiftung.html (08. 08. 2012).

36　Vgl. Pädagogisch-Theologisches Institut der Nordkirche (Hrsg.), Arbeitsbereiche, abrufbar unter: http://pti.nordkirche.de/arbeitsbereiche/index.html (06. 12. 2012).

5   Sozialarbeit der Kirchen

Seit 1990 hat die Sozialarbeit der evangelischen und katholischen Kirche zugenommen. Die Caritas Mecklenburg wurde im Jahr 1946 gegründet. Als „soziales Organ" der katholischen Kirche wurde die Caritas zu DDR-Zeiten in engen Grenzen toleriert, nach 1989/90 wurden die Aktivitäten als eingetragener Verein weitergeführt. Neue ambulante und stationäre Dienste wurden aufgebaut, insgesamt sechs Kreisverbände gegründet. Die Caritas ist im Bereich der Pflege, der sozialen Dienste, der Kinder- und Jugendhilfe, der Integrationsberatung und integrativen Hilfe für die Aussiedler, der Ehe-, Familien- und Lebensberatung, bei der Schwangerenberatung sowie der allgemeinen sozialen Beratung aktiv. Insgesamt arbeiten bei der Caritas in Mecklenburg 900 Mitarbeiterinnen und Mitarbeiter, in Vorpommern sind es 111.

Die Diakonie ist eine traditionelle Säule christlicher Arbeit. Sie findet zum Teil innerhalb der Kirchengemeinden, aber in viel größerem Umfang noch außerhalb dieser statt. In der DDR war die Linderung der sozialen Nöte durch die Kirchen wegen der dürftigen staatlichen Versorgung von großer Bedeutung. Die nach dem Krieg teilweise beschlagnahmten kirchlichen Einrichtungen wurden von der Sowjetischen Militäradministration (SMAD) an die Kirchen zurückgegeben. In Züssow setzte sich die SMAD sogar für die Gründung neuer Diakonieeinrichtungen ein.[37] Alten- und Pflegeheime, Erholungs- und Rüstzeitheime, Kinderstätten und Sondertagestätten wurden mit finanzieller Unterstützung seitens des sozialistischen Staates von den freien und hauptamtlichen Mitarbeitern der Kirchen betreut. Vor der Wende 1989/90 hatten sie noch einen durchaus konfessionellen Charakter. Der Großteil der Mitarbeiter waren Christen, die bereit waren, für ihre Überzeugungen Nachteile auf sich zu nehmen. Heute sind die Einrichtungen des Diakonischen Werks wie der Rostocker „Michaelshof" oder das Schweriner Altenpflegeheim „Augustenstift" größer und professioneller organisiert.[38] Da sie ihren „Katakombencharakter" verloren haben, hat sich auch ihr konfessionelles Profil teilweise verwischt: In Mecklenburg-Vorpommern ist nach Schätzungen nur ca. ein Drittel der Mitarbeiter im karitativen Bereich Mitglied einer Kirche.

Die Nordkirche leistet in Mecklenburg-Vorpommern auch Entwicklungshilfearbeit und unterstützt Christen in der Diaspora. Vor der Wende half das Gustav-Adolf-Werk in Mecklenburg den Christen in den „Ostblockländern" durch Sachspenden wie auch durch Versand von theologischen Büchern und leistete Gemeinden in der DDR Beistand bei Bauaufgaben. Nach der Vereinigung wurde diese Arbeit unter den veränderten Bedingungen weitergeführt.

---

37   Vgl. Peter Maser, Glauben im Sozialismus, Berlin 1989, S. 93.

38   Der Rostocker Michaelshof, 1845 gegründet, betreut mehrere Einrichtungen (Wohnheime, Werkstätten, ein Pflegeheim, eine Seniorentagesstätte und eine staatlich anerkannte Förderschule). Das 1855 eröffnete „Augustenstift zu Schwerin" erhielt 1995 einen Neubau (Alten- und Pflegeheim). Eine Diakonie-Sozialstation wurde gebaut, die stationäre und ambulante Dienste für Senioren anbietet. Auch neue Diakonie-Einrichtungen wie das Seniorenzentrum in Malchin und Plau wurden nach der Wende eröffnet.

Die Sozialarbeit der Nordkirche erstreckt sich über die Diakonie hinaus auch auf sozialpolitische Aktivitäten. Brisante Themen der Zeit werden während der regionalen Kirchentage diskutiert. In Rostock ist 1994 auf kirchliche Initiative ein Aktionsbündnis „Für Arbeit für alle" entstanden. Probleme der Berufsausbildung und der Arbeitslosigkeit werden dort angesprochen und Sonntagsspaziergänge bzw. Lichterketten vorbereitet. 1997 wurde zudem in enger Zusammenarbeit zwischen Gewerkschaften und der Evangelischen Akademie ein ständiger Arbeitskreis „Wege aus der Arbeitslosigkeit" ins Leben gerufen, der regelmäßige Seminare veranstaltet. In vielen Kirchengemeinden und kirchlichen Einrichtungen des strukturschwachen Bundeslands gibt es Gesprächskreise, in denen Arbeitslose Solidarität und Beratung erfahren. Zu erwähnen ist darüber hinaus die Gruppe „Frauenwerk der Nordkirche" in Mecklenburg-Vorpommern und das Engagement der Kirchen für Asylbewerber und gefährdete Kinder und Teenager. Allerdings neigen die meisten Konfessionsangehörigen in Mecklenburg-Vorpommern dazu, sich vor allem eigenen und Problemen des Bundeslandes zu widmen. Sie zeigen ein geringeres Interesse für allgemeine politische und gesellschaftliche Fragestellungen.[39]

Im Bereich der karitativen Tätigkeiten gibt es eine enge Zusammenarbeit zwischen Protestanten und Katholiken. Die Ökumene ist einfacher zu gestalten, wenn Christen wie in Mecklenburg-Vorpommern unter zahlreichen Nichtgläubigen leben. In den Kirchengemeinden ist die ökumenische Zusammenarbeit oft selbstverständlicher als auf der Kirchenleitungsebene. Fast alle Gemeinden Mecklenburgs versammeln sich ein- bis zweimal im Jahr zu einem ökumenischen Gottesdienst. Auch in der Jugendarbeit gibt es regelmäßige Treffen von Jugendlichen, Studierenden und Akademikern unterschiedlicher Konfessionen. In den meisten Gemeinden sind der Frauen-Weltgebetstag, die Bibelwoche und die Friedensdekade zu ökumenischen Veranstaltungen geworden. Der „konziliare Prozess für Gerechtigkeit, Frieden und Bewahrung der Schöpfung" hat Katholiken und Protestanten näher zusammengebracht. Die Zusammenarbeit ist in der „Arbeitsgemeinschaft Christliche Kirchen in Mecklenburg-Vorpommern" besonders intensiv. Sie wird nach der Fusion der drei evangelischen Kirchen im Norden weiter in Mecklenburg-Vorpommern tätig sein.[40]

6 Ausblick: Volkskirche in der Diaspora?

Die Kirchen in Mecklenburg-Vorpommern befinden sich mitten in einem schwierigen Transformationsprozess. Sie müssen die von ihnen erwartete neue volkskirchliche Rolle erfüllen, ohne ihren Charakter von Diasporakirchen verloren zu haben. Heute durch-

---

39 Vgl. Evangelische Kirche in Mecklenburg-Vorpommern (Hrsg.), Kirche mit Anderen, weite Horizonte in Mecklenburg, Rostock 2010, S. 44–58.
40 Ebd.

laufen sie eine tiefgreifende Strukturanpassungsphase und müssen zugleich Gehör für die sozialen und persönlichen Nöte haben, die aus dem Strukturwandel im ganzen Land entstehen.

Die Kirchen im Osten Deutschlands müssen aber ihre christliche Identität betonen, wollen sie nicht zu Dienstleistungsanbietern neben anderen werden, ihr Profil verlieren und zu einem Residuum einer vergangenen Zeit werden. Urlauber-Gottesdienste, Gottesdienste während der Hanse Sail in Rostock und die Tätigkeit der Seemannsmission können dazu beitragen. Damit werden jedoch vor allem Menschen erreicht, die keine Landeskinder sind. Ein Hauptproblem der Kirchen bleibt die Verbreitung des ökonomischen Denkens in der Gesellschaft. Deshalb haben sie sich zu Recht so stark für die Durchsetzung des Sonntagsschutzes und gegen eine zu laxe Bäderverkaufsverordnung engagiert.[41]

Als Kulturträger, bei den Schulen in kirchlicher Trägerschaft und bei den sozialen Diensten sind die Kirchen eine nicht zu unterschätzende Größe und ein ins Gewicht fallender Arbeitgeber. Angesichts des Demografischen Wandels und der Aufgaben bei den sozialen Diensten könnte die Kirche in diesen Bereichen sogar an Bedeutung gewinnen.

---

41 Das OVG hat 2010 eine Regelung, die Ladenöffnungen an bis zu 45 Sonntagen in 149 Orten zwischen 11.30 und 18.30 Uhr möglich machte, nach einer gemeinsamen Klage von katholischer Kirche und den beiden evangelischen Landeskirchen im April 2010 gekippt. 2011 fand in der Landeshauptstadt Schwerin ein Symposium zum Wert des freien Sonntags für die Gesellschaft statt.

Politische Kultur in Mecklenburg-Vorpommern

Philipp Huchel

1 Einleitung

Während die Länder Osteuropas mit einem „Dilemma der Gleichzeitigkeit",[1] einer Transformation ihres politischen und wirtschaftlichen Systems sowie der Herausbildung eines eigenen Staates und einer eigenen Nation, zu kämpfen hatten, konnten die neuen Bundesländer durch den Beitritt der DDR zur Bundesrepublik auf bereits bewährte demokratische Strukturen und Eliten zurückgreifen. Damit gerieten weniger die politischen Institutionen und politischen Eliten als vielmehr die gesellschaftliche Akzeptanz der Demokratie in das Blickfeld nicht nur der öffentlichen Wahrnehmung, sondern auch der wissenschaftlichen Forschung.

Dabei stand vor allem die Frage im Vordergrund, inwieweit sich im vereinigten Deutschland zwei politische Kulturen etabliert hätten.[2] Jedoch geriet zunächst aus dem Blickfeld, dass sich nicht nur eine, sondern „[z]wei Hauptscheidelinien politischer Kultur"[3] in Deutschland ausmachen lassen: erstere zwischen Ost und West aufgrund der politischen Teilung Deutschlands infolge des Zweiten Weltkriegs, die zweite zwischen Nord und Süd aufgrund der konfessionellen Teilung infolge von Reformation und Gegenreformation.[4] Dass sich auch innerhalb dieser großen Hauptscheidelinien durchaus

---

1   Claus Offe, Das Dilemma der Gleichzeitigkeit: Demokratisierung und Marktwirtschaft in Osteuropa, in: Merkur, Nr. 4 (1991), S. 279–292, hier: S. 279.
2   So u. a.: Vgl. Martin Greiffenhagen/Sylvia Greiffenhagen, Zwei politische Kulturen?, in: Der Bürger im Staat, Nr. 4 (2000), S. 179–185.
3   Hans-Georg Wehling, Föderalismus und politische Kultur in der Bundesrepublik Deutschland, in: Herbert Schneider/Hans-Georg Wehling (Hrsg.), Landespolitik in Deutschland: Grundlagen – Strukturen – Arbeitsfelder, Wiesbaden 2006, S. 87–107, hier: S. 95.
4   Vgl. ebd., S. 95–97.

unterschiedliche politische Kulturen entdecken lassen, darauf wurde in verschiedenen Untersuchungen regionaler politischer Kulturen aufmerksam gemacht.[5]

Ein Beispiel dafür stellt Mecklenburg-Vorpommern dar. So weist das Land zwar viele Gemeinsamkeiten mit den anderen ostdeutschen Ländern auf; historisch, geografisch und kulturell ist es aber vielmehr dem Norden als dem Osten verbunden. Die norddeutsche Prägung wird unter anderem daran deutlich, dass sich Mecklenburg historisch schon immer eher gen Hamburg orientierte, nicht umsonst galt Hamburg entweder als „heimliche Hauptstadt Mecklenburgs"[6] oder aufgrund des massiven Zuzugs von Mecklenburgern nach Hamburg als „Mecklenburgs größte Stadt".[7] Auch nach der Wiedervereinigung sind diese Verbindungen zum norddeutschen Raum wieder erneuert worden. Der Beitritt Mecklenburg-Vorpommerns zum Norddeutschen Rundfunk (NDR) und die Aufnahme von Teilen des Landes in die Hamburger Metropolregion sind dabei nur zwei Beispiele unter vielen.[8] Es scheint daher sinnvoll, Mecklenburg-Vorpommern nicht nur einfach der ostdeutschen politischen Kultur zuzuordnen, sondern vielmehr die Eigenständigkeit der regionalen politischen Kultur Mecklenburg-Vorpommerns zu ergründen.

Inwieweit sich dies jedoch auch in den politischen Einstellungen widerspiegelt und ob sich die politische Kultur Mecklenburg-Vorpommerns von der der neuen und alten Bundesländer unterscheidet wird in diesem Beitrag anhand von empirischen Daten untersucht.[9]

Bereits tiefergehenden Analysen wurde die politische Kultur auf nationaler Ebene, sowie mit Blick auf die Unterschiede in den neuen und alten Bundesländern, unterzogen. Während für einzelne Bundesländer umfassende Untersuchungen vorliegen,[10] ist die politische Kultur Mecklenburg-Vorpommerns weitgehend unerforscht. Ein Beitrag von Nikolaus Werz und Jochen Schmidt im Band „Mecklenburg-Vorpommern im Wan-

---

5   Beispielhaft dafür: Hans-Georg Wehling (Hrsg.), Regionale politische Kultur, Stuttgart [u. a.] 1985.
6   Michael Neumann, Norddeutschland im Vergleich, in: Michael Neumann (Hrsg.), Wer braucht den Nordstaat? Diskussionsbeiträge, Norderstedt 2010, S. 37–53, hier: S. 50.
7   Reinhard Meyer, Mecklenburg-Vorpommern zwischen norddeutscher und ostdeutscher Identität, in: Neumann (Hrsg.): Wer braucht den Nordstaat?, S. 73–80, hier: S. 76.
8   Beitritt zum NDR: Vgl. Heinrich-Christian Kuhn, Mecklenburg-Vorpommern, in: Der Bürger im Staat, Nr. 1/2 (1999), S. 54–60, hier: S. 60; Zum Beitritt in die Metropolregion: Vgl. o. A., M-V tritt Metropolregion Hamburg bei, in: Landtagsnachrichten: Landtag Mecklenburg-Vorpommern, Nr. 3 (2012), S. 16.
9   Der Schwerpunkt der Analyse liegt auf dem Vergleich mit der ostdeutschen politischen Kultur, wobei jedoch die Werte auch für die alten Bundesländer mit in die Darstellungen aufgenommen wurden, um hier die Unterschiede ebenfalls deutlich zu machen.
10 Beispielhaft dafür stehen Analysen der politischen Kultur in Rheinland-Pfalz und Thüringen: Ulrich Sarcinelli/u. a. (Hrsg.), Politische Kultur in Rheinland-Pfalz, Mainz/München 2000; Michael Edinger/ Andreas Hallermann, Politische Kultur in Ostdeutschland: Die Unterstützung des politischen Systems am Beispiel Thüringens, Frankfurt am Main [u. a.] 2004.

del" beschäftigte sich erstmals mit Teilaspekten.[11] Eine 2001 eingereichte Magisterarbeit behandelt die politische Kultur im Land, legt jedoch den Schwerpunkt auf die Frage nach der historischen Prägung der Mentalität sowie auf eine empirische Analyse der Identität und dem Landesbewusstsein. Die politischen Einstellungen sind jedoch wiederum nicht primär Gegenstand der Untersuchung.[12]

2   Theoretisches Konzept und Datenbasis

Die hier vorgenommene Untersuchung der politischen Kultur basiert auf den theoretischen Überlegungen von Almond und Verba zur „civic culture".[13] Politische Kultur definieren sie als „the particular distribution of patterns of orientation toward political objects among the members of the nation."[14] Sie machen vier Objekte dieser Orientierungen aus: 1. Das „System als Ganzes", womit der Regimetyp und die Nation gemeint sind. 2. Den „Input", der als Prozess definiert wird, in welchem die Gesellschaft ihre Forderungen an die politischen Entscheidungsträger formulieren kann und in dem die Umwandlung in eine maßgebende Politik erreicht werden kann. Als Bestandteile dieses Input-Prozesses gelten Parteien, Interessengruppen und Medien. 3. Den „Output", der für den Prozess der Um- beziehungsweise Durchsetzung der jeweiligen Politik steht. 4. Das „Selbst als politischer Akteur", welches Auffassungen zu politischen Pflichten und Meinungen der persönlichen politischen Kompetenz umfasst.[15] Anhand dieser Orientierungen lässt sich demnach die politische Kultur eines Staates untersuchen. Während ihr Konzept zunächst nur die nationale Ebene berücksichtigte, machten sie bei späteren Überlegungen deutlich, dass sich die Übertragung des Konzepts der politischen Kultur auch auf die subnationale Ebene anwenden lässt.[16]

Zur Operationalisierung dieses Konzepts wird auf die Überlegungen Max Kaases zurückgegriffen, der eng an die Arbeit von Almond und Verba anknüpft. Mit Blick auf die

---

11   Nikolaus Werz/Jochen Schmidt, Wahlen und politische Einstellungen seit 1990: Resümee und Ausblick, in: Nikolaus Werz/Jochen Schmidt (Hrsg.), Mecklenburg-Vorpommern im Wandel: Bilanz und Ausblick, München 1998, S. 260–273.

12   Lars Bauer, Politische Kultur in Mecklenburg-Vorpommern, unveröffentlichte Magisterarbeit, Rostock 2001. Eine weitere Abschlussarbeit wurde durch den Autor dieses Artikels im Jahr 2012 vorgelegt, welche u. a. auch auf politische Einstellungen eingeht.

13   Gabriel A. Almond/Sydney Verba, The Civic Culture: Political Attitudes and Democracy in Five Nations, Princeton 1963.

14   Ebd., S. 14–15.

15   Vgl. Bettina Westle, Politische Kultur, in: Hans-Joachim Lauth (Hrsg.), Vergleichende Regierungslehre: Eine Einführung, Wiesbaden 2010, S. 306–325, hier: S. 307.

16   Vgl. Sydney Verba, On Revisiting The Civic Culture: A Personal Postscript, in: Gabriel A. Almond/ Sydney Verba, The Civic Culture Revisited, Newbury Park/London/New Delhi 1989, S. 394–410, hier: S. 405–406.

Tabelle 1   Die Dimension des Politischen Kultur-Konzepts nach Max Kaase

Orientierungen gegenüber dem politischen System	Orientierungen gegenüber den Inputstrukturen	Orientierungen gegenüber den Outputstrukturen	Orientierungen gegenüber Ego
der politischen Gemein-schaft[1]	Information über und Interesse an Politik[1]	Zuschreibungen von Ver-antwortlichkeit für Outputs an nationale oder subnatio-nale staatliche Akteure[1]	Selbstwertgefühl[1]
der politischen Institu-tionen[1]	Einbindung in Kommu-nikationsstrukturen einschließlich der Mas-senmedien[1]	Bewertung der Qualität po-litischer Outputs an natio-nale oder subnationale staatliche Akteure[1]	politische Kompetenz[1]
den Inhabern von Herr-schaftspositionen[1]	Einschätzung der eige-nen Einflusschancen und Umfang des politischen Repertoire[1]	Einschätzung der Effizienz politischer Entscheidungs-prozesse[1]	Vertrauen in Dritte[2]
	Politische Bindungen[2]	Information über politische Entscheidungs- und Alloka-tionsprozesse	interne Kontrolle
	Struktur und Kohärenz des politischen Über-zeugungssystem[2]		

Quelle: Eigene Darstellung nach: Max Kaase, Sinn und Unsinn des Konzepts „Politische Kultur" für die vergleichende Politik-wissenschaft oder auch: Der Versuch, einen Pudding an die Wand zu nageln, in: Max Kaase/Hans-Dieter Klingemann (Hrsg.), Wahlen und politisches System: Analysen aus Anlaß der Bundestagswahl 1980, Opladen 1983, S. 144–171, hier: S. 164–166.

[1] Für diese Dimensionen der politischen Kultur liegen im genutzten Datensatz Indikatoren vor.

[2] Für diese Dimensionen liegen lediglich Näherungsindikatoren vor.

Forschungspraxis sowie die vorhandenen Daten hat er, wie in Tabelle 1 deutlich wird, die zu untersuchenden Merkmale definiert.[17]

Als problematisch erweist sich bei der Untersuchung der politischen Kultur das be-reits im 1998 erschienenen Band „Mecklenburg-Vorpommern im Wandel" angespro-chene Fehlen von Datensätzen.[18] Zwar sind aufgrund der mittlerweile 23-jährigen De-mokratiegeschichte Mecklenburg-Vorpommerns zahlreiche Umfragedaten vor allem im Zusammenhang mit Wahlen vorhanden, diese decken jedoch nur Teilaspekte ab und vernachlässigen wesentliche Merkmale der Politischen-Kultur-Forschung. Daneben existiert das Problem der Vergleichbarkeit mit bundesweiten bzw. in anderen Bundes-ländern erhobenen Daten. Unterschiede in der Fragestellung, den Antwortmöglichkei-

---

17   Vgl. Max Kaase, Sinn und Unsinn des Konzepts „Politische Kultur" für die vergleichende Politikwis-senschaft oder auch: Der Versuch, einen Pudding an die Wand zu nageln, in: Max Kaase/Hans-Dieter Klingemann (Hrsg.), Wahlen und politisches System: Analysen aus Anlaß der Bundestagswahl 1980, Opladen 1983, S. 144–171, hier: S. 162–163.

18   Werz/Schmidt, Wahlen und politische Einstellungen seit 1990, in: Werz/Schmidt (Hrsg.), Mecklen-burg-Vorpommern im Wandel, 1998, S. 265.

ten und Skalierungen lassen hier nur bedingt einen Vergleich zu. Nur drei Datensätze aus den Jahren 1994, 1998 und 2002 decken wesentliche Punkte des Politischen-Kultur-Konzepts ab, ermöglichen eine Aufschlüsselung auf die einzelnen Bundesländer und somit den Vergleich.[19] Für diesen Beitrag wird daher der neueste Datensatz dieser Studie aus dem Jahr 2002[20] verwendet.[21] Gleichzeitig, auch um zur Aktualität dieses Aufsatzes beizutragen, werden, soweit vorhanden, weitere Daten für Mecklenburg-Vorpommern herangezogen.[22] Hervorzuheben sind dabei vor allem ein Bericht der Volkssolidarität aus dem Jahr 2007 sowie die von der Landesregierung Mecklenburg-Vorpommerns in Auftrag gegebenen Mecklenburg-Vorpommern-Monitore aus den Jahren 2008, 2010 und 2012.

3 Dimensionen der Politischen Kultur

3.1 Orientierungen gegenüber dem politischen System

Die Einstellungen der Bürger zum politischen System nehmen einen äußerst wichtigen Stellenwert ein, da nicht nur die Stabilität und Leistungsfähigkeit, sondern auch die Legitimation der Demokratie, die auf dem Prinzip der Volkssouveränität beruht, maßgeblich von der Zustimmung zum Ordnungsmodell und zur Praxis der Demokratie abhängig ist.[23] Im Folgenden wird dazu auf die allgemeine Systemzufriedenheit, das Vertrauen

---

19 Durch die DFG geförderte Studie zu politischen Orientierungen und Verhaltensmustern. Die Studie basiert auf der Wiederholungsbefragung bei identischen Versuchspersonen mit insgesamt drei Erhebungswellen über einen Zeitraum von acht Jahren (1994, 1998 und 2002). Zur dritten Erhebungswelle Projektbeschreibung abrufbar unter: http://gepris.dfg.de/gepris/OCTOPUS/;jsessionid=46E086257F A831CFDB2D6737B7DE9C4F?module=gepris&task=showDetail&context=projekt&id=5140302 (Stand: 01.02.2013).

20 Ausschließlich die Daten von 2002 werden in den folgenden Abbildungen dieses Beitrags verwendet (dargestellt als Quelle Datensatz 2002). Quelle des Datensatzes: Jürgen W. Falter/Oscar W. Gabriel/Hans Rattinger, Politische Einstellungen, politische Partizipation und Wählerverhalten im vereinigten Deutschland 2002 (Studie zur Bundestagswahl 2002), GESIS Datenarchiv, Köln 2012 (ZA3861 Datenfile Version 2.0.0, doi:10.4232/1.11462).

21 Bei der Vorgehensweise und Aufbereitung wurde sich an zwei Aufsätzen von Jürgen W. Falter orientiert, der die 1994 und 1998 erhobenen Daten ausgewertet hat: Jürgen W. Falter, Ein Staat, zwei Politikkulturen? Politische Einstellungsunterschiede zwischen Ost- und Westdeutschland fünf Jahre nach der Wiedervereinigung, in: German Studies Review, Nr. 2 (1996), S. 279–301; Jürgen W. Falter, Gehen möglicherweise auch die rheinland-pfälzischen Uhren anders? Ein Vergleich der politischen Grundorientierungen in Rheinland-Pfalz und den anderen (alten) Bundesländern, in: Ulrich Sarcinelli/u.a. (Hrsg.), Politische Kultur in Rheinland-Pfalz, 2000, S. 45–73.

22 Diese Daten werden in den jeweiligen Texten der einzelnen Kapitel aufgegriffen und gesondert belegt.

23 Vgl. Kerstin Völkl, Überwiegt die Verdrossenheit oder die Unterstützung? Die Einstellung der West- und Ostdeutschen zur Demokratie, zu politischen Institutionen und Politikern, in: Jürgen W. Falter/u.a. (Hrsg.), Sind wir ein Volk? Ost- und Westdeutschland im Vergleich, München 2006, S. 57–81, hier: S. 61–62.

zu politischen und nicht-politischen Institutionen sowie die Einstellung gegenüber Parteien und Politikern eingegangen.

Wie in Abbildung 1 deutlich wird, weisen die Einwohner Mecklenburg-Vorpommerns 2002 ein ähnliches Meinungsbild wie in den anderen ostdeutschen und alten Bundesländern auf. Wirkliche nennenswerte Unterschiede treten vor allem bei der Aussage auf, dass die Diktatur unter Umständen die bessere Staatsform wäre und bei der Frage nach der Demokratiezufriedenheit. Hier wird vor allem der Unterschied zwischen den neuen und alten Bundesländern deutlich, wobei die Umfragewerte für Mecklenburg-Vorpommern mit denen der restlichen ostdeutschen Bundesländer weitgehend gleich sind. So weisen diese eine höhere Zustimmung bei der Befürwortung einer Diktatur auf und eine deutlich niedrigere bei der Frage nach der Demokratiezufriedenheit.

Ähnliche Ergebnisse werden auch bei neueren Umfragen erzielt. So äußerten 2007 14 Prozent der Befragten ihre Zufriedenheit (sehr zufrieden/zufrieden) mit der Demokratie.[24] Für gerade einmal ein Viertel der Befragten ist die Demokratie sehr wichtig in ihrem Leben.[25] Zusätzlich gingen 40 Prozent der Befragten von einer Verschlechterung der demokratischen Verhältnisse aus und 60 Prozent äußerten sehr große bzw. große Sorge über die politische Situation. Auch hier sind die Werte Mecklenburg-Vorpommerns mit denen der übrigen ostdeutschen Bundesländer nahezu deckungsgleich.[26] Eine ähnlich niedrige Zufriedenheit mit der Demokratie wurde auch in einer Umfrage 2011 festgestellt. Gerade einmal 15 Prozent der Befragten waren mit der Demokratie auf Bundesebene und 28,4 Prozent auf Landesebene zufrieden oder sehr zufrieden.[27] Diese unterschiedliche Zufriedenheit auf den beiden zuvor erwähnten Ebenen lässt sich möglicherweise damit erklären, dass die Beurteilung der Demokratie an die Bewertung der Leistungsfähigkeit auf Bundes- und Landesebene gekoppelt ist. Bei der Frage nach der Demokratiezufriedenheit gilt also zu beachten, dass eine Vielzahl von unterschiedlichen Einstellungsdimensionen, wie beispielsweise die wirtschaftliche Zufriedenheit oder die parteipolitische Übereinstimmung mit der Regierungskoalition, einfließen können.[28]

Bei der Frage nach der Befürwortung einer Diktatur zeigt eine Umfrage aus dem Jahr 2008, dass diese in Mecklenburg-Vorpommern deutlich größer ist als in den übrigen neuen Bundesländern. Mit 16 Prozent ist diese sehr hoch ausgeprägt. Im Vergleich mit den anderen neuen Bundesländern (Brandenburg: 3 Prozent; Sachsen: 5 Prozent; Sach-

---

24 Vgl. Volkssolidarität Mecklenburg-Vorpommern e. V. (Hrsg.), Sozialreport Mecklenburg-Vorpommern 2007 (erarbeitet im Auftrag der Volkssolidarität Landesverband Mecklenburg-Vorpommern e. V. durch das Sozialwissenschaftliche Forschungszentrum Berlin-Brandenburg e. V.), Berlin 2007, S. 6.

25 Vgl. ebd., S. 33.

26 Vgl. ebd., S. 10–11.

27 Vgl. Daten aus dem Datensatz: Rattinger/u. a., Landtagswahl Mecklenburg-Vorpommern 2011 (GLES 2009), GESIS Datenarchiv, Köln 2011. ZA5330 Datenfile Version 1.0.0.

28 Vgl. Falter, Ein Staat, zwei Politikkulturen?, in: German Studies Review, Nr. 2 (1996), S. 284.

Abbildung 1 Allgemeine Systemzufriedenheit

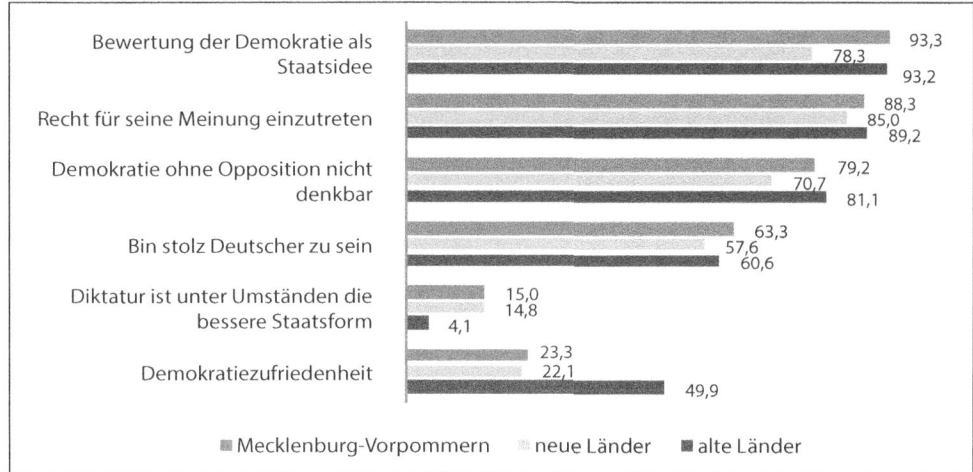

Quelle: Datensatz 2002, eigene Darstellung: Anteil der Befragten, die voll und ganz bzw. eher der jeweiligen Aussage zustimmen. Zu Demokratiezufriedenheit: Anteil derjenigen, die sich sehr bzw. ziemlich zufrieden äußerten.

sen-Anhalt: 9,7 Prozent; Thüringen: 7,3 Prozent) und mit dem gesamten Bundesgebiet (5,4 Prozent) ragt dieser hohe Wert deutlich heraus.[29]

Die Einstellungen zu politischen Institutionen stellen einen weiteren wichtigen Faktor bei der Frage nach den Orientierungen gegenüber dem politischen System dar. Die Beurteilung der Institutionen anhand ihrer Vertrauenswürdigkeit und ihrer Bereitschaft, Interessen aufzugreifen und in den politischen Prozess einzubringen, kann je nachdem zum „Erwerb, Erhalt oder Verlust politischer Unterstützung"[30] beitragen. Grundsätzlich muss zwischen drei verschiedenen Kategorien politischer Institutionen unterschieden werden: den Institutionen der Interessenvermittlung wie beispielsweise Parteien, den Entscheidungsinstitutionen wie Parlamente und Regierungen sowie Institutionen des Rechts- und Leistungsstaates wie beispielsweise Gerichte und Verwaltungen.[31]

---

29 Vgl. Elmar Brähler/Oliver Decker, Bewegung in der Mitte: Rechtsextreme Einstellungen in Deutschland 2008 mit einem Vergleich von 2002 bis 2008 und der Bundesländer, Berlin 2008, S. 42.

30 Oscar W. Gabriel, Demokratische Einstellungen in einem Land ohne demokratische Tradition? Die Unterstützung der Demokratie in den neuen Bundesländern im Ost-West-Vergleich, in: Jürgen W. Falter/Oscar W. Gabriel/Hans Rattinger (Hrsg.), Wirklich ein Volk? Die politischen Orientierungen von Ost- und Westdeutschen im Vergleich, Opladen 2000, S. 41–77, hier: S. 57.

31 Vgl. Oscar W. Gabriel, Zwanzig Jahre nach der Wiedervereinigung: Politische Einstellungen und politische Kultur in Deutschland, in: Kurt Bohr/Arno Krause (Hrsg.), 20 Jahre Deutsche Einheit: Bilanz und Perspektive, Baden-Baden 2011, S. 199–209, hier: S. 203.

Wie Abbildung 2 deutlich macht, ist das Vertrauen in politische und nicht-politische Institutionen in Mecklenburg-Vorpommern im Vergleich zu den übrigen ostdeutschen Ländern deutlich stärker ausgeprägt. Auffällig ist vor allem der hohe Zustimmungswert zur Bundeswehr[32] und zur Bundesregierung. Weitgehend gleich niedrige Vertrauenswerte erzielen der Bundestag, die Parteien sowie die Kirchen.[33] Grundsätzlich bleibt hier festzuhalten, dass sowohl in Mecklenburg-Vorpommern als auch in den restlichen neuen Bundesländern das Vertrauen in die Entscheidungsinstitutionen sowie die Institutionen der Interessenvermittlung geringer ausgeprägt ist, als gegenüber den Institutionen des Rechts- und Leistungsstaates. Dieses geringere Vertrauen dürfte darauf zurückzuführen sein, dass diese Institutionen wesentlich stärker für Probleme wie Arbeitslosigkeit oder ein geringes wirtschaftliches Wachstum verantwortlich gemacht werden.[34] Diese Verbindung von Leistung und Vertrauen wird im höheren Vertrauen in die Bundesregierung in Mecklenburg-Vorpommern offensichtlich. Diese kann auf die deutlich bessere Leistungsbewertung der Bundesregierung zurückgeführt werden.[35] Dies spiegelt sich auch in der schlechteren Beurteilung der wirtschaftlichen Lage allgemein in Mecklenburg-Vorpommern und den übrigen ostdeutschen Ländern sowie dem geringeren Vertrauen in die Entscheidungsinstitutionen sowie die Institutionen der Interessenvermittlung wider.[36]

Eine aktuellere Umfrage aus dem Jahr 2007 bestätigt das Bild aus dem Jahr 2002 weitgehend. So haben 48 Prozent der Befragten volles bzw. viel Vertrauen in die Institution Polizei, wodurch diese unter den verglichenen Institutionen das höchste Ergebnis erreicht. Auch die Verwaltungen von Städten und Gemeinden sowie die Gerichte erreichen mit einem Anteil von 24 Prozent beziehungsweise 32 Prozent ein hohes Maß an Vertrauen. Dagegen wird vor allem den Entscheidungsinstitutionen auf Bundesebene, dem Bundestag und der Bundesregierung, nur wenig Vertrauen entgegengebracht. Gerade einmal 14 Prozent haben volles bzw. viel Vertrauen, während 52 Prozent der Befragten wenig oder gar kein Vertrauen in die Bundesregierung besitzen. Ein noch schlechteres Vertrauensverhältnis haben die Bürger gegenüber dem Bundestag,

---

32 Das hohe Vertrauen in die Bundeswehr ist u. a. mit der hohen Stationierungsdichte in Mecklenburg-Vorpommern (zweithöchste bundesweit mit 8,6 Dienstposten pro 1 000 Einwohner) und der damit einhergehenden wirtschaftlichen Bedeutung zu erklären; Vgl. Bundesministerium der Verteidigung (Hrsg.), Die Stationierung der Bundeswehr in Deutschland, Berlin 2011, S. 21.

33 Das deutlich geringere Vertrauen in die Kirchen kann auf die atheistische Bildungs- und Religionspolitik der DDR-Regierung sowie die damit einhergehende Repression gegenüber Gläubigen und Kirchen zurückgeführt werden. Zur Rolle von Religion und Kirche in Mecklenburg-Vorpommern: Vgl. Yves Bizeul, Kirchen und Religiosität, in: Nikolaus Werz/Jochen Schmidt (Hrsg.), Mecklenburg-Vorpommern im Wandel: Bilanz und Ausblick, München 1998, S. 245–259 oder auch den Beitrag von Bizeul und Werz in diesem Band.

34 Anke Grosskopf, Explaining the democratic trust conundrum: the sources of institutional trust in the reunited Germany, in: International Social Science Review, Nr. 1/2 (2008), S. 3–26, hier: S. 10.

35 Siehe dazu „Abb. 12: Leistungsbewertung der Bundesregierung" in diesem Text.

36 Siehe dazu „Abb. 16: Wirtschaftliche Lage allgemein" in diesem Text.

Abbildung 2 Vertrauen in politische und nicht-politische Institutionen

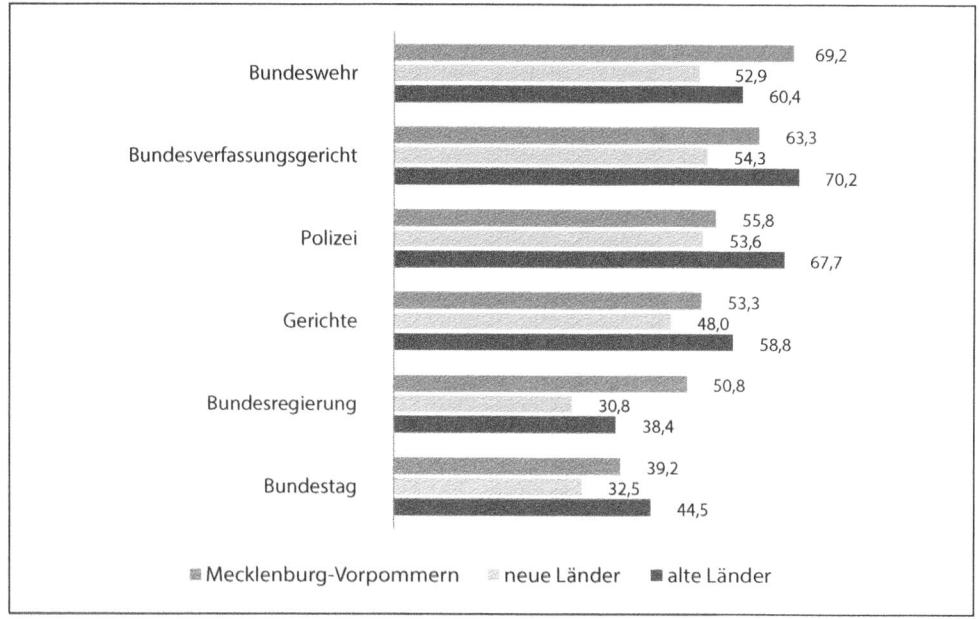

Quelle: Datensatz 2002, eigene Darstellung: Anteil der Befragten, die voll und ganz bzw. weitgehend Vertrauen zur jeweiligen Institution haben.

der nur bei 9 Prozent der Befragten volles oder viel Vertrauen genießt, während 59 Prozent dem Parlament nur ein geringes bzw. kein Vertrauen entgegenbringen. Auch die Landesregierung, als Entscheidungsinstitution auf Landesebene, genießt nur ein geringes Vertrauen. Dieser Institution bringen 14 Prozent volles bzw. viel Vertrauen entgegen, wohingegen 39 Prozent der Befragten wenig oder keinerlei Vertrauen gegenüber der Landesregierung besitzen. Im Vergleich zu den anderen neuen Bundesländern sind kaum Unterschiede festzustellen. Der einzige Unterschied besteht im hohen Vertrauen in die Polizei und die Gerichte Mecklenburg-Vorpommerns.[37] Das geringe Vertrauen in die Entscheidungsinstitutionen kann dabei unter anderem darauf zurückgeführt werden, dass 84 Prozent der Befragten glauben, dass nicht die Parlamente und Regierungen die entscheidenden Instanzen politischer Gestaltung sind, sondern vielmehr die Wirtschaft den politischen Kurs bestimmt.[38]

---

37 Vgl. Volkssolidarität Mecklenburg-Vorpommern e. V. (Hrsg.), Sozialreport Mecklenburg-Vorpommern 2007, 2007, S. 37.
38 Vgl. Infratest Dimap (Hrsg.), Landtagswahl Mecklenburg-Vorpommern 2011 WahlREPORT, Berlin 2011, S. 36.

Abbildung 3   Einstellungen zu Parteien und Politiker

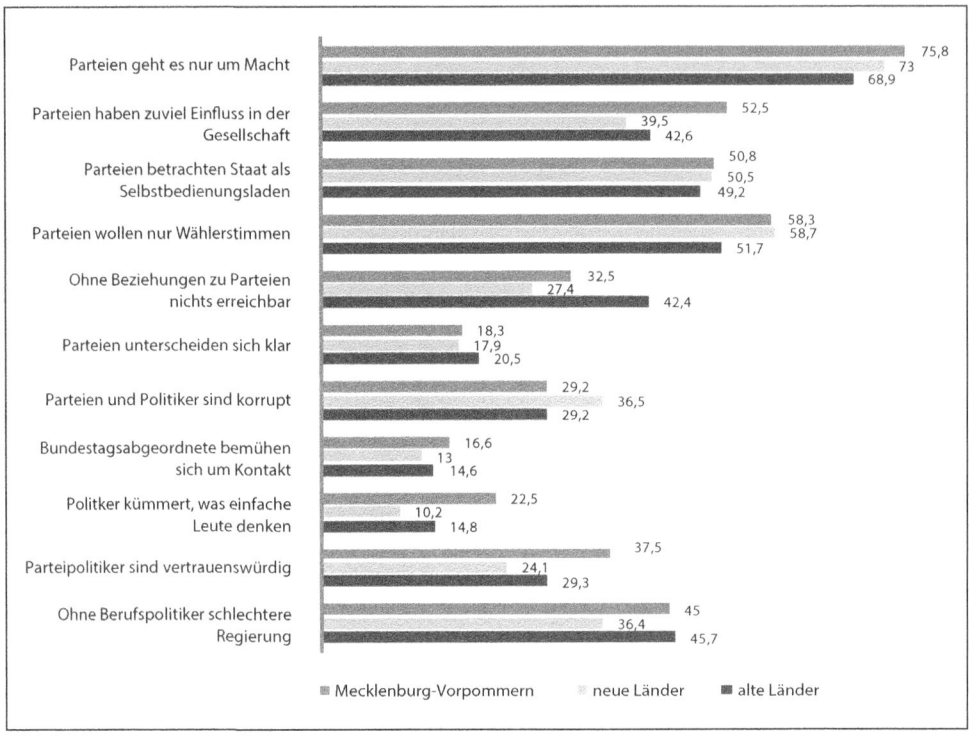

Quelle: Datensatz 2002, eigene Darstellung: Anteil der Befragten die voll und ganz bzw. eher der jeweiligen Aussage zustimmen.

Mit Blick auf die Einstellungen zu Politikern und Parteien wird in Abbildung 3 deutlich, dass sich die Ansichten über diese in Mecklenburg-Vorpommern und den übrigen neuen sowie alten Bundesändern ähneln. Während die Zustimmung bei der Zuschreibung von negativen Eigenschaften zu den Parteien weitgehend gleich ist, schreiben die Befragten in Mecklenburg-Vorpommern den Politikern deutlich stärker auch positive Eigenschaften zu. So sind u. a. die Zustimmungswerte zu Fragen nach der Vertrauenswürdigkeit deutlich höher als in den anderen ostdeutschen Bundesländern und sogar etwas höher als in den alten Bundesländern. Die Parteien werden demnach in Mecklenburg-Vorpommern ähnlich negativ betrachtet wie in den übrigen Bundesländern, während die Politiker in der Beurteilung durch die Einwohner Mecklenburg-Vorpommerns etwas besser bewertet werden als im restlichen Bundesgebiet.

In aktuelleren Umfragen wird das weitgehend negative Bild der Parteien bestätigt. So stimmten bei einer Umfrage aus dem Jahr 2011 57 Prozent der Aussage zu, dass die Probleme in Deutschland so groß sind, dass keine Partei in der Lage ist, diese zu lösen. Der

Aussage „Egal, welche Partei regiert, es ändert sich ja doch nichts", stimmten 49 Prozent zu.[39] Auch die Ehrlichkeit der Parteien wird eher negativ bewertet. So glauben der SPD 37 Prozent, Bündnis 90/Die Grünen 31 Prozent, der Partei Die LINKE 28 Prozent, der CDU 21 Prozent, der FDP 12 Prozent und der NPD 10 Prozent der Befragten, dass sie vor der Wahl ehrlich sagen, was nach der Wahl politisch umgesetzt werden soll. Naturgemäß schätzen die jeweiligen Anhänger der Partei die Ehrlichkeit ihrer Partei höher ein.[40] Im Umkehrschluss bedeutet dies, dass der Großteil der Befragten der Überzeugung ist, dass die Wahlversprechen der Parteien nach der Wahl nicht umgesetzt werden. Dieses Misstrauen spiegelt sich auch in der Frage wider, ob die Parteien eher nach einer Maximierung ihrer Wählerstimmen oder nach der Umsetzung ihrer Vorstellungen streben. So stimmt der Großteil der Befragten der Aussage zu, dass die Parteien möglichst viel bzw. viele Wählerstimmen bekommen möchten. Nur rund ein Drittel der Befragten denkt, dass die Parteien sowohl möglichst viele Wählerstimmen bekommen als auch die politischen Vorstellungen umsetzen möchten. Der Großteil der Befragten ist folglich der Überzeugung, dass die Parteien zugunsten einer Stimmenmaximierung ihre politischen Vorstellungen vernachlässigen.[41]

3.2   Orientierungen gegenüber den Inputstrukturen

Die Orientierungen gegenüber den Inputstrukturen beziehen sich hauptsächlich auf die Partizipation am politischen Leben und die Möglichkeiten, im politischen System Ziele umsetzen zu können. Diese sind dabei weniger auf die eigenen Aktivitäten, als vielmehr auf die ermöglichenden Strukturen ausgerichtet.[42] Zur Untersuchung der Orientierungen gegenüber den Inputstrukturen wird in diesem Abschnitt zunächst auf das Informationsverhalten, das politische Interesse und Wissen eingegangen. Dazu werden u. a. Daten zur Mediennutzung herangezogen. Daneben werden Daten zur Wahrnehmung eigener Einflusschancen sowie des eigenen politischen Repertoires ausgewertet. Die politischen Bindungen werden anhand von politischen Mitgliedschaften sowie der Parteienbindung betrachtet. Zum Element der Struktur und dem Inhalt politischer Überzeugungssysteme liegen lediglich Näherungsindikatoren vor. Hier werden zum einen verschiedene Extremismusindikatoren herangezogen und zum anderen der Inglehart-Index berechnet.

Wie in Abbildung 4 klar wird, ist die Mediennutzung in Mecklenburg-Vorpommern geringer ausgeprägt als in den anderen ostdeutschen Ländern. Das Gleiche gilt dabei für

---

39 Vgl. Infratest Dimap (Hrsg.), Landtagswahl Mecklenburg-Vorpommern 2011 WahlREPORT, 2011, S. 36.
40 Vgl. ebd., S. 31.
41 Vgl. Daten aus dem Datensatz: Rattinger/u. a., Landtagswahl Mecklenburg-Vorpommern 2011 (GLES 2009), GESIS Datenarchiv, Köln 2011. ZA5330 Datenfile Version 1.0.0.
42 Vgl. Gert Pickel/Susanne Pickel, Politische Kultur- und Demokratieforschung: Grundbegriffe, Theorien, Methoden: Eine Einführung, Wiesbaden 2006, S. 61.

das Interesse an Politik. Dieses geringere Interesse an Politik und die geringere Mediennutzung wirkt sich jedoch nicht auf das politische Wissen der Einwohner Mecklenburg-
Vorpommerns aus. So ist die Kenntnis über das Wahlsystem sogar stärker ausgeprägt
als in den übrigen neuen Ländern, während die Anzahl der Bundesländer der Bundesrepublik Deutschland annähernd bei allen Befragten gleich bekannt ist.

Neuere Umfragen bezüglich des Politikinteresses liefern ein ambivalentes Bild. So
sagt ein Viertel der Befragten in einer Umfrage aus dem Jahr 2011, sie interessieren sich
eigentlich nicht für Politik.[43] Hingegen sagen 51 Prozent der Befragten im Jahr 2010,
dass sie sich stark bzw. sehr stark für Politik interessierten.[44] Dieses recht hohe Interesse
an Politik in Mecklenburg-Vorpommern spiegelt sich jedoch nicht in dem Interesse an
politischer Bildung wider. Nur 20 Prozent der Befragten haben ein Interesse bzw. ein
starkes Interesse, an einer Veranstaltung der politischen Bildung teilzunehmen. Fast die
Hälfte der Befragten zeigt gar kein Interesse an dem Besuch einer Veranstaltung zur politischen Bildung.[45] Das hohe Politikinteresse spiegelt sich zum Teil auch im Interesse an
Wahlen wider. Dieses unterscheidet sich vor allem darin, auf welcher Ebene die Wahlen
stattfinden. Das Wahlinteresse auf kommunaler Ebene ist dabei größer als das auf Länderebene und weist einen deutlichen Abstand zur Europawahl auf. So interessieren sich
fast 2/3 der Befragten sehr stark oder stark für die Kommunalwahlen, nur 9 Prozent sind
nicht an den Kommunalwahlen interessiert.[46] Das Interesse an den Landtagswahlen hat
seit 2002 kontinuierlich abgenommen. Fast 60 Prozent der Befragten interessierten sich
wenig oder gar nicht für die Landtagswahl des Jahres 2011.[47] Hier ist jedoch festzustellen, dass sich dieses Interesse nicht anhand der Wahlbeteiligung widerspiegelt. So ist
die Wahlbeteiligung bei Kommunalwahlen in Mecklenburg-Vorpommern wesentlich
niedriger ausgeprägt als bei Landtags- oder Bundestagswahlen.[48] Auch beim politischen
Wissen spiegelt sich dieses hohe Politikinteresse nicht wider. So geben gerade einmal
40 Prozent der Befragten an, ihren parlamentarischen Vertreter im Landtag zu ken-
nen.[49] Das politische Interesse in Mecklenburg-Vorpommern liefert dementsprechend
kein eindeutiges Bild und scheint sich nicht unmittelbar auf die politische Beteiligung
niederzuschlagen. Bei der Mediennutzung nehmen nach wie vor die Lektüre der regionalen bzw. lokalen Zeitung sowie die Nachrichten von ARD und ZDF einen vergleichs-

---

43 Vgl. Infratest Dimap (Hrsg.), Landtagswahl Mecklenburg-Vorpommern 2011 WahlREPORT, 2011, S. 36.
44 Vgl. Friedrich-Ebert-Stiftung (Hrsg.), Politische Werte in Mecklenburg-Vorpommern – Oktober 2010,
    Berlin 2010, S. 31.
45 Vgl ebd., S. 33.
46 Vgl. Infratest Dimap (Hrsg.), LänderTREND Mecklenburg-Vorpommern Mai 2009, Berlin 2009,
    S. 21–24.
47 Vgl. Infratest Dimap (Hrsg.), Mecklenburg-VorpommernTREND August I 2011, Berlin 2011, S. 17.
48 In Mecklenburg-Vorpommern weisen die Kommunalwahlen seit 1994 eine niedrigere Wahlbeteiligung
    als die Bundes- und Landtagswahlen auf. Vgl. dazu: Statistisches Amt Mecklenburg-Vorpommern
    (Hrsg.), Wahlen: Europawahlen, Bundestagswahlen, Landtagswahlen, Kommunalwahlen, Schwerin
    2012.
49 Polis Sinus (Hrsg.), Mecklenburg-Vorpommern Monitor 2008, München 2008, S 53.

Abbildung 4   Informationsverhalten, politisches Interesse und politisches Wissen

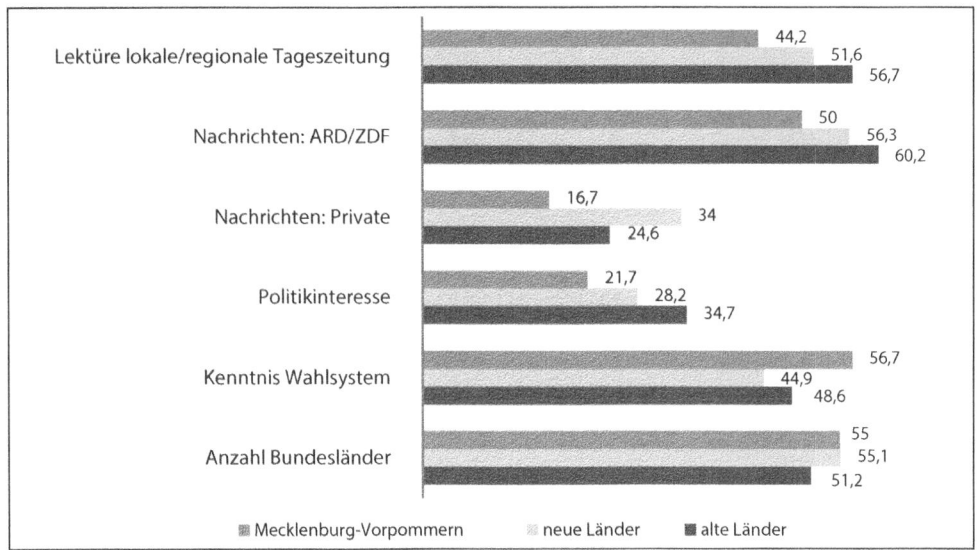

Quelle: Datensatz 2002, eigene Darstellung: Anteil der Befragten, die an sechs oder sieben Tagen pro Woche die jeweiligen Medien nutzen. Anteil der Befragten, die ein sehr bzw. ziemlich starkes Interesse an Politik haben und derjenigen, die die Fragen richtig beantworteten.

weise hohen Stellenwert ein, wobei der Anteil derer gestiegen ist, die ihre Informationen über Nachrichtensendungen der privaten Anbieter beziehen. Daneben gaben 17,6 Prozent der Befragten an, an sechs oder sieben Tagen pro Woche das Internet zur Information über Politik zu nutzen.[50]

Die Wahrnehmung der Einflusschancen sowie des eigenen politischen Repertoires ist in Mecklenburg-Vorpommern ähnlich stark ausgeprägt wie in den anderen neuen und alten Ländern. Wie in den Abbildungen 7 und 8 ersichtlich ist, ist die Zufriedenheit über die eigenen Einflusschancen dabei nur äußerst gering ausgeprägt. So sind laut einer Umfrage aus dem Jahr 2007 mit ihrem persönlichen politischen Einfluss 9 Prozent in Mecklenburg-Vorpommern und 7 Prozent in den neuen Bundesländern insgesamt sehr zufrieden bzw. zufrieden.[51] Diese gering ausgeprägte Wahrnehmung des eigenen politischen Repertoires schlägt sich auch in der gering ausgeprägten Bereitschaft nieder, in Verbänden und Vereinen politischer Interessenvertretung mitzuwirken. So sind ge-

---

50 Vgl. Daten aus dem Datensatz: Rattinger/u. a., Landtagswahl Mecklenburg-Vorpommern 2011 (GLES 2009). GESIS Datenarchiv, Köln 2011. ZA5330 Datenfile Version 1.0.0.

51 Vgl. Volkssolidarität Mecklenburg-Vorpommern e. V. (Hrsg.), Sozialreport Mecklenburg-Vorpommern 2007, 2007, S. 6.

Abbildung 5   Wahrnehmung der eigenen Einflusschancen

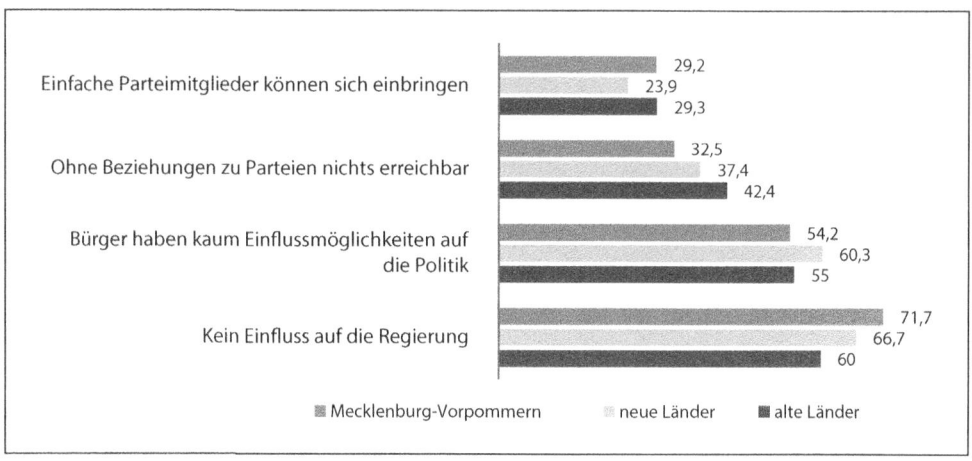

Quelle: Datensatz 2002, eigene Darstellung: Anteil der Befragten, die die folgenden Antworten wählten. Fehlende Angaben zu 100 Prozent: keine Angabe oder weiß nicht.

Abbildung 6   Wahrnehmung des eigenen politischen Repertoires

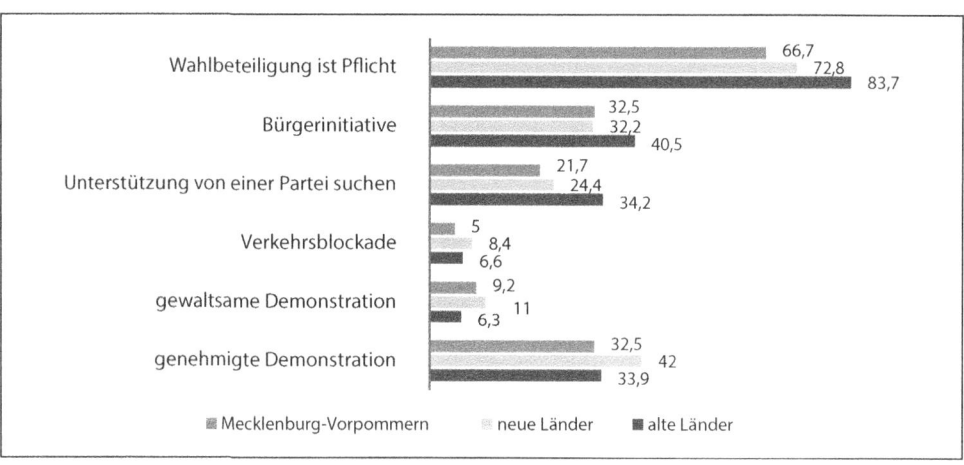

Quelle: Datensatz 2002, eigene Darstellung: Anteil der Befragten, die die folgenden Antworten wählten. Fehlende Angaben zu 100 Prozent: keine Angabe oder weiß nicht.

Abbildung 7   Politische Mitgliedschaften

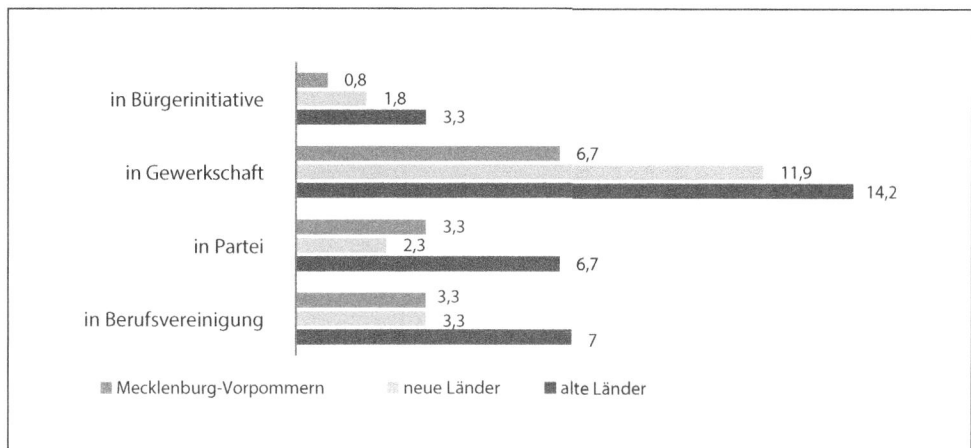

Quelle: Datensatz 2002, eigene Darstellung: Anteil der Befragten, die einfaches Mitglied sind bzw. Mitglied mit einer
Funktion.

rade einmal 12 Prozent in den neuen Ländern und Mecklenburg-Vorpommern bereit, in
einer solchen Vereinigung mitzuarbeiten.[52]

Kleinere Unterschiede zwischen Mecklenburg-Vorpommern und den übrigen ostdeutschen Ländern in Bezug auf die politischen Mitgliedschaften weisen einzig die Gewerkschaften auf. Dieser Unterschied wird jedoch durch neuere Umfragen etwas relativiert. So geben in einer Umfrage aus dem Jahr 2011 10,3 Prozent der Befragten an,
Mitglied einer Gewerkschaft zu sein. Diese Zahl ist deutlich näher an denen der anderen
ostdeutschen Länder, als bei der Umfrage aus dem Jahr 2002.[53]

Deutliche Unterschiede zwischen Mecklenburg-Vorpommern und den restlichen
neuen Ländern weist die Parteibindung auf. So sagen hier mehr Befragte als in den
anderen ostdeutschen Bundesländern, wie in Abbildung 8 klar wird, dass sie sich an
keine Partei gebunden fühlen. Möglicherweise existiert hier ein Zusammenhang zwischen den negativen Einstellungen gegenüber den Parteien und den im Vergleich zu
den anderen Bundesländern positiveren Einstellungen gegenüber den Politikern. Diese
geringe Parteienbindung findet ihren Niederschlag auch in einer Umfrage aus dem Jahr
2011. So sagte ein Drittel der Befragten, dass keine Partei ihre Interessen vertreten würde.
Zusätzlich dazu ist von einer abnehmenden Parteienbindung auszugehen. So stimmten
52 Prozent der Aussage zu, dass sie sich früher immer für eine Partei entscheiden konn-

---

52 Vgl. ebd., S. 43.
53 Vgl. Daten aus dem Datensatz: Rattinger/u. a., Landtagswahl Mecklenburg-Vorpommern 2011 (GLES
    2009), GESIS Datenarchiv, Köln 2011. ZA5330 Datenfile Version 1.0.0.

Abbildung 8   Längerfristige Parteibindung

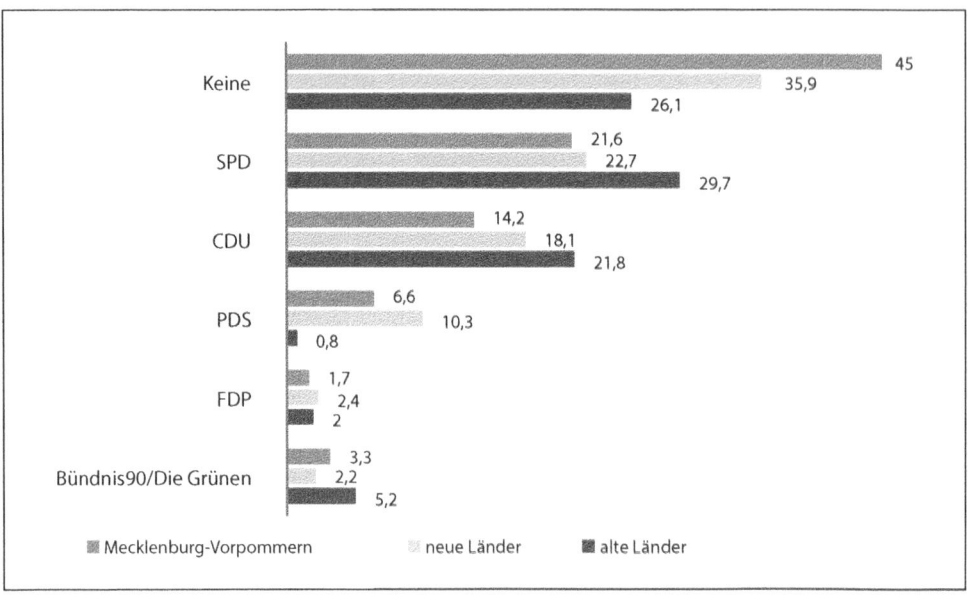

Quelle: Datensatz 2002, eigene Darstellung: Anteil der Befragten, die sich mit der jeweiligen Partei identifizieren.

ten, im Moment ihnen die Entscheidung aber schwer fällt.[54] War die Parteienbindung in Mecklenburg-Vorpommern auch im Vergleich zu den anderen Ländern bereits im Jahr 2002 gering ausgeprägt, so scheint, dass diese in den letzten Jahren noch weiter abgenommen hat.

Mit Blick auf die Extremismusindikatoren, wie in Abbildung 9 dargestellt, ergeben sich für den Vergleich zwischen den Ergebnissen in Mecklenburg-Vorpommern und den anderen ostdeutschen Ländern mehrere Besonderheiten. So sind die Zustimmungswerte bei der Frage nach dem Nationalgefühl wesentlich höher als in den anderen neuen Ländern. Auch bei der Frage, ob die DDR mehr gute als schlechte Seiten hatte, sind die Zustimmungswerte der Befragten aus Mecklenburg-Vorpommern höher. Die Zustimmung zur Verstaatlichung von wichtigen Wirtschaftsunternehmen erzielte hingegen in den neuen Ländern höhere Werte als in Mecklenburg-Vorpommern. Für die Extremismusindikatoren ergibt sich also aus dem Vergleich zwischen neuen Ländern und Mecklenburg-Vorpommern kein eindeutiges Bild.

Neuere Umfragen aus dem Jahr 2007 zeigen jedoch weitgehende Übereinstimmungen bei der Abfrage dieser Indikatoren. So stimmten u. a. 44 Prozent in Mecklenburg-Vorpommern und 41 Prozent in Ostdeutschland insgesamt der Aussage voll zu, dass zu

---

54   Vgl. Infratest Dimap (Hrsg.), Landtagswahl Mecklenburg-Vorpommern 2011 WahlREPORT, 2011, S. 36.

Abbildung 9   Extremismusindikatoren

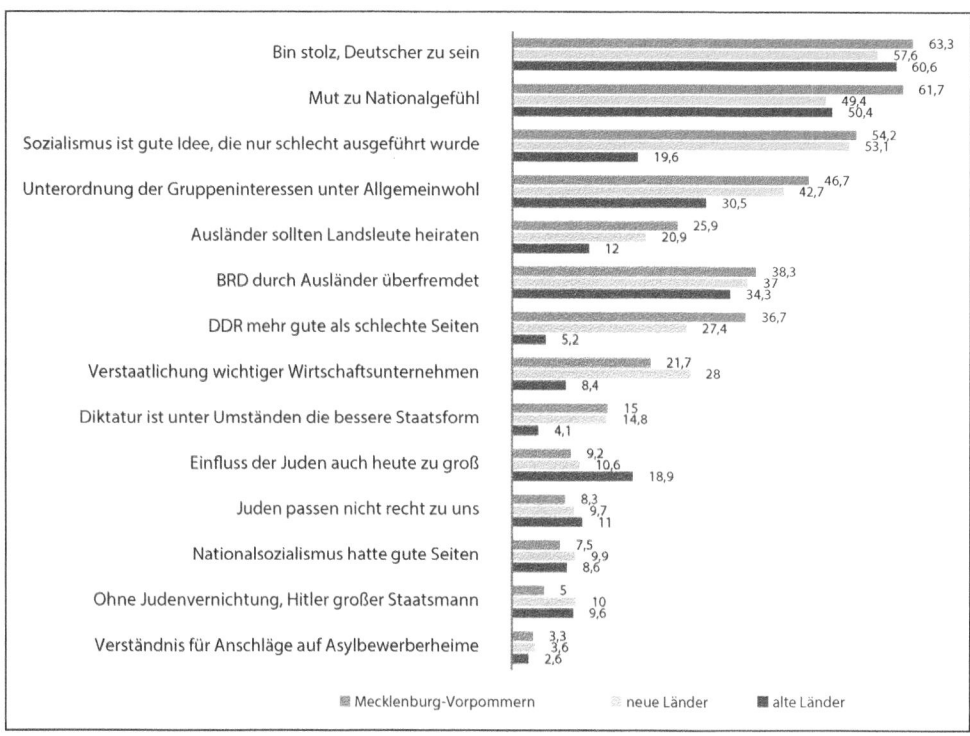

Quelle: Datensatz 2002, eigene Darstellung: Anteil der Befragten, die voll und ganz bzw. eher der jeweiligen Aussage zustimmen.

viele Ausländer in Deutschland lebten. Zur Aussage, dass der Nationalsozialismus auch gute Seiten hatte, stimmten 19 Prozent der Befragten aus Mecklenburg-Vorpommern und 17 Prozent aus den ostdeutschen Bundesländern voll bzw. überwiegend zu.[55]

Bei der Berechnung des Inglehart-Index[56] wird wiederum eine weitgehende Übereinstimmung bei Umfragewerten zwischen Mecklenburg-Vorpommern und den übrigen neuen Bundesländern deutlich. Einzig der Kampf gegen steigende Preise wird in den neuen Ländern als wichtiger eingeschätzt als in Mecklenburg-Vorpommern. Mit Blick auf die Aufschlüsselung in „Materialisten" und „Postmaterialisten" wird jedoch

---

55 Volkssolidarität Mecklenburg-Vorpommern e. V. (Hrsg.), Sozialreport Mecklenburg-Vorpommern 2007, 2007, S. 38 – 40.

56 Von Roland Inglehart entwickelter Index zur empirischen Messung des Wertewandels in der Gesellschaft. Vgl. Roland Inglehart/Paul R. Abramson, Measuring Postmaterialism, in: The American Political Science Review, Nr. 3 (1999), S. 665 – 677, hier: S. 667.

Abbildung 10   Materialismus und Postmaterialismus

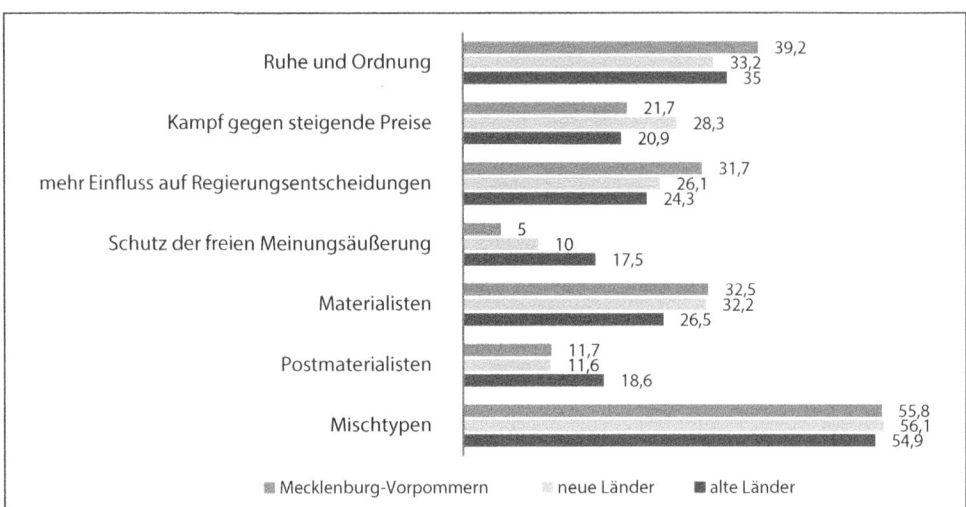

Quelle: Datensatz 2002, eigene Darstellung: Anteil der Befragten, die das entsprechende politische Ziel als am wichtigsten einstuften. Materialisten: wichtigstes und zweitwichtigstes Ziel „Ruhe und Ordnung" sowie „Kampf gegen steigende Preise", Postmaterialisten: wichtigstes und zweitwichtigstes Ziel „mehr Einfluss auf Regierungsentscheidungen" und „Schutz der freien Meinungsentscheidung".

deutlich, dass zwischen Mecklenburg-Vorpommern und den anderen neuen Ländern kein Unterschied nach der Wertewandeltheorie Ingleharts auszumachen ist.

Bei der Links-Rechts-Selbsteinstufung unterscheidet sich, wie Abbildung 11 deutlich macht, Mecklenburg-Vorpommern sowohl von den restlichen ostdeutschen Bundesländern als auch von den alten Ländern recht deutlich. So ist der Anteil derjenigen, die sich als Links einschätzen, wesentlich höher. Insgesamt stufen sich die Einwohner Mecklenburg-Vorpommerns wesentlich stärker links ein als die restlichen Bundesbürger. Bei einer Umfrage aus dem Jahr 2011 haben sich die Werte bei der Links-Rechts-Einstufung denen der ost- und westdeutschen angenähert. Der Trend, dass sich die Einwohner Mecklenburg-Vorpommerns stärker als links einschätzen, bestätigt sich. Auffällig ist zusätzlich, dass die Anzahl derjenigen, die sich als rechts einstufen, stark angestiegen ist.[57]

---

57 Vgl. Daten aus dem Datensatz: Rattinger/u. a., Landtagswahl Mecklenburg-Vorpommern 2011 (GLES 2009), GESIS Datenarchiv, Köln 2011. ZA5330 Datenfile Version 1.0.0.

Abbildung 11   Links-Rechts-Selbsteinstufung der Bevölkerung

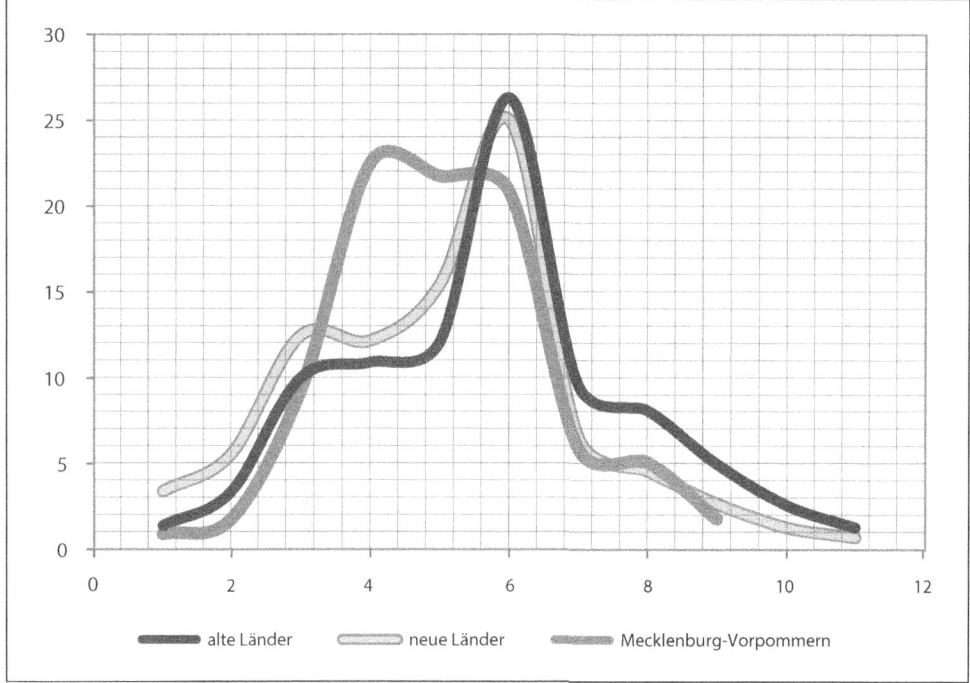

Quelle: Datensatz 2002, eigene Darstellung: Anteil der Befragten, die sich auf den entsprechenden Feldern einer Links-Rechts-Skala (Elferskala) einstufen.

3.3   Orientierungen gegenüber den Outputstrukturen

Die Orientierungen gegenüber den Outputstrukturen beziehen die Bewertung der Leistungsfähigkeit von nationalen oder subnationalen staatliche Akteuren ein. Zudem werden konkrete Ergebnisse der Politik bewertet, wobei hier verschiedene politische Handlungsfelder, wie die soziale und öffentliche Sicherheit, herangezogen werden können.[58] Bei der Analyse der Outputstrukturen wird zunächst die Leistungsbewertung der Bundes- und Landesregierung berücksichtigt und anschließend auf die Leistungsbewertung der DDR eingegangen. Im Anschluss daran wird die Wahrnehmung der Gesellschaftsordnung und die eigene Behandlung durch die Gesellschaft untersucht. Abschließend werden die allgemeine und die eigene Wirtschaftslage miteinander verglichen.

Abbildung 12 macht deutlich, dass die Einwohner Mecklenburg-Vorpommerns die Arbeit der Bundesregierung deutlich besser bewerten als die Einwohner der neuen und

---

58   Vgl. Pickel/Pickel, Politische Kultur- und Demokratieforschung, 2006, S. 61.

Abbildung 12   Leistungsbewertung der Bundesregierung

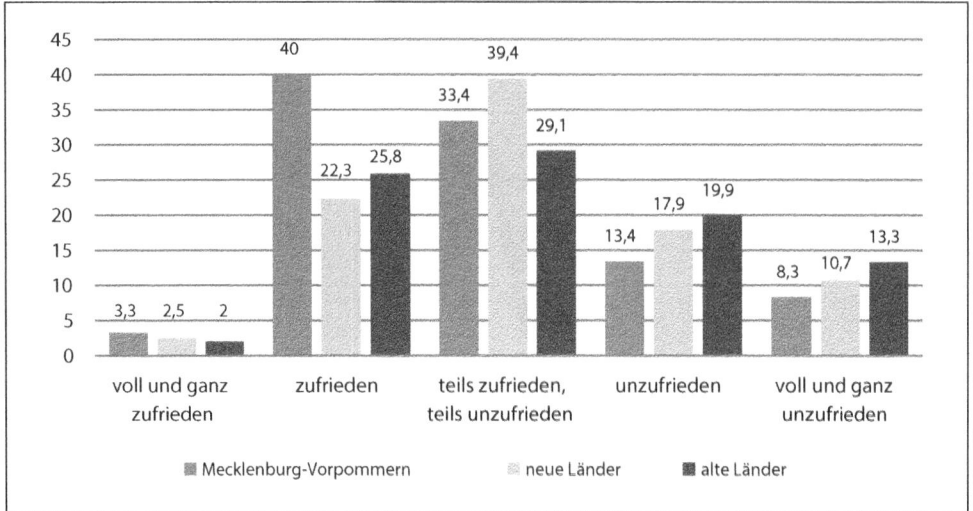

Quelle: Datensatz 2002, eigene Darstellung: Anteil der Befragten, die auf einer Skala von −5 bis 5 (Elferskala) die Leistung der Bundesregierung bewerteten. −5 bis −4: voll und ganz unzufrieden, −3 bis −2: unzufrieden, −1 bis 1: teils zufrieden, teils unzufrieden, 2 bis 3: zufrieden, 4 bis 5: voll und ganz zufrieden.

alten Bundesländer. So ist die Zufriedenheit über die Leistungen deutlich stärker ausgeprägt. Eine Umfrage aus dem Jahr 2011 geht u. a. auch auf die Zufriedenheit mit den Leistungen eines subnationalen Akteurs, der Landesregierung, ein. So war die Zufriedenheit mit den Leistungen der Landesregierung im August 2011 zum ersten Mal größer als die Unzufriedenheit. Nachdem die Zufriedenheit seit der Landtagswahl 1998 zunächst kontinuierlich angestiegen ist, ging diese nach der Landtagswahl 2002 bis Mitte 2004 stark zurück. Seitdem steigt sie wiederum kontinuierlich an, wodurch die Leistung der Landesregierung als außerordentlich hoch eingeschätzt wird.[59]

Bei der Frage nach dem Vergleich zwischen der jetzigen Situation in der Bundesrepublik und der Situation zu DDR-Zeiten (Abbildung 13), wird deutlich, dass in Mecklenburg-Vorpommern vor allem im Bereich der sozialen und öffentlichen Sicherheit die DDR positiver bewertet wird als in den anderen neuen Ländern.

Der persönliche Lebensstandard wird in Mecklenburg-Vorpommern rückblickend weniger positiv empfunden als in den anderen neuen Ländern.

Die teilweise positivere Bewertung der Situation in der DDR spiegelt sich auch in anderen Umfragen wider. So antworteten 2011 auf die Frage nach einem Vergleich der heutigen politischen Verhältnisse mit denen der DDR 8,4 Prozent der Befragten, dass

---

59 Vgl. Infratest Dimap (Hrsg.), Landtagswahl Mecklenburg-Vorpommern 2011 WahlREPORT, 2011, S. 24.

Abbildung 13   Leistungsbewertung der DDR im Vergleich

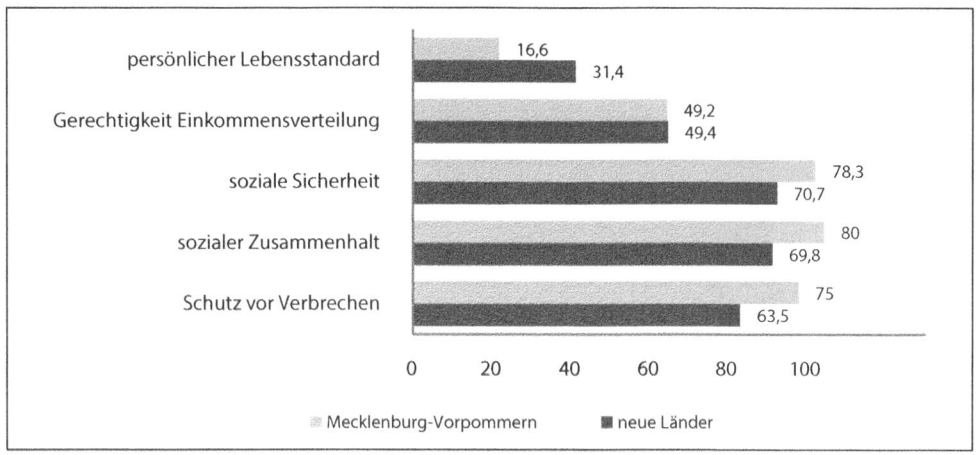

Quelle: Datensatz 2002, eigene Darstellung: Anteil der Befragten, die angaben, es sei besser bzw. viel besser gewesen.

die politischen Verhältnisse schlechter als damals seien. 23 Prozent antworteten, dass sich nicht viel geändert hat.[60] Damit einher gehen Umfragedaten aus dem Jahr 2007. So äußerten sich 13 Prozent in Mecklenburg-Vorpommern und 11 Prozent in den neuen Bundesländern, dass sie am liebsten die DDR wiederhaben würden.[61]

Bei der Einschätzung der Gesellschaftsordnung wird sowohl in Mecklenburg-Vorpommern als auch in den übrigen neuen Ländern diese als überwiegend ungerecht empfunden. Etwas mehr Befragte nehmen jedoch die Gesellschaftsordnung als gerecht wahr. Auch bei der Wahrnehmung der eigenen Behandlung spiegelt sich dies wider. So sagen knapp 30 Prozent der Befragten in Mecklenburg-Vorpommern und in Ostdeutschland, dass sie sich benachteiligt fühlen. Auch hier wiederum ist der Anteil derer, die sich bevorzugt fühlen, etwas größer als in den übrigen neuen Ländern.

Diese Wahrnehmung der Gesellschaftsordnung in Mecklenburg-Vorpommern, aber auch in den restlichen neuen Bundesländern, könnte letztlich darauf zurückzuführen sein, dass eine Diskrepanz zwischen den persönlichen Werteprioritäten und der wahr-

---

60 Vgl. Daten aus dem Datensatz: Forschungsgruppe Wahlen, Landtagswahl in Mecklenburg-Vorpommern 2011, Mannheim 2012, GESIS Datenarchiv, Köln. ZA5628 Datenfile Version 1.0.0, doi:10.4232/1.11464.

61 Vgl. Volkssolidarität Mecklenburg-Vorpommern e. V. (Hrsg.), Sozialreport Mecklenburg-Vorpommern 2007, 2007, S. 35.

Abbildung 14   Wahrnehmung der Gesellschaftsordnung

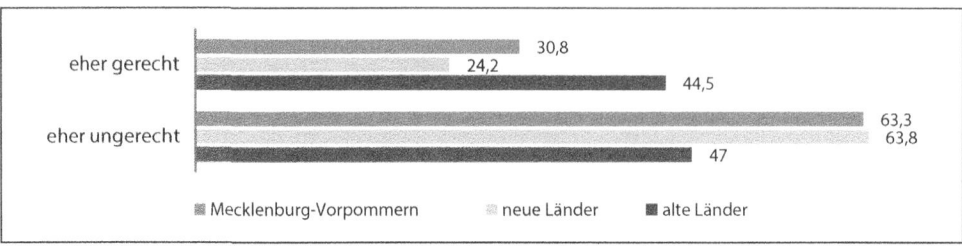

Quelle: Datensatz 2002, eigene Darstellung: Anteil der Befragten, die diese Aussage tätigten. Fehlende Werte zu 100 Prozent: keine Angabe oder weiß nicht.

Abbildung 15   Wahrnehmung der eigenen Behandlung durch die Gesellschaft

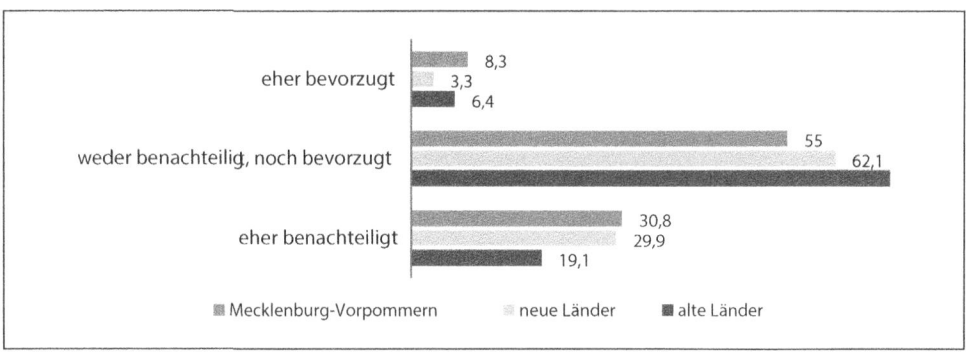

Quelle: Datensatz 2002, eigene Darstellung: Anteil der Befragten, die diese Aussage tätigten. Fehlende Werte zu 100 Prozent: keine Angabe oder weiß nicht.

genommen Bedeutung dieser Werte in der Gesellschaft besteht. So wird die Gesellschaft beispielsweise als deutlich marktbezogener und leistungsorientierter wahrgenommen, als dies anhand der eigenen Wertemaßstäbe gewünscht ist.[62]

Bei der Frage nach der Beurteilung der wirtschaftlichen Lage allgemein und der eigenen wirtschaftlichen Lage gleichen sich die Antworten der Befragten aus Mecklenburg-Vorpommern und den anderen ostdeutschen Ländern. Kleinere Unterschiede treten bei der Wahrnehmung der eigenen ökonomischen Lage auf. So wurde diese rückblickend von mehr Befragten aus den neuen Ländern als negativ eingeschätzt. Mit Blick auf die Zukunft beurteilen wesentlich weniger Befragte aus Mecklenburg-Vorpommern ihre Lage als positiv. Auffällig ist nach wie vor, dass ein großer Unterschied zwischen der

---

62 Friedrich-Ebert-Stiftung (Hrsg.), Politische Werte in Mecklenburg-Vorpommern, 2010, S. 20.

Abbildung 16   Wirtschaftliche Lage allgemein

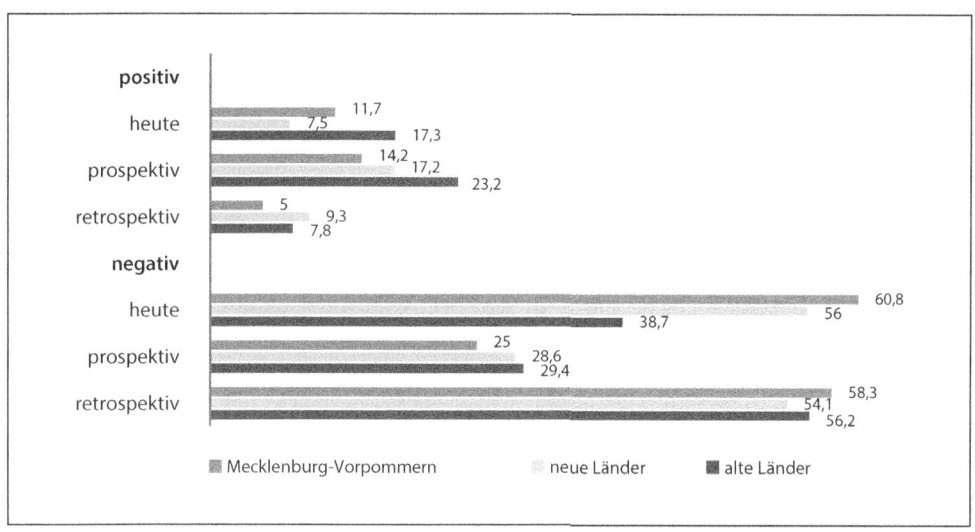

Quelle: Datensatz 2002, eigene Darstellung: Anteil der Befragten, die diese Aussage tätigten. Fehlende Werte zu 100 Prozent: keine Angabe oder weiß nicht.

Abbildung 17   Eigene wirtschaftliche Lage

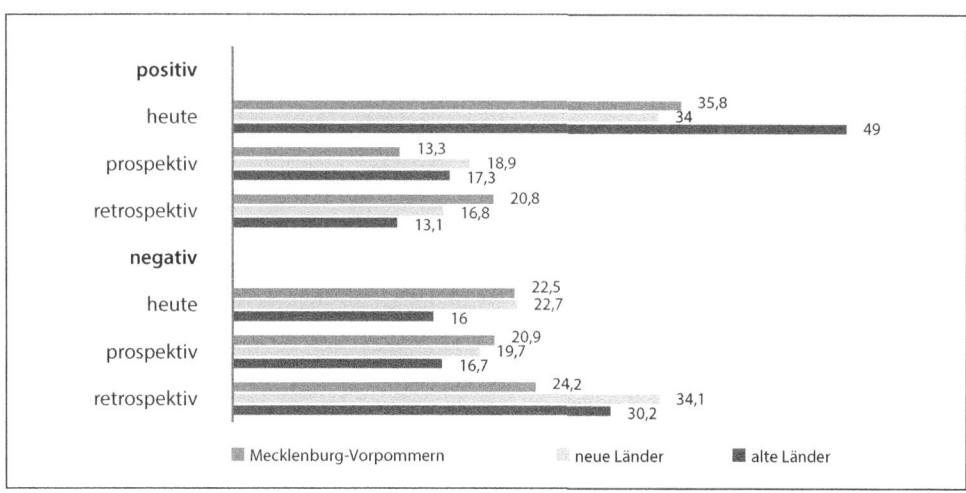

Quelle: Datensatz 2002, eigene Darstellung: Anteil der Befragten, die diese Aussage tätigten. Fehlende Werte zu 100 Prozent: keine Angabe oder weiß nicht.

Wahrnehmung der eigenen wirtschaftlichen Lage und der wirtschaftlichen Lage allgemein besteht. So wird erstere als wesentlich besser beurteilt.

In einer Umfrage aus dem Jahr 2011 tritt diese Diskrepanz nicht mehr auf. Die Werte
stimmen hier weitgehend überein. So beurteilen knapp ein Viertel der Befragten ihre
eigene wirtschaftliche Lage sowie die wirtschaftliche Lage allgemein als gut bzw. sehr
gut. Um die 30 Prozent der Befragten beurteilten diese als schlecht oder sehr schlecht.[63]

3.4   Orientierungen gegenüber dem Ego

Bei den Orientierungen gegenüber dem Ego geht es um das „Individuum als Teilnehmer am politischen Leben".[64] Dazu wird zunächst auf das Selbstwertgefühl und die politische Kompetenz eingegangen. Da in den vorhandenen Datensätzen kaum Zahlen
über das Vertrauen zu Dritten vorliegen, wird das Vertrauen hier anhand des Vertrau-
ens gegenüber Gewerkschaften, Wirtschafts- und Arbeitgeberverbänden sowie Umweltschutzgruppen untersucht.

Wie Abbildung 18 zeigt, wird die eigene politische Kompetenz vorwiegend ähnlich
eingeschätzt. Nur bei der Frage, ob sich der Befragte eine aktive Rolle in einer politischen Gruppe zutraut, liegen die Zustimmungswerte in den alten Bundesländern etwas
höher. Grundsätzlich stimmen auch hier die Werte der Befragten in Mecklenburg-Vorpommern mit denen der anderen neuen Länder überein.

Abbildung 18   Eigene politische Kompetenz

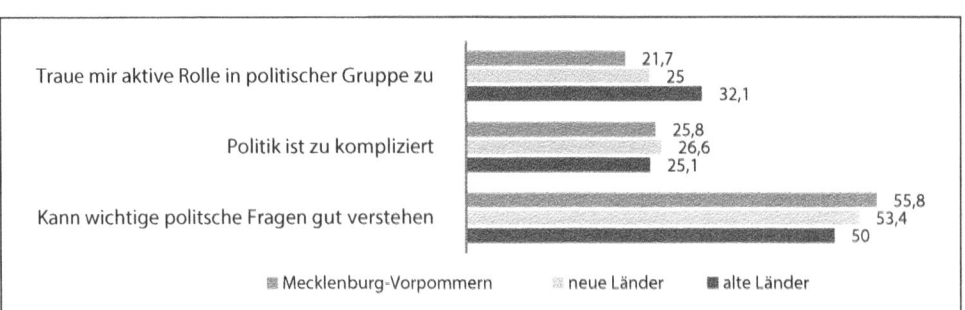

Quelle: Datensatz 2002, eigene Darstellung: Anteil der Befragten, die voll und ganz bzw. eher der jeweiligen Aussage zustimmen.

---

63 Vgl. Daten aus dem Datensatz: Rattinger/u. a., Landtagswahl Mecklenburg-Vorpommern 2011 (GLES
    2009), GESIS Datenarchiv, Köln 2011. ZA5330 Datenfile Version 1.0.0.
64 Oscar W. Gabriel, Politische Kultur, in: Victoria Kaina/Andreas Römmele (Hrsg.), Politische Soziologie:
    Ein Studienbuch, S. 17–51, hier: S. 23.

Abbildung 19   Vertrauen in Dritte

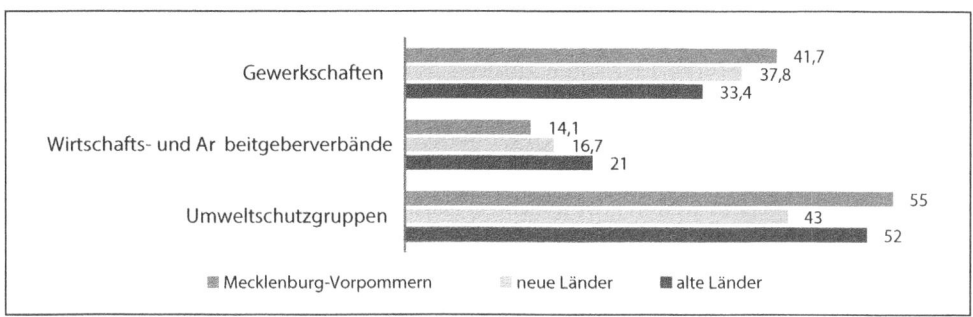

Quelle: Datensatz 2002, eigene Darstellung: Anteil der Befragten, die voll und ganz bzw. weitgehend Vertrauen zur jeweiligen Institution haben.

Während in der dargestellten Umfrage ein Viertel der Befragten die Politik für zu kompliziert hält, stimmten in einer Umfrage aus dem Jahr 2011 die Hälfte der Befragten der Aussage zu, dass sie bei vielen Gesetzen, die in der Politik diskutiert werden, gar nicht genau verstehen, worum es geht.[65]

Beim Vertrauen in Dritte weist, wie in Abbildung 19 dargestellt, Mecklenburg-Vorpommern im Vergleich mit den übrigen neuen Ländern nur beim Vertrauen in Umweltschutzgruppen größere Unterschiede auf. So wird diesen wesentlich mehr Vertrauen entgegengebracht als das dies in den übrigen ostdeutschen Ländern der Fall ist.

4   (K)eine regionale Politische Kultur in Mecklenburg-Vorpommern?

Die in der Einleitung aufgestellte Hypothese, dass Mecklenburg-Vorpommern aufgrund seiner historischen, geografischen und kulturellen Verbundenheit mit dem Norden und seiner Gemeinsamkeiten mit den anderen ostdeutschen Ländern eine eigenständige regionale politische Kultur entwickelt hat, konnte empirisch nur teilweise nachgewiesen werden. Die Orientierungen gegenüber den einzelnen Dimensionen des Politischen-Kultur-Konzepts von Almond und Verba weisen weitgehend gleiche bzw. ähnliche Werte in Mecklenburg-Vorpommern und den übrigen neuen Bundesländern auf.

Die Orientierungen gegenüber dem politischen System machen deutlich, dass die Einstellungen der Einwohner Mecklenburg-Vorpommerns mit denen der übrigen neuen Länder weitgehend übereinstimmen. Trotzdem ergeben sich einige Besonderheiten für Mecklenburg-Vorpommern. So ist vor allem die hohe Befürwortung einer Diktatur auffällig. Glichen sich die Zustimmungswerte 2002 noch weitgehend, ist diese

---

65 Vgl. Infratest Dimap (Hrsg.), Landtagswahl Mecklenburg-Vorpommern 2011 WahlREPORT, 2011, S. 36.

mittlerweile in Mecklenburg-Vorpommern wesentlich stärker ausgeprägt. Auffallend ist zudem die deutlich bessere Beurteilung der Politiker, denen wesentlich stärker auch positive Eigenschaften zugesprochen werden. Auch bei den Orientierungen gegen In- put- und Outputstrukturen herrschen zumeist ähnliche Werte vor. Unterschiede sind vor allem in der niedrigeren Nutzung von Medien und einem geringeren politischen Interesse in Mecklenburg-Vorpommern zu beobachten. Zusätzlich ist die Parteienbin- dung in Mecklenburg-Vorpommern noch geringer als in den restlichen neuen Bundes- ländern ausgeprägt. Ein weiterer Unterschied ist die etwas bessere Bewertung der DDR durch die Befragten aus Mecklenburg-Vorpommern. Bei den Orientierungen gegenüber dem Ego lassen sich keine nennenswerten Unterschiede, bis auf das höhere Vertrauen in Mecklenburg-Vorpommern gegenüber Umweltschutzgruppen erkennen.

Gleichzeitig weisen Umfragen jedoch in Bezug auf die Identitätsebenen ein ande- res Bild auf. Die Einwohner Mecklenburg-Vorpommerns weisen eine starke regionale Identifikation auf und fühlen sich eher als Nord- und weniger als Ostdeutsche.[66] Eine Verbindung zwischen Identität und politischen Einstellungen scheint also in Mecklen- burg-Vorpommern nur bedingt vorhanden. Die weitgehend ähnlichen Orientierungen der Einwohner des Landes mit denen der übrigen ostdeutschen Bundesländer scheinen dabei eher auf die gemeinsame Prägung durch die autokratischen Verhältnisse in der DDR, Erfahrungen im Zuge der Wiedervereinigung sowie ähnliche Transformations- probleme zurückführbar.[67]

Insgesamt lässt sich für die politische Kultur anhand der Untersuchung der hier ver- wendeten empirischen Daten der Schluss ziehen, dass Mecklenburg-Vorpommern eine überwiegend ostdeutsche politische Kultur aufweist. Zwar weist das Land unter ande- rem bei der Frage zur Zustimmung einer Diktatur oder auch bei der Parteienbindung abweichende Ergebnisse auf, aber dennoch scheint es nicht sinnvoll, aufgrund dieser wenigen Kriterien von einer speziellen regionalen politischen Kultur in Mecklenburg- Vorpommern zu sprechen. Gleichzeitig könnten diese Abweichungen darauf hindeu- ten, dass zukünftig, ähnlich wie bei der Landesidentität,[68] die politische Kultur weniger durch ostdeutsche Faktoren als vielmehr durch spezifische regionale Besonderheiten geprägt werden könnte.

---

66 Laut einer Umfrage fühlen sich die 25 Prozent der Einwohner Mecklenburg-Vorpommerns als Meck-lenburger, 17 Prozent als Norddeutsche und 14 Prozent als Ostdeutsche. Vgl. TMS Emnid (Hrsg.), Mecklenburg-Vorpommern-Monitor 2010, o. O. 2010, S. 18.

67 Vgl. Christoph Stawenow, Warum ist Deutschland immer noch nicht zusammengewachsen? Zur Ent-stehung einer politischen Teilkultur in den neuen Bundesländern, in: DA, Nr. 5 (2009), S. 781–787, hier: S. 787.

68 Wurde in den 1990er Jahren noch die regionale Identität zu Mecklenburg-Vorpommern von einer deut-schen bzw. ostdeutschen Identität überlagert, ist die regionale Identität laut einer Umfrage aus dem Jahr 2010 stärker ausgeprägt als eine deutsche bzw. ostdeutsche Identität. Vgl. Bauer, Politische Kultur in Mecklenburg-Vorpommern, 2001, S. 76–97; Vgl. TMS Emnid (Hrsg.), Mecklenburg-Vorpommern-Monitor 2010, 2010, S. 18.

Kultur und Kulturpolitik in Mecklenburg-Vorpommern

Stefanie Kracht[1]

1   Einleitung

Ein Bericht über die Kulturpolitik in Mecklenburg-Vorpommern ließe sich auf vielfältige Weise beginnen. Man könnte zunächst von der Freien Theaterszene des Landes berichten, die sich pünktlich zum Jahresbeginn trifft, um die neuesten Produktionen zu zeigen. Das Theaterfestival in Rostock namens „Spiellust" richtet der La.F.T., der Landesverband Freier Theater e. V., aus, der momentan 22 Bühnen vertritt, darunter Kinder- und Jugendtheater, Figurentheater sowie Artistik, Tanztheater und Comedy. Zusammen geben die Theatermacher landesweit mehr als 1000 Vorstellungen im Jahr. Die Freien Theater verfolgen dabei einen anderen Ansatz als städtische: sie bespielen das ganze Land, also auch Kleinstädte und Dörfer, und leisten so basiskulturelle Arbeit vor Ort.

Der Text könnte aber auch zuerst auf die ausgeprägte Musikkultur des Landes eingehen. Mecklenburg-Vorpommern ist ein echtes „Musikland": Was 1993 als „Musiksommer" begann, ist heute ein etabliertes Angebot aus zahllosen Klassikfestivals, Konzertreihen und Jazzfesten im ganzen Land, das alljährlich hunderttausende Besucher anlockt. Die „Festspiele Mecklenburg-Vorpommern" bieten schon seit 1991 klassische Musik auf höchstem Niveau mit internationalen Stars an spektakulären Spielorten wie Schlössern, Gutshäusern, Kirchen oder alten Fabrikhallen. Außerdem gibt es mehr als 20 öffentliche Musikschulen, ausgestattet mit Landesförderung und Zertifizierung, die Hochschule für Musik und Theater in Rostock – die einzige Kunsthochschule des Landes – vier Mehr-Spartentheater, zwei A-Orchester und mehr als 8 000 aktive Chormitglieder.

---

1   Die Autorin dankt besonders Prof. Dr. Kornelia von Berswordt-Wallrabe, Dr. Klaus Blaudzun, Dr. Enoch Lemcke, Dr. Wolf Karge, Dörte Kiehn, Thorsten Koplin, Dr. Michael Körner, Dr. Steffen Stuth sowie Dr. Karl-Reinhard Titzck für die freundlichen Gespräche und ausführlichen Informationen.

Oder man könnte am Anfang die touristischen Reize des Landes erwähnen. „MV tut gut" heißt es seit 2005 offiziell im Slogan des Landesdachmarke Mecklenburg-Vorpommerns.[2] Das ländlich geprägte Bundesland hatte lange Zeit ein negatives Image, resultierend aus Werftenkrise, hoher Arbeitslosigkeit, Bevölkerungsschwund und Fremdenfeindlichkeit. Trotzdem gelang es, Bayern als Reiseland Nr. 1 in Deutschland abzulösen. Dafür setzt die Landesregierung neben der naturräumlichen Attraktivität gezielt auf Investitionen in und die Vermarktung von kulturellen bzw. kulturtouristischen Reizen wie einer reichen Schlösser-, Bäder- und Herrenhäuserarchitektur, Backsteingotik und Weltkulturerbe-Städten sowie bundesweit bekannten Museen wie dem Staatlichen Museum Schwerin oder dem Ozeaneum in Stralsund.

Schließlich könnte man die Theaterlandschaft würdigen, die Mecklenburgische Staatskapelle in Schwerin zum Beispiel gehört mit ihrer über 400-jährigen Geschichte zu den ältesten Orchestern Deutschlands. Zugleich müsste man auf die lange andauernde, bislang ergebnislose Debatte um die zukünftige Theater- und Orchesterstruktur des Landes eingehen. Die Landeszuschüsse für die Theater und Orchester sind seit 1997 unverändert. Steigende Kosten und der demographische Wandel, der sinkende Steuereinnahmen und Finanzausgleichsmittel bedeutet, machen eine Reform der Theaterstrukturen zwingend erforderlich. Allein die Einigung über zukünftige Einsparungen, Fusionen und eventuelle Schließungen will bislang nicht gelingen.

Die vielen denkbaren Einstiege illustrieren die Vielfalt des Politikfeldes: Von Basiszu Hochkultur und Kulturtourismus, von unterschiedlichen Kultursparten und -trägern, städtischen Einrichtungen und freier Szene, von Leuchttürmen – also überregional bedeutenden Einrichtungen – und kultureller Grundversorgung im ländlichen Raum, von Denkmalpflege und kultureller Bildung bis hin zu einer bedarfsgerechten und auskömmlichen Finanzausstattung.

Der folgende Text wirft einen ersten Blick auf die kulturelle Landschaft Mecklenburg-Vorpommerns. Zum einen soll das kulturelle Profil anhand einiger Beispiele, großer wie kleinerer Kultureinrichtungen, skizziert werden, die zusammen die weit verzweigte kulturelle Infrastruktur bilden. Sie alle stellen dafür berechtigte Ansprüche an die Landeskulturpolitik. Zum anderen werden die politischen Kräfte und Mechanismen vorgestellt, die die kulturelle Gestalt des Landes maßgeblich bestimmen.

Der politische Systemwechsel von 1989/90 und der umfassende wirtschaftliche, gesellschaftliche sowie kulturelle Umbruch in den neuen Ländern bedeutete auch das Ende der zentralistischen Kulturpolitik der DDR und deren Instrumentalisierung von Kunst und Kultur zur gesellschaftlichen Erziehung. Um die kulturelle Substanz im Beitrittsgebiet zu schützen und den administrativen Übergang zum bundesrepublikanischen Prinzip föderaler Kulturhoheit zu gestalten, wurden in den neuen Bundesländern diverse Förder- und Sonderprogramme aufgelegt, die mit umfangreichen Bundesmit-

---

2   Vgl. DS 4/1511 Kleine Anfrage der CDU-Fraktion und Antwort der Landesregierung Landesdachmarke „MV tut gut", Schwerin, 07. 02. 2005, S. 1–2.

teln ausgestattet waren. Durch die gemeinsamen Anstrengungen von Bund, Land und Kommunen sowie den kulturellen Akteuren sind die Neuordnung der Kulturszene sowie die umfassende Sanierung und der Wiederaufbau kultureller Einrichtungen und des kulturhistorischen Erbes weitgehend gelungen.

2   Das kulturelle Profil des Landes

Knapp 8 000 Beschäftigte – befristet und unbefristet – sowie mehr als 9 500 Ehrenamtliche sind landesweit in kulturellen Einrichtungen aktiv. Mehr als 110 000 Mitglieder zählen die gemeinnützigen Vereine und Gesellschaften im Kulturbereich, 194 Fördervereine und Freundeskreise unterstützen landesweit Kulturinstitutionen, Projekte und Initiativen. Mehr als 10 Millionen Besucher, Zuhörer, Zuschauer, Schüler und Teilnehmer besuchten 2007 über 37 000 Veranstaltungen und ständige Angebote im Land.[3] Die jährlichen Museumsbesuche pro Einwohner liegen in Mecklenburg-Vorpommern seit 2001 über dem Bundesdurchschnitt, regelmäßig vermeldet der Museumsverband mehr als 3 Mio. Besuche im Jahr. Bei den Kinobesuchen gehören die neuen Bundesländer insgesamt zwar zu den Schlusslichtern, Mecklenburg-Vorpommern rangierte aber 2006 mit beispielsweise 1,3 Besuchen im Jahr noch vor Thüringen, Sachsen-Anhalt und Brandenburg. Bei der offiziellen Künstlerdichte belegt das Land andererseits einen der hinteren Plätze: Auf 1 000 Einwohner kommen nur neun Versicherte der Künstlersozialkasse, der Bundesdurchschnitt liegt hier bei 19,3.[4]

Die kulturelle Landschaft wurde bisher von zwei Kernthemen dominiert: Musik und Backsteingotik. Landesweit gibt es eine Vielzahl von Musikfestivals, die vor allem in den Sommermonaten zu Konzertreihen, Musikfesten und anderen musikalischen Veranstaltungen einladen. Als Vorreiter gilt die Erfolgsgeschichte der Festspiele Mecklenburg-Vorpommern, denen es gelingt, überregional Besucher anzulocken und dafür eine breite Förderer- und Sponsorengemeinschaft aufzubauen, was in dem strukturschwachen Land kein Leichtes ist. Aber auch die Greifswalder Bachwoche, die Eldenaer Jazztage und noch viele weitere Konzerte machen Mecklenburg-Vorpommern zu einem echten „Musikland" – so heißt die gemeinsame Dachmarke, die vom Land initiiert wurde und aktuell acht Musikfestivals koordiniert und repräsentiert. Als zweites Thema hebt das Land die Backsteingotik heraus. Gemeinsam mit der Deutschen Stiftung Denkmalschutz und den Kommunen wurde die Initiative „Wege der Backsteingotik" gegründet.

Die Museumslandschaft hat sich ebenfalls positiv entwickelt: Seit der Wiedervereinigung wuchs die Zahl kontinuierlich. Zwar gibt es keine einheitliche Übersicht, aber

---

3   Vgl. Museumsverband M-V (Hrsg.): Kulturanalyse für Mecklenburg- Vorpommern. Auswertung einer Befragung von kulturellen Einrichtungen und Initiativen im Jahr 2004, Schwerin 2004, S. 92–93.
4   Vgl. Statistische Ämter des Bundes und der Länder: Kulturindikatoren auf einen Blick: Ein Ländervergleich, Wiesbaden 2008, S. 10–12.

im November 2005 wurden 192 museale Einrichtungen im Land gezählt, dabei waren noch nicht einmal die zahllosen Heimatstuben und kleinere Privatsammlungen berücksichtigt, deren Zahl auf 50 bis 70 geschätzt wird.[5] Besonders erfolgreich und überregional bekannt sind das Staatliche Museum Schwerin, das Meeresmuseum in Stralsund mit dem 2007 eröffneten Ozeaneum und das Pommersche Landesmuseum in Greifswald. Die ersten beiden sind auch im Blaubuch der Bundesregierung als national bedeutsame Einrichtungen aufgeführt. Neben den sog. „kulturellen Leuchttürmen" weist dieses Verzeichnis zudem fünf „national bedeutende kulturelle Gedächtnisorte" in Mecklenburg-Vorpommern aus: Das Hans-Fallada-Haus in Carwitz, die Ernst-Barlach-Museen in Güstrow, das Heinrich-Schliemann-Museum in Ankershagen, das Otto-Lilienthal-Museum in Anklam sowie das Museum des Gerhart-Hauptmann-Museumsverbundes auf Hiddensee.[6] Das Pommersche Landesmuseum ist der bisher spektakulärste Neubau eines Kunst- und Kulturmuseums im Land. Seit 2000 präsentiert die Gemäldegalerie die sog. Stettiner Sammlung, eine hochrangige Gemäldesammlung, und seit der Eröffnung des ganzen Museumskomplexes 2005 zudem die 14 000-jährige Natur- und Kulturgeschichte Pommerns, u. a. mit Kunstbeständen der Greifswalder Universitätssammlung. Überregional bekannt und beliebt sind auch die Künstlerkolonien in Ahrenshoop, auf Usedom und in Schwaan mit ihren traditionellen Künstlerhäusern.

Daneben gibt es auch bedeutende Literaturmuseen, Archive und Literaturhäuser, wie das Walter-Kempowski-Archiv in Rostock, das Brigitte-Reimann-Literaturhaus in Neubrandenburg, das Ehm-Welk-Haus in Doberan oder das Fritz-Reuter-Museum in Stavenhagen, das auch den Fritz-Reuter-Preis verleiht. Stavenhagen ist die Geburtsstadt des bekannten Dichters, Pflege und Schutz der niederdeutschen Sprache sind in der Landesverfassung festgeschrieben.[7] Fünf literarische Einrichtungen, nämlich die Literaturhäuser in Neubrandenburg und Rostock, das Uwe-Johnson-Haus in Klütz, das Greifswalder Wolfgang-Koeppen-Haus und das Künstlerhaus LUKAS in Ahrenshoop, widmen sich auch der Gegenwartsliteratur. In Ahrenshoop gibt es neben Lesungen auch ein literarisches Stipendienprogramm, das leider nicht vom Land finanziert wird. Sowieso steht der literarischen Vielfalt eine geringe Ausstattung mit Fördermitteln gegenüber. Laut einer Studie zur Literaturvermittlung in Ostdeutschland[8] fielen z. B. 2007 auf die explizite literarische Projektförderung nur 0,28 Prozent der Gesamtkulturausgaben des Landes, bzw. 2008 nur 194 000 Euro von knapp 14 Mio. Euro des Postens „Allge-

---

5   Unterschiedliche Zählweisen nennen für das Jahr 1993 130 Museen bzw. für 1994 118 Einrichtungen, von denen aber 20 nach 1989/90 entstanden sind. Das Institut für Museumskunde Berlin 2003 schrieb für die Besucherstatistik in M-V 203 museale Einrichtungen an.

6   Vgl. Paul Raabe, Blaubuch: Kulturelle Leuchttürme in Brandenburg, Mecklenburg-Vorpommern, Sachsen, Sachsen-Anhalt und Thüringen, Berlin/Halle a. d. Saale 2001/Leipzig 2002. Das Blaubuch ist ein von der Bundesregierung in Auftrag gegebenes Verzeichnis von national bedeutenden Kultureinrichtungen in den neuen Ländern.

7   Landesverfassung für Mecklenburg-Vorpommern, Artikel 16, Absatz 2.

8   Vgl. Stephan Porombka/Kai Splittgerber, Studie zur Literaturvermittlung in den fünf neuen Bundesländern zu Beginn der 21. Jahrhunderts, Hildesheim/Berlin/München 2010.

meine Bewilligungen für Kunst und Kultur". Mecklenburg-Vorpommern lag damit im ostdeutschen Vergleich auf dem letzten Platz. Die Erforschung und Auseinandersetzung mit Literatur bekommt mit dem Umzug des Uwe-Johnson-Archivs von Marburg an die Rostocker Universität im Oktober 2012 neue Impulse. Dort gibt es seit 2009 bereits eine Uwe-Johnson-Stiftungsprofessur.

Der Kulturkalender des Landes bietet neben Musik, Kunst und Literatur auch viel Film: Drei große Filmfestivals – das Schweriner FilmFest, das internationale Dokumen-tarfilmfestival dokumentART in Neubrandenburg und das Nachwuchs-Filmfest FiSh in Rostock – sowie viele kleinere Reihen wie das junge, aber schon bundesweit beachtete Naturfilm-Festival auf dem Darß bereichern das cineastische Angebot der im bundes-weiten Vergleich bescheidenen Anzahl von Kinoleinwänden enorm.

In Mecklenburg-Vorpommern gibt es dank vieler engagierter Kulturschaffender und ehrenamtlichen Helfern ein dichtes Netz von Kulturhäusern. Die sog. Freie oder Off-Szene sowie die Soziokulturszene im Land ist ausgesprochen vielfältig. Anschaulich wird dies nicht nur in den Einrichtungen selbst, wie dem St. Spiritus in Greifswald oder dem Doberaner Kornhaus, sondern auch im jährlichen Report der LAG Soziokultur, dem Dachverband der Szene.[9]

Die kulturelle Infrastruktur umfasst zudem ein Bibliotheksnetz aus aktuell 102 hauptamtlich und 52 nebenamtlich geführten, öffentlichen Bibliotheken mit sechs Fahr-bibliotheken und zahlreiche öffentliche Musikschulen sowie private Kinder- und Ju-gendkunstschulen. [10] Ohne die Kirchen und ihre kulturellen Aktivitäten im Bereich Or-gel-, Kirchen- und Chormusik oder ohne die zahllosen Heimatverbände würde dem Land eine Vielzahl lokaler und v. a. niedrigschwelliger Kulturangebote fehlen.

Deutlich sichtbar ist es einigen Städten und Gemeinden besser gelungen, ihr kul-turelles Profil zu schärfen. Schwerin, Stralsund, Greifswald oder Wismar zum Beispiel haben mutig Initiativen ergriffen, Investitionen getätigt, an Bestehendem angeknüpft oder Neues aufgebaut und so echte Alleinstellungsmerkmale geschaffen. Positive Ent-wicklungen in den Ostseebädern Ahrenshoop, Kühlungsborn und auf Usedom haben den Künstlerkolonien neues Leben eingehaucht und ziehen Besucher und Künstler glei-chermaßen an.

---

9   Landesarbeitsgemeinschaft Soziokultur, Die Ausgaben seit 2003 sind online abrufbar unter: http://www. lag-soziokultur-mv.de/index.php/lagreport.html (Stand: 30. 8. 2012).

10 Vgl. Auskunft des Ministeriums für Bildung, Wissenschaft und Kultur unter: http://www.regierung-mv.de/cms2/Regierungsportal_prod/Regierungsportal/de/bm/Themen/Kultur/Aufgabengebiete/ Bibliotheken/index.jsp (Stand: 30. 8. 2012); Laut dem Jahresbericht 2010 der Fachstelle öffentliche Bi-bliotheken Mecklenburg-Vorpommern, abrufbar unter: http://www.fachstelle-mv.de/wDeutsch/fach-stelle/statistik/Jahresstatistiken/MV_gesamt/Jahr-esbericht10.pdf?navid=27 (Stand: 7. 11. 2012). In dem auch die Kurzfassung einer Umfeldanalyse, durchgeführt durch das IPV der Universität Rostock, ver-öffentlicht ist, ist noch von insgesamt 109 öffentlichen Bibliotheken mit 89 hauptamtlichen und 20 ne-benamtlichen Leitungen sowie fünf Fahrbibliotheken die Rede. Vgl. Michael Maser/Christian Nestler/ Nikolaus Werz, Umfeldanalyse der hauptamtlichen Bibliotheken in Mecklenburg-Vorpommern, Ros-tock/Schwerin 2010.

Mancherorts hat es das bauliche Kulturerbe durch gemeinsame Anstrengungen schon zu UNESCO-Ruhm gebracht. Die jahrhundertealte Gemäldegalerie und herzogliche Kunstsammlung in Schwerin sowie die Mecklenburgische Staatskapelle und das Staatstheater erstrahlen dank millionenschweren Sanierungen in neuem Glanz. Die Wiederbelebung pommerscher Identität und Landesgeschichte gelang im Greifswalder Museum durch die gemeinsame Anstrengung der Stadt, der Universität, des Landes, des Bundes sowie privater Förderer und Stiftungen. Schließlich wurde auch die geschichtliche Bedeutung des Historisch-Technischen Museums in Peenemünde erkannt, 2010 beschloss der Landtag die Mehrheitsbeteiligung an der MuseumsGmbH.[11] Die Diskussion um die Ausstattung des Museums hält indessen an.

3   Rückblick: Historische Bezüge in der aktuellen kulturellen Identität

Als Bindestrichland ist Mecklenburg-Vorpommern eine Neu- bzw. Wiedergründung, die 1990 in einem administrativen Akt aus den beiden ursprünglichen Landesteilen Mecklenburg und Vorpommern bzw. drei ehemaligen DDR-Nordbezirken geschaffen wurde. 1995 wurden die „1000 Jahre Mecklenburg"-Feierlichkeiten begangen, die auf die lange wirtschaftliche, gesellschaftliche, politische und kulturelle Geschichte der Region verwiesen. Um die kulturelle Identität des Landes bzw. der beiden Landesteile zu erfassen, deren besonderen Belange gemäß Artikel 16 der Landesverfassung beachtet werden sollen, muss der Blick weit zurückreichen: Neben der Hanse spielen die ehemaligen Herzogtümer Pommern, Mecklenburg-Schwerin und Mecklenburg-Strelitz eine wichtige Rolle. Die Landesgeschichte ist heute noch spürbar, nicht nur in den Klöstern, Backsteinbauten, Schlössern und Schlossgärten oder Guts- und Herrenhäusern. Historische Bezüge tauchen auch in aktuellen kulturpolitischen Debatten auf, wenn es beispielsweise um neue Bewerbungen für die Weltkulturerbeliste geht – aktuell sind das Residenzensemble Schweriner Schloss und das Doberaner Münster vom Land vorgeschlagen – oder den anhaltenden Streit um Verbleib und Erwerb sog. „Adelskunst" und bestehende Restitutionsansprüche für umfassende, ehemals herzogliche Kunstbestände.

Natürlich hat auch die nationalsozialistische Diktatur das Land gezeichnet. Die geographische Randlage hat nicht nur Künstler, Intellektuelle, Verfemte und Verfolgte angezogen, die Zuflucht suchten und hier ihre innere Emigration fanden, wie z. B. Hans Fallada oder Gerhard Marcks. Die Abgeschiedenheit hat auch zur Errichtung der Hee-

---

11   Vgl. Beschlussempfehlung und Bericht: Zustimmung des Landtages „Eingehen einer Mehrheitsbeteiligung an der „Historisch-Technisches Museum Peenemünde GmbH" gemäß DS. 5/3086 Antrag des Landesregierung zur Zustimmung des Landestages gemäß § 63 Absatz 1 LHO hier: Eingehen einer Mehrheitsbeteiligung an der „Historisch-Technisches Musuem Peenemünde GmbH, Schwerin 21. 12. 2009 (DS. 5/3410).

resversuchsanstalt in Peenemünde geführt.[12] Auf der Insel Rügen zeugt eine kilometer-lange Gebäudereihe, einst als „Kraft durch Freude" – Anlage betitelt, vom Größenwahn der Nationalsozialisten. Heute sind hier in Prora neben einer Jugendherberge gleich drei private Initiativen mit der Dokumentation und Präsentation der Geschichte des Ortes beschäftigt, der auch von der NVA genutzt wurde. Das Land tut sich mit einer Be-teiligung an der Erarbeitung eines Museumskonzepts noch schwer.

In der DDR zeichnete sich die Kulturpolitik durch zentralistische Vorgaben der Ber-liner Staats- und Parteiführung, eine starke Konzentration der öffentlichen bzw. staat-lichen Aktivitäten auf die drei Bezirkshauptstädte Neubrandenburg, Rostock und Schwerin aus, sowie durch die politische Instrumentalisierung von Kunst und Kultur auf dem Wege zur sozialistischen Gesellschaft. Mit der Auflösung der volkseigenen Be-triebe und Kombinate verschwanden auch deren kulturelle Aktivitäten. Kulturräume, -veranstaltungen und -programme gab es nicht mehr, ebenso wie die Kulturpläne, die den Kultureinrichtungen verlässlich tausende Besucher bescherten, weil regelmäßig Ar-beitskollektive und Brigaden kamen. In der DDR waren kulturelle Aktivitäten Teil des beruflichen Lebens, nach der Wiedervereinigung wurden sie wieder Privatsache. Dies bedeutete vor allem in den ersten Jahren massive Besuchereinbrüche für viele Museen und Theater.

4   Gewichtige Akteure: Das zuständige Ministerium und die kulturellen Landesverbände

Die Kulturpolitik des Landes wird umgesetzt und gestaltet durch das Ministerium für Bildung, Wissenschaft und Kultur, das seinen Zuschnitt seit seiner Gründung nicht ge-ändert hat, allerdings bis 1998 „Kultusministerium" hieß. Dieser traditionelle Ressortzu-schnitt bringt mit sich, dass das Ministerium durch bildungs- und hochschulpolitische Themen dominiert wird, Kultur im engeren Verständnis oft nur die zweite Rolle spielt. Auch in Mecklenburg-Vorpommern wurde daher schon die Idee geäußert, einen Staats-sekretär für Kultur in der Staatskanzlei des Ministerpräsidenten zu installieren.

Der Kontinuität im Ressortzuschnitt stehen häufige Minister/-innenwechsel gegen-über. Bisher kam mit jeder Legislaturperiode eine neue Person ins Ministeramt, Mathias Brodkorb ist die mittlerweile siebte Besetzung. Seit November 2011 gibt es mit ihm wie-der einen SPD-Kultusminister im Land, mit nun 35 Jahren ist er der jüngste der bishe-rigen Amtsträger/-innen. Schon während seiner Zeit als Landtagsabgeordneter – er war bereits 2002 eingezogen – hatte er sich in bildungspolitischen Fragen stark engagiert

---

12 Die Ansiedlung von Rüstungsindustrie, wie z. B. den Heinkelwerken in Rostock, hat kulturpolitisch mittelbare Auswirkungen: durch die Bombardierungen von 1942/43 wurden große Teile der städtischen Infrastruktur zerstört, u. a. das städtische Theater. Ein Neubau beschäftigt die Stadt seit dem entspre-chenden Bürgerschaftsbeschluss 1992.

und 2004, damals selbst noch Student an der Rostocker Universität, ein viel beachtetes Papier zur Hochschulentwicklung vorgelegt.[13] Zudem kämpft er gegen Rechtsextremismus, u. a. als Mitbegründer der Initiative „ENDSTATION RECHTS."[14] und der „Storch Heinar"-Kampagne: eine bildstarke und medienwirksame Persiflage eines bei Rechtsextremisten und Neofaschisten beliebten Modelabels. Ob die Verlagerung der „Regionalzentren für demokratische Kultur" vom Sozialministerium in den Zuständigkeitsbereich des neuen Kultusministers allein durch dessen ausgewiesene Expertise oder auch im Ressortzuschnitt begründet war, da im Kultusministerium bereits die politische Bildung angesiedelt war, ist nicht bekannt.

Die häufigen personellen Wechsel haben zu einer Kurzatmigkeit und Entscheidungsschwäche in der Kulturpolitik geführt, die die Entwicklung und Umsetzung mittel- und langfristiger Entwicklungsstrategien erschwert haben. Jeder oder jede neue Kultusminister/-in war verständlicherweise um ein eigenes Profil und Erfolge bemüht, die Themen des oder der Vorgänger/-in blieben liegen, wurden beendet oder unter neuen Vorgaben fortgesetzt. So wurden zum Beispiel die Pläne von Henry Tesch (CDU) zur Errichtung von Kulturkooperationsräumen im Rahmen der Theaterstrukturreform nicht weiter verfolgt. Auch über die ursprünglich geplante Fortsetzung der 2004 begonnenen Kulturanalyse (s. u.) entscheidet der neue Kultusminister Mathias Brodkorb (SPD) erst noch.

Den kulturellen Landesverbänden kommt nicht nur eine Bündelungsfunktion zu, sie sind neben den Kulturvereinen und Einrichtungen wichtige Ansprechpartner für die Künstler und Kulturschaffenden, v. a. aber auch für die Entscheidungsträger in Politik und Verwaltung. Die Bildung der Landesverbände erfolgte nach der Wiedervereinigung zügig, seit 1990 hatten sich landesweit zahlreiche kulturelle Vereine und Verbände neu bzw. wiedergegründet. 1994 waren der Landesregierung schon rund 300 kulturelle Vereine bekannt, von denen besonders die Heimat-, Kultur- und Museumsvereine beachtliche Mitgliederzahlen aufwiesen: z. B. der Landesheimatverband mit 60 Vereinen und ca. 8000 Mitgliedern, die LAG Soziokultur mit schon 15 Vereinen und Initiativen, der Landesverband Mecklenburg-Vorpommern des Kulturbundes mit 204 Vereinen und 5000 Einzelmitgliedern. Auch der Regionalverband Mecklenburg-Vorpommern des Deutschen Bibliothekenverbandes hatte mit 138 Kommunen, den Trägern der öffentlichen Bibliotheken, enormes Gewicht. Im Bereich Musik war man nicht weniger aktiv: der Landesmusikrat mit 15 Verbänden und Landesvertretungen, der Landesverband deutscher Musikschulen mit 27 Musikschulen, der Chorverband mit 80 Chören und ca. 3000 Sänger/-innen, der Bläserverband mit 28 Orchestern. Schließlich noch der Künst-

---

13 Diskussionspapier „Die Zukunft der Hochschullandschaft von Mecklenburg-Vorpommern bis zum Jahre 2020", Vgl. hierzu Plenarprotokoll 4/28 vom 28. 01. 2004, Aktuelle Stunde „Die Zukunft der Hochschulen in Mecklenburg-Vorpommern", S. 1544–1557.

14 JungsozialistInnen in der SPD Landesverband Mecklenburg-Vorpommern (Hrsg.), ENDSTATION RECHTS., abrufbar unter: www.endstation-rechts.de (Stand: 07. 01. 2013).

lerbund mit 287 Mitgliedern, die Fritz Reuter Gesellschaft mit 675 Mitgliedern nach der Übersiedlung nach Neubrandenburg (vorher mit 510 Mitgliedern in alter BRD) sowie fünf Literaturförderkreise und Literaturgesellschaften mit zusammen 248 Einzelmitgliedern.[15]

5   Instrumente und Gremien: Landesweite Vernetzung und kulturpolitische Gestaltung im Dialog

Von der Landesregierung bzw. dem zuständigen Ministerium werden verschiedene Instrumente und Gremien zur Gestaltung und Umsetzung kulturpolitischer Vorgaben eingesetzt: jährliche Landeskulturkonferenzen dienen der Kommunikation, eine vom Ministerium initiierte Website als Informations-, Marketing- und Kommunikationsmittel, ein Kulturbeirat bzw. Kulturrat als externes, fachliches Beratungsgremium und bisher zwei umfassende Kulturanalysen zur Datenerhebung bzw. Befragung der Kulturträger. Seit Jahren wird die Erarbeitung eines Landeskulturplanes bzw. einer Landeskulturentwicklungskonzeption angestrebt, konnte bisher aber noch nicht zum Abschluss bzw. zur Ausformulierung gebracht werden. Neben wechselnden Förderschwerpunkten dient seit 1994 die sog. Förderrichtlinie Kultur als Orientierung und gibt die Kriterien der kulturellen Projektförderung des Landes vor.

Im November 1992 lud der KulturRat e. V. zur ersten Landeskulturkonferenz ein.[16] Der spartenübergreifende Dachverband löste sich allerdings 2001 auf, sodass bis 2007 die landesweiten Treffen der Kulturszene, d. h. aller Sparten, zeitweise im Rahmen der Landeskulturtage stattfanden, die vom Landesheimatverband ausgerichtet wurden. Das Kultusministerium ist an der jährlichen Planung und Organisation der Konferenzen maßgeblich beteiligt, die Themenfindung z. B. erfolgt durch die Kulturabteilung in Absprache mit den Landeskulturverbänden. Die ganztägigen Treffen finden an wechselnden Orten im ganzen Land statt. Aus Sicht des Ministeriums bilden sie den jährlichen Kommunikationshöhepunkt für bzw. in der Kulturszene. Tatsächlich bieten sie eine gute Plattform, um sich einen Überblick zu verschaffen und auszutauschen, allerdings fehlt es an Wirksamkeit: Den Grußworten des Ministers und eventuellen Grundsatzreferaten folgt eine Reihe von Kurzvorträgen einzelner Kulturträger bzw. Einrichtungen oder von eingeladenen Experten. Am Nachmittag gibt es Workshops und Arbeitsgruppen, eine allgemeine Aussprache bildet den Abschluss. Gemeinsame Beschlüsse gibt es selten, eine breite Nachbereitung findet nicht statt. Im folgenden Jahr trifft man sich zu einem neuen Thema an einem anderen Ort – oftmals auch in anderer Besetzung, da die

---

15   Hier ist nur eine Auswahl angeben, die Landesregierung gab in der DS 1/4308 eine Übersicht regionaler bzw. Landesverbände in 37 Zeilen an.

16   Vgl. KulturRat Mecklenburg-Vorpommern e. V. (i. A.): Kultur und Kunst Mecklenburg-Vorpommerns im Umbruch – Bedrohung und Zuversicht, Schwerin 1993, S. 168/169 sowie in DS. 1/4746, S. 3.

Einladung des Ministeriums an die Einrichtungen, nicht zwingend an Personen gerichtet sind. Die regelmäßigen Zusammenkünfte entsprechen theoretisch dem Bedürfnis der Szene nach Vernetzung und Kommunikation, allerdings werden sie zu stark als Veranstaltung des Ministeriums, das als Einladender Ort, Zeit und Thema bestimmt, wahrgenommen – und weniger als Treffen der Szene selbst.[17]

Das Bundesland mit der geringsten Internetquote in Deutschland verfügt immerhin seit 2001 mit der Website „Kulturportal"[18] über eine eigene digitale Plattform, die spartenübergreifend über Kultureinrichtungen, Veranstaltungen und aktuelle kulturpolitische Debatten informiert. Neben diversen Datenbanken, die teilweise von den Künstlern und Einrichtungen selbst bestückt und aktualisiert werden können, finden sich hier auch Hinweise zu Ausschreibungen, Wettbewerben und Förderprogrammen. Das Portal erhält seit 2001 eine Landesförderung durch das Ministerium, in dem auch die Projektleitung angesiedelt ist, und wird i. d. R. täglich von einer Redakteurin betreut, die bei der Schweriner MVweb GmbH angestellt ist. Das Kulturportal hat sich mit monatlich 40 000 bis 50 000 Zugriffen etabliert, eine geplante Überarbeitung soll die Nutzerzahlen weiter steigern.[19]

1993 berief die damalige Kultusministerin Steffie Schnoor (CDU) den ersten Kulturbeirat mit sechs Mitgliedern. Das unabhängige Gremium soll seitdem das Ministerium in kulturpolitischen Fragen von landesweiter Bedeutung beraten und Empfehlungen geben. Das betrifft u. a. die Förderung von internationalen Projekten, die Auswahl von Preisträgern z. B. des Kulturpreises des Landes oder auch Personalentscheidungen in Landeseinrichtungen.[20] Bei Bedarf kann der Beirat um sachkundige Mitglieder bspw. für eine Preisjury erweitert werden. Die Berufung erfolgt durch den oder die Minister/-in persönlich. In die jeweilige Zusammensetzung fließen neben Wünschen der/des Ministers/-in und Vorschlägen der Kulturabteilung auch Wünsche des Koalitionspartners, des Kabinetts sowie des Ministerpräsidenten ein.

Obwohl nicht als geheimes Gremium angelegt, fehlte es dem Kulturbeirat bislang an Transparenz. Lediglich die Geschäftsordnung sowie eine erarbeitete Richtlinie zum verwendeten Kulturbegriff wurden veröffentlicht. Der Koalitionsvertrag der fünften Wahlperiode beschrieb den Rat „als Impulsgeber, Dialogpartner, Ort fachlichen Austausches und als Interessenvertretung der Kunst- und Kulturschaffenden".[21] Kultusminister

---

17 So zumindest der Eindruck der Autorin nach Gesprächen mit verschiedenen Kulturmachern des Landes, s. a. Fußnote 1.

18 Ministerium für Bildung, Wissenschaft und Kultur (Hrsg.), Kulturportal Mecklenburg Vorpommern, abrufbar unter: www.kulturportal-mv.de (Stand 07. 01. 2013).

19 Vgl. ebd., sowie: Dokumentation der Landeskulturkonferenz Mecklenburg-Vorpommern 24. November 2010, Redaktion Wolf Karge, Schwerin 2010, S. 49–52.

20 Vgl. DS. 1/4746, Antwort der Landesregierung „Kulturpreis des Landes Mecklenburg-Vorpommern", Schwerin 12. 09. 1994, S. 3.

21 Vereinbarung zwischen der Sozialdemokratischen Partei Deutschlands Landesverband Mecklenburg-Vorpommern und der Fraktion der Sozialdemokratischen Partei Deutschlands im Landtag von

Henry Tesch (CDU) sah den Beirat auch als direkten Ansprechpartner für die Kulturaktiven im Land.[22] Doch diese „Kummerkasten"-Funktion war für ein Gremium, das bisher in der Regel zweimal jährlich tagte, schwer zu leisten.

Die Mitgliederzahl vergrößerte sich unter Mathias Brodkorb auf 17 Personen (vorher 13), neuer Vorsitzender wurde der ehemalige kulturpolitische Sprecher und Landtagsabgeordnete der SPD-Fraktion Dr. Michael Körner. Die neue Besetzung und ein verändertes Selbstverständnis sollen dem Kulturrat frisches Leben einhauchen, die aktuellen Mitglieder sind externe Persönlichkeiten mit kulturellem Hintergrund, ohne Berücksichtigung aller Sparten bzw. der Landesverbände, und können auf der Homepage des Ministeriums eingesehen werden. Darunter sind aktive und ehemalige Kulturschaffende, Künstler sowie Journalisten, Staatssekretäre a. D. und Professoren, Einheimische und Auswärtige.[23] Seine Berufung erfolgte öffentlich zum Auftakt der Landeskulturkonferenz im März 2012.

Die Einschätzung des Kulturrates fällt durchaus zwiespältig aus: ein unabhängiges Gremium mit direktem Draht zum Minister ist zu begrüßen, wenn es aber zu stark als *closed shop* verstanden wird, ist mit Skepsis seitens der Kulturszene zu rechnen, besonders von den Teilen, die sich bzw. ihre Interessen nicht ausreichend vertreten sehen.

Die Erarbeitung eines Landeskulturplanes bzw. einer Kulturentwicklungskonzeption begleitet die Kulturpolitik in Mecklenburg-Vorpommern seit der ersten Legislaturperiode. In der ersten Kulturdebatte im Landtag im Januar 1991 fand der Antrag der SPD-Fraktion zur „Erarbeitung eines Landeskulturplanes durch die Landesregierung"[24] eine Mehrheit, im Oktober 1991 wurde die „Diskussionsgrundlage für ein Kulturkonzept des Landes Mecklenburg-Vorpommern" vorgelegt. Dieses Papier, das unter Beteiligung von Künstlern, Kultureinrichtungen und kommunalen Kulturverwaltungen entwickelt worden war, formulierte die Rahmenbedingungen für die kulturelle Umstrukturierung und Neuorientierung des Landes und wurde auch 1994 noch als Leitdokument angesehen. Darin standen folgende Schwerpunkte: Erhaltung der kulturellen Substanz, die Finanzierungsgrundlagen 1991 sowie die Grundsätze kultureller Förderung: Freiheit, Vielfalt, Subsidiarität, Dezentralität, kultureller Austausch und kulturelle Integration.[25] Im zwei-

---

Mecklenburg-Vorpommern und der Christlich Demokratischen Union Deutschlands, Landesverband Mecklenburg-Vorpommern und der Fraktion der Christlich Demokratischen Union Deutschlands im Landtag von Mecklenburg-Vorpommern über die Bildung einer Koalitionsregierung für die 6. Legislaturperiode des Landtages von Mecklenburg-Vorpommern vom 24. 10. 2011, S. 40.

22 Vgl. LAG Soziokultur Report 2008, Interview mit Henry Tesch, S. 4–6, Greifswald 2008.

23 Vgl. Ministerium für Bildung, Wissenschaft und Kultur, Pressemeldungen Nr. 013-12 vom 05. 03. 2012 und Nr. 007-12 vom 27. 02. 2012, abrufbar unter: http://www.regierung-mv.de/cms2/Regierungsportal_prod/Regierungsportal/de/bm/index.jsp?&pid=33806, (Stand: 07. 01. 2013).

24 Vgl. DS 1/92 Antrag der SPD-Fraktion „Erarbeitung eines Landeskulturplanes" Schwerin, 03. 01. 1991.

25 Vgl. DS 1/4308, Antwort der Landesregierung auf Große Anfrage der SPD-Fraktion „Situation der Kultur und Kunst sowie der Künstler in Mecklenburg-Vorpommern", Schwerin 12. 04. 1994, S. 9, 17 und KulturRat, Schwerin, 1993, S. 35.

ten Koalitionsvertrag wurde vereinbart, auf einem Symposium einen Landeskulturentwicklungsplan sowie Förderschwerpunkte zu erarbeiten.[26]

Es ist ein anhaltender politischer Wille erkennbar, solche Pläne oder Konzeptionen zu erarbeiten, in beinah jedem Koalitionsvertrag werden sie erwähnt. Die Ausformulierung hingegen fällt scheinbar sehr schwer. Die Einbeziehung von Landesverbänden, Kulturschaffenden und Künstlern führt dazu, dass diese vorrangig eigene Interessen formulieren. In dem Moment, in dem ein Entwicklungsplan fixiert ist, läuft er zudem Gefahr, bereits veraltet zu sein.

Bevor mit der politischen Gestaltung begonnen werden kann, muss Klarheit darüber bestehen, was an Kultur bzw. kulturellen Einrichtungen im Land vorhanden ist. Eine solche Zustandsbeschreibung hat es schon mehrfach gegeben: die erste umfassende Untersuchung legte der KulturRat 1993 vor. Erst 2004 und 2008 folgten zwei umfangreiche Kulturanalysen, die das zuständige Ministerium in Auftrag gegeben hatte, nachdem auf der Landeskulturkonferenz 2002 zum Thema Kulturentwicklung eine Datenerfassung angeregt worden war. Für die erste Analyse, durchgeführt vom Museumsverband in Zusammenarbeit mit weiteren Landesverbänden, wurde 2004 die gesamte Kulturlandschaft untersucht und mehr als 15000 Einrichtungen befragt. Die zweite Kulturanalyse vier Jahre später verengte den Blick auf „Ausgewählte Engagementbereiche"[27]: Bibliotheken, Darstellende Kunst, Film/Neue Medien und Musik. Zusätzlich wurde das außerunterrichtliche Kulturangebot der Schulen im Land untersucht. Vor dem Hintergrund der Schwerpunktsetzung auf kulturelle Bildung und die besondere Förderung von Musik- sowie Kinder- und Jugendkunstschulen der großen Koalition seit 2006 ist die Veränderung im Untersuchungsdesign nachvollziehbar, erschwert aber eine Beurteilung der Entwicklungen bzw. einen Vergleich der Untersuchungsergebnisse.

In der zweiten Kulturanalyse wurden die Kultureinrichtungen und Projektträger auch zu ihren Problemen und Wünschen befragt. Mit der Gesamtsituation waren 94 Prozent mindestens „überwiegend zufrieden", mit der wirtschaftlichen Situation gaben 89 Prozent an, mindestens „zufrieden" zu sein. In dem Bundesland, das im Bundesdurchschnitt als eines der ärmsten Länder gilt, wurde überraschenderweise nicht am lautesten über fehlendes Geld geklagt. Ganz oben auf der Wunschliste standen eine optimierte Vernetzung und Marketing der kulturellen Landschaft (24 Prozent), vor der Steigerung von Finanzen (19 Prozent). Gefragt nach denkbaren Verbesserungen sprach sich ein Viertel der Kulturträger für bessere Netzwerke aus, neben einem Landeskultur-

26 Vgl. Vereinbarung zwischen der Christlich Demokratischen Union Deutschlands, Landesverband Mecklenburg-Vorpommern und der Sozialdemokratischen Partei Deutschlands, Landesverband Mecklenburg-Vorpommern über die Bildung einer Koalitionsregierung für die 2. Legislaturperiode des Landtages von Mecklenburg-Vorpommern vom 18.11.1994, S. 40.

27 Ministerium für Wissenschaft, Bildung und Kultur: Kulturanalyse für Mecklenburg-Vorpommern. Auswertung einer Befragung von kulturellen Einrichtungen und Initiativen im Jahr 2008, Schwerin 2010, S. 4.

büro und einem autonomen Landeskulturrat wurde auch ein gemeinsamer Internetauf-tritt erwähnt, das Kulturportal (s. o.) fiel keiner der befragten Einrichtungen ein.[28]

Die Wirksamkeit der verschiedenen Instrumente ist stark abhängig von den beteilig-ten Akteuren und deren Verhältnis zueinander. Kulturpolitische Gestaltungskraft stößt dann an ihre Grenzen, wenn sich die kulturellen Projektträger und Akteure nicht über die Ziele im Klaren sind oder diese nicht teilen – vielleicht auch weil sie sich nicht in die Erarbeitung und Findungsprozesse einbezogen fühlen.

6   Kulturfinanzierung und Kulturförderung

Die Landesverfassung Mecklenburg-Vorpommern formuliert explizit einen kulturellen Verfassungsauftrag in Artikel 16, Absatz 1: „Land, Gemeinden und Kreise schützen und fördern Kultur, Sport, Kunst und Wissenschaft. Dabei werden besonders die Belange der beiden Landesteile Mecklenburg und Vorpommern berücksichtigt." In Absatz 2 heißt es außerdem: „Das Land schützt und fördert die Pflege der niederdeutschen Sprache."

1993 schlug der damalige Innenminister Rudi Geil (SPD) im Entwurf der Kommu-nalverfassung vor, die Pflicht der Kommunen zur Kulturförderung aufzunehmen. Da-mit wäre Kulturförderung wesentliche Aufgabe öffentlicher Daseinsvorsorge statt „frei-willige Aufgabe" geworden.[29] Dazu kam es nicht. In der aktuellen Kommunalverfassung heißt es zu den Grundlagen der Gemeindeverwaltung unter § 2 (Eigener Wirkungs-kreis) in Absatz 1: „Die Gemeinden sind berechtigt und im Rahmen ihrer Leistungsfä-higkeit verpflichtet, alle Angelegenheiten der örtlichen Gemeinschaft im Rahmen der Gesetze in eigener Verantwortung zu regeln." In Absatz 2 heißt es weiter: „Zu den Auf-gaben des eigenen Wirkungskreises gehören insbesondere [...] die Entwicklung der Freizeit- und Erholungseinrichtungen sowie des kulturellen Lebens".[30] Neben dem Land betreiben auch kreisfreie Städte, Gemeinden und Landkreise im Rahmen ihrer Mög-lichkeiten Kulturförderung. Es muss also differenziert werden zwischen der Kulturför-derung des Landes und den öffentlichen Kulturausgaben für Kultur und kulturnahe Be-reiche durch das Land und die Gebietskörperschaften bzw. Zweckverbände.

Kultur ist in Deutschland überwiegend städtisch geprägt. Was bedeutet das für ein Land mit nur einer „kleinen" Großstadt, bzw. zwei Ober- und 15 Mittelzentren, d. h. Städ-ten mit 100 000 bzw. 15 000 Einwohnern? Die ländliche Struktur und dünne Besiedlung in Mecklenburg-Vorpommern musste bei der Raumentwicklungsplanung des Landes bedacht werden, denn gemäß den sonst üblichen Vorgaben gäbe es nur im mecklen-burgischen Landesteil mit Rostock und Schwerin zwei kulturelle Zentren, der Rest des

---

28 Vgl. Ministerium für Wissenschaft, Bildung und Kultur: Kulturanalyse für Mecklenburg-Vorpommern. Auswertung einer Befragung von kulturellen Einrichtungen und Initiativen im Jahr 2008, Schwerin 2010, S. 77–79.

29 Vgl. KulturRat, 1993, S. 43.

30 Kommunalverfassung für das Land Mecklenburg-Vorpommern, vom 13. 07. 2011.

Landes und damit die Mehrheit der Bevölkerung wären vom kulturellen Angebot abge-
schnitten bzw. weit entfernt. Um dem entgegen zu wirken, wurden in den Landesraum-
entwicklungsprogrammen Mittelzentren zu Oberzentren mit Teilfunktion erklärt. In
der Folge haben auch kleinere Städte und Gemeinden kulturelle Einrichtungen wie Museen, Theater, Bibliotheken mit Anschluss an überregionalen Leihverkehr etc.[31] Davon
profitieren die Bürger des Landes natürlich, aber es belastet eben auch die kommunalen
Kassen. Auf der Suche nach ausgeglichenen Haushalten bzw. zulässigen Haushaltsgesetzen kommen dann nicht nur die Stadtkämmerer auf die Idee, an den Kulturausgaben
zu sparen. Denn Kultur gehört zu den sog. freiwilligen Selbstverwaltungsaufgaben der
Kommunen, die sie nach oder neben ihren Pflichtaufgaben leisten müssen. Die Kommunen sind zwar frei in der Wahl ihrer Mittel bzw. der Entscheidung, *wie* sie Kultur fördern, allerdings nicht *ob* sie dieser Verpflichtung überhaupt nachkommen.[32] Vor dem
Hintergrund der demographischen Entwicklung wird die finanzielle Leistungsfähigkeit
der Kommunen und Kreise tendenziell weiter abnehmen. Die wachsenden finanziellen
Verpflichtungen der Kommunen führen trotz gleichbleibendem Landeskulturetat mancherorts zu Einsparungen bzw. Mittelkürzungen. Mit der Kreisgebietsreform von 2011
haben sich die Finanzierungsbedingungen tiefgreifend verändert. Diese letzte Reform
reduzierte die Zahl der Landkreise weiter von einst 31 im Jahr 1993 auf heute nur noch
sechs Großkreise und zwei kreisfreie Städte. Viele der alten Kreise sind mit Defiziten in
die neue Verwaltungsstruktur gestartet, bei den neuen Haushaltsgesetzen muss daher
zukünftig an freiwilligen Leistungen gespart werden. In dem neuen Großkreis Mecklenburgische Seenplatte gibt es z. B. 42 Museen, von denen besonders die ohne große
Besucherströme um ihre Förderung bangen müssen.[33] Um den finanziellen Herausforderungen zu begegnen, die Kultur im ländlichen Raum bedeutet, sind neben den Kommunen vor allem auch umliegende Gemeinden, die Landkreise und das Land verstärkt
gefordert. Daher wird vereinzelt die Idee von Kulturräumen ins Spiel gebracht – zuletzt im Rahmen der Debatte um die zukünftige Theater- und Orchesterstruktur. Bis
auf Sachsen gibt es in Deutschland allerdings kein Bundesland, das ein solches Modell
praktiziert.[34]

---

31 Vgl. hierzu ausführlich die Überlegungen von Dieter Schröder, Kulturpolitik ind Mecklenburg-Vor-
    pommern, in: Institut für Politik- und Verwaltungswissenschaften (Hrsg.), 10 Jahre Institut für Poli-
    tik- und Verwaltungswissenschaften, Rostock 2002, S. 55–69; Gerald Braun/Christof Ellger (Hrsg.), Der
    Dienstleistungssektor in Nordwestdeutschland – Entwicklungsproblem oder Zukunftschance?, Hanno-
    ver 2003, S. 123–139.
32 Vgl. hierzu z. B. Johanna Wanka, Die Kulturpolitik der Länder nach der Föderalismusreform, in: Kul-
    turpolitische Mitteilungen Nr. 115, IV (2006), S. 6–8.
33 Vgl. o. A., Mecklenburger Mollusken, in: taz, 30. 8. 2012.
34 Das sächsische Kulturraumgesetz von 1994 definiert in dem Freistaat fünf ländliche und drei urbane
    Kulturräume, die als Zweckverbände neben den Kommunen und dem Land Sachsen an der Beteiligung
    bedeutsamer Kultureinrichtungen in den Kulturräumen verpflichtet sind. Dieser Kulturlastenausgleich
    erfolgt durch eine Kulturumlage, an der die ländlichen Kommunen beteiligt sind.

Nach der Wiedervereinigung mussten die ostdeutschen Bundesländer die föderalen Strukturen und föderativen Aufgaben erfüllen. An eine alleinige Kulturförderung durch die Länder war nach 1990 noch nicht zu denken. Der Bund sprang in Absprache mit den Ländern vorübergehend mit Hilfe einer Reihe von Sonder- und Förderprogrammen ein. Ging man zunächst von einer notwendigen Laufzeit bis 1993 aus, wurde diese teilweise bis zum Inkrafttreten des gesamtdeutschen Länderfinanzausgleichs 1995 verlängert. Durch das Substanzerhaltungsprogramm, das Infrastrukturprogramm und das Denkmalschutzsonderprogramm, die von Bund, Land und Gemeinden finanziert wurden, flossen allein 1992 und 1993 insgesamt 210 902 600 DM in die kulturelle Infrastruktur vom Mecklenburg-Vorpommern, die damit zumindest baulich umfassend saniert und ausgebaut werden konnte.[35]

Die entscheidende Rechtsgrundlage für die finanzielle Kulturförderung des Landes ist neben dem Haushaltsgesetz die „Richtlinie über die Gewährung der Zuwendungen zur Projektförderung im kulturellen Bereich sowie nach § 96 des Bundesvertriebenengesetzes" (Verwaltungsvorschrift, aktuell vom 26. 2. 2008). Da man bis 1993 noch an die Fördergrundsätze des Bundes gebunden war, wurde die „Richtlinie Kultur" erstmals 1994 erlassen.[36]

Seither gab es verschiedene Veränderungen, v. a. um Erweiterung der Fördermöglichkeiten zu erreichen.[37] Auf Empfehlung des Bildungsausschusses fasste der Landtag 2003 den Beschluss[38], die Förderrichtlinie „Kultur" zu überarbeiten, um die „unendliche Geschichte der Versuche, die Landeskulturförderrichtlinie zu ändern, zum Erfolg (zu) führen," wie es die SPD später formulierte.[39]

Öffentliche Kulturförderung in Deutschland erfolgt nach dem Subsidiaritätsprinzip, d. h. kulturelle Projekte sollen möglichst von Partnern vor Ort gemeinsam getragen werden. Die Kulturförderung des Landes Mecklenburg-Vorpommern basiert auch auf dem Prinzip der Drittmittelförderung: Neben dem Land müssen sich die Kreise und Kommunen an einer Förderung beteiligen. Förderanträge, die ans Land gerichtet werden, sehen daher u. a. eine Stellungnahme der Kulturverwaltung des Kreises oder der Stadt vor. Sind die Förderkriterien des Kultusministeriums erfüllt, werden i. d. R. ein Drittel, maximal die Hälfte der Gesamtprojektkosten getragen. Es wird erwartet, dass auch die Antragsteller einen Teil an Eigenmitteln erbringen bzw. anderweitig einwerben. Projekte mit besonderer Landesbedeutung können auch eine 100 %ige Förderung erhalten: bspw.

---

35 Vgl. DS 1/4308, Schwerin 1994, S. 20–22.
36 Amtsblatt für M-V Nr. 51 S. 1175, damals noch ohne Vertriebenenförderung.
37 Vgl. DS 3/2121 Antrag der SPD- und der PDS-Fraktionen „Überarbeitung der Förderrichtlinie Kultur des Landes Mecklenburg-Vorpommern, Schwerin 13. 06. 2001.
38 Vgl. DS 4/807 Antrag der SPD- und der PDS-Fraktionen „Erarbeitung eines neuen Förderrichtlinie „Kultur" Schwerin, 24. 09. 2003 und Plenarprotokoll 4/22 vom 09. 10. 2003.
39 Vgl. Landesverband M-V der SPD, Pressemeldung „Überarbeitete Kulturförderrichtlinie soll 2006 greifen" vom 28. 4. 2005, abrufbar unter: http://spd-fraktion-mv.de/index.php/table/pressemitteilungen/ (Stand: 08. 07. 2012).

bekam der Museumsverband für ein Netzwerkprojekt von musealen Einrichtungen auf Rügen eine komplette Förderung durch das Land.

In der Richtlinie ist geregelt, dass Kultur*projekte* gefördert werden, also abgrenzbare Vorhaben, für die ein zeitlich bestimmbares Landesinteresse besteht. Eine Dauerförderung ist aufgrund der Landeshaushaltsordnung nicht zulässig. Allerdings machen die Förderschwerpunkte eine erneute bzw. fortgesetzte Förderung eines entsprechen Vorhabens wahrscheinlich. Die Förderlisten des Ministeriums sind einsehbar, womit die Kulturförderung einen gewissen Grad an Transparenz erhält, allerdings sind die entscheidenden Kriterien, die letztlich zur Bewilligung oder Ablehnung führen, damit noch nicht offensichtlich. Da das Land keine institutionelle Förderung vergibt, müssen die Kulturträger und Einrichtungen immer wieder neue Projektanträge stellen, zum Teil quartalsweise Kostenkalkulationen einreichen und Mehrbedarfsanmeldungen gesondert begründen. Die permanente Antragstellung bedeutet einen hohen administrativen Aufwand und führt zu Unbehagen seitens der Antragsteller. Eine mittelfristige Planung wird erschwert, da eine Bewilligung im neuen Haushaltsjahr nicht garantiert ist.

Die Kulturförderung des Landes (Projektförderung) betrug 2009 knapp 10 Mio. Euro, darin bilden rund 3,4 Mio. Euro für die Musikschulen, 1 Mio. Euro für die Museen, 1 Mio. Euro für die Film- und Medienförderung und 835 000 Euro für die Kinder- und Jugendkunstschulen die größten Posten.[40] Mehr als die Hälfte der Kulturförderung des Landes stellen die Zuweisungen aus dem kommunalen Finanzausgleich für die Städte mit Theaterstandorten dar, die seit 1997 bei 70 Mio. DM bzw. 35,8 Mio. Euro verharren und laut dem Theatererlass vom 1. Juni 2010 in dieser Höhe bis 2013 festgeschrieben sind.[41] Diese Mittel kommen allerdings aus dem Innenministerium, im Haushalt des Kultusministeriums sind unter dem Kapitel „Allgemeine Bewilligungen – Kunst und Kultur" weitere Maßnahmengruppen aufgeführt: überregionale Förderung, Kulturförderung des Landes, Denkmalpflege, Künstlerförderung (für Ankauf und Erwerb von Kunstwerken sowie Ausgaben für Bestandssicherung landeseigener Kunstwerke) sowie Landeszuweisungen für die Ernst Barlach Stiftung, die Stiftung Deutsches Meeresmuseum und die Stiftung Pommersches Landesmuseum. Schließlich zählen zu den Kulturausgaben des Landes noch die Mittel für die kulturellen Landeseinrichtungen, die da sind: Staatliches Museum Schwerin, das Landesamt für Bodendenkmalpflege und

---

40 Vgl. DS 5/1077, Beschlussempfehlung des Finanzausschusses zu dem Gesetzentwurf der Landesregierung Entwurf eines Gesetzes über die Feststellung des Haushaltsplanes des Landes Mecklenburg-Vorpommern für die Haushaltsjahre 2008 und 2009 und die Festlegung der Verbundquoten des kommunalen Finanzausgleichs in den Jahren 2008 und 2009, Schwerin 04. 12. 2007, S. 57.

41 Vgl. FAG Theatererlass 2010 bis 2013 vom 01. 6. 2010 („Gemeinsame Verwaltungsvorschrift des Ministeriums für Bildung, Wissenschaft und Kultur und des Innenministeriums zu Zuweisungen für Theater und Orchester nach § 19 des Finanzausgleichsgesetzes Mecklenburg-Vorpommern für die Jahre 2010 bis 2013") sowie: Aufschlüsselung der Landeszuweisungen 2008 bis 2011 an theatertragende Kommunen (DS 5/4094), S. 1–3.

Archäologisches Landesmuseum, die Landesbibliothek Schwerin, das Landesamt für Denkmalpflege sowie das Landeshauptarchiv Schwerin/Greifswald.

Die bisherigen Regierungen haben zum Antritt auch ihre jeweiligen Kulturförderschwerpunkte – teils neue, manchmal wiederkehrende – in die Koalitionsverträge aufgenommen.

1990 wurde die kulturelle Entwicklung des Landes allgemein als ein „Schwerpunkt der Landespolitik" beschrieben.[42] Im zweiten Koalitionsvertrag 1994 wurde die Projektförderung zum Grundsatz der Kulturförderung des Landes erklärt, die nur in Ausnahmefällen landesweit tätigen und bedeutsamen Organisationen und Einrichtungen, sog. „Leuchttürme" mit landesweiter Bedeutung, eine institutionelle Förderung gewährte. Neben der Bestandssicherung sollten kulturelle Projekte, die „von unten" wachsen, sozio-kulturelle Initiativen, kulturelle Jugendbildung und Kultur auf dem Land gezielt gefördert werden, außerdem Musikschulen und Museen im Allgemeinen. Das Bibliothekswesen sollte den Notwendigkeiten eines Flächenlandes angepasst, Filmförderung insbesondere durch Kinoförderung erfolgen und die umstrukturierte Theater- und Orchesterlandschaft gesichert werden.[43]

Die erste rot-rote Koalition einigte sich 1998 u. a. auf die „Entwicklung einer vielfältigen Kulturlandschaft als zentrales Ziel der Landesregierung". Man wollte die Landesförderung stabilisieren, privates Sponsoring anregen, die Kulturwirtschaft als Schnittstelle unterstützen und hierzu die entsprechenden Förderprogramme des Landes öffnen. Schwerpunkte und Eckwerte sollten in einem Landeskulturentwicklungsplan verankert werden, der auch „Kultur im ländlichen Raum" einschloss. Die Bildung eines Denkmalrates sollte die Erarbeitung eines Denkmalschutzberichtes sowie eines Restauratorgesetzes unterstützen.[44]

In der vierten Koalitionsvereinbarung hieß es erstmals, man wolle „kulturpolitische Gestaltungskonzepte entwickeln, die den Bedürfnissen der Bürgerinnen und Bürger in M-V Rechnung tragen", „nach öffentlicher Diskussion, im offenen Dialog" die vielfältige Kultur- und Theaterlandschaft erhalten und weiterentwickeln sowie eine neue Förderrichtlinie „Kultur" erarbeiten. Die öffentliche Kulturfinanzierung sollte sich auf den

---

42 Vgl. Koalitionsvereinbarung zwischen dem Landesverband der Christlich-Demokratischen Union und dem Landesverband der Freien Demokratischen Partei Mecklenburg-Vorpommern, nach Protokoll vom 21. und 24.10.1990, S. 17.

43 Vgl. Vereinbarung zwischen der Christlich Demokratischen Union Deutschlands, Landesverband Mecklenburg-Vorpommern und der Sozialdemokratischen Partei Deutschlands, Landesverband Mecklenburg-Vorpommern über die Bildung einer Koalitionsregierung für die 2. Legislaturperiode des Landtages von Mecklenburg-Vorpommern vom 18.11.1994, S. 39–41.

44 Vgl. Vereinbarung zwischen der Sozialdemokratischen Partei Deutschlands, Landesverband Mecklenburg-Vorpommern und der Fraktion der Sozialdemokratischen Partei Deutschlands und der Partei des Demokratischen Sozialismus, Landesverband Mecklenburg-Vorpommern und der Fraktion der Partei des Demokratischen Sozialismus im Landesverband Mecklenburg-Vorpommern zur Bildung einer Koalitionsregierung für die 3. Legislaturperiode des Landtages von Mecklenburg-Vorpommern vom 2.11.1998, S. 22–23.

Grundbestand der kulturellen Infrastruktur richten und aktuelle kulturelle Ansätze wie die Off-Szene einschließen. Außerdem sollten besonders Projekte, die die kulturelle Betätigung junger Menschen erhöhen, die Kulturarbeit in der Ostseeregion, internationale kulturelle Projekte, sowie die kulturellen Leuchttürme aus dem Blaubuch der Bundesregierung unterstützt werden.[45]

Die große Koalition von 2006 verständigte sich schließlich auf eine Schwerpunktsetzung der Kulturförderung in den Bereichen Kinder- und Jugendkultur (Musikschulen, Kinder- und Jugendkunstschulen, Kinderbibliotheken), der Stärkung der Demokratie, der Pflege internationaler Beziehungen im Ostseeraum sowie dem Schutz und der Pflege der niederdeutschen Sprache. Kulturelle Markenzeichen wie das Musikland Mecklenburg-Vorpommern und das Projekt „Weg zur Backsteingotik" sollten weiter gepflegt und andere kulturelle Aktivitäten unter kulturwirtschaftlichen Aspekten für den Tourismus entwickelt werden. Das Kulturerbe im ländlichen Raum war genauso zu sichern wie die kulturellen Leuchttürme. Die Theater- und Orchesterlandschaft sollte ihrer kulturpolitischen Bedeutung und den langfristig verfügbaren Mitteln entsprechend strukturiert werden.[46]

Der Koalitionsvertrag von 2011 kommt zurück auf „kulturpolitische Leitlinien, die verschiedenen Bedürfnissen der Bürger/-innen Rechnung tragen" und versteht „Kultur als Querschnittsaufgabe". Außerdem wird neben einer größeren Transparenz der Förderkriterien die Verlängerung der Förderzeit von Projekten mit dauerhafter, kultureller Funktion und auf Grundlage von Zielvereinbarungen auf zwei Jahre angestrebt. Neben der Pflege der niederdeutschen Sprache wird auch kulturelle Bildung als Querschnitts- und Gemeinschaftsaufgabe in Schulen zum Förderschwerpunkt erklärt, wozu verstärkt auf außerschulische Partner gesetzt werden soll.[47]

---

45 Vgl. Vereinbarung zwischen der Sozialdemokratischen Partei Deutschlands, Landesverband Mecklenburg-Vorpommern und der Fraktion der Sozialdemokratischen Partei Deutschlands und der Partei des Demokratischen Sozialismus, Landesverband Mecklenburg-Vorpommern und der Fraktion der Partei des Demokratischen Sozialismus im Landesverband Mecklenburg-Vorpommern andererseits zur Bildung einer Koalitionsregierung für die 4. Legislaturperiode des Landtages von Mecklenburg-Vorpommern vom 05.11.2002, S. 41–42.

46 Vgl. Vereinbarung zwischen der Sozialdemokratischen Partei Deutschlands, Landesverband Mecklenburg-Vorpommern und der Fraktion der Sozialdemokratischen Partei Deutschlands im Landtag Mecklenburg-Vorpommern einerseits und der Christlich Demokratischen Union Deutschlands, Landesverband Mecklenburg-Vorpommern und der Fraktion der Christlich Demokratischen Union Deutschlands im Landtag Mecklenburg-Vorpommern andererseits über die Bildung einer Koalitionsregierung für die 5. Legislaturperiode des Landtages von Mecklenburg-Vorpommern vom 06.11.2006, S. 30–31.

47 Vgl. Vereinbarung zwischen der Sozialdemokratischen Partei Deutschlands, Landesverband Mecklenburg-Vorpommern und der Fraktion der Sozialdemokratischen Partei Deutschlands im Landtag Mecklenburg-Vorpommern einerseits und der Christlich Demokratischen Union Deutschlands, Landesverband Mecklenburg-Vorpommern und der Fraktion der Christlich Demokratischen Union Deutschlands im Landtag Mecklenburg-Vorpommern andererseits über die Bildung einer Koalitionsregierung für die 6. Wahlperiode des Landtages von Mecklenburg-Vorpommern vom 24.10.2011, S. 39–40.

Bis heute hat das Land keine eigene Kulturstiftung, trotz wiederkehrender Anträge im Landtag oder entsprechender Vereinbarungen in Koalitionsverträgen. Als 2006 die Stiftung Kulturfonds der neuen Länder[48] aufgelöst wurde, die bis dahin u. a. das Kunsthaus LUKAS in Ahrenshoop förderte, richtete das Land mit seinem Anteil von ca. 5,2 Mio. € beim Finanzministerium ein Sondervermögen ein. Seither reicht dieses Ministerium die jährlichen Erträge an das Kunsthaus aus, das damit seine Grundfinanzierung deckt. Nur mit Hilfe weiterer Förderer kann hier u. a. ein internationales Stipendienprogramm unterhalten werden. Auf Grundlage der Richtlinie Kultur vergibt das Land außerdem Arbeits-, Reise- und Aufenthaltsstipendien für professionelle Künstler aus den Bereichen Bildende und Darstellende Kunst sowie Literatur und Musik. Über die Vergabe entscheidet eine ehrenamtliche Fachjury bzw. das Ministerium auf Empfehlung einer berufenen externen Jury. Außerdem besteht die Möglichkeit zur Katalogförderung sowie zur Förderung internationaler Studienaufenthalte.[49] Seit 1994 verleiht der Ministerpräsident jährlich den Kunstpreis des Landes in zwei Kategorien, einen Hauptpreis mit 10 000 Euro sowie einen Förderpreis mit 5 000 Euro.[50] Neben der Projektförderung und der Vergabe von Stipendien und Preisen gilt auch der kontinuierliche Kunstankauf für die Kunstsammlung des Landes seit 1994 als Künstlerförderung. Im Rahmen der Nachwuchsförderung sind diverse Förderpreise und Nachwuchswettbewerbe wie „Jugend musiziert", der Landesrockwettbewerb oder auch diverse Filmfeste mit Kinderwettbewerben bzw. Förderpreisen zu nennen.

7   Fazit und Ausblick

Die Entwicklung der Kulturlandschaft in Mecklenburg-Vorpommern seit dem Systemwechsel 1990 stellt sich überwiegend positiv dar. Mit dem Zusammenbruch der DDR hatte die kulturelle Infrastruktur ihren äußeren Rahmen verloren, die Schließungen der staatlichen und vieler betrieblicher Kultur- und Klubhäuser sowie die Auflösung der Kulturverwaltungen bedeuteten zunächst weniger Angebote und einen enormen Personalabbau. Nach den Aufbaujahren, die durch die Infrastruktur- und Förderprogramme geprägt waren, ging die kulturelle Entwicklung des Landes stetig voran. Die Kulturszene hat sich unter Aufbringung enormer Kraftanstrengungen und hohem persönlichem Einsatz professionalisiert und landesweit ein vielfältiges Kulturangebot in der Breitenkultur wie auch der Hochkultur etabliert. Die Verbändestruktur, die sehr schnell aufgebaut und sukzessive ergänzt wurde, hat sich nach diversen Auflösungen, Fusio-

---

48 Die Stiftung war 1990 als Rechtsnachfolge des DDR Kulturfonds gegründet worden und förderte insbesondere zeitgenössische Kunst, indem sie Arbeits-, Aufenthalts- und Projektstipendien vergab.

49 Ausschreibung für Aufenthalts-, Arbeits- und Reisestipendien sowie für Katalogförderungen des Landes Mecklenburg-Vorpommern 2012, Ministererlass vom 23. 08. 2005.

50 Vgl. Gemeinsame Verwaltungsvorschrift des Ministerpräsidenten und des Ministers für Bildung, Wissenschaft und Kultur vom 04.04. 2005, Amtsblatt für M-V, S. 646.

nen und Umbenennungen verfestigt. Mit der Jahrtausendwende allerdings setzte ein
Abwärts- bzw. Spartrend ein, der teilweise zu Fördermittelkürzungen führte. Der Wettbewerb um knappe Fördergelder wurde härter, die einzelnen Kunstsparten zogen sich
auf ihre erreichten Besitzstände zurück, die von den dazugehörigen Landesverbänden
verteidigt wurden. Solidarität und Zusammenhalt innerhalb der Kulturszene, die durch
die gemeinsam erlebten Umbruch- und Aufbauzeiten gestärkt waren, schwächten sich
ab. Die Landeskulturkonferenzen fanden weiterhin statt, trugen aber seltener zur gemeinsamen Diskussion um Leitlinien und Problemlösungen bei. Der finanzielle Druck
stieg, betriebswirtschaftliches Denken und Fragen nach Mitteleffizienz, Besucherzahlen
(Output-Fixierung), Imagegewinn etc. zogen verstärkt in den Kulturbereich ein. Gerade
kleinere Kultureinrichtungen auf dem Land, die keine hohen Besucherzahlen aufweisen
können, haben es dann schwer, für ihren Erhalt zu argumentieren.

Der neue Kultusminister kündigte auf der Landeskulturkonferenz 2012 die Überarbeitung der Landeskulturförderung an. Solch eine Reform bietet die Chance, festgefah-
rene Förderstrukturen und sicher geglaubte Mittelzuweisungen zu hinterfragen. Dass
zukünftig stärker Qualitätskriterien gewichtet werden sollen, wirft aber auch Fragen auf:
Wer genau legt diese Qualitätskriterien fest und wendet sie an? Welche Kriterien haben die Landesförderung bisher bestimmt? Die Idee, jährlich wechselnde, thematische
Förderschwerpunkte festzulegen, kann sicherlich dazu dienen, neue Aufmerksamkeit
zu erzeugen und für tourismusrelevante Werbeaktionen genutzt werden. Diese neue
Schwerpunktförderung soll nach bisherigen Planungen allerdings aus dem vorhandenen Kulturetat erfolgen und nicht aus einem zusätzlichen, der z. B. gemeinsam mit dem
Wirtschafts- und Sozialministerium bereitgestellt werden könnte. Es sollte darauf geach-
tet werden, thematische und damit inhaltliche Vorgaben nicht dirigistisch zu formulieren. Zwar gibt es bei den Kulturschaffenden den Wunsch nach einer gestalterischen Kulturpolitik, dieser zielt aber eher auf verlässliche Rahmenbedingungen ab. Womit sich
die Künstler und Kulturmacher wann beschäftigen, wollen sie vermutlich selbst und
unabhängig von ministeriellen Vorschlägen entscheiden.

Geht es um Kulturpolitik wird oft über fehlende Konzepte geklagt, z. B. seitens des
Ministers bei den Theaterhäusern, wenn es um die zukünftige Gestalt der Theater- und
Orchesterlandschaft im Land geht.[51] Aber auch die Oppositionsparteien mahnten anlässlich der Berufung des neuen Kulturrates fehlende Konzepte des Ministeriums bzw.
der Landesregierung an.[52] Die Frage bleibt, wo bzw. ob im Land eine kulturpolitische
Gestaltung stattfindet. Wer entscheidet in welchem Verfahren und nach welchen Vorgaben darüber? Neben den genannten Instrumenten hat sich die Zusammenarbeit mit externen Beratergremien und Verbandsmitgliedern etabliert, z. B. verantwortet das Film-

---

51 Vgl. o. A., Den Theatern fehlen Konzepte, in: OZ, 5. 12. 2011
52 Landesverbandes M-V von Bündnis90/Die Grünen, Pressemitteilung vom 05. 03. 2012, abrufbar un-
    ter: http://www.gruene-mv.de/presse/nachricht/detail/gremien-ersetzen-keine-konzepte.html (Stand:
    10. 07. 2012).

büro des Mecklenburg-Vorpommern Film e. V. in Wismar die kulturelle Filmförderung des Landes.[53] So ein Modell birgt den Vorwurf, die Kulturförderung teilweise in nicht-demokratisch legitimierte Hände gegeben zu haben.

Im Vergleich zu anderen Bundesländern ist die Stiftungsdichte in Mecklenburg-Vorpommern nach wie vor gering und auch das Spenden- und Sponsorenaufkommen hält sich in Grenzen. Die Mecklenburger AnStiftung spricht auf ihrer Homepage[54] von gerade einmal 160 selbständigen Stiftungen im Land, das Allgemeine Stiftungsverzeichnis Mecklenburg-Vorpommern zeigt unter der Stichwortsuche „Kultur" (Stiftungszweck/Name) nur 43 weltliche und drei kirchliche Stiftungen an.[55] Als Trägermodell haben sich Stiftungen aber schon etabliert, z. B. beim Stralsunder Meeresmuseum, dem Pommerschen Landesmuseum oder der Stiftung Ernst-Barlach-Museen. Dass vierzig Jahre DDR keine selbstbewusste, engagierte Bürgergesellschaft hinterlassen haben, wie sie in den alten Bundesländern vielerorts existiert, kann nicht bestritten werden. Daraus allgemein fehlendes bürgerschaftliches Engagement zu schließen, wäre zu kurz gegriffen. Mit 110 000 Tätigen ist die Zahl der Menschen, die sich im Land ehrenamtlich im kulturellen Feld engagieren, beachtlich, auch wenn Doppelmitgliedschaften häufig vorkommen und Auswärtige Fördervereine, Freundeskreise usw. eingerechnet sind. Die Menschen im Land spenden offenbar eher Zeit als Geld, wenigstens solange ein finanzkräftiges und selbstbewusstes Bürgertum fehlt. Glücklicherweise gibt es viele überregional tätige Stiftungen, die sich auch in Mecklenburg-Vorpommern tatkräftig und nachhaltig engagieren.

Das Richtfest des neuen Kunstmuseums in Ahrenshoop im Sommer 2012 beweist, dass sich auch im Land selbst erfolgreich für Kunst und Kultur engagiert wird. Die anteilige Förderung für den Neubau des Stiftermuseums durch den Beauftragten der Bundesregierung für Kultur und Medien soll auch als Würdigung dieses vorbildlichen bürgerschaftlichen Engagements verstanden werden.[56]

Natürlich ist die Kulturlandschaft im Land nicht nur die, die vom Kultusministerium gefördert wird. Ebenfalls bedacht werden müssen die Aktivitäten der Kulturtourismuswirtschaft sowie die Kultur- und Kreativwirtschaft – die vielen Galerien, Buchhandlungen, Verlage, Konzertveranstalter, Hoteliers etc. blieben hier unerwähnt. Dabei sind die Störtebeker Festspiele, die Hansesail in Rostock oder die Schweriner Schlossfestspiele überregionale bekannte Publikumsmagneten. Als kommerzielle Veranstaltungen erhal-

---

53 Vereinbarung über Gewährung von Zuwendungen zur kulturellen Filmförderung Mecklenburg-Vorpommern zwischen dem Ministerium für Bildung, Wissenschaft und Kultur Mecklenburg-Vorpommern und dem Mecklenburg-Vorpommern Film e. V., vom 20. 02. 2009 unter: http://www.filmbuero-mv.de/de/filmfoerderung/kulturelle_filmfoerderung (Stand: 30. 08. 2012).

54 Mecklenburger AnStiftung, Stiftungen in M-V, abrufbar unter: http://www.anstiftung-mv.de/stiftungs-forum-mv/stiftungen-in-mv/ (Stand: 02. 09. 2012).

55 Innenministerium Mecklenburg-Vorpommern, Allgemeines zum Stiftungsverzeichnis Mecklenburg-Vorpommern, abrufbar unter: http://www-neu.mvnet.de/cgi-bin/im_stiftung/stif-tung_anzeigen.pl? (Stand: 02. 09. 2012).

56 O. A., Richtfest für Kunstmuseum Ahrenshoop, in: OZ, 14. 09. 2012.

ten sie zwar keine Kulturförderung, können aber als Teil der touristischen Infrastruktur von Investitionen bzw. Zuwendungen durch das Wirtschaftsministerium profitieren.[57]

Die anhaltende Abwanderung und die demographische Entwicklung führen im Land zu weiter sinkenden Bevölkerungszahlen. Im Länderbericht Mecklenburg-Vorpommern der Bertelsmann Stiftung von 2011 wird bis 2030 mit einem überdurchschnittlichen Bevölkerungsverlust von minus 12,5 Prozent gerechnet. Zudem ändert sich die Bevölkerungsstruktur weiter, die Alterung nimmt rasant zu.[58] Diesen Umstand müssen sowohl die Kulturakteure wie auch die Kulturpolitik mitdenken. Das kulturelle Angebot muss sich neuen Zielgruppen öffnen bzw. generationsübergreifende Ansätze verfolgen. Die Schwerpunktsetzung auf die kulturelle Bildung und die starke Förderung von Musik- und Kunstschulen sind auch der Versuch, den Bevölkerungsschwund zu stoppen und das Land für junge Familien attraktiv zu machen. Aber auch den Eltern und Großeltern muss ein kulturelles Angebot gemacht werden, das ihren Ansprüchen und Bedürfnissen entspricht.

In dem Flächenland, das aus zwei Landesteilen mit eigener kultureller Identität besteht, ist Dezentralität ein markantes Merkmal der Kulturlandschaft. Weite Wege bestimmen nicht nur die Arbeit der Kulturschaffenden, sondern auch die öffentliche Kulturförderung. Ein adäquates Format stellen die vielen Festivals und temporären Ausstellungs- und Konzertreihen dar, die landesweit stattfinden. Manchen dient das Wort der Eventkultur zwar zum Vorwurf (Stichwort „Festivalitis"), da eine nachhaltige Verankerung und dauerhafte Beschäftigung mit Kultur vermeintlich nicht stattfindet und beachtliche Mittel für Logistik und Werbung aufgebracht werden müssen. Ein Event als temporäres Ereignis entspricht bzw. begegnet aber den Bedingungen im Land: das volle Kulturprogramm landesweit dauerhaft vorzuhalten, ist nur schwer finanzierbar, angesichts der dünnen Besiedlung auch nicht sinnvoll. Dank der temporären Veranstaltungen kommt Kultur auch an abgelegene Orte. Wichtig ist, dass sie kommt und wiederkommt, also Nachhaltigkeit angestrebt wird. Regelmäßige Filmfeste, Musikreihen, Kunstschauen bereichern das Land – am besten, wenn bei der Planung und Organisation auch auf die Wünsche und Bedürfnisse der Einheimischen eingegangen wird und die Bürger involviert werden. So entsteht Identifikation, die zu neuem Engagement führen kann und schließlich eine Verankerung vor Ort mit sich bringt.

---

57 Vgl. z. B. DS 3/2883, Unterrichtung durch die Landesregierung Bericht über touristische Infrastrukturvorhaben zur Stabilisierung und zum Ausbau der touristischen Entwicklung in Mecklenburg-Vorpommern, Schwerin 07. 05. 2002, S. 3, 5, 17.

58 Vgl. Bertelsmann Stiftung: Länderbericht Mecklenburg-Vorpommern, Stand 2011, abrufbar unter: http://www.wegweiser-kommune.de/datenprognosen/laenderberichte/download/pdf/Laender-bericht_Mecklenburg_Vorpommern.pdf (Stand: 15. 10. 2012).

Wirtschaft in Mecklenburg-Vorpommern im Wandel

Kathrin Johansen

1 Einleitung

Seit der Wiedervereinigung 1990 hat Mecklenburg-Vorpommern (MV) einen starken Strukturwandel in Wirtschaft, Gesellschaft und Politik erfahren. Mit einer Bevölkerungszahl von 1,6 Millionen Einwohnern (Stichtag 31. 03. 2012) liegt dieses Bundesland im Vergleich zu allen deutschen Bundesländern vor Bremen (600 000) und dem Saarland (1,1 Mio.) auf dem drittletzten Platz im Bevölkerungsstand. Betrachtet man hingegen die Zahl der Einwohner je km^2, besitzt es sogar mit 71 Einw./km^2 den niedrigsten Wert und ist damit als Flächenland quantifiziert.[1] Der Zusammenschluss verschiedener Landesteile zu Mecklenburg-Vorpommern nach dem zweiten Weltkrieg, die Wiedervereinigung 1990 und zuletzt die Kreisgebietsreform 2011,[2] die zu einer wesentlichen Verringerung der Zahl der Landkreise von zwölf auf sechs führte,[3] brachten jedes für sich strukturelle Veränderungen für das Land. Auch die seit 2008 herrschende Finanz- und Wirtschaftskrise ist nicht ohne Folgen für die regionale Wirtschaft geblieben. Weitere Auswirkungen auf das Bundesland sind durch die Folgen des demografischen Wandels zu erwarten.

Der vorliegende Artikel gibt einen kurzen Überblick über den *status quo* der wirtschaftlichen Situation in MV (2.) und zeigt, welche Chancen aber auch Herausforde-

---

1 Vgl. Statistisches Bundesamt (Hrsg.), Bevölkerung: Bundesländer, Stichtag zum Quartalsende, abrufbar unter: https://www-genesis.destatis.de/genesis/online/link/tabelleErgebnis/12411-0021 (Stand: 09. 11. 2012).

2 Aufgrund der kurzen Zeit, die seit der Reform der Kreisgebiete vergangen ist, würde eine Umrechnung historischer Daten auf die neue Gebietsstruktur zu unpräzisen statistischen Angaben führen, so dass in dieser Arbeit weiterhin auch mit den alten Landkreisangaben gearbeitet wird.

3 Vgl. Gesetz zur Schaffung zukunftsfähiger Strukturen der Landkreise und kreisfreien Städte des Landes Mecklenburg-Vorpommern (Kreisstrukturgesetz) vom 12. Juli 2010, §2, Abs. 1.

rungen sich in den kommenden Jahren für das Land und seine Politik durch die oben angesprochenen Faktoren ergeben werden (3.). Hierbei wird sowohl auf die makroökonomische Ebene der öffentlichen Finanzen und die gesamtwirtschaftliche Entwicklung Bezug genommen, als auch die mikroökonomische Ebene der privaten Haushalte und Einzelpersonen betrachtet. Diese Arbeit bezieht sich dabei neben einer eigenen Analyse der finanziellen Situation der privaten Haushalte mittels der SAVE-Daten für primär 2010[4] auf Auskünfte des Statistischen Bundesamtes und des Statistischen Amtes MV, sowie über MV angefertigte Studien des IAB.

2   Wirtschaftliche Leistung in MV

Im Folgenden wird zuerst die gegenwärtige Situation des Landes hinsichtlich der öffentlichen Finanzen, der Wirtschaftssektoren, in denen die Bevölkerung ihre Beschäftigung findet und die traditionell in MV verwurzelt sind, erläutert. Anschließend wird die wirtschaftliche Situation der privaten Haushalte näher beleuchtet. Aspekte der Umwelt und Infrastruktur können PWC[5] entnommen werden, auf sie wird aus Platzgründen an dieser Stelle verzichtet.

2.1   Öffentliche Finanzen in MV

Das Grundgesetz der Bundesrepublik Deutschland gibt den drei föderalen Staatsebenen Bund, Ländern und Kommunen das Recht, Steuern zu erheben. Die Verteilung dieser Steuereinnahmen ist zwischen Bund und Ländern relativ paritätisch und in den vergangenen Jahren relativ konstant geblieben.[6]

Große Unterschiede lassen sich in der Verschuldung der einzelnen Länder, gemessen in Kreditmarktschulden und Kassenkrediten in Prozent des BIP, ausmachen, welche autonom erfolgt. Bremen und Hamburg zeigen hierbei mit mehr als 60 Prozent des BIP die höchsten Werte, MV liegt mit knapp unter 30 Prozent des BIP im Mittelfeld, die niedrigste Verschuldung weisen Bayern und Sachsen mit jeweils weniger als 10 Prozent des BIP auf. Ein ähnliches Bild zeigt sich bei der Verschuldung pro Kopf. Auch hier wei-

---

4   SAVE = Sparen und Altersvorsorge in Deutschland.
5   PWC (Hrsg.), Analyse zur sozioökonomischen Lage im Land Mecklenburg-Vorpommern, Analyse im Auftrag der Gemeinsamen Verwaltungsbehörde des Landes Mecklenburg-Vorpommern – Verwaltungsbehörden für den EFRE, ESF und ELER, abrufbar unter: http://www.europa-mv.de/docs/download/38174/Sozio%C3%B6konomische%20Analyse %20Mecklenburg-Vorpommern.pdf (Stand: 05.10.2012), S. 6–11.
6   Vgl. Frank Zipfel, Finanzen der Bundesländer: Im Schatten des Bundes, in: Deutsche Bank Research-Aktuelle Themen, Nr. 513 (2011), S. 5.

Tabelle 1   Kapitalmarktverschuldung der deutschen Bundesländer in 2011

	Summe ausstehender Verbindlichkeiten (in Mrd. €)	durchschn. Verzinsung (Kupon) in %	durchschn. Restlaufzeit (in Jahren)
Baden-Württemberg	50,20	3,15	4,34
Bayern	9,80	3,38	4,5
Berlin	34,80	3,57	3,19
Brandenburg	10,50	3,66	2,99
Hansestadt Bremen	7,70	0	1,42
Hansestadt Hamburg	4,90	2,43	2,57
Hessen	24,20	3,59	3,78
Mecklenburg-Vorpommern	0,90	4,72	5,17
Niedersachsen	28,10	3,54	3,39
Nordrhein-Westfalen	163,10	3,32	4,92
Rheinland Pfalz	18,90	2,69	3,24
Saarland	1,10	2,12	3,86
Sachsen	0,90	3,94	4,46
Sachsen-Anhalt	9,30	4,23	4,27
Schleswig-Holstein	7,70	3,29	3,44
Thüringen	2,10	4,03	2,90

Quelle: eigene Darstellung in Anlehnung an Bloomberg, Stand März 2011, zitiert nach Zipfel, Finanzen der Bundeslände, in: Deutsche Bank Research-Aktuelle Themen Nr. 513, (2011), S. 7.

sen Bremen (> 22 000 Euro) und Berlin (> 18 000 Euro) die höchsten Werte auf.[7] In MV ist die hohe pro-Kopf Verschuldung, die im Jahr 2010 bei 6 408 Euro je Einwohner lag, einerseits auf die unterfinanzierten Haushalte der 1990er Jahre zurückzuführen, andererseits auf Effekte der Wirtschaftskrise der Jahre 2002/2003. Diese führte im Land zu sinkenden Steuereinnahmen.[8] Wie Tabelle 1 zeigt, sind die ausstehenden Verbindlichkeiten, die in den einzelnen Bundesländern eine Restlaufzeit zwischen 1,4 und 5,2 Jahren besitzen, der Dimension nach sehr unterschiedlich und reichen von wenigen Milliarden (MV) bis hin zum Dreifachen des gesamten Haushalts (Nordrhein-Westfalen).

Die öffentlichen Haushalte sind überwiegend prozyklisch organisiert und erlauben angesichts der wirtschaftlichen Entwicklung nur wenig Handlungsspielraum, da hohe Anteile der Haushalte für den Bereich Soziales bzw. die Verwaltung aufgewendet werden.

---

7   Vgl. ebd., S. 6–7.
8   Vgl. Innenministerium & Finanzministerium M-V (Hrsg.), Zur Situation der Kommunalfinanzen in Mecklenburg-Vorpommern, Schwerin 2011, S. 14.

Betrachtet man MV im Speziellen, so zeigt sich, dass Personalausgaben und laufender Sachaufwand die größten Positionen des jährlichen Landeshaushalts sind. Hierzu zählen bspw. Zuweisungen an Vereine, Zuschüsse an Theater, Dienstleistungen von Dritten, Mieten, Pachten und Betriebskosten für Verwaltungsgebäude. Die größte Position der kommunalen Haushalte sind die Ausgaben für soziale Leistungen, die seit 2005 pro Jahr um durchschnittlich 2,4 Prozent gestiegen sind. Im Vergleich zum Bundesdurchschnitt ist dieser Anstieg aber geringer, denn er liegt auf Bundesebene 1,1 Prozentpunkte über dem MV Landesschnitt, was auf die gegenüber dem Bundesdurchschnitt niedrigeren prozentualen Anteil an Hartz IV-Empfängern zurückzuführen ist.[9]

Nach Aussage des Landesfinanzministeriums „… ist die Lage der öffentlichen Haushalte im Land und in den Kommunen weniger gut."[10] Die Gesamtausgaben der Gemeinden und Gemeindeverbände betrugen im Jahr 2011 3,96 Milliarden Euro und sind damit um 2,1 Prozent gegenüber dem Vorjahr gestiegen. Dem stehen Einnahmen in Höhe von 3,97 Milliarden Euro gegenüber, die wiederum gegenüber dem Vorjahr um 1,6 Prozent gestiegen sind, was darauf zurückzuführen ist, dass zwar die Einnahmen der Kapitalrechnung sanken, jedoch die Steuereinnahmen stiegen. Insgesamt zeigt das Land einen positiven Finanzierungssaldo, der sich aber über die Jahre stetig verringert hat. Trotz Finanz- und Wirtschaftskrise sind die Steuereinnahmen in den Jahren 2010 und 2011 gestiegen, dies trifft aber auch auf die Ausgaben für soziale Leistungen zu.[11] Die Auswirkungen der Finanz- und Wirtschaftskrise konnten durch die Institutionen des Länderfinanzausgleich und des kommunalen Finanzausgleich verzögert und gemildert werden, da ein Sinken der Einnahmen bereits in den Jahren 2008 und 2009 zu spüren war, so dass der Finanzausgleich unter den Kommunen (kommunaler Finanzausgleich) von 2009 nach 2010 um ca. 190 Millionen Euro gesunken ist, aber durch den speziell dafür eingerichteten kommunalen Ausgleichsfonds teilweise kompensiert wurde.[12]

Umso bedeutsamer sind eine stabile ökonomische Entwicklung und eine Ausstattung der lokalen Wirtschaft mit Unternehmen, die für Beschäftigung im Land sorgen und zukünftige Steuereinnahmen garantieren.

---

9   Vgl. Innenministerium & Finanzministerium M-V (Hrsg.), Zur Situation der Kommunalfinanzen in Mecklenburg-Vorpommern, 2011, S. 8 u. 10.

10 Vgl. ebd., S. 3.

11 Statistisches Amt M-V (Hrsg.), Mecklenburg-Vorpommern im Spiegel der Statistik: Ausgabe 2012, Schwerin 2012, S. 48.

12 Vgl. Innenministerium & Finanzministerium M-V (Hrsg.), Zur Situation der Kommunalfinanzen in Mecklenburg-Vorpommern, 2011, S. 3–4. Siehe auch Kapitel 3.4.

2.2 Wirtschaftsleistung in MV

Gemessen an Gesamtdeutschland ist die Wirtschaftsleistung MVs relativ gering. So erwirtschaftete das Land im Jahr 2010 mit einem Bruttoinlandsprodukt (BIP) zu Marktpreisen von 35,78 Mrd. Euro insgesamt 1,4 Prozent des gesamtdeutschen Bruttoinlandsprodukts (2496,2 Mrd. Euro).[13] Das gesamtwirtschaftliche Wachstum des Landes lag trotz Finanz- und Wirtschaftskrise in der Zeit von 2006–2010 bei 3,4 Prozent und damit um 1 Prozentpunkt höher als das gesamtdeutsche Wachstum. Diese positive Entwicklung ist laut PWC (2011) auf die geringere Bedeutung der Industrie, die in der Krise starken Schocks ausgesetzt war, zurückzuführen. Dennoch führten die Krisenjahre 2008 und 2009 auch zu wirtschaftlichen Einbußen in MV, widergespiegelt in einem Rückgangs des realen BIP-Wachstums in 2008 auf nahe 2 Prozent und einer Schrumpfung der wirtschaftlichen Leistungskraft um nahe 2 Prozent in 2009. Dies fiel allerdings niedriger aus als die Schrumpfung der gesamtdeutschen Leistungsfähigkeit von fast 4 Prozent.[14]

Nach Angaben des Arbeitskreises „Volkswirtschaftliche Gesamtrechnung der Länder" hatten die Einwohner Mecklenburg-Vorpommerns im Jahr 2011 mit einem BIP pro Kopf in Höhe von 21 363 Euro die niedrigste wirtschaftliche Leistungskraft, damit lagen sie deutlich unter dem Bundesdurchschnitt von 31 440 Euro. In realen Größen ist nichtsdestoweniger ein Wachstum von 2,9 Prozent gegenüber 2010 (Gesamtdeutschland +3,8 Prozent) festzustellen.[15]

Die Größe der Wirtschaftssektoren, die zur Höhe des BIP beitragen, lässt sich über zwei Parameter bestimmen. Einerseits durch die Anzahl Erwerbstätiger im entsprechenden Wirtschaftssektor andererseits über die Bruttowertschöpfung. Aus Tabelle 2 zeigt sich, dass im Jahr 2011 bezogen auf die gesamte BRD die Gruppe der finanziellen Dienstleister und des produzierenden Gewerbes die größte Bruttowertschöpfung aufwiesen; in MV hingegen sind es neben den finanziellen Dienstleistern die öffentlichen und sonstigen Dienstleister, Erziehung und Gesundheit (inkl. priv. Haushalte), von denen die größte Bruttowertschöpfung generiert wird.

Betrachtet man jedoch die Zahl der Erwerbstätigen je Wirtschaftsbereich (Tabelle 3), wird erkennbar, dass sowohl in Gesamtdeutschland als auch in MV die meisten Erwerbspersonen in den Bereichen öffentliche und Gesundheitsdienstleistung, Handel und Gastgewerbe sowie produzierendes Gewerbe tätig sind. Es fällt aber auf, dass in Ge-

---

13 Eigene Berechnung, Zahlen: Statistisches Bundesamt „Volkswirtschaftliche Gesamtrechnungen, Inlandsprodukt", Fachserie 18, Reihe 1.4 & Statistisches Landesamt Mecklenburg-Vorpommern „Volkswirtschaft, Landesdaten im Überblick", abrufbar unter: https://www.destatis.de/D E/ZahlenFakten/ GesamtwirtschaftUmwelt/VGR/Inlandsprodukt/Tabellen/Gesamtwirtschaft.html?nn=50694 (Stand: 03. 11. 2012).

14 Vgl. PWC (Hrsg.), Analyse zur sozioökonomischen Lage im Land Mecklenburg-Vorpommern, 2011, S. 12.

15 Vgl. Statistische Ämter des Bundes und der Länder (Hrsg.), Volkswirtschaftliche Gesamtrechnungen der Länder abrufbar unter: http://www.vgrdl.de/Arbeitskreis_VGR/tbls/tab01.asp (Stand: 09. 11. 2012).

Tabelle 2   Bruttowertschöpfung nach Wirtschaftssektoren in 2011

Wirtschaftssektor	D	in %	MV	in %	MV in % von D
Land- und Forstwirtschaft, Fischerei	21 870	0,95	1 082	3,46	4,95
Produzierendes Gewerbe ohne Bergbau	588 220	25,62	4 532	14,51	0,77
Baugewerbe	100 900	4,39	1 880	6,02	1,86
Handel, Verkehr, Gastgewerbe, Information, Kommunikation	438 610	19,10	6 327	20,25	1,44
Finanz-, Versicherungs- und Unternehmensdienstleister; Grundstücks-u. Wohnungswesen	630 830	27,48	6 766	21,66	1,07
Öffentliche und sonstige Dienstleister, Erziehung und Gesundheit, Private Haushalte	515 420	22,45	10 656	34,11	2,06
insgesamt	2 295 850	100	31 245	100	

Quellen: Angaben in Mill. Euro, eigene Darstellung nach Statistische Ämter der Länder: Bruttoinlandsprodukt, Bruttowertschöpfung in den Ländern der Bundesrepublik Deutschland 2008–2011, Berechnungsstand: August 2011/Februar 2012, Volkswirtschaftliche Gesamtrechnungen der Länder, Reihe 1, Länderergebnisse Band 1.

samtdeutschland prozentual mehr Erwerbstätige im produzierenden Gewerbe tätig sind (24,6 Prozent) als in MV (19,4 Prozent) und umgekehrt mehr im Bereich öffentliche Dienstleistung, Erziehung und Gesundheit (35,7 Prozent zu 30,6 Prozent). Damit zeigt sich eine Tendenz MVs zu einem Schwerpunkt aus Dienstleistung und Handel.

Im Vergleich zu anderen ostdeutschen Flächenländern ist in MV ein großer Beschäftigtenanteil im Dienstleistungssektor aber ein niedriger Anteil im produzierenden und verarbeitenden Gewerbe erkennbar. Im Vergleich zu Westdeutschland ist der Beschäftigtenanteil im Baugewerbe und im Dienstleistungssektor höher.[16]

Auffällig ist, dass mehr als 60 000 Erwerbstätige in MV einen befristeten Arbeitsvertrag haben, auch ist der Anteil geringfügig Beschäftigter relativ hoch im Vergleich zu Westdeutschland. Der Anteil befristeter Arbeitsverträge an allen Arbeitsverträgen liegt nach IAB (2010) bei 9 Prozent (Westdeutschland 7 Prozent), was auf eine stärkere öffentliche Arbeitsmarktförderung zurückgeführt werden kann.[17]

Betrachtet man die 100 größten privaten Unternehmen[18] in MV, so wird deutlich, dass in den Branchen Schifffahrt/Schiffbau/Kreuzfahrten, Gastgewerbe, Gesundheits-

---

16 Vgl. IAB-Betriebspanel Mecklenburg-Vorpommern, Ergebnisse der vierzehnten Welle 2009, Berlin 2010, S. 14–15.
17 Vgl. IAB-Betriebspanel Mecklenburg-Vorpommern, Ergebnisse der vierzehnten Welle 2009, 2010, S. 36–37.
18 Gemessen in der Anzahl Beschäftigten.

Tabelle 3 Erwerbstätige am Arbeitsort 2011 nach Wirtschaftsbereichen

Wirtschaftsbereich	Mecklenburg-Vorpommern	Deutschland	Mecklenburg-Vorpommern	Deutschland
	Erwerbstätige (1000 Personen)	Anteil an der Zahl der Erwerbstätigen (%)	Veränderung zum Vorjahr (in %)	
Land- und Forstwirtschaft, Fischerei (A)	22,8	3,1	1,6	−0,0	+0,3
Produzierendes Gewerbe (B-F)	141,1	19,4	24,6	+1,7	+1,8
Darunter					
Verarbeitendes Gewerbe (C)	76,3	10,5	17,3	+2,0	+1,9
Baugewerbe (F)	53,7	7,4	5,9	+1,1	+1,9
Dienstleistungsbereiche (G-T)	564,7	77,5	73,8	−1,2	+1,2
Davon					
Handel, Verkehr, Lagerei, Gastgewerbe; Information u. Kommunikation (G-J)	192,8	26,5	26,1	+1,5	+ 1,4
Finanz-, Versicherungs- und Unternehmensdienstleister; Grundstücks- u. Wohnungswesen (K-N)	111,9	15,4	17,1	+0,0	+3,5
Öffentliche und sonstige Dienstleister, Erziehung u. Gesundheit; Private Haushalte (O-T)	260,0	35,7	30,6	−3,7	−0,2
Insgesamt (A-T)	728,7	100	100	−0,6	+1,3

Quelle: Staatliches Amt für Statistik MV, Statistischer Bericht A663L 2011 00.

wesen, verarbeitendes Gewerbe und Dienstleistungen (insbes. Call- bzw. Communication Center) die meisten Menschen eine Beschäftigung finden.[19] Bezieht man auch den öffentlichen Sektor mit ein, zeigt sich, dass in der Summe mehr als 50 Prozent der sozialversicherungspflichtig Beschäftigten eine Beschäftigung in den Branchen Gesundheits- und Sozialwesen (14 Prozent), wirtschaftliche Dienstleistungen (13 Prozent), Handel, Instandhaltung und Reparatur von KFZ (13 Prozent), verarbeitendes Gewerbe (12 Prozent), finden, gefolgt von der öffentlichen Verwaltung mit 9 Prozent. Einige Firmen konnten ihre Umsätze von 2010 nach 2011 deutlich steigern, sind aber im Folgejahr 2012 hart von den Marktveränderungen durch die Folgen der Finanz- und Wirtschaftskrise getroffen worden, so dass sie gegenwärtig um ihre Existenz und wirtschaftliche Zukunft kämpfen wie bspw. die P+S Werften GmbH in Stralsund. Ob und in welchem

---

19 Vgl. Arno Brandt/Martin Heine, Wirtschaft Mecklenburg-Vorpommern, Die 100 größten Unternehmen in Mecklenburg-Vorpommern, Analysen und Kommentare, Nord LB Regionalwirtschaft, Hannover 2011, S. 6–9.

Umfang die Werften, die einen traditionellen Wirtschaftssektor MVs darstellen, auch in Zukunft für Beschäftigung und Umsatz im Land sorgen können, ist unklar. Zwar interessieren sich russische wie saudi-arabische Investoren für die angeschlagenen Werften, haben jedoch im Herbst 2012 noch keine konkrete Zusage über den Erhalt des Standortes und der dort ansässigen Arbeitsplätze gemacht.[20]

Zwar ist der Industriesektor, der mit dem verarbeitenden Gewerbe einen geringen Beitrag zur gesamtwirtschaftlichen Leistung darstellt, nur schwach ausgeprägt, aber darin liegt dennoch eine starke Verankerung des Ernährungsgewerbes und des Schiffbaus mit einer hohen Exportorientierung.[21] Gleichzeitig besitzt das Land einen hoch rentablen Agrarsektor aber auch kleine Branchen wie das Verlagswesen und das Holzgewerbe. Das Tourismusgewerbe und die Handelsbeziehungen mit Skandinavien und Osteuropa sind stark entwickelt.[22]

Hierin liegt gleichzeitig eine Schwäche des Landes begründet: MV verfügt über eine geringe Technologieorientierung, wenige Großunternehmen und leidet unter der Eigenkapitalschwäche landwirtschaftlicher Betriebe.[23]

Angesichts der Finanz- und Wirtschaftskrise wird befürchtet, dass sich die Arbeitslosigkeit in den Landkreisen MVs erhöhen könnte. Den verfügbaren Zahlen nach, liegt die durchschnittliche Arbeitslosenquote in MV (im Jahr 2011) bei 12,5 Prozent der Erwerbsfähigen. Die Arbeitslosenquoten sind von 2009 nach 2010 in allen Landkreisen gesunken, dennoch sind die Quoten so hoch, dass politischer Handlungsbedarf besteht, um die Menschen wieder in Beschäftigung zu bringen (siehe Tab. 4). Mit bspw. 15,5 Prozent in Stralsund, 16,3 Prozent im Uecker-Randow-Kreis und 17,4 Prozent im Kreis Demmin, ist in den genannten Regionen nahezu jeder 6. Erwerbsfähige ohne sozialversicherungspflichtige Beschäftigung.

Eine Betrachtung über die vergangenen 20 Jahre hinweg zeigt allerdings, dass sich die Arbeitslosigkeit verringert hat. Noch im Jahr 1995 waren 15,3 Prozent der Erwerbsfähigen ohne Beschäftigung. Der Höchstwert der durchschnittlichen Arbeitslosigkeit in MV mit 20,3 Prozent im Jahr 2005 wurde durch die positive konjunkturelle Entwicklung im Land um fast 8 Prozentpunkte und damit deutlich reduziert.[24]

Gegenwärtig zeigt sich sowohl in MV als auch in Ostdeutschland ein hoher Anteil Beschäftigter an der Gesamtbeschäftigung im Alter zwischen 40 und 54 Jahren, wobei die Gruppe der 45–49 jährigen am größten ist. Der Anteil nicht-Qualifizierter ist

---

20 Vgl. ebd., S. 14; sowie Gerald Kleine Wördemann, Hoffnung für P+S-Werften: Heute kommen die Scheichs, in: OZ, 04.09.2012.

21 Vgl. Gemeinsame Verwaltungsbehörde für die Intervention der europäischen Strukturfonds Mecklenburg-Vorpommern (Hrsg.), ESF, Sozioökonomische und SWOT-Analyse sowie Entwicklungsstrategie für das Land Mecklenburg-Vorpommern, Förderperiode 2007–2013, abrufbar unter: http://www.europa-mv.de/docs/download/10092/Sozio%C3%B6konomische-%20und%20SWOT-Analyse%20sowie%20 Entwicklungsstrategie.pdf, (Stand: 05.10.2012), S. 50.

22 Vgl. ebd., S. 51.

23 Vgl. ebd., S. 50.

24 Datenquelle: Statistik der Bundesagentur für Arbeit, Arbeitslosenquote.

Tabelle 4 Arbeitslosenquote* (in%) in MV nach Landkreisen

Landkreise und kreisfreie Städte	2010	2009
Mecklenburg-Vorpommern	12,8	13,5
Greifswald, Kreisfreie Stadt	11,9	13,7
Neubrandenburg, Kreisfreie Stadt	14,9	15,1
Rostock, Kreisfreie Stadt	13,4	13,7
Schwerin, Kreisfreie Stadt	13,0	13,6
Stralsund, Kreisfreie Stadt	15,5	16,1
Wismar, Kreisfreie Stadt	14,7	15,4
Bad Doberan, Kreis	9,0	9,4
Demmin, Kreis	17,4	18,3
Güstrow, Kreis	12,8	14,5
Ludwigslust, Kreis	9,0	9,8
Mecklenburg-Strelitz, Kreis	14,2	15,1
Müritz, Kreis	12,7	12,7
Nordvorpommern, Kreis	14,1	14,9
Nordwestmecklenburg, Kreis	10,3	11,3
Ostvorpommern, Kreis	13,7	15,9
Parchim, Kreis	10,6	11,6
Rügen, Kreis	11,7	12,4
Uecker-Randow, Kreis	16,3	17,2

Quelle: Regionaldatenbank Deutschland.

* Arbeitslosenquote im Jahresdurchschnitt bezogen auf alle zivilen Erwerbspersonen.

mit 15 Prozent in der Gruppe der 25- unter 35 Jährigen am größten, was laut Kotte et al. (2010) auf die nach der Wiedervereinigung zunehmend schwierig gewordene Arbeitsmarktlage und die in MV besonders hohe Schulabbrecherquote zurückzuführen ist.[25]

Die Zahl der sozialversicherungspflichtig Beschäftigten ging in der Zeit von 1999 bis 2008 um insgesamt 14 Prozent zurück. Davon betroffen waren aber nicht die Hochqualifizierten, denn dort wurde nur jeder zehnte Job abgebaut, aber in Bezug auf ganz Ostdeutschland war dieser Abbau am stärksten in MV. Die meisten sozialversicherungspflichtig Beschäftigten gehören zu den Hochqualifizierten und sind zu 25 Prozent über 50 Jahre alt.[26]

---

25 Vgl. Volker Kotte/Henning Meier/Andrea Stöckmann, Demografischer Wandel, Auswirkungen auf den Arbeitsmarkt in Mecklenburg-Vorpommern, in: IAB-regional-IAB Nord, Nr. 3 (2010), S. 14–15.
26 Vgl. ebd., S. 16–17.

Trotz der Finanz- und Wirtschaftskrise sind auch positive Entwicklungen festzustellen. In MV wurden im Vergleich zu den Vorjahren gleich viele Fachkräfte eingestellt, was sich dadurch zeigt, das 23 Prozent der insgesamt neu besetzten Stellen mit entsprechend qualifizierten Personen gefüllt wurden, woraus IAB (2010) einen großen Bedarf an Fachkräften im Land ableitet.[27] Dies zeigt sich außerdem darin, dass die Nichtbesetzungsquote in MV aber auch in Ost- und Westdeutschland insgesamt bei Hochschul- und Fachhochschulabsolventen besonders hoch ist. Fast ein Drittel der verfügbaren Stellen für Personen dieser Qualifikation kann nicht besetzt werden. Dementsprechend sind auch die Herausforderungen für die Politik in den kommenden Jahren zu sehen.[28]

2.3 Ökonomische Situation privater Haushalte

Die wirtschaftliche Situation einer Region lässt sich nicht nur anhand makroökonomischer Größen wie dem BIP oder den Arbeitslosenzahlen beschreiben. Sie hängt außerdem davon ab, in welchem Maße private Haushalte das Einkommen, das sie im Erwerbsprozess generieren, verwenden, und ob sie mit ihren Einkünften auskommen. Einen Indikator für das Auskommen mit den monatlichen Einkünften und ein eventuelles Verschieben von Konsum aus der Zukunft in die Gegenwart stellt die Inanspruchnahme eines Dispositionskredites dar. So zeigen Dick et al. (2012), dass bundesweit 76 Prozent der Haushalte diese Möglichkeit haben, jedoch der Rahmen eines Dispositionskredites häufiger von arbeitslosen Haushalten in Anspruch genommen wird, jedoch die absolute Häufigkeit der Inanspruchnahme im Durchschnitt nicht von Haushaltsmerkmalen abhängt.[29]

Die wirtschaftliche Situation privater Haushalte lässt sich mit Hilfe des SAVE-Datensatzes, der durch das MEA[30] bereitgestellt wird und eine repräsentative Stichprobe der deutschen Wohnbevölkerung darstellt, näher untersuchen. Der Datensatz wird seit 2005 jährlich erhoben. Im Rahmen dieses Artikels wird die Welle SAVE 2010 herangezogen, die sich auf Auskünfte der Haushalte zum Wirtschaftsjahr 2009 bezieht. Insgesamt befragt wurden in dieser Stichprobe 2 047 Haushalte aus allen Bundesländern, 57 davon aus MV.

Mehr als die Hälfte sowohl der Befragten aus MV als auch aus der gesamten BRD berichtet, dass sie mit ihrem Geld am Monatsende gut auskommen und zumindest etwas Geld übrig hatten. Nur bei 12 Prozent der Haushalte hat das Geld nie gereicht. Wenn es bei den Erstgenannten doch einmal knapp wurde, dann haben in MV weniger als ein Drittel (27,8 Prozent) der Befragten und in Gesamtdeutschland etwas mehr als ein Drit-

---

27 Vgl. IAB-Betriebspanel Mecklenburg-Vorpommern, 2010, S. 50.
28 Vgl. ebd., S. 53.
29 Vgl. Christian D. Dick/Lena Jaroszek/Michael Schröder, Zur Inanspruchnahme von Dispokrediten – differenziert nach Haushaltstypen, in: ZEWnews, Nr. 9 (2012) S. 5–7.
30 Munich Institute for the Economics of Aging.

tel (37,8 Prozent) ihr Konto überzogen und auf einen Dispositionskredit zurück gegriffen. Die Mehrheit der Befragten Haushalte entspart aus bestehendem Finanzvermögen. Zwei Drittel der Befragten geben sogar an, darauf zu achten, dass ein Mindestguthaben auf dem Girokonto vorhanden ist, um die laufenden Ausgaben zu decken. Dies spricht für sehr umsichtig agierende Personen.[31] Betrachtet man das individuelle Sparverhalten, so zeigt sich, dass in 2009 in Gesamtdeutschland 55 Prozent einen festen bzw. flexiblen Betrag regelmäßig gespart haben, in MV sind es mit 21 Prozent deutlich weniger, was sich auf die negativere Beschäftigungssituation im Vergleich zu den anderen Bundesländern zurückführen lässt. Dennoch geben mehr als die Hälfte der Befragten an, mit ihrem Lebensstandard zufrieden bis sehr zufrieden zu sein.

Auf die Frage, ob es ein festes Sparziel gäbe, wird mehrheitlich mit „ja" geantwortet. Die Motive, die dabei verfolgt werden, sind allerdings sehr unterschiedlich, aber es zeigt sich, dass überwiegend für Reisen, größere Anschaffungen und zum Teil für die Altersvorsorge gespart wird. Jedoch sinkt die Wahrscheinlichkeit, dass jemand spart, wenn der Haushalt erwerbslos ist bzw. in den unteren Einkommensgruppen angesiedelt ist. Eine gewisse Skepsis ist dennoch vorhanden, da die meisten Befragten (sowohl Deutschland gesamt als auch MV) die zukünftige Entwicklung der eigenen wirtschaftlichen Situation etwas negativer sehen als die wirtschaftliche Entwicklung Deutschlands.[32]

Diese subjektive Einschätzung durch die privaten Haushalte spiegelt sich auch in den Zahlen über die eröffneten Insolvenzen in MV wider. Insgesamt ist die Zahl der Insolvenzen von 712 im Jahr 2000 um mehr als das Dreifache auf 3 135 im Jahr 2010 gestiegen. Den höchsten Wert zeigt hier die kreisfreie Stadt Rostock (474 in 2010, 93 im Jahr 2000), gefolgt vom Kreis Ludwigslust (274 in 2010, 52 im Jahr 2000) und der ehemals kreisfreien Stadt Neubrandenburg (265 in 2010, 48 im Jahr 2000), die gleichzeitig aber auch die wirtschaftlich aktivsten Regionen in MV sind, so dass sich die starke Zunahme der Insolvenzen insbesondere angesichts der Krisenjahre 2008–2010 entsprechend erklärt.[33]

3 Demografischer Wandel in MV – Chancen und Herausforderungen

Aktuelle politische Diskussionen wie auch wissenschaftliche Debatten zeigen, dass neben der Finanz- und Wirtschaftskrise der demografische Wandel, der durch Geburtenrate, Lebenserwartung und Migration beeinflusst wird, zukünftig eine große Herausforderung für das Land darstellen wird. Dieses Kapitel widmet sich der Darstellung verschiedener Auswirkungen des demografischen Wandels und betrachtet dabei auch Perspektiven und Chancen, die sich hieraus für das Land ergeben.

---

31 Auf eine weitere Disaggregation bspw. nach Berufsgruppen, Bildungsniveau oder Erwerbsstatus wird an dieser Stelle verzichtet, da die absolute Fallzahl zu gering wäre.
32 Eigene Berechnungen.
33 Zahlenquelle: Regionaldatenbank Deutschland, Insolvenzstatistik.

3.1 Schrumpfende und wachsende Landesteile

Nach Berechnungen des Statistischen Bundesamtes sowie von Kühntopf und Tivig (2007)[34] wird aufgrund der steigenden Lebenserwartung und der sinkenden Geburtenrate die deutsche Bevölkerung bis 2050 altern und auf ca. 75 Millionen Einwohner schrumpfen.[35] Betrachtet man die Entwicklung der Bevölkerung MVs sowohl im Vergleich zu Gesamtdeutschland als auch zwischen den Landkreisen, so zeigt sich, dass nicht nur seit der Wiedervereinigung mehr als 200 000 Einwohner das Land verlassen haben, sondern diese Abwanderung zwischen den Regionen sehr stark schwankte. Je westlicher die Landkreise einzuordnen sind, desto schwächer verlief die Abwanderung. Den stärksten Bevölkerungsrückgang mit einem Umfang von 6,8 bis 7,6 Prozent verzeichneten die ehemals kreisfreie Stadt Neubrandenburg, der Kreis Demmin und der Kreis Uecker-Randow.[36] Einen leichten Zuwachs konnte der Kreis Bad Doberan verbuchen, was auf die Stadt-Land Wanderung zur benachbarten Hansestadt Rostock zurückzuführen ist, die in der Zeit von 1990 (Stand zum 31.12.1990: 248 088 Einwohner) bis 2011 (Stand zum 31.12.2011: 204 260) 17,7 Prozent ihrer Einwohner verloren hat.[37] Den Tiefststand mit 198 259 Einwohnern im Jahr 2002 hat die Hansestadt überwunden und gewinnt seither Einwohner hinzu, so dass bereits 2007 wieder mehr als 200 000 Einwohner in Rostock registriert waren.[38] Neben dem fortgesetzten Geburtenrückgang wird eine weitere Abwanderung von ca. 200 000 Einwohnern aus MV prognostiziert. Besonders bei der Gruppe der 18–25 jährigen, qualifizierten Frauen ist mit einem Verlust zu rechnen. Das Ergebnis ist, dass insbesondere kleinere Gemeinden einen Männerüberschuss und verstädterte Regionen einen Frauenüberschuss aufweisen werden.[39]

---

34 Vgl. Stephan Kühntopf/Thusnelda Tivig, Regionale Bevölkerungsentwicklung in der Metropolregion Hamburg und Mecklenburg-Vorpommern: Bevölkerungsvorausberechnung im Rahmen des Projekts „Infrastrukturplanung und demografische Entwicklungen" (InfraDem), in: Thünen-Reihe Angewandter Volkswirtschaftstheorie, Working Paper No. 82 (2007).

35 Vgl. Kotte/Meier/Stöckmann, Demografischer Wandel, in: IAB-regional-IAB Nord, Nr. 3 (2010), S. 9.

36 Vgl. Gemeinsame Verwaltungsbehörde für die Intervention der europäischen Strukturfonds Mecklenburg-Vorpommern (Hrsg.), ESF, abrufbar unter: http://www.europa-mv.de/docs/download/10092/Sozio%C3%B6konomische-%20und%20SWOT-Analyse%20sowie%20Entwicklungsstrategie.pdf, (Stand: 05.10.2012), S. 28.

37 Vgl. Statistisches Amt Mecklenburg-Vorpommern (Hrsg.), Bevölkerungsentwicklung der Kreise in Mecklenburg-Vorpommern (Faktoren der Bevölkerungsentwicklung), Schwerin 1989 und 2011, S. 2.

38 Datenquelle: Statistisches Landesamt MV, Bevölkerung am 31.12. nach Kreisen.

39 Vgl. ebd., S. 29–30, siehe hierzu auch Sonja Menning, GeroStat-Statistische Daten: Demographische Alterung in den Regionen – das Beispiel Mecklenburg-Vorpommern, in: Informationsdienst Altersfragen, Nr. 3 (2005) S. 8–12.

3.2 Auswirkungen auf den Arbeitsmarkt

Angesichts der bis 2050 stark fallenden Zahl an Erwerbsfähigen in der Altersgruppe 15 bis unter 65 – die in MV zusätzlich früher und stärker sinken wird als im übrigen Bundesgebiet – wird damit auch das Arbeitsangebot der Bevölkerung zurück gehen. Kotte et al. zeigen nach Berechnungen des Statistischen Bundesamtes, dass bis 2050 nur noch etwas mehr als 50 Prozent der Wohnbevölkerung in MV in der genannten Altersgruppe sind. Die zu erwartende Altersstruktur des Arbeitsmarktes kann jedoch nicht exakt bestimmt werden, da diese auch abhängig ist von Ein- und Austritten aus dem Arbeitsmarkt sowie konjunkturellen Einflüssen und wirtschaftspolitischen Entscheidungen hinsichtlich Renteneintritten oder Bildungs- und Kinderzeiten.[40]

Eng verbunden mit der Frage nach dem zukünftig zur Verfügung stehenden Arbeitsangebot ist die Frage nach dem Bedarf an Fachkräften. Dieser wurde durch die Krise beeinflusst: 2006–2008 stieg die Nachfrage nach qualifizierten Arbeitnehmern, aber mit Beginn der Finanz- und Wirtschaftskrise stagnierten Nachfrage und Zahl der offenen Stellen. Durch den demografischen Wandel mit einer größeren Zahl älterer Menschen, die einer zunehmend kleiner werdenden Zahl junger Menschen gegenüberstehen, wird es auch dazu kommen, dass Betriebsbelegschaften altern. Demzufolge wird es auch in Zukunft zu einem *Mismatch,* also einer Nichterfüllung, insbesondere bei qualifizierten Tätigkeiten[41] kommen, so dass eine Aufgabe für Politik und Betriebe in einer stärkeren betriebsinternen Weiterbildung aber auch in neuen Rekrutierungsstrategien gesehen wird.[42] Das Institut der deutschen Wirtschaft sah im Jahr 2009 noch keine große Disparität zwischen Fachkräfteangebot und -bedarf insbesondere in den hochqualifizierten Berufen. Die Meinungen hierüber sind divergent, bzw. an unterschiedlichen zeitlichen Fristen orientiert:

In der kurzen Frist ist laut Brenke (2010) weder in Ost- noch Westdeutschland ein Fachkräftemangel zu erkennen. Dies zeigt sich bspw. anhand der Lohnentwicklung, da die Bruttolöhne in den vergangenen Jahren kaum gestiegen sind, was anderenfalls ein Indikator für Knappheit wäre.[43]

Andererseits erwarten Reinberg und Hummel (2003) in der mittleren Frist einen zunehmend wahrscheinlicher werdenden Fachkräftemangel, der sich umso mehr verstärken wird, je weniger wirtschaftspolitische Anstrengungen in der Bildung unternommen werden. Die Autoren sehen ein großes Potenzial in einer verstärkten Qualifizierung der

---

40 Vgl. Kotte/Meier/Stöckmann, Demografischer Wandel, in: IAB-regional-IAB Nord, Nr. 3 (2010), S. 11 u. 13.

41 Ebd. „Arbeitskräfte für qualifizierte Tätigkeiten erfordern eine abgeschlossene Lehre oder eine vergleichbare Berufsausbildung oder eine entsprechende Berufserfahrung bzw. einen Hochschul- oder Fachhochschulabschluss." IAB-Betriebspanel Mecklenburg-Vorpommern, 2010, S. 49.

42 Vgl. ebd., S. 49.

43 Vgl. Karl Brenke, Fachkräftemangel kurzfristig noch nicht in Sicht, in: DIW Wochenbericht, Nr. 46 (2010), S. 3–5.

Bevölkerung insbesondere der Frauen, um gerade in den MINT-Fächern das Angebot an qualifiziertem Personal und damit auch die Wettbewerbsfähigkeit zu stärken.[44] Die Zahl der Beschäftigten wird sich nach Prognose des IAB noch bis 2015 erhöhen, jedoch ist dies an Annahmen über die Entwicklung des Wirtschaftswachstums geknüpft. Gegenmaßnahmen wie bspw. eine Erhöhung der Frauenerwerbsbeteiligung, verkürzte Ausbildungszeiten oder ein späterer Renteneintritt können die Auswirkungen des demografischen Wandels nicht rückgängig machen.[45]

Die Innovationskraft von Unternehmen hängt von der Altersstruktur ab und mit den betriebsinternen Schulungen der alternden Erwerbspersonen zusammen.[46] Eine wirtschaftspolitische Forderung leiten Koller und Plath (2000)[47] aus den oben genannten Entwicklungen dergestalt ab, dass die Personalpolitik sich anpassen müsse, da nicht mehr ältere Mitarbeiter in den Vorruhestand gehen können und junge qualifizierte Kräfte nachrücken, sondern ein gemeinsames Arbeiten und voneinander Lernen nötig sein wird.[48] Diese Schlussfolgerung wird ebenso gestützt von Lutz (2010), der zudem die Bedeutung für kleine Unternehmen mit einer Beschäftigtenzahl von weniger als 50 Mitarbeitern herausstellt. So werden diese Betriebe, die einen im Vergleich zu westdeutschen und Großunternehmen höheren Anteil Beschäftigter über 50 Jahren haben, stark durch den demografischen Wandel betroffen sein, wenn diese erfahrenen und qualifizierten Kräfte ausscheiden.[49]

Verschiedene Autoren sehen in dem sich verringernden Erwerbskräftepotenzial eine Herausforderung. Laut Kotte et al. (2010) müsste angesichts des demografischen Wandels die Zahl der Nichterwerbstätigen und der Arbeitslosen reduziert werden. Dies liegt darin begründet, dass auch diese altern und aus der Zahl der zur Berechnung der Arbeitslosenstatistik herangezogenen Erwerbsfähigen ausscheiden. Demzufolge würde die Erwerbsquote ansteigen. Aber auch durch Emigration kann durch die dadurch schrumpfende Wohnbevölkerung nicht jeder freie Arbeitsplatz besetzt werden. Auch können Stellen aus objektiven bzw. subjektiven Gründen nicht besetzt werden.[50] Die damit niedriger werdende Bewerberzahl wird auch von PWC (2011) als Herausforderung gesehen.[51] Demzufolge steigt durch die sinkende Ausbildungsnachfrage der Wett-

---

44 Vgl. Alexander Reinberg/Markus Hummel, Steuert Deutschland langfristig auf einen Fachkräftemangel zu?, in: IAB Kurzbericht, Nr. 9 (2003), S. 1 u. 4.
45 Vgl. ebd., S. 3.
46 Vgl. Joachim Ragnitz, Demographische Entwicklung in Ostdeutschland und Länderfinanzausgleich, in: Wirtschaft im Wandel Nr. 3 (2005), S. 73–78, hier: S. 78.
47 Vgl. Barbara Koller/Hans-Eberhard Plath, Qualifikation und Qualifizierung älterer Arbeitnehmer, in: Mitteilungen aus der Arbeitsmarkt- und Berufsforschung, Nr. 33 (2000), Stuttgart, S. 113 u. 117.
48 Zitiert nach Reinberg/Hummel, Steuert Deutschland langfristig auf einen Fachkräftemangel zu?, in: IAB Kurzbericht, Nr. 9 (2003), S. 6.
49 Vgl. Burkart Lutz, Fachkräftemangel in Ostdeutschland: Konsequenzen für Beschäftigung und Interessenvertretung, in: OBS Arbeitsheft Nr. 65 (2010) S. 41.
50 Vgl. Kotte/Meier/Stöckmann, Demografischer Wandel, in: IAB-regional-IAB Nord, Nr. 3 (2010), S. 21.
51 Vgl. PWC (Hrsg.), Analyse zur sozioökonomischen Lage im Land Mecklenburg-Vorpommern, 2011.

bewerb unter den Ausbildungsbetrieben, Unternehmen und Bildungsinstitutionen um geeignete Bewerber.[52]

3.3   Zukunftsbranchen

Trotz der zu erwartenden demografischen Entwicklung in MV und den gegenwärtigen Folgen der Finanz- und Schuldenkrise lassen sich einige Wirtschaftszweige identifizieren, die bei Ergreifen effizienter wirtschaftspolitischer Rahmenbedingungen wie bspw. Subventionen, kommunaler Steuerpolitik oder der Förderung innerbetrieblicher Aus- und Weiterbildungsmaßnahmen die Zukunft des Landes gestalten können.

Wie in Kapitel 2.2 gezeigt, spielt der Gesundheitsdienstleistungssektor neben dem Tourismus in MV bereits eine große Rolle. Eine SWOT-Analyse[53] zeigt, dass in den Bereichen Gesundheits- und Betreuungsdienstleistungen und Tourismus Wachstumschancen bestehen.[54] Angesichts der oben beschriebenen Entwicklungen wird ein Anstieg des Bedarfs an Pflegekräften erwartet, die durch anreizkompatible Verträge beschäftigt und gehalten werden müssten. Dies ist auf eine prognostizierte Steigerung der Anzahl Pflegebedürftiger zwischen den Jahren 2007 und 2030 um 63,5 Prozent zurückzuführen, die nach Brandenburg mit einer Steigerung um 71,6 Prozent und Berlin um 66 Prozent den dritthöchsten Wert der Bundesrepublik aufweist.[55] Dementsprechend ergeben sich notwendige Handlungsoptionen für die Pflegepolitik im Land, wenn qualifizierte Kräfte für diese zu erwartend große Menge an pflegebedürftigen Menschen geworben werden sollen. Hierzu zählen bspw. eine Aufwertung und Entbürokratisierung des Pflegeberufes. Zwischen 2000 und 2012 ist die Zahl der Beschäftigten in dem Sektor um 24,3 Prozent gestiegen und weitere Steigerungen werden erwartet, da erste Konzepte zur Kombinierung von Pflegedienstleistungen und Tourismusangeboten diskutiert werden, um auch die naturräumlichen Vorteile des Landes adäquat zu nutzen.[56]

Eine weitere Branche, der für die wirtschaftliche Entwicklung der kommenden Jahre große Potenziale zugeschrieben werden, ist der Bereich „Erneuerbare Energien". In der Liste der 100 größten Unternehmen in MV finden sich bereits heute Unternehmen wieder, die für den Bau von Solaranlagen bzw. Windkraftanlagen zuständig sind, mit Um-

---

52 Vgl. Reinberg/Hummel, Steuert Deutschland langfristig auf einen Fachkräftemangel zu?, in: IAB Kurzbericht, Nr. 9 (2003), S. 3.

53 SWOT = strengths, weaknesses, opportunities and threats.

54 Gemeinsame Verwaltungsbehörde für die Intervention der europäischen Strukturfonds Mecklenburg-Vorpommern (Hrsg.), ESF, S. 49.

55 Vgl. Statistische Ämter des Bundes und der Länder (Hrsg.), Demografischer Wandel in Deutschland: Auswirkungen auf Krankenhausbehandlungen und Pflegebedürftige im Bund und in den Ländern, Nr. 2 (2010), S. 29.

56 Vgl. Volker Kotte/Andrea Stöckmann, Gesundheitswirtschaft in Mecklenburg-Vorpommern: Leit- und Zukunftsbranche für den Arbeitsmarkt, in: IAB-regional-IAB Nord, Nr. 1 (2012), S. 9.

sätzen im dreistelligen Millionenbereich.[57] Zu den erfolgreichen Projekten zählt bspw. Der Offshore-Windpark Baltic I. Die Zahl der Nutzer regenerativer Energien ist in den vergangenen Jahren bundesweit stark gestiegen. Nachdem sich auch der Anteil erneuerbarer Energien am Bruttostromverbrauch um 11 Prozentpunkte erhöht hat und ebenso zu einer Schaffung von mehr als 2000 Arbeitsplätzen in MV beigetragen hat, werden dieser Branche auch in Zukunft große Wachstumschancen ausgerechnet. Hierzu bedarf es einem Ausbau des Netzes, der Intensivierung der Forschung und der Qualifizierung von Fachpersonal, um die vorhandenen Ressourcen des Landes, das sich durch Sonne und Wind auszeichnet, optimal zu nutzen.[58]

3.4   Zukünftige Entwicklung der Landesfinanzen

Auch mehr als ein Jahrzehnt nach der Wiedervereinigung sind die ostdeutschen Regionen noch auf finanzielle Zuweisungen bzw. Transfers der westlichen Bundesländer angewiesen. 2003 betrugen sie rund 80 Milliarden Euro, was damals 32 Prozent des westdeutschen BIP entsprach. Ansonsten wäre die Gleichwertigkeit der Lebensverhältnisse nicht zu erhalten gewesen.[59] Hessen, Hamburg, Baden-Württemberg, Bayern und Nordrhein-Westfalen haben in den Jahren 1995 – 2010 pro Kopf die meisten Zahlungen geleistet (im betrachteten Zeitraum mehr als 114 Mrd. Euro), während alle anderen Bundesländer durchgehend zu den Nettoempfängern des Länderfinanzausgleichs zählen. Die Finanzierungssalden zwischen den Ländern unterscheiden sich sehr stark – nur wenige haben ein Plus, so dass von wenigen Ländern, die positive Haushalte aufweisen zu denen umverteilt wird, deren Ausgaben darüber hinaus die Einnahmen übersteigen.[60]

MV erhielt 2010 aus dem Solidarpakt II Fördermittel in Höhe von 921 Mio. Euro, die im Jahr 2020 auslaufen.[61] Durch den Solidarpakt II sind bereits spürbare Degressionen vorgesehen, dies geht aber nur, wenn die Wirtschaftskraft in Ostdeutschland aufgebaut wird.[62] Rein technisch bedingter Fortschritt bspw. durch Industrie ist nicht zu erwarten, aber auch der Faktor Arbeitskraft wird bedeutsam sein – dieser ist weniger mobil als der Faktor Produktion. Angesichts der demografischen Entwicklungen, die für die Zukunft zu erwarten sind, wird Arbeitskraft an Bedeutung gewinnen, aber gleichzeitig auch das

---

57 Vgl. Brandt/Heine, Wirtschaft Mecklenburg-Vorpommern, 2011, S. 13.

58 Vgl. IHK Nord (Hrsg.), Erneuerbare Energien in Norddeutschland, Industrielle Potenziale und Perspektiven, Positionspapier der IHK Nord, Eigenverlag, Hamburg, 2010, S. 12 u. 18.

59 Vgl. Ragnitz, Demographische Entwicklung in Ostdeutschland und Länderfinanzausgleich, IWH, Wirtschaft im Wandel Nr. 3 (2005), S. 73.

60 Vgl. Zipfel, Finanzen der Bundesländer, in: Deutsche Bank Research, Aktuelle Themen, Nr. 513 (2011), S. 9.

61 Vgl. Innenministerium & Finanzministerium M-V (Hrsg.), Zur Situation der Kommunalfinanzen in Mecklenburg-Vorpommern, Schwerin 2011, S. 8 u. 10.

62 Vgl. Ragnitz, Demographische Entwicklung in Ostdeutschland und Länderfinanzausgleich, IWH, Wirtschaft im Wandel Nr. 3 (2005), S. 74.

Produktionspotenzial der Region abnehmen, da die Arbeitskräfteproduktivität und Erwerbstätigenquote abnehmen werden. Die Zahl der Erwerbsfähigen wird um 22 Prozent sinken und die Zahl der Unterbeschäftigten den Prognosen nach auch, da auch ältere Arbeitslose aus der Statistik ausscheiden.[63] Für MV wird ein weiterer Verlust an Einwohnern im Umfang von 94 000 prognostiziert, so dass sich auch die einwohnerbezogenen Zuweisungen an das Land verringern werden, was wiederum Auswirkungen auf die kommunalen Haushalte hat.[64]

Ragnitz führt eine Simulationsrechnung durch, welche Auswirkungen auf den Länderfinanzausgleich zu erwarten sind, wenn das Arbeitskräftepotenzial und die Erwerbstätigenquote den Schrumpfungen unterliegen. Durch eine Umsatzsteuerverteilung würde die Finanzkraft angehoben, die Steuereinnahmen würden steigen, aber das bedeutet dennoch nicht, dass mit einer Entspannung in den öffentlichen Kassen gerechnet werden könnte. Das Steueraufkommen wird schwächer wachsen als in Westdeutschland und somit ist ein substanzieller Rückgang im Finanzausgleich nicht zu erwarten.[65]

Für MV bedeutet dies, dass zwar Steigerungen im Einkommensteueraufkommen prognostiziert werden, jedoch die Mittel aus dem Solidarpakt sinken und auch die EU-Fördermittel zurückgehen werden, so dass ab der Förderperiode 2014 jährlich fast 300 Mio. Euro weniger ausgegeben werden können.[66] Dies erhöht die Gefahr von Remanenzeffekten in der Weise, dass es durch eine bleibende Abwanderung zu einem Rückgang öffentlicher Einnahmen und gleichzeitig steigenden pro-Kopf-Ausgaben für die öffentliche Versorgung kommt.[67]

4   Zusammenfassung

Der vorliegende Artikel zeigt, dass Mecklenburg-Vorpommern in den vergangenen Jahren starken ökonomischen Schocks ausgesetzt war und seit der Wiedervereinigung einem großen Transformationsprozess durchgemacht hat. So waren die politisch-ökonomischen Veränderungen nach der Wiedervereinigung neben der Wirtschaftskrise durch das Platzen der Internetblase mitverantwortlich dafür, dass die kommunalen Haushalte in MV stark belastet waren. Auch die gegenwärtigen Auswirkungen der Fi-

---

63 Vgl. ebd., S. 75.
64 Vgl. Innenministerium & Finanzministerium M-V (Hrsg.), Zur Situation der Kommunalfinanzen in Mecklenburg-Vorpommern, 2011, S. 22.
65 Vgl. Ragnitz, Demographische Entwicklung in Ostdeutschland und Länderfinanzausgleich, IWH, Wirtschaft im Wandel Nr. 3 (2005), S. 80.
66 Vgl. Innenministerium & Finanzministerium M-V (Hrsg.), Zur Situation der Kommunalfinanzen in Mecklenburg-Vorpommern, 2011, S. 23.
67 Vgl. Gemeinsame Verwaltungsbehörde für die Intervention der europäischen Strukturfonds Mecklenburg-Vorpommern (Hrsg.), ESF, abrufbar unter: http://www.europa-mv.de/docs/download/10092/Sozio%C3%B6konomische-%20und%20SWOT-Analyse%20sowie%20Entwicklungsstrategie.pdf, (Stand: 05.10.2012), S. 49.

nanz- und Wirtschaftskrise beeinflussen die wirtschaftliche Entwicklung, die sich in einer Arbeitslosigkeit oberhalb des Bundesdurchschnitt, einem sinkenden BIP und was die wirtschaftliche Zukunft betrifft, skeptischen öffentlichen und privaten Haushalten niederschlägt. Des Weiteren werden die Auswirkungen des demografischen Wandels und die Reformen des Solidarpakt II wesentlichen Einfluss auf die gesamtwirtschaftliche Situation im Land haben. Hierin liegen für die Politik verschiedene Aufgaben begründet.

Die Auswirkungen des demografischen Wandels sind zwar nicht durch wirtschaftspolitische Maßnahmen zu kompensieren, doch haben die oben genannten Studien eindeutige Handlungsempfehlungen in die Richtung gegeben, die Erwerbsbeteiligung von Frauen stärker zu fördern, durch betriebliche Personalpolitik das Miteinander von älterer und jüngerer Belegschaft zu nutzen, um einem langfristig befürchteten Fachkräftemangel zu begegnen und die Wirtschaftssektoren, in denen viele Menschen eine Beschäftigung finden, zu stärken, damit auch zukünftig diese Sektoren den wirtschaftlichen Wohlstand im Land ermöglichen. Ebenso zeigen die genannten Studien, dass neben dem Tourismus auch im Bereich Pflege ein großes Potenzial für zukünftige Beschäftigung gesehen wird. Diese Bereiche gilt es zu unterstützen und dafür zu sorgen, dass qualifiziertes Personal gebildet wird, um die Potenziale optimal auszunutzen.

Eine positive Stimmung und Zufriedenheit im Land kann dadurch erreicht und erhalten werden, wenn es gelingt, die Arbeitslosigkeit gerade auch in den schrumpfenden Landkreisen zu senken und das Auskommen mit dem Einkommen, das durch die privaten Haushalte genannt wird, zu sichern. Noch immer kommen nicht alle Haushalte mit ihrem Einkommen aus. Hierfür müssen die Ursachen ermittelt und dem entgegen gewirkt werden, bspw. über bessere finanzielle Bildung aber auch über eine Förderung von regionalen Projekten zur Schaffung von Arbeitsplätzen in den Zukunftsbranchen.

Wenn es zudem gelingt, über eine transparente Kommunikation notwendige Maßnahmen, die sich aus veränderten bzw. verkleinerten öffentlichen Haushalten ergeben, der Bevölkerung zu erklären, ist es möglich, die vorsichtig optimistische Meinung hinsichtlich der zukünftigen wirtschaftlichen Entwicklung zu erhalten und über gezielte arbeitsmarktpolitische Maßnahmen den subjektiven Zufriedenheitsgrad zu erhöhen und das Vertrauen in die Politik zu festigen. Dementsprechend sehen sich die politischen Landesvertreter großen Aufgaben bei ebensolchen Potenzialen gegenüber.

Die kommunale Ebene in Mecklenburg-Vorpommern

Christopher Scheele

1 Rahmenbedingungen und Herausforderungen

Die kommunale Ebene bringt immer wieder ein Paradoxon zum Vorschein. Auf der einen Seite steht das Desinteresse vieler Wahlberechtigten gegenüber Kommunal- und Direktwahlen, die diese meist als Nebenwahlen oder als unwichtig erachten. Wahlbeteiligungen bis unter die 20 Prozentgrenze erscheinen ob dieser mangelnden Identifikation nur folgerichtig. Auf der anderen steht diesem Eindruck der Volkszorn gegenüber, wenn kommunale Entscheidungen gegen die eigenen Überzeugungen und Positionen getroffen werden. Über die Jahre hinweg wurde in zahlreichen Reformen versucht, diesem Paradoxon Herr zu werden. Bei Steigerung der Partizipationsquote sollte gleichzeitig die Bürgernähe erhöht werden. Mit Blick auf die stets schlechte Finanzsituation der Kommunen hieß dies in erster Linie Einsparungen zu ermöglichen, ohne dem Bürger das Gefühl zu geben, über Gebühr betroffen zu sein und somit – durch Identifikation mit der Kommune – neuerlich Partizipation zu generieren. Zu diesen Projekten zählten neben Strukturreformen wie der Kreisgebiete auch die Einführung kommunaler Direktwahlen von hauptamtlichen Bürgermeistern und Landräten sowie die Absenkung des Wahlalters auf 16 Jahre und die Quoren für Bürgerbegehren- und entscheide. Jedoch bergen die Strukturreformen immer das Risiko in sich, dass auch die gewachsene politische und bürgerschaftliche Kultur nachhaltig beschädigt wird, zumindest aber kurzfristig die Arbeit der Parteien und Verbänden durch Umstellungsprozesse beeinträchtigt ist. All diese Faktoren kamen in Mecklenburg-Vorpommern in besonderem Maße zusammen.

Strukturell galt es aus den drei Nordbezirken der DDR ein neues Bundesland zu schaffen, indem mit Mecklenburg und Vorpommern zwei Landesteile mit unterschiedlicher Identität vereint werden mussten. In der neuen Kommunalverfassung sollte zudem der Zeitgeist der Vereinigungsphase abgebildet werden. Die Bürger sollten sich der Politik näher fühlen und an den Entscheidungen beteiligt werden. Daher schien es Zeit, dem Bürger wieder mehr Verantwortung zu übergeben. Besonders die kommunale Ebene erschien für solch ein Vorhaben geradezu prädestiniert.[1]

Der Zusammenbruch der Wirtschaftsbetriebe der ehemaligen DDR hatte nicht nur die Anzahl der klein- und mittelständischen Betriebe massiv dezimiert. Der Niedergang der Wirtschaft steigerte die Arbeitslosenzahl auf rund 16 bis 18 Prozent (1992–1996), um im weiteren Verlauf bis zum Jahresende 2004 auf 23,6 Prozent anzuschwellen. Erst danach begann die Arbeitslosenquote langsam wieder zu sinken.[2] Die hohe Arbeitslosigkeit schwächte die Kaufkraft und brachte auch die noch bestehenden Wirtschaftsunternehmen in Bedrängnis, die wiederum mit Entlassungen und stagnierenden Löhnen reagieren mussten. Diese Sogwirkung traf die im Aufbau begriffenen Kommunen mit voller Härte, da sie nicht nur sinkende Steuereinnahmen zu verzeichnen hatten, sondern auch stetig wachsende Sozialausgaben.[3] Die scheinbar aussichtslose Lage auf dem Arbeitsmarkt führte letztlich zur Abwanderung vieler Bürger in die westlichen Bundesländer. Junge und gut (aus-)gebildete Arbeitskräfte gingen dem neuen Bundesland verloren, während viele Ältere sich diesen Schritt nicht mehr zutrauten oder auf eine Besserung in der Heimat hofften. Das ohnehin bestehende Problem der alternden Gesellschaft wurde in Mecklenburg-Vorpommern somit vorzeitig manifest. Die Abwanderung schwächte die Kommunen zunehmend finanziell. Die Zuweisungen aus den Haushaltstöpfen und dem Länderfinanzausgleich berechnen sich nach der Bevölkerungsanzahl in der jeweiligen Kommune. Somit hat jeder Bürger auch direkten Einfluss auf finanzielle Situation des Bundeslandes.[4] Die zentrale Fragen ob dieser breitgefächerten Umstände muss lauten: Welche Auswirkungen hatten die Strukturreformen und die Wahlrechtsreformen in Mecklenburg-Vorpommern auf die kommunale politische Kultur und das Wahlverhalten? Wie entwickelten sich die Parteien im strukturschwachen und bevölkerungsarmen Flächenland?

---

1   Vgl. Landtag Mecklenburg-Vorpommern, Gesetzentwurf der Landesregierung, Gesetz zur Neuordnung der Landkreise und kreisfreien Städte des Landes Mecklenburg-Vorpommern (Landkreisneuordnungsgesetz – LNOG), Drucksache 1/2681, Schwerin 1993, S. 2.
2   Vgl. Statistik der Bundesagentur für Arbeit, Arbeitsmarkt in Zahlen, Zeitreihen für Arbeitslose, Nürnberg 2008, S. 7; Bundesagentur für Arbeit, Regionaldirektion Nord, Der Arbeitsmarkt in Mecklenburg-Vorpommern, Januar 2012, Presseinformation Nr. 011(2012), Kiel 2012, S. 4.
3   Vgl. Rico Grimm, 20 Jahre Rostock-Lichtenhagen: Das große Verdrängen, abrufbar unter: http://www.spiegel.de/politik/deutschland/die-krawalle-in-rostock-lichtenhagen-jaehren-sich-zum-20-mal-a-851035.html (Stand: 25.01.2013).
4   Vgl. Frank Pergande, Erst fehlen die Kinder, dann die Eltern, abrufbar unter: http://www.faz.net/aktuell/politik/demographie-erst-fehlen-die-kinder-dann-die-eltern-1383420.html (Stand: 25.01.2013).

Forschungsstand

Die kommunale Ebene Mecklenburg-Vorpommerns ist auch 23 Jahre nach Gründung des Bundeslandes eher ein Randaspekt der politikwissenschaftlichen Forschung geblieben und somit eine sichtbare Forschungslücke. Die Kommunalwahlen betreffend haben die Wahlstudien von Nikolaus Werz und der Arbeitsgruppe „Politik und Wahlen in Mecklenburg-Vorpommern"[5] zumindest aus der Sicht des Wahlforschers diese Lücke schließen können. Mit Blick auf Entwicklungen wie Governance, kommunale Steuerungsmodelle und Kommunalpolitik ist Mecklenburg-Vorpommern jedoch stets eine Erwähnung der Vollständigkeit halber und nicht Gegenstand der Untersuchungen. Hans Jörg Hennecke[6] hingegen hat die kommunale Ebene besonders in verwaltungswissenschaftlicher Sicht aufgegriffen. Es ist auch weiterhin viel Grundlagenforschung notwendig, um die Transformation und die Ausgestaltung der kommunalen Ebene Mecklenburg-Vorpommerns politikwissenschaftlich weiter erfassen zu können.

2 Kreisgebietsreformen

Eines der drängenden Probleme direkt nach der Wende von 1989/90 war die finanzielle und strukturelle Situation des jungen Bundeslandes. Neben der hohen Anzahl von 31 Kreisen und sechs kreisfreien Städten, war auch die enorme Anzahl von 1118 Gemeinden selbst ein Problem. Diesem versuchte Mecklenburg-Vorpommern mit zwei Lösungswegen zu begegnen. Der eine wurde 1992 mit der sog. Amtsordnung eingeführt, die hier geschaffene Möglichkeit der Gründung von Gemeindeverbünden sollte helfen, Kosten einzusparen. Der andere Weg war eine Kreisgebietsreform, er wurde 1993 erstmals beschritten. Jedoch zeigten sich die Annahmen von 1993 schnell als deutlich zu optimistisch. Nachdem gerichtlich gescheiterten Versuch von 2006, wurde 2011 mit der zweiten, sehr weitreichenden Kreisgebietsreform, deutschlandweit Kommunalgeschichte geschrieben.

Während 1990 auch in Mecklenburg-Vorpommern die alten DDR-Wirtschafts-strukturen kollabierten, stieg mit der Arbeitslosigkeit und den wegbrechenden Steuereinnahmen auch der Druck auf die Kommunen. Die Tatsache, dass 91,4 Prozent aller Kommunen im Bundesland weniger als 2 500 Einwohner aufwiesen, verschärfte diese Situation

---

5 Vgl. Nikolaus Werz/Jochen Schmidt, Wahlen in Mecklenburg-Vorpommern, Rostock 1996; Schoon/u. a. (Hrsg.), Kommunale Direktwahlen in Mecklenburg-Vorpommern, Rostock 2001; Schoon/u. a. (Hrsg.), Die Kommunalwahlen 2004 in Mecklenburg-Vorpommern, Rostock 2004; Arne Lehmann/Steffen Schoon (Hrsg.), Die Kommunalwahlen 2009 in Mecklenburg-Vorpommern, Rostock 2009; Martin Koschkar/Christopher Scheele, Die Landtagswahl in Mecklenburg-Vorpommern 2011 – Die Parteien im Wahlkampf und ihre Wähler, Rostock 2011.
6 Vgl. Hans Jörg Hennecke, Staats- und Verwaltungsmodernisierung in Mecklenburg-Vorpommern, Anregungen, Standpunkte und Perspektiven zur Reformdebatte, Rostock 2004.

zusätzlich. Dies führte zu kleinteiligen, zersiedelten Strukturen, die sowohl fiskalisch nicht zu halten waren als auch keine Leistungsfähigkeit entwickeln konnten. Erklärtes Ziel der Landesregierung war es, die Gemeinden fiskalisch lebensfähig zu strukturieren und vor allem im ländlichen Raum Entwicklungspotentiale zu schaffen, damit dieser Bereich nicht abgekoppelt von den urbanen Zentren des Bundeslandes entvölkern würde und letztlich verödete. Die Landesregierung wollte jedoch ganz bewusst auf eine Gemeindereform verzichten, Schwerin schreckte davor zurück, der Bevölkerung nach den Umwälzungen im Zuge der Einheit weitere, unpopuläre Neuerungen zuzumuten.

Hatte sich Nordrhein-Westfalen im Zuge der Gemeindereform von der Amtsordnung[7] verabschiedet, so sah die Schweriner Landesregierung gerade in der Amtsordnung im Jahr 1992 die Lösung für die Strukturprobleme im Nordosten. Durch die Bildung von Ämtern sollten Kommunaleinheiten mit durchschnittlich 5 000 Einwohnern gebildet werden, die Mindesteinwohnerzahl sollte 2 500 Einwohner betragen.[8]

Doch auch die Einführung der Amtsordnung konnte an der offensichtlichen Notwendigkeit einer Kreisgebietsreform nichts ändern. Zum Stichtag 31. Dezember 1992 betrug die durchschnittliche Einwohnerzahl eines Landkreises der alten Bundesrepublik 100 000, in kreisfreien Städten lebten im Schnitt 150 000 Personen.[9] Legt man diese Zahlen zugrunde, so hätte Mecklenburg-Vorpommern mit 31 Landkreisen und sechs kreisfreien Städten zu diesem Zeitpunkt rund 4 Millionen Einwohner haben müssen. Tatsächlich waren es genau 1 858 876.[10] Neben dieser deutlichen Diskrepanz gibt es weitere Kennzahlen, die die Problematik unterstreichen. Zunächst resultierte aus der deutlich zu geringen Bevölkerungsanzahl ein Durchschnitt von 40 000 Einwohnern pro Kreis, wobei der Landkreis Rügen mit 84 000 als größter genauso wenig den Bundesschnitt erreichen konnte, wie der Landkreis Röbel/Müritz, der nur 17 000 Einwohner besaß.[11]

Für die Kreisgebietsreform hatte die Landesregierung mit Hilfe zweier Gutachten ein Pflichtenheft entwickelt, welches als Leitlinie zum Reformvorhaben verstanden werden sollte. Die Gutachten hatten das Verhältnis zwischen Kosten- und Leistungseffizienz für eine Bevölkerungsgröße zwischen 150 000 und 180 000 Einwohner errechnet. Hinsichtlich der Strukturen des bevölkerungsarmen Flächenlandes wurde dies auf 100 000

---

7   Ein Amt stellt eine Verwaltungsgemeinschaft von i. d. R. kleinen Gemeinden dar, deren Größe es nicht ermöglicht kommunalen Verwaltungsaufgaben vollumfassend nach zu kommen. Innerhalb des Amtes werden die Legislativaufgaben auf einen Verwaltungsausschuss delegiert und die Exekutivaufgaben von den Kommunen arbeitsteilig durchgeführt. Der Verwaltungsausschuss wählt einen leitenden Verwaltungsbeamten, i. d. R. übernimmt diese Aufgabe ein Bürgermeister einer beteiligten Gemeinde; vgl. KV M-V § 125.

8   Vgl. Landtag Mecklenburg-Vorpommern, Gesetzentwurf der Landesregierung, Amtsordnung für das Land Mecklenburg-Vorpommern, Drucksache 1/918, S. 1–2.

9   Vgl. Landtag Mecklenburg-Vorpommern, Gesetzentwurf der Landesregierung, Gesetz zur Neuordnung der Landkreise und kreisfreien Städte des Landes Mecklenburg-Vorpommern (Landkreisneuordnungsgesetz – LNOG), Drucksache 1/2681, S. 1.

10 Vgl. Daten des Statistischen Amtes Mecklenburg-Vorpommern.

11 Vgl. Landtag Mecklenburg-Vorpommern, Drucksache 1/2681, S. 25.

Personen nach unten korrigiert.[12] Mit Blick auf die Siedlungsdichte und die gefühlte Nähe der Bürger zur kommunalen Selbstverwaltung wiederum wurde der Wert abermals angepasst und auf 80 000 festgelegt.[13] Eine Stadt sollte nur kreisfrei bleiben, sofern sie Landeshauptstadt war oder mehr als 30 Prozent der Bevölkerung eines zu bildenden Landkreises beheimatete.[14] Die angestrebte Größe der Landkreise sollte zwischen 2 000 und 2 500 km² betragen, dies resultierte auch aus der Absicht, dass jeder Bürger binnen 60 bis maximal 120 Minuten die Kreisstadt erreichen können und dabei maximal 55 km, im Schnitt jedoch nur 40 km zurücklegen müsste. Zudem sollte im weiteren Verlauf mittels einer Funktionalreform die Notwendigkeit zum Besuch der Kreisstadt aus bürokratischen Gründen auf – im statistischen Mittel – alle 18 Monaten erhöht werden. Damit sollte die kommunale Selbstverwaltung auch bürgernaher empfunden und erlebt werden.[15] Wo die Möglichkeit bestand, sollten auch die Landkreise vor der Reform von 1952 wieder hergestellt werden.[16] Der Gesetzentwurf sah die Neuaufteilung des Landes in 13 Landkreise und fünf kreisfreie Städte vor: Die Kreisgebietsreform sollte als möglichst breiter Konsens erarbeitet und viele Partikularinteressen berücksichtigt werden. Dies wurde im Gesetzentwurf besonders deutlich, denn vom eigenen Pflichtenheft, konnten nur die wenigsten Vorgaben erfüllt werden oder sie wurden bewusst mit der Hoffnung auf Besserung in der Zukunft missachtet.[17]

Die damalige CDU-FDP-Landesregierung ging zu diesem Zeitpunkt davon aus, dass die zu treffende Entscheidung Generationen überdauere,[18] der spätere Ministerpräsident Harald Ringstorff (SPD) äußerste stattdessen Bedenken, dass die Reform zu kurz greife und daher in absehbarer Zeit eine weitere Reform notwendig werden würde.[19] Eckhard Rehberg (CDU) entgegnete diesen Argumenten in der zweiten Lesung, dass die Kreisgebietsreform eine Zementierung der neuen Strukturen für mindestens 50 Jahre darstelle.[20] Die weiteren Beratungen zum Gesetzentwurf zeigten zu einem gewissen Teil auch die Ratlosigkeit der Abgeordneten, wie man eine langfristig tragfähige Reform gestalten sollte.[21] Man wollte dabei um jeden Preis eine Radikallösung verhindern. Bis zum Ende der Beratungen war die Flut der Petitionen auf rund 22 000 Einsendungen angeschwollen, was sicherlich auch ein Grund für das zurückhaltende Vorgehen in der

---

12 Vgl. ebd., S. 24.
13 Vgl. ebd., S. 22.
14 Vgl. ebd., S. 26.
15 Vgl. ebd., S. 25.
16 Vgl. ebd., S. 45.
17 Vgl. ebd., S. 38.
18 Vgl. Landtag Mecklenburg-Vorpommern, Plenarprotokoll 1/68, Schwerin 1993, S. 3778.
19 Vgl. ebd., S. 3782.
20 Vgl. Landtag Mecklenburg-Vorpommern, Plenarprotokoll 1/81, Schwerin 1993, S. 4591.
21 Vgl. Landtag Mecklenburg-Vorpommern, Beschlussempfehlung und Bericht des Innenausschusses zu dem Gesetzentwurf der Landesregierung: Entwurf eines Gesetzes zur Neuordnung der Landkreise und kreisfreien Städte des Landes Mecklenburg-Vorpommern (Landkreisneuordnungsgesetz – LNOG) (DRS 1/2681), Drucksache 1/3243, Schwerin 1993, S. 38.

Reformgestaltung war.[22] Die durchschnittliche Kreisfläche betrug letztlich 1 890km² bei 102 100 Einwohnern pro Kreis.[23] Relativ unbeachtet während der Reform blieb die kommunalpolitische Dimension. Durch die Reduzierung der Gebietskörperschaften von 31 auf 12 Landkreise und sechs kreisfreie Städte, gingen rund Zweidrittel der Kreistagsmandate verloren und die ehrenamtliche Beteiligung auf kommunaler Ebene wurde durch lange Fahrtwege deutlich erschwert.

Im Jahr 1994 verabschiedet, waren noch keine sechs Jahre vergangen, als in der Landesregierung von Harald Ringstorff die Erkenntnis reifte, dass die Kritik an der 50-Jahres-Prognose von Eckhard Rehberg schneller als befürchtet Realität werden konnte.[24] Wieder begann eine Landesregierung in Mecklenburg-Vorpommern an einer Kreisgebietsreform zu arbeiten und wieder war es ein Thema, welches die Gemüter erhitzte. Der fortschreitende Bevölkerungsverlust und die finanzielle Situation des Landes motivierten die Landesregierung zu drastischen Maßnahmen. Von den bestehenden 12 Kreisen und sechs kreisfreien Städten sollten ab 2009 nur noch fünf Kreise übrig bleiben. Jedoch stand diese Reform unter keinem guten Stern, da 1) das Vorhaben beinahe die rot-rote Regierungskoalition gesprengt hätte – die PDS-Basis stellte sich in der Entscheidung gegen die eigene Fraktion – und 2) mit einer Ausnahme alle Landkreise gegen das Vorhaben vor das Landesverfassungsgericht zogen und dort im Jahr 2007 obsiegten. Dennoch eröffnete das Gericht der Landesregierung in seiner Urteilsbegründung die generelle Möglichkeit, eine neue Kreisgebietsreform durchzuführen. Viel mehr hatte das Gericht das Zustandekommen des Gesetzes kritisiert, aus seiner Sicht sei das gewünschte Ergebnis der Verhandlungen bereits frühzeitig klar gewesen und daher auch keine echte Beteiligung der Betroffenen mehr möglich gewesen. Im weiteren Verlauf begannen sogleich die Arbeiten zu einem neuerlichen Anlauf und die Enquete-Kommission, die bereits an der ersten Reform beteiligt gewesen war, erarbeitete einen Bericht zu einem neuerlichen Anlauf der Kreisgebietsreform.

Auf Basis der Empfehlungen der Enquete-Kommission verabschiedete der Landtag ein Rahmenprogramm zur Reform, welches ähnlich wie 1991 die Leitlinien zum Legislativ-Prozess beinhaltete.[25] Als ein Ziel wurde eine Durchschnittsgröße der neuen Landkreise von 4 000 km² beschlossen. Es wurde betont, dass dies nicht in erster Linie eine mathematische, sondern eine politische Entscheidung war. Zusätzlich sollte die durchschnittliche Einwohnerzahl der Landkreise 175 000, prognostiziert auf das Jahr 2020, betragen; Abweichungen basierend auf den regionalen Gegebenheiten waren explizit vorgesehen. Rostock sollte kreisfreie Stadt bleiben, ansonsten konnte eine Stadt kreis-

22 Vgl. Landtag Mecklenburg-Vorpommern, Plenarprotokoll 1/81, 1993, S. 4587.

23 Vgl. Landtag Mecklenburg-Vorpommern, Drucksache 1/3243, 1993, S. 40.

24 Vgl. Universität Potsdam, IKW, Newsletter 1 (2001), abrufbar unter. http://www.uni-potsdam.de/u/kwi/publikationen/newsletter_gebietsreform/newsletter_gebietsreform_01.pdf (Stand: 01. 11. 2012).

25 Vgl. Landtag Mecklenburg-Vorpommern, Umsetzung der Empfehlung der Enquete-Kommission „Stärkung der kommunalen Selbstverwaltung" aus dem Zwischenbericht (Drucksache 5/1380), Drucksache 5/1409, Schwerin 2008.

frei werden, wenn sie 40 Prozent der Einwohner eines Landkreises beheimatete. Auch Schwerin stand als kreisfreie Stadt bedingt durch ihren Status als Landeshauptstadt de facto bereits fest.[26]

Nach umfangreichen Stellungnahmen und Entwürfen wurde schließlich im Jahr 2009, diesmal von einer SPD-CDU-Regierung, der neuerliche Gesetzentwurf ins Parlament eingebracht. Insgesamt waren 13 Modelle entwickelt worden, im Gesetzentwurf entschied sich die Landesregierung dann für das sog. „6+2"-Modell, welches sechs Landkreise: Nordwestmecklenburg (NWM), Südwestmecklenburg (SWM), Mittleres Mecklenburg (MM), Mecklenburgische Seenplatte (MSP), Nordvorpommern (NVP) und Südvorpommern (SVP) und zwei kreisfreie Städte (Rostock und Schwerin) vorsah. Das spätere Gesetz plante schließlich mit einer durchschnittlichen Einwohnerzahl von 231 000 pro Landkreis für den Zeitpunkt der Verabschiedung, prognostiziert auf das Jahr 2020 von 207 000 Einwohnern. Im Vergleich dazu hätten die bestehenden Landkreise im Jahr 2020 nur noch im Mittel 86 000 Personen aufgewiesen, im Jahr 2030 wäre man mit durchschnittlich 79 000 sogar unter die Zielmarke von 80 000 der Reform von 1993 gerutscht. Aufgrund dessen stieg die mittlere Kreisfläche ebenfalls von rund 1 900 km^2 auf gerundete 3 800 km^2 nach dem Willen der Landesregierung.[27]

An dieser Stelle zeigte sich auch die größte Schwäche des LNOG 1993, da dieses Gesetz ohne wissenschaftliche Bevölkerungsprognose erstellt worden war, diese Daten standen im größeren Umfang erstmals ab 1995 zur Verfügung.[28] Gleichzeitig wurde hier die Tücke der Statistik offenbar, implizierten doch die im Entwurf 2009 prognostizierten 86 000 Einwohner in den Grenzen 1993 zunächst keinen unmittelbaren Handlungsbedarf. Von 1990 bis 2007 hatte das Land MV jedoch 227 000 Einwohner verloren, bis zum Jahr 2030 wären dies nach der Datenlage des Jahres 2009 sogar 366 500 Personen.[29] Pessimistische Prognosen gingen sogar von 700 000 bis zum Jahr 2050 aus.[30] Die reinen Durchschnittszahlen verschleiern die Verschiebungen durch Migrationseffekte innerhalb des Landes.[31] Während die urbanen Zentren Rostock, Greifswald und Schwerin Bevölkerung anziehen, verliert gerade der ländliche Raum zwangsläufig Einwohner. Die Kreisstädte des ländlichen Raumes sind davon nicht ausgenommen. Aufgrund der Tatsache, dass sowohl Rostock als auch Schwerin in Mecklenburg liegen betrifft dieser Effekt vor allem den vorpommerschen Landesteil. Folgt man den Prognosen und Berechnungen, die die Landesregierung ihrem Gesetzentwurf zugrunde legte, hätten 2020 in

---

26 Vgl. ebd., S. 6–10.
27 Vgl. Landtag Mecklenburg-Vorpommern, Gesetzentwurf der Landesregierung: Gesetz zur Schaffung zukunftsfähiger Strukturen der Landkreise und kreisfreien Städte des Landes Mecklenburg-Vorpommern (Kreisstrukturgesetz), Drucksache 5/2683, Schwerin 2009, S. 1–3.
28 Vgl. Landtag Mecklenburg-Vorpommern, Gesetzentwurf der Landesregierung: Drucksache 5/2683, 2009, S. 47.
29 Vgl. ebd., S. 48.
30 Vgl. ebd., S. 49.
31 Vgl. ebd., S. 50.

den Strukturen des LNOG 1993 von 12 Kreisen noch gerade drei die erstrebte Einwohnerzahl erreicht, die Mehrzahl wäre bis zu 35 000 Einwohner darunter geblieben.[32] Das
gleiche Problem stellte sich bei den kreisfreien Städten. Für die vier, neben Rostock und
Schwerin, in Frage kommenden Städte betrug der durchschnittliche Prognosewert für
das Jahr 2020 ca. 53 800 Einwohner statt die im Bundesschnitt üblichen 188 000 Einwohner.[33] Diese Daten werden auch von der Anzahl der Gemeinden und Ämter unterstrichen. Seit 1990 hatte sich die Anzahl der Gemeinden von 1118 auf 847 in 2009 verkleinert. Seit Einführung der Amtsstruktur im Jahr 1992 sank die Zahl der Ämter von
123 auf 79, die amtsfreien Gemeinden verringerten sich von 55 auf 34.

So ergaben sich zu den beiden Reformvorhaben völlig unterschiedliche Prämissen.
War das Gesetz von 1993 mit der Zielstellung geschrieben worden, eine Untergrenze
zu finden, bis zu deren Erreichung die Landkreisstrukturen in der Kosten-Nutzen-Ab-
wägung gerade noch akzeptabel klein erschienen, so suchte das Gesetzesvorhaben von
2009 vielmehr die Obergrenze. Die Landesregierung betonte dabei, dass im Rahmen
der Entscheidungsfindung eine Abwägung zwischen „öffentlichem Wohl" und Ausgestaltung kommunaler Struktur im Zweifelsfalle notwendig sei, da das „öffentliche Wohl
nicht rein kommunalbezogen" sei.[34] Sie definierte „kommunale Selbstverwaltung" als
Gegenstand im Spannungsverhältnis von „Wirtschaftlichkeit" und „bürgerschaftlich-
demokratische[r] Entscheidungsfindung".[35] Das öffentliche Wohl war in dieser Diskussion auch als ein finanzielles definiert. Zusammen betrug die Last der Fehlbeträge in
den Landkreisen und kreisfreien Städten 511,3 Millionen Euro im Jahr 2009. Diesen Ist-
Zahlen standen zudem düstere Zukunftsperspektiven gegenüber. Neben dem Auslaufen der Solidarpakt-II-Mittel, wirkt sich der erwartete Bevölkerungsrückgang direkt auf
den Länderfinanzausgleich (LFA) aus. Hinzu kommen durch den Überalterungsprozess
zunehmend geringere Steuereinnahmen im Land, da durch die steigende Zahl der Ren-
tenbezieher die Kaufkraft merklich sinkt. Die über viele Jahre hinweg hohe Arbeitslosenquote wird sich an dieser Stelle nochmals auswirken. Dazu kamen noch auslaufende
EU-Förderprogramme, deren monetäre Ausschüttung selbst bei erfolgreicher, nochma-
liger Bewerbung aufgrund der Vergabekriterien in jedem Fall geringer ausfallen würde.[36]
Für den Zeitraum von 1995 bis 2020 wurden Steuermindereinnahmen allein aufgrund
des Bevölkerungsrückganges von 4,7 Mrd. Euro errechnet, bei einer Gesamtverschuldung des Landes Mecklenburg-Vorpommern von 10,6 Mrd. Euro im Haushaltsjahr
2009. Auf der Suche nach Einsparpotentialen hatten Berechnungen zu den Pro-Kopf-
Personalkosten in den Landkreisen ein Potential von 100 Mio. Euro ergeben. Diese Hy-

---

32 Vgl. ebd., S. 51.
33 Vgl. ebd., S. 115.
34 Vgl. Landtag Mecklenburg-Vorpommern, Gesetzentwurf der Landesregierung: Drucksache 5/2683,
    2009, S. 45.
35 Vgl. ebd.
36 Vgl. ebd.

Tabelle 1 Landkreise in Planung und Umsetzung

Landkreis	Bevölkerung		Fläche	
	Planung	Ist	Planung	Ist
NWM	162,5		2217	
SWM	222,9		4750	
MM	219,2		3421	
MSE	262,2	278,2	5024	5468
NVP	234,7		3188	
SVP	272,8	249,6	4369	3927

Quelle: Eigene Darstellung nach Landtag Mecklenburg-Vorpommern, Gesetzentwurf der Landesregierung: Gesetz zur Schaffung zukunftsfähiger Strukturen der Landkreise und kreisfreien Städte des Landes Mecklenburg-Vorpommern (Kreisstrukturgesetz), Drucksache 5/2683, Schwerin 2009; Landtag Mecklenburg-Vorpommern, Beschlussempfehlung und Bericht des Innenausschusses zu dem Gesetzentwurf der Landesregierung: Gesetz zur Schaffung zukunftsfähiger Strukturen der Landkreise und kreisfreien Städte des Landes Mecklenburg-Vorpommern (Kreisstrukturgesetz) (Drucksache 5/2683), Drucksache 5/3599, Schwerin 2010.

pothese wurde in den Ausführungen zur Landkreisneuordnung auch auf die Kreisverwaltung übertragen. Diese sei je effizienter und kostengünstiger, je größer sie sei.[37]

3 Wahlen auf kommunaler Ebene

Die Wahlen auf kommunaler Ebene werden von mehreren Faktoren beeinflusst. Die Verankerung der Parteien spielt dabei die größte Rolle, da sie bei der Rekrutierung von Kandidaten und der Mobilisierung der Wähler von Bedeutung ist. Ein weiterer wichtiger Punkt ist die Personalisierung. Je kleiner die zu wählende Volksvertretung ist, desto mehr treten ideologische Faktoren und Parteipositionen in den Hintergrund. Erfahrungsgemäß sinkt der Parteieinfluss unterhalb von 50 000 Wahlberechtigten deutlich und kommt unterhalb von 10 000 Wahlberechtigten fasst zum erliegen. In kleinen Gemeinden wird somit mehr „Verwaltung" als „Politik" betrieben, was auch dazu führt, dass Kompetenz- und Sympathiewahrnehmung für einzelne Kandidaten Parteisympathien und -bindungen überlagern. Aus diesem Grund finden sich in Kleinstgemeinden meist überwiegend Wählergemeinschaften, die sich für ein begrenztes Themenspektrum organisieren und sich häufig nach Erreichung ihrer Ziele wieder auflösen.

---

37 Vgl. ebd.

3.1 Das kommunale Wahlsystem

Bei kommunalen Wahlen muss zunächst zwischen der Kommunalwahl (eingeführt 1994) und der kommunalen Direktwahl (eingeführt 1999) unterschieden werden. Bei der Kommunalwahl werden die Volksvertretungen in den Gemeinden und kreisfreien Städten sowie die Kreistage gewählt. Bei der kommunalen Direktwahl werden hingegen die Landräte und hauptamtlichen, in der Regel in Kommunen oberhalb 5 000 Einwohner[38], (Ober-)Bürgermeister (kreisfreier) Städte bestimmt. Der systemimmanent wichtigste Unterschied ist jedoch, dass die Kommunalwahl die Legislative legitimiert und bestimmt, wohingegen die Direktwahl die Verwaltungsspitze, sprich die Exekutive bestimmt. Dies spiegelt sich auch in der Ernennung der gewählten Amtsinhaber zu Wahlbeamten auf Zeit. Die ehrenamtlichen Bürgermeister werden analog zur Dauer der Legislaturperiode von den Volksvertretungen gewählt.[39] Durch die Direktwahl entsteht das Problem der sog. doppelten Legitimation. Wie auch die Legislative wird die Exekutive direkt gewählt und leitet daraus die Legitimation durch den Wähler ab. Dies führt wiederum in vielen Fällen zu einer politischen Interpretation der Position der Exekutive und zu Kompetenzstreitigkeiten zwischen Exekutive und Legislative.

Die Kommunalwahlen werden seit 1994 in Mecklenburg-Vorpommern alle fünf Jahre abgehalten, Ausnahme ist hier die Legislaturperiode zwischen 2009 und 2014, hier fanden mit Ausnahme von Rostock und Schwerin im Jahr 2011 Zwischenwahlen statt, die durch die Kreisgebietsreform notwendig wurden. Die 2011 beginnende Legislaturperiode wurde wiederum verkürzt, um 2014 eine Harmonisierung der Wahltermine zu erreichen. Wahlberechtigt sind alle Bürger des Bundeslandes ab 16 Jahre. Es stehen jeweils drei Stimmen zur Verfügung mit denen Einzelkandidaten, nicht Kandidatenlisten, gewählt werden. Dabei können die Stimmen kumuliert (alle Stimmen für einen Kandidaten) oder panaschiert (verteilt auf zwei bis drei Kandidaten) abgegeben werden. Seit dem Jahr 2000 besteht keine Sperrklausel mehr, so dass die Chancen für Wählergemeinschaften und Kleinstparteien nominell gestiegen sind. Ebenso können sich Einzelpersonen zur Wahl stellen, für den Fall, dass diese genügend Stimmen für mehr als ein Mandat erhalten sollten, bleiben diese Mandate unbesetzt.

Die Amtszeit der hauptamtlichen (Ober-)Bürgermeister und Landräte wird jeweils durch die Hauptsatzung geregelt, ist jedoch gesetzlich auf min. sieben und max. neun Jahre festgelegt.[40] Die Wahlberechtigten ab 16 Jahre besitzen jeweils eine Stimme, gewählt ist wer mindestens 50 Prozent der Stimmen bei mindestens 15 Prozent Wahlbeteiligung auf sich vereinigen kann.[41] Dieses Quorum lag ehemals bei 25 Prozent, wurde aber nach den Problemen mit der Erfüllbarkeit seitens der Wähler gesenkt. Sollte im

---

38 KV M-V, § 125 Abs. 4.
39 KV M-V, § 37 Abs. 3.
40 KV M-V, § 37 Abs. 2 S. 1.
41 LKWG M-V, § 67 Abs. 3 S. 2.

ersten Wahlgang kein Kandidat die absolute Mehrheit erreichen, treten die zwei stimmstärksten Kandidaten zwei Wochen später in einer Stichwahl gegeneinander an. Die hauptamtlichen Amtsinhaber sind gesetzlich dazu angehalten sich der einmaligen Wiederwahl zu stellen, wird dies verweigert, so erlöschen die erworbenen Rentenansprüche.

3.2 Wahlergebnisse auf Landesebene

Verglichen mit den Ergebnissen bei Land- und Bundestagswahlen fällt eine deutliche Verschiebung der Kräfteverhältnisse zugunsten der CDU auf. Die Christdemokraten waren kommunal im Land stets die stärkste Kraft. Insbesondere die Ergebnisse der Jahre 1999 und 2004 deuten auf die Stellung der CDU im Bund und im Land hin. Hier war die CDU jeweils in der Opposition und auf beiden Ebenen befand sich die SPD-geführte Regierung in der Phase des sogenannten Midterm blues.[42] Da in dieser Phase Urnengänge vom Wähler tendenziell häufiger für „Denkzettel"-Wahlen genutzt werden, konnte die CDU das Ergebnis der Jahre 1994, 2009 und 2011 übertreffen.

Die SPD konnte diesem Trend im Jahr 1999 noch trotzen, hier waren vor allem die Koalitionspartner im Bund (B90/Die Grünen) und im Land (PDS) vom Phänomen des Midterm blues betroffen. 2004 hatte sich die Stimmung dann jedoch deutlich gegen die SPD gewandt und die Sozialdemokraten verzeichneten das bis dato schlechteste Kommunalwahlergebnis im Land. Im Jahr 2009 wiederholte sich dieser Vorgang, da vor allem der Bundestrend das Ergebnis der SPD drückte und man als Regierungsmitglied in einer Großen Koalition auf beiden Ebenen die eigenen Anhänger nicht ausreichend mobilisieren konnte.

Die PDS/LINKE sah sich vor allem den Einflüssen der diversen innerparteilichen Streitigkeiten und der fortschreitenden Überalterung der Partei und ihrer Wählerschaft ausgesetzt. Nachdem die Wahl 1999 durch den „Sündenfall"[43] der Regierungsbeteiligung belastet wurde, war es fünf Jahre später die von ihr mitgetragene Kreisgebietsreform, die ein besseres Abschneiden verhinderte. Mit der anhaltenden demographisch bedingten Erosion der eigenen Stammwählerklientel und der nicht vollzogenen Öffnung für neue Wählergruppen, konnte Die LINKE die verlorenen zehn Jahre bis dato nicht aufholen.

Die FDP profitierte vor allem 2009 stark vom Bundestrend, blieb hier jedoch auch deutlich, mit regionalen Ausnahmen, hinter dem späteren Bundestagsergebnis zurück. Dies zeigt auch, dass die FPD im Land nicht als politischer Einflussfaktor wahrgenom-

---

42 Midterm blues beschreibt die Schwächephase einer Regierung in der Mitte einer Legislaturperiode. Die Wähler neigen tendenziell dazu, die Macht einer Regierung dadurch zu begrenzen, dass sie bei Wahlen zum Parlament oder einer zweiten Kammer wie dem Bundesrat die Opposition stärken; vgl. o. A., US elections: Midterm blues, in: The Guardian, 01. 11. 2010, abrufbar unter: http://www.guardian.co.uk/commentisfree/2010/nov/01/us-midterms-barack-obama (Stand: 12. 05. 2013).

43 Klaus Harpprecht, Der Sündenfall von Magdeburg, in: Die Zeit (28) 1998, abrufbar unter: http://www.zeit.de/1998/28/199828.suendenfall_.xml (Stand: 12. 05. 2013).

Tabelle 2   Kommunalwahlergebnis 1994–2011, Stimmergebnis Land in Prozent

Wahl	1994	1999	2004	2009	2011*
CDU	30,6	39,9	38,8	31,8	29,0
SPD	25,6	24,0	19,1	19,3	27,5
PDS/LINKE	24,3	21,9	20,2	21,6	19,2
FDP	5,4	4,1	6,1	8,7	4,3
Bündnis 90/Die Grünen	4,2	1,9	3,1	5,0	6,5
NPD	–	0,5	0,8	3,2	5,4
Wählergemeinschaften	9,4	5,9	9,0	8,8	8,5
Einzelbewerber	0,6	1,7	2,8	1,7	0,6

Quelle: Eigene Darstellung, Daten Statistisches Amt Mecklenburg-Vorpommern

* Ohne Rostock und Schwerin.

men wird. So konnte sie auch nicht vom schlechteren Ergebnis der Regierungen profitieren, wie es gerade die CDU tat.

Die Bündnisgrünen werden bis dato durch ihre schwache Verankerung im Land belastet, die sowohl finanzielle als auch personelle Nachteile mit sich bringt. Erst mit dem
ansteigenden Bundestrend konnte sich die Partei oberhalb von fünf Prozent positionieren, was im Vergleich zu den übrigen Ergebnissen bei Landtags- und Kommunalwahlen
aus diesem Zeitraum sehr niedrig ist.

Nach der Landtagswahl 2006 konnte die NPD drei Jahre später kommunal erstmals
auf sich aufmerksam machen. Dabei konnte die Partei jedoch nicht ihr volles Wählerpotential abrufen, da sie nicht flächendeckend Wahlbewerbungen einreichte. Dies erklärt wiederum das Ansteigen des Wahlergebnisses im Jahr 2011, wo die NPD nun in
allen Landkreisen zur Wahl antrat. Aufgrund der Tatsache, dass nur noch Kandidaten
für sechs Landkreise und zwei kreisfreie Städte benötigt wurden, anstatt vormals 18 Gebietskörperschaften, ist die NPD mit ihrer lückenhaften Verankerung eine der Gewin-
nerinnen der Kreisgebietsreform.[44]

---

44 Vgl. Steffen Schoon, Die Kommunalwahlen in Mecklenburg-Vorpommern, in: Schoon/u. a. (Hrsg.),
    Die Kommunalwahlen 2004 in Mecklenburg-Vorpommern, 2004, S. 6–20, hier: S. 6–8; Steffen Schoon,
    Die Kommunalwahlen 2009 in Mecklenburg-Vorpommern – Eine Bilanz, in: Lehmann/Schoon (Hrsg.),
    Die Kommunalwahlen 2009 in Mecklenburg-Vorpommern, 2009, S. 6–19, hier: S. 6–9; Christopher
    Scheele, Die Kommunal- und Direktwahlen 2011 in Mecklenburg-Vorpommern, in: Koschkar/Scheele
    (Hrsg.), Die Landtagswahl in Mecklenburg-Vorpommern 2011, 2011, S. 123–134, hier: S. 124–125.

3.3   Wahlbeteiligung

Die Entwicklung der Wahlbeteiligung verläuft nahezu analog zur Entwicklung der Arbeitslosigkeit in Mecklenburg-Vorpommern. Das Jahr 2011 muss in der Betrachtung ein Stück weit ausgeklammert werden, da die Kommunalwahl gleichzeitig mit der Landtagswahl abgehalten wurde und nicht wie üblich mit der Europawahl. Es zeigt sich jedoch deutlich, wie die Bereitschaft wählen zu gehen mit den wirtschaftlichen Problemen des Bundeslandes sank und in Zeiten des Aufschwungs nur mühsam zurückgewonnen werden konnte.

Weiterhin ist ein ausgeprägtes Stadt-Land-Gefälle sichtbar. In den Städten liegt die Wahlbeteiligung teilweise bis 12 Prozentpunkte unterhalb des Landesschnitts. Die Landkreise liegen hingegen überwiegend oberhalb des Landesergebnisses. Dies lässt sich durch mehrere Faktoren erklären. Zum einen findet in Gemeinden der Landkreise häufig gleichzeitig eine Wahl zu den Gemeinderäten statt, bei der die unmittelbare Nähe und die Bekanntheit der Kandidaten das Paradoxon der Nebenwahlen partiell auflösen.[45]

Ein weiterer Faktor ist die Sozialstruktur, die vor allem in den urbanen Zentren durch die Neubauviertel beeinflusst ist. Die zu DDR-Zeiten sehr begehrten Neubauviertel wurden binnen kürzester Zeit, spätestens mit den Ausschreitungen von Rostock-Lichtenhagen 1992, zu sozialen Brennpunkten stigmatisiert. Während sich viele finanziell besser gestellte Familien nach der Wende ihren Traum vom Haus im Grünen verwirklichten, war vielfach die Mittelschicht zunächst nicht Willens gewesen, unverzüglich ihre Wohnsituation zu ändern. Durch die Vorfälle in den Neubaugebieten und die öffentliche Rezeption änderte sich dies jedoch schnell. Mit dem Wegzug eines Teils der Mittelschicht und der öffentlichen Brandmarkung der Plattenbausiedlungen als Zentrum von Gewalt und Kriminalität begann auch ein Verfall der ohnehin schon niedrigen Mieten, was letztlich tatsächlich zu einer deutlichen Verschiebung des sozialen Milieus führte.[46]

Sozialschwache und bildungsferne Milieus weisen jedoch schwächere Wahlbeteiligungsquoten auf als Vergleichsgruppen mit einer anderen Sozialisation.[47]

Die Einführung der kommunalen Direktwahlen führte nicht zu dem erhofften Anstieg der Wahlbeteiligung. Vielmehr zeigte sich auch hier die Kluft zwischen Städten und Landkreisen. Besonders die Stichwahlen, die von der Ausgangslage deutlich mehr

---

45 Vgl. Schoon, Die Kommunalwahlen 2009 in Mecklenburg-Vorpommern – Eine Bilanz, in: Lehmann/ Schoon (Hrsg.), Die Kommunalwahlen 2009 in Mecklenburg-Vorpommern, 2009, S. 15.

46 Vgl. Stefan Wanninger, Wohnungsrückbau in den neuen Bundesländern. Die Rolle des Wohnungsrückbaus bei der Stadtentwicklung am Beispiel der Stadt Köthen, Hamburg 2012, S. 15–20.

47 Vgl. Armin Schäfer/Sigrid Roßteutscher, Wer sind die Nichtwähler? Ein Blick auf rivalisierende Thesen und langfristige Trends, DVPW-Kongress 2012, Tübingen, AK Wahlen und politische Einstellungen abrufbar unter: https://www.dvpw.de/fileadmin/docs/Kongress2012/Paperroom/2012Wahlen-Ro%DFteutscher-Sch%E4fer.pdf (Stand: 25.01.2013).

Tabelle 3   Wahlbeteiligung bei den Kommunalwahlen und Vergleich zur Landesebene

Jahr	1994	1999	2004	2009	2011
Arbeitslosigkeit Ø	16,2	18,2	20,4	13,5	12,5
Wahlbeteiligung					
Land	65,7	50,5	44,9	46,6	51,1
Wismar	−7,1	−8,1	−9,3	−4,0	+0,4
Nordwestmecklenburg	+0,2	+2,2	+3,1	+4,4	
Ludwigslust	+1,9	+4,5	+6,3	+4,8	+3,4
Parchim	+3,2	+3,8	+4,4	+3,0	
Bad Doberan	+2,6	+4,4	+4,5	+6,3	+1,6
Güstrow	+3,1	+3,1	−1,2	−3,1	
Nordvorpommern	+1,6	+3,9	+2,6	+1,2	−3,0
Stralsund	−0,7	−6,4	−4,3	−7,0	
Rügen	−2,4	−0,7	+3,1	−1,6	
Greifswald	−2,7	−6,1	−6,4	−6,8	−0,8
Ostvorpommern	+2,6	+4,1	+3,6	+3,1	
Uecker-Randow	+2,9	+3,5	+3,6	+2,7	
Demmin	+5,2	+7,1	+2,4	−2,5	−0,8
Neubrandenburg	+/−0	−6,5	−5,9	−7,5	
Mecklenburg-Strelitz	−3,7	+6,9	+1,3	+4,5	
Müritz	+5,3	+6,3	+4,3	+1,6	
Rostock	−9,0	−12,0	−9,2	−3,4	−
Schwerin	−1,1	−8,2	−6,3	−5,8	−

Quelle: Eigene Darstellung, Daten Statistisches Amt Mecklenburg-Vorpommern

* Ohne Rostock und Schwerin.

Tabelle 4 Wahlbeteiligung bei Direktwahlen in Prozent, Haupt- und Stichwahl

Wahl	2001	2002–2007	2008	2009	2011	2012
Wismar	33,1/23,8		31,1		51,5	
Nordwestmecklenburg	40,9		35,5			
Ludwigslust	42,5		34,6		53,9/29,1	
Parchim	36,4/25,8		31,3			
Bad Doberan	39,2/31,5		30,7/23,0		52,8/22,9	
Güstrow	38,8		34,4			
Nordvorpommern			44,0/36,9		48,1/32,7	
Stralsund						
Rügen	36,8/21,3 32,5/29,7		39,7			
Greifswald	42,3/33,9		34,5/27,5		50,3/27,7	
Ostvorpommern	36,9/30,4		34,5/27,5			
Uecker-Randow		48,5/26,7 (2004)				
Demmin	31,8/26,0		30,2/24,3		50,2/28,6	
Neubrandenburg	46,3/41,0		45,5/35,1			
Mecklenburg-Strelitz	37,4/27,9		51,1/31,7			
Müritz	42,0	26,6/21,5 (2007)		48,2		
Rostock		42,7 (2005)				36,6
Schwerin		43,9/43,3 (2002)	43,8/41,2			

Quelle: Eigene Darstellung, Daten Statistisches Amt Mecklenburg-Vorpommern.

Spannung in sich bergen, werden von der Bevölkerung kaum wahrgenommen.[48] Dies wird vor allem an dem Unterschied zwischen den Haupt- und Stichwahlen im Wahljahr 2011 deutlich, wo die Direktwahlen zusammen mit den Landtags- und Kommunalwahlen abgehalten wurden. Höhepunkt war in dieser Causa die Landratswahl 2001 auf Rügen, wo die Wahlbeteiligung in der ersten Stichwahl so gering war, dass es nicht gelang das geforderte Quorum zu erreichen. Aufgrund dessen waren letztlich mit zwei Hauptwahlen und zwei Stichwahlen insgesamt vier Wahlgänge nötig. Diese Situation hat bereits in Niedersachsen und Nordrhein-Westfalen dazu geführt, dass die Stichwahlen abgeschafft wurden. In Bayern wurde dies ebenfalls diskutiert. Dies wiederum ist äußerst kritisch zu sehen, da mit dieser Einschränkung der Wählerwillen stark verzerrt werden kann.[49]

3.4   Oberbürgermeister- und Landratswahlen

Deutlich ist, dass die Erfolge bei den Direktwahlen auf Kreisebene nahezu Deckungsgleich mit den Hochburgen auf Landesebene sind. Besonders in Mecklenburg gab es keine Verschiebungen durch die Kreisgebietsreform. Bemerkenswert ist, dass die Situation in Mecklenburg eindeutig zugunsten der SPD ausfällt, wohingegen in Vorpommern auf der Ebene der Direktwahlen ein Zweikampf zwischen der CDU und der Partei Die LINKE stattfindet. Vor allem im Landkreis Vorpommern-Rügen und Vorpommern-Greifswald war der Abstand zwischen den Kandidaten der CDU und der Partei Die LINKE relativ gering, was sich mit den Beobachtungen bei der Landtagswahl 2011 in den Wahlkreisen Uecker-Randow I und Uecker-Randow II deckt.[50]

Die Direktwahlergebnisse offenbaren weiterhin zwei Besonderheiten. Zunächst ist die Wahl eines parteilosen Bewerbers, Volker Böhning, zum Landrat in Uecker-Randow im Jahr 2004, unterstützt durch das Bürgerbündnis Uecker-Randow, ungewöhnlich.

---

48 Vgl. Hans Jörg Hennecke, Die Entwicklung der Rahmenbedingungen für die kommunale Demokratie in Mecklenburg-Vorpommern seit 1990, in: Schoon/u. a. (Hrsg.), Kommunale Direktwahlen in Mecklenburg-Vorpommern, 2001, S. 23–39, hier: S. 23.

49 Vgl. o. A., Niedersachsen schafft Stichwahl für Bürgermeister ab, in: Hamburger Abendblatt, 02.06.2010, abrufbar unter: http://www.abendblatt.de/region/norddeutschland/article1516870/Niedersachsen-schafft-Stichwahl-fuer-Buergermeister-ab.html. (Stand: 25.01.2013); VGH Nordrhein-Westfalen, Normenkontrollantrag gegen die Abschaffung der Stichwahl der Bürgermeister und Landräte in NRW und Organstreitverfahren gegen die Festlegung des Kommunalwahltermins auf den 30. August 2009 beim Verfassungsgerichtshof eingegangen, abrufbar unter: http://www.vgh.nrw.de/pressemitteilungen/2009/090323/index.php (Stand: 25.01.2013); Wahlrecht.de, NRW: Mögliche Auswirkungen einer Abschaffung der Stichwahl, abrufbar unter: http://www.wahlrecht.de/news/2007/09.htm (Stand: 25.01.2013); Stephan Penning, Stichwahl abschaffen? Nur der Landrat stimmt Beckstein zu, in: Münchner Merkur, 15. Mai 2005, abrufbar unter: http://www.merkur-online.de/lokales/regionen/stichwahl-abschaffen-landrat-stimmt-beckstein-242747.html (Stand: 25.01.2013).

50 Vgl. Steffen Schoon, Regionale und soziale Strukturmuster des Wählerverhaltens, in: Koschkar/Scheele (Hrsg.), Die Landtagswahl in Mecklenburg-Vorpommern 2011, 2011, S. 18–33, hier: S. 25.

Aufgrund der Stellung des Landrats im hierarchischen System der Bundesrepublik wäre ein Wahlsieger mit Parteienbindung zu erwarten gewesen. Die sog. süddeutsche Ratsverfassung als Grundlage der Direktwahl der Verwaltungsspitze impliziert zwar eine Entflechtung von Parteien und Ämtern, jedoch auf einer deutlich niedrigeren Ebene. So werden in Baden-Württemberg, dem Stammland der süddeutschen Ratsverfassung, häufig überparteiliche Kandidaten aus der Gruppe der lokalen Honoratioren gewählt, jedoch lässt dieser Effekt oberhalb von 10 000 Einwohner bereits merklich nach, bevor er ab ca. 50 000 Einwohner vollends verschwindet, da auf dieser Ebene die Profilierungsmöglichkeit für Parteien stark ansteigt. Uecker-Randow besaß als Landkreis im Jahr 2004 nur knapp über 78 000 Einwohner und Böhning gehörte schon länger zum Kreis der lokalen „Honoratioren". So konnte er bei seiner Wahl auf eine Karriere als Bürgermeister, Kreistagsabgeordneter und Beigeordneter des Landkreises zurückblicken, zudem war er amtierender Präsident des Landesjagdverbandes.[51]

Noch interessanter an dieser Stelle ist die Tatsache, dass auch die einzige Großstadt Mecklenburg-Vorpommerns, Rostock, von einem parteilosen Oberbürgermeister geführt wird. Ausgelöst wurde dies durch einen Vorfall im Jahr 2003. Durch Fehlplanungen war die Hansestadt in kurzer Zeit völlig überschuldet und nicht mehr handlungsfähig. Der damalige SPD-Oberbürgermeister Arno Pöker trat 2004[52] nach langem Ringen[53] zurück und es dauerte fast ein halbes Jahr, bevor ein neuer Oberbürgermeister gewählt werden konnte. Die Zwischenzeit wurde jedoch überwiegend von Machtkämpfen gezeichnet. So wurde beispielsweise die stellvertretende Bürgermeisterin Ida Schillen (PDS) auf Betreiben u. a. der SPD in der Vakanzzeit ihres Amtes enthoben.[54] Damit ging die Leitung der Verwaltung wieder an einen SPD-Politiker, Sebastian Schröder, als zweiten Stellvertreter des OB über. Besonders der Streit von SPD und PDS warf die Frage auf, ob es um Sachentscheidungen oder Machtoptionen ging.[55]

Dies erklärt u. a. auch die Tatsache, dass PDS/LINKE und SPD nicht von der Tatsache profitieren konnten, dass Rostock zu ihren Wahl- und Mitgliederhochburgen zählt. Die traditionelle Schwäche der CDU in Rostock und in Mecklenburg generell, konnten sich die beiden anderen großen Parteien im Land nicht zunutze machen. Nach dem

---

51 Vgl. Annemarie Kophal, Die Kommunalwahlen im Uecker-Randow-Kreis, in: Schoon/u. a. (Hrsg.), Die Kommunalwahlen 2004 in Mecklenburg-Vorpommern, Rostock 2004, S. 56–67, hier: S. 64–65.

52 Vgl. Hansestadt Rostock, Der Oberbürgermeister, Antrag: Antrag auf Entlassung aus dem Wahlbeamtenverhältnis zum 31. Oktober 2004, Nummer 0772/04-DV, Rostock 2004.

53 Vgl. Andreas Frost, Gerangel um Rostocks Stadtspitze, in: Lausitzer Rundschau, 17.12.2004, abrufbar unter: http://www.lr-online.de/meinungen/Gerangel-um-Rostocks-Stadtspitze;art1066,776464. (Stand: 25.01.2013).

54 Vgl. Hansestadt Rostock, Der Oberbürgermeister, Antrag: Abwahl der ersten Stellvertreterin des Oberbürgermeisters, Nummer 0954/04-A, Rostock 2004.

55 Vgl. Hansestadt Rostock, Große Anfrage: Fraktion Rostocker Bundes/AfR, Haltung der Stadtverwaltung zu unsachlichen Abberufungsgründen, Nummer 0216/04-GA, Rostock 2004; Andreas Frost, Berliner Ex-Grüne will in Rostock OB werden, Tagesspiegel 17. Dezember 2004, abrufbar unter: http://www.tagesspiegel.de/politik/berliner-ex-gruene-will-in-rostock-ob-werden/571262.html (Stand: 25.01.2013).

Christopher Scheele

Tabelle 5   Erfolge bei kommunalen Direktwahlen

Wahl	2001	2002–2007	2008	2009/10	2011	2012
Wismar		SPD (2002)		SPD (2010)	SPD	
Nordwestmecklenburg	SPD		SPD			
Ludwigslust	SPD		SPD		SPD	
Parchim	SPD		SPD			
Bad Doberan	SPD		SPD		SPD	
Güstrow	SPD		SPD			
Nordvorpommern	CDU		CDU		CDU	
Stralsund	CDU		CDU			
Rügen	PDS		LINKE			
Greifswald	CDU		CDU		LINKE	
Ostvorpommern	PDS		LINKE			
Uecker-Randow		WG (2004)	–			
Demmin	CDU		LINKE		CDU	
Neubrandenburg	CDU		CDU			
Mecklenburg-Strelitz	CDU		CDU			
Müritz	CDU	CDU (2007)		CDU (2009)		
Rostock		WG (2005)				WG
Schwerin		CDU (2002)	LINKE			

Quelle: Eigene Darstellung, Daten Statistisches Amt Mecklenburg-Vorpommern

Rücktritt Pökers konnte keine Partei einen aussichtsreichen Kandidaten aufbauen. Neben den Kandidaten von CDU, SPD/Grüne und PDS trat für die Wählergemeinschaft „Rostocker Bund" der parteilose Roland Methling an und gewann die Wahl bereits im ersten Wahlgang, mit großem Vorsprung.

Die herausfordernd engagierte und offensive Amtsführung Methlings mit regelmäßigen Widersprüchen gegen Bürgerschaftsbeschlüsse führte in den Folgejahren nicht nur zu Verwerfungen in der Bürgerschaft, sondern offenbarte auch das Problem der doppelten Legitimation. Das Image des Machers, welches Methling nachhaltig pflegte, schadete dem Ansehen der Parteien, die wiederum mit den Versuchen, die aus ihrer Sicht kontroverse Amtsführung des Oberbürgermeisters in andere Bahnen zu lenken, sich selbst schwächten. Die Tatsache, dass die Verschuldung zunächst gesenkt und danach ein Abbau begonnen werden konnte, zementierte die von Methling kolportierte Rollenverteilung zwischen „Schnackern" (Parteien/Bürgerschaft) und „Macher" (Methling).[56] Auch im Wahlkampf 2012 änderte sich an dieser Rollenverteilung nichts. Die Darstellung der Legislative als „Schnacker" zeigte dabei schon bedenkliche, antiparlamentarische Züge.

3.5 Hochburgen und Diaspora-Gebiete[57] der Parteien

Die Verortung der Christdemokraten im kommunalpolitischen Kontext weist zwei Bruchlinien auf. Zunächst liegen die Hochburgen der Partei im Vorpommerschen. Hier kann die CDU auf besonders hohe und stabile Wahlergebnisse blicken. Ihr Kernland liegt dabei im Bereich der alten Landkreise Nordvorpommern und Demmin. Gleichzeitig liegen die Hochburgen grundsätzlich im ländlichen Raum, wodurch sich eine Stadt-Land-Bruchlinie abzeichnet. Begünstigt wird dies durch den Trend, dass die CDU in Mecklenburg-Vorpommern je mehr Wählerstimmen erzielen kann desto kleiner die Gebietskörperschaften sind. Damit sind die kleinen Ortschaften des ländlichen Raumes für die CDU im Gegensatz zu den urbanen Zentren ein besseres Pflaster. Dies liegt auch in der lokalen Verankerung der Partei und der Öffnung der eigenen Wahllisten für Nicht-Parteimitglieder begründet. Dadurch gelang es der CDU zwischenzeitlich in rund 25 Prozent mehr Gemeinden mit Kandidaten anzutreten als es im Vergleich SPD und PDS/LINKE gelang. Im Gegensatz hierzu können Rostock und Schwerin trotz teils hoher Stimmanteile als CDU-Diasporagebiete betrachtet werden. Die Entwicklung

---

56 Vgl. Johannes Saalfeld, Die Wahl zur Rostocker Bürgerschaft 2009 – Experimentaldemokratie und ihre Ursachen, in: Lehmann/Schoon (Hrsg.), Die Kommunalwahlen 2009 in Mecklenburg-Vorpommern, S. 19–30, hier: S. 19–23; Roland Methling, Infoflyer Arbeit & Wirtschaft: Anpacken statt schnacken!, abrufbar unter: http://www.roland-methling.de/wp-content/flyer/Flyer-Wirtschaft-Arbeit-Roland-Methling.pdf (Stand. 25.01.2013).

57 Hochburgen bezeichnen die 25 Prozent stärksten Wahlkreise, Diaspora die 25 Prozent schwächsten Wahlkreise einer Partei.

Tabelle 6   Kommunalwahlergebnisse der CDU

Wahl	1994	1999	2004	2009	2011*
Land	30,6	39,9	38,8	31,8	29,0
Wismar	−11,4	−13,8	−16,2	−10,7	−4,2
Nordwestmecklenburg	−3,4	−1,8	+1,1	−0,1	
Ludwigslust	−0,9	−3,3	+0,3	+0,1	−1,3
Parchim	+0,5	+2,8	+4,6	+4,9	
Bad Doberan	+1,4	+1,6	+0,9	+1,0	−0,1
Güstrow	+1,3	−3,3	+1,2	+2,1	
Nordvorpommern	+10,5	+9,6	+12,5	+16,2	
Stralsund	+6,6	+2,8	−9,0	+0,2	+6,1
Rügen	−2,9	−2,7	+2,3	+1,9	
Greifswald	+9,4	+7,0	−1,9	−0,9	
Ostvorpommern	+5,9	+7,3	+7,6	+2,8	−0,7
Uecker-Randow	+7,2	+2,9	−0,8	+0,2	
Demmin	+14,5	+12,1	+10,5	+10,9	
Neubrandenburg	−2,3	−5,0	−7,2	−1,2	−0,3
Mecklenburg-Strelitz	+3,4	+3,2	+4,9	+4,7	
Müritz	+1,1	−0,8	−3,3	−5,1	
Rostock	−12,3	−11,9	−14,6	−14,4	−
Schwerin	−15,1	−9,2	−7,7	−9,8	−

Quelle: Eigene Darstellung, Daten Statistisches Amt Mecklenburg-Vorpommern

* Ohne Rostock und Schwerin.

Tabelle 7   Kommunalwahlergebnisse der SPD

Wahl	1994	1999	2004	2009	2011*
Land	25,6	24,0	19,1	19,3	27,5
Wismar	+23,2	+18,6	+18,4	+15,1	+8,8
Nordwestmecklenburg	+8,6	+2,9	+0,5	+4,2	
Ludwigslust	+3,7	+4,6	+2,1	+7,5	+4,8
Parchim	+2,1	+0,8	−3,6	+4,4	
Bad Doberan	+1,4	+1,9	+3,3	+1,0	+2,5
Güstrow	+0,8	+3,7	+2,1	+1,4	
Nordvorpommern	−3,9	−5,3	−5,4	−6,1	−8,1
Stralsund	−4,1	−4,0	−6,3	−7,7	
Rügen	−11,8	−8,1	−8,4	−9,3	
Greifswald	−10,2	−6,6	−0,3	−6,0	−7,8
Ostvorpommern	−6,9	−1,3	−4,7	−7,0	
Uecker-Randow	−7,5	−7,0	−4,3	−6,1	
Demmin	−4,6	−5,8	−5,9	−6,7	+2,2
Neubrandenburg	−2,4	−2,2	+1,0	+2,1	
Mecklenburg-Strelitz	+3,3	+1,5	+1,5	+2,8	
Müritz	+1,4	+3,2	+2,4	−6,7	
Rostock	+1,7	+3,6	+2,3	−0,9	−
Schwerin	+5,5	−1,8	−1,7	+2,7	−

* Ohne Rostock und Schwerin.

Tabelle 8   Kommunalwahlergebnisse der Partei Die LINKE

Wahl	1994	1999	2004	2009	2011*
Land	24,3	21,9	20,2	21,6	19,2
Wismar	−4,3	−2,4	−2,7	−1,3	−0,9
Nordwestmecklenburg	−4,9	−2,0	−1,5	−1,8	
Ludwigslust	−5,5	−3,6	−5,2	−4,8	−1,4
Parchim	−2,4	−3,4	−1,9	−1,6	
Bad Doberan	−3,7	−2,9	−3,0	−2,1	+0,4
Güstrow	−2,2	−3,1	−1,6	−3,1	
Nordvorpommern	−3,9	−3,1	−1,4	−3,2	
Stralsund	+0,9	+3,7	+2,1	−3,3	+0,3
Rügen	+4,2	+0,5	+2,1	+2,5	
Greifswald	+3,7	+1,6	+1,1	+0,7	
Ostvorpommern	−0,1	−3,4	−0,7	+1,1	−0,5
Uecker-Randow	−1,0	−1,0	+2,4	+2,3	
Demmin	−3,5	−1,7	+3,3	+6,0	
Neubrandenburg	+7,8	+12,2	+9,8	+7,6	+1,7
Mecklenburg-Strelitz	−3,9	−1,0	+2,0	+3,2	
Müritz	−7,6	−5,1	−4,5	−4,8	
Rostock	+8,9	+10,0	+3,8	+2,1	−
Schwerin	+9,7	+8,1	+3,5	+4,1	−

Quelle: Eigene Darstellung, Daten Statistisches Amt Mecklenburg-Vorpommern

* Ohne Rostock und Schwerin.

Tabelle 9 Kommunalwahlergebnisse von Bündnis 90/Die Grünen

Wahl	1994	1999	2004	2009	2011*
Land	4,2	1,9	3,1	5,0	6,5
Wismar	−0,7	+0,4	−0,6	−0,5	+0,7
Nordwestmecklenburg	−0,3	−0,3	−0,1	−1,2	
Ludwigslust	+2,8	+2,5	+0,7	−0,9	−0,9
Parchim	+0,6	+0,2	+2,8	−0,2	
Bad Doberan	+1,8	+0,8	+1,2	+0,9	+0,9
Güstrow	+3,7	–	−0,2	−1,3	
Nordvorpommern	+0,1	–	−1,0	−2,2	
Stralsund	+1,5	+2,2	–	–	−0,3
Rügen	–	–	−0,4	−1,6	
Greifswald	+2,9	+4,5	+3,3	+5,8	
Ostvorpommern	−1,2	–	−1,0	−0,8	+0,4
Uecker-Randow	−0,1	−0,3	−2,3	–	
Demmin	−1,4	−1,0	−1,2	−1,5	
Neubrandenburg	+1,2	−1,4	−0,2	−0,6	+0,3
Mecklenburg-Strelitz	+/−0	−0,1	+/−0	−0,7	
Müritz	+4,8	+5,5	+2,9	+0,4	
Rostock	+6,5	+4,0	+7,5	+5,0	–
Schwerin	+3,2	+4,2	+6,9	+4,3	–

* Ohne Rostock und Schwerin.

Tabelle 10   Kommunalwahlergebnisse der FDP

Wahl	1994	1999	2004	2009	2011*
Land	5,4	4,1	6,1	8,7	4,3
Wismar	−0,6	+4,0	+5,4	+3,1	−0,4
Nordwestmecklenburg	+0,9	+0,2	−1,0	−0,3	
Ludwigslust	+1,4	−1,2	−1,5	−0,2	+0,5
Parchim	+2,3	+0,4	−2,3	−0,4	
Bad Doberan	+0,2	+1,4	+5,4	+4,7	+0,4
Güstrow	−0,6	+0,9	−2,3	−1,8	
Nordvorpommern	+0,2	−0,3	−0,4	−1,5	
Stralsund	−2,5	−2,4	−2,6	−3,8	+0,5
Rügen	+3,2	+6,3	+5,6	+7,1	
Greifswald	−4,1	−1,8	−0,6	−0,1	
Ostvorpommern	+4,0	−1,0	−2,2	−1,6	−1,2
Uecker-Randow	+2,3	+1,8	−2,5	−2,1	
Demmin	+0,6	+/−0	−0,7	−1,6	
Neubrandenburg	−1,4	−1,9	−0,6	−1,7	+0,2
Mecklenburg-Strelitz	−0,5	+0,6	+1,4	+2,1	
Müritz	+0,3	−0,2	+0,6	+0,4	
Rostock	−3,1	−1,6	−1,2	−0,3	–
Schwerin	−1,7	−2,2	+0,7	−2,3	–

* Ohne Rostock und Schwerin.

Tabelle 11   Kommunalwahlergebnisse der NPD

Wahl	1994	1999	2004	2009	2011*
Land	–	0,5	0,8	3,2	5,4
Wismar	–	–	~	–	–1,1
Nordwestmecklenburg	–	–	~	+0,1	
Ludwigslust	–	+1,1	+2,6	+1,3	–0,6
Parchim	–	+0,5	~	+0,4	
Bad Doberan	–	–	~	+/–0	–1,4
Güstrow	–	–	~	+/–0	
Nordvorpommern	–	–	~	–0,1	
Stralsund	–	+1,0	+2,7	–0,1	–1,1
Rügen	–	–	~	–	
Greifswald	–	+1,4	~	–	
Ostvorpommern	–	–	+3,4	+4,4	+3,6
Uecker-Randow	–	–	~	+5,9	
Demmin	–	–	~	–	
Neubrandenburg	–	–	~	–0,5	–0,6
Mecklenburg-Strelitz	–	+1,3	~	–	
Müritz	–	–	+1,8	–0,5	
Rostock	–	+0,7	~	–0,2	–
Schwerin	+1,4	–	~	–0,4	–

Quelle: Eigene Darstellung, Daten Statistisches Amt Mecklenburg-Vorpommern

* Ohne Rostock und Schwerin.

in Uecker-Randow und Ostvorpommern weist hier auf das Erstarken der Partei Die LINKE hin, die die CDU in der Konkurrenzsituation in ihrem Ringen um Wählerstimmen zunehmend schwächt.[58]

Die SPD ist vor allem in Mecklenburg stark verankert und besitzt in Wismar und dem alten Landkreis Ludwigslust ihre Hochburgen. Bemerkenswert ist, dass Sozialdemokraten trotz einer starken Verankerung in Rostock keine hohen Ergebnisse erzielen konnten, hier spielt vor allem die Konkurrenz von PDS/Die LINKE und den Bündnisgrünen eine Rolle. Ebenso wenig konnte die SPD von der Stadt-Land-Bruchlinie der CDU profitieren. In Vorpommern hingegen haben sich flächendeckend Diasporagebiete gebildet, die im Wechselspiel mit denen der CDU und Die LINKE stehen. Die Ausprägung der Diaspora ist dabei in Abhängigkeit von CDU- und Die-LINKE-Hochburgen zu setzen. Sind beide Parteien im gleichen Wahlkreis stark, so ist die Lage für die SPD deutlich schwieriger im Vergleich zu nur einer starken Partei. Dies ist beispielsweise am Landkreis Vorpommern-Greifswald, dem Landkreis Mecklenburgische Seenplatte sowie dem alten Landkreis Rügen nachzuvollziehen. Den Sozialdemokraten gelang es zudem noch nicht, eine Hochburg hinzuzugewinnen oder ein Diaspora-Gebiet auszugleichen.[59]

Die Situation der Partei Die LINKE ist hingegen vielschichtiger. In erster Linie besitzt Die LINKE ihre Hochburgen in den ehemaligen DDR-Bezirksstädten Neubrandenburg, Rostock und Schwerin. Dabei sticht vor allem Neubrandenburg hervor. Im übrigen Land ist die Partei in Vorpommern stärker aufgestellt als in Mecklenburg. Hier zeichnet sich im zunehmenden Maße ein Wettstreit mit der CDU ab, deren Ergebnisse bereits partiell zugunsten der PDS-Nachfolger erodierten. Sollte dieser Trend anhalten, könnte Die LINKE in Vorpommern neue Hochburgen hinzugewinnen und der CDU den Rang als stärkste Partei streitig machen. Räumlich lässt sich eine klassische Verortung für die Partei nicht nachweisen, jedoch ist auffällig, dass Die LINKE in der Nähe ehemals wichtiger NVA-Standorte Hochburgen aufweist. Es ist daher naheliegend, dass

---

58 Vgl. Steffen Schoon, Die ersten Urwahlen der Bürgermeister und Landräte in Mecklenburg-Vorpommern, in: Schoon/u. a. (Hrsg.), Kommunale Direktwahlen in Mecklenburg-Vorpommern, Rostock 2001, S. 40–56, hier: S. 41–44; Schoon, Die Kommunalwahl in Mecklenburg-Vorpommern, in: Schoon/u. a. (Hrsg.), Die Kommunalwahlen 2004 in Mecklenburg-Vorpommern, 2004, S. 8–11; Schoon, Die Kommunalwahlen 2009 in Mecklenburg-Vorpommern – Eine Bilanz, in: Lehmann/Schoon (Hrsg.), Die Kommunalwahlen 2009 in Mecklenburg-Vorpommern, 2009, S. 9–13; Schoon, Die Landtagswahl 2011 in Mecklenburg-Vorpommern – regionale und soziale Strukturmuster des Wählerverhaltens, in: Koschkar/Scheele, Die Landtagswahl in Mecklenburg-Vorpommern 2011, 2011, S. 22–27.

59 Vgl. Schoon, Die ersten Urwahlen der Bürgermeister und Landräte in Mecklenburg-Vorpommern, in: Schoon/u. a. (Hrsg.), Kommunale Direktwahlen in Mecklenburg-Vorpommern, Rostock 2001, S. 41–44; Schoon, Die Kommunalwahl in Mecklenburg-Vorpommern, in: Schoon/u. a. (Hrsg.), Die Kommunalwahlen 2004 in Mecklenburg-Vorpommern, 2004, S. 8–11; Schoon, Die Kommunalwahlen 2009 in Mecklenburg-Vorpommern – Eine Bilanz, in: Lehmann/Schoon (Hrsg.), Die Kommunalwahlen 2009 in Mecklenburg-Vorpommern, 2009, S. 9–13; Schoon, Die Landtagswahl 2011 in Mecklenburg-Vorpommern, in: Koschkar/Scheele, Die Landtagswahl in Mecklenburg-Vorpommern 2011, 2011, S. 22–27.

die Hochburgen der SED-Nachfolger mit den Wohnorten der ehemaligen SED-Eliten korrelieren, was sich ebenfalls mit den Analysen zur Wählerstruktur deckt.[60]

Bei den Bündnisgrünen liegt keine Stadt-Land-Linie wie bei der CDU vor, sondern eine zusätzliche Bruchlinie zwischen der Landeshauptstadt, den Universitätsstädten und den übrigen Gebietskörperschaften. Die Grünen litten über Jahre hinweg, bedingt durch die schwache Mitgliederstruktur, unter infrastrukturellen Problemen, so dass es erst mit einer Stärkung der Kreisverbände in Rostock und Greifswald gelang, diesen Kreislauf zu durchbrechen. Vor allem Rostock stellt eine wichtige Basis für die Grünen sowohl auf kommunaler als auch auf Landesebene dar, so dass die Fraktion in der Rostocker Bürgerschaft über lange Zeit hinweg eine Führungsfunktion besaß. Zu diesen Umständen kam erschwerend hinzu, dass die Bündnisgrünen nicht einheitlich als Partei zu den Wahlen antraten und somit die Zergliederung noch weiter verstärkten, anstatt mit einem einheitlichen Aufbau eine arbeitsfähige Landesstruktur herzustellen. Als Beispiel ist hier Güstrow zu nennen, wo die Partei trotz guter Ergebnisse im Jahr 1994 bei den Wahlen 1999 überhaupt nicht mehr antrat. Noch stärker ist dieser Effekt in Vorpommern-Rügen zu beobachten gewesen.[61]

Die Liberalen stützen sich im Land auf eine sehr starke Hochburg (Rügen), sowie zwei schwächer ausgeprägte Hochburgen (Bad Doberan und Wismar). Die FDP profiliert sich dabei vor allem auf Rügen in ihrer klassischen Rolle als Wirtschaftspartei, was sich in der Verteilung der Wahlergebnisse zwischen dem agrarisch geprägten Westen der Insel sowie der östlichen Gold-Küste, also der Tourismus-Hochburg, deutlich abzeichnet. Der Wirtschaftsstandort Wismar ist für die Liberalen ein gutes Pflaster, ebenso der Landkreis Bad Doberan. Die Stärke in Bad Doberan erschließt sich jedoch erst mit Blick auf die Landkarte, da dieser ehemalige Landkreis vor allem als Speckgürtel um die Hansestadt Rostock fungierte. Die überwiegende Zahl der Wohn- und Gewerbegebiete am äußeren Rand der Stadt gehören zum angrenzenden Landkreis, so dass viele Unternehmer zwar in der Hansestadt tätig, jedoch im Landkreis wohnhaft sind. Dieser Um-

---

60 Vgl. Schoon, Die ersten Urwahlen der Bürgermeister und Landräte in Mecklenburg-Vorpommern, in: Schoon/u. a. (Hrsg.), Kommunale Direktwahlen in Mecklenburg-Vorpommern, 2001, S. 41–44; Schoon, Die Kommunalwahl in Mecklenburg-Vorpommern, in: Schoon/u. a. (Hrsg.), Die Kommunalwahlen 2004 in Mecklenburg-Vorpommern, 2004, S. 8–11; Schoon, Die Kommunalwahlen 2009 in Mecklenburg-Vorpommern – Eine Bilanz, in: Lehmann/Schoon (Hrsg.), Die Kommunalwahlen 2009 in Mecklenburg-Vorpommern, 2009, S. 9–13; Schoon, Die Landtagswahl 2011 in Mecklenburg-Vorpommern, in: Martin Koschkar/Christopher Scheele, Die Landtagswahl in Mecklenburg-Vorpommern 2011, 2011, S. 22–27.

61 Vgl. Schoon, Die ersten Urwahlen der Bürgermeister und Landräte in Mecklenburg-Vorpommern, in: Schoon/u. a. (Hrsg.), Kommunale Direktwahlen in Mecklenburg-Vorpommern, Rostock 2001, S. 41–44; Schoon, Die Kommunalwahl in Mecklenburg-Vorpommern, in: Schoon/u. a. (Hrsg.), Die Kommunalwahlen 2004 in Mecklenburg-Vorpommern, 2004, S. 8–11; Schoon, Die Kommunalwahlen 2009 in Mecklenburg-Vorpommern – Eine Bilanz, in: Lehmann/Schoon (Hrsg.), Die Kommunalwahlen 2009 in Mecklenburg-Vorpommern, 2009, S. 9–13; Schoon, Die Landtagswahl 2011 in Mecklenburg-Vorpommern, in: Martin Koschkar/Christopher Scheele, Die Landtagswahl in Mecklenburg-Vorpommern 2011, 2011, S. 22–27.

stand belastet im Übrigen die Hansestadt durch enorme Steuerausfälle besonders stark. Dies führt neben der finanziellen Verlagerung zu einer Verlagerung der Wählerstimmen für die FDP.[62]

Vom Gesetzgeber sicherlich nicht intendiert, zeigt sich die NPD als struktureller Gewinner der Kreisgebietsreform 2011. Während 2009 deutlich wurde, dass die NPD nicht über die personellen Kapazitäten verfügte, um landesweit kommunal aktiv zu werden, begünstigte die Reduzierung der Anzahl der Volksvertretungen die Rechtsextremisten merklich. Trotz allem ist nach wie vor ihre Hochburg in Ostvorpommern und Uecker-Randow zu erkennen. Die NPD hängt jedoch auf kommunaler Ebene noch mehr als auf Landesebene von der Kameradschaftsszene ab. Dies könnte dazu führen, dass sich die Kameradschaften auf unterster Ebene von der NPD lösen und mit scheinbar unverdächtigen Wählergemeinschaften zu den Kommunalwahlen 2014 antreten, um ihre Wahlchancen zu erhöhen. Gegen diese These spricht jedoch, dass die Kooperation untereinander und der landesweite Zugang zu Informationen über die einzelnen Fraktionen und den Landtag in der Form nur unter der Gemeinschaft einer Partei möglich sind.[63]

3.6   Wählergemeinschaften und Einzelbewerber

Der Blick auf die Anzahl der Wahlbewerbungen von Wählergemeinschaften und Einzelbewerber legt einen Einfluss der Kreisgebietsreform nahe, da beide Werte deutlich nach unten gegangen sind. Diese Zahlen dürfen jedoch nicht überbewertet werden, da in Schwerin und Rostock keine Wahlen stattfanden. Zudem kann über die Gründe für das Ausbleiben der Kandidaturen nur spekuliert werden. Beispielsweise ging in Bad Doberan die Anzahl der Einzelbewerber eklatant zurück, in vielen Fällen spielte hier eine Art vorauseilenden Gehorsams eine Rolle, da die Medien und Kritiker der Kreisgebietsreform[64] Einzelbewerbern und Wählergemeinschaften keinerlei Chance mehr zuschrieben. In Vorpommern-Greifswald wurde jedoch bewiesen, dass diese Befürchtungen, die

---

62 Vgl. Schoon, Die ersten Urwahlen der Bürgermeister und Landräte in Mecklenburg-Vorpommern, in: Schoon/u. a. (Hrsg.), Kommunale Direktwahlen in Mecklenburg-Vorpommern, 2001, S. 41–44; Schoon, Die Kommunalwahl in Mecklenburg-Vorpommern, in: Schoon/u. a. (Hrsg.), Die Kommunalwahlen 2004 in Mecklenburg-Vorpommern, 2004, S. 8–11; Schoon, Die Kommunalwahlen 2009 in Mecklenburg-Vorpommern – Eine Bilanz, in: Lehmann/Schoon (Hrsg.), Die Kommunalwahlen 2009 in Mecklenburg-Vorpommern, 2009, S. 9–13; Schoon, Die Landtagswahl 2011 in Mecklenburg-Vorpommern, in: Koschkar/Scheele, Die Landtagswahl in Mecklenburg-Vorpommern 2011, 2011, S. 22–27.

63 Vgl. Schoon, Die Kommunalwahlen 2009 in Mecklenburg-Vorpommern – Eine Bilanz, in: Lehmann/Schoon (Hrsg.), Die Kommunalwahlen 2009 in Mecklenburg-Vorpommern, 2009, S. 9–13; Schoon, Die Landtagswahl 2011 in Mecklenburg-Vorpommern, in: Martin Koschkar/Christopher Scheele, Die Landtagswahl in Mecklenburg-Vorpommern 2011, 2011, S. 22–27.

64 Vgl. o. A., Gericht: Kreisgebietsreform ist verfassungskonform, in: Hamburger Abendblatt, 18. 08. 2011, abrufbar unter: http://www.abendblatt.de/region/article1995808/Gericht-Kreisgebietsreform-ist-verfassungskonform.html (Stand: 12. 05. 2013).

Tabelle 12 Anzahl der Bewerbungen durch Wählergemeinschaften und Einzelbewerber

Wahl	1994	1999	2004	2009	2011*
Wählergemeinschaften	44	24	31	42	18
Einzelbewerber	n.n.	46	66	58	13

Quelle: Eigene Darstellung, Daten Statistisches Amt Mecklenburg-Vorpommern

* Ohne Rostock und Schwerin.

richtige Organisation vorausgesetzt, unbegründet sind. Aufgrund dessen ist die Kommunalwahl 2014 von besonderem Interesse, hier werden die ersten wirklich belastbaren Ergebnisse zu erwarten sein, inwieweit sich die Kreisgebietsreform letztlich auswirken wird.

Im Langzeitvergleich ist kein Zusammenhang zwischen den parteilosen Bewerbungen und der Einführung der kommunalen Direktwahlen nachweisbar. Ebenso wenig ist ein nachhaltiger Einfluss der Abschaffung der Sperrklausel auf die Wählergemeinschaften zu erkennen. Offensichtlich kam es jedoch zu einer Verschiebung Ende der 1990er Jahre zwischen Wählergemeinschaften und Einzelbewerbern, die jedoch stark mit regionalen Faktoren zu begründen ist, da hier kein landesweiter Trend abzulesen ist. Genauso wenig lässt sich auf dieser Ebene eine Stadt-Land-Bruchlinie ablesen, die Streuung der Kandidaturen von Wählergemeinschaften folgt hier keinem Muster. Begünstigende Merkmale scheinen u. a. eine besondere Strukturschwäche im ländlichen Raum (bspw. Nordvorpommern) oder eine stark ausgeprägte Zerrissenheit der Parteienlandschaft (bspw. in Rostock) zu sein, was abermals Singularitäten sind, die keine allgemeingültigen Ableitungen zulassen.[65]

Es muss jedoch festgehalten werden, dass die Ebene der Landkreise und kreisfreien Städte oberhalb der eingangs erwähnten Grenze von 50 000 Wahlberechtigten liegt und somit tendenziell zum klassischen Zielgebiet der Parteien gehört. Auf Ebene der kleinen Kommunen ist der Befund ein anderer, hier dominieren die Wählergemeinschaften. Dies ist der schwachen Verankerung der etablierten Parteien geschuldet und auch den damit einhergehenden Rekrutierungsproblemen für Kandidaturen.

---

65 Vgl. Schoon, Die ersten Urwahlen der Bürgermeister und Landräte in Mecklenburg-Vorpommern, in: Schoon/u. a. (Hrsg.), Kommunale Direktwahlen in Mecklenburg-Vorpommern, Rostock 2001, S. 41–44; Schoon, Die Kommunalwahl in Mecklenburg-Vorpommern, in: Schoon/u. a. (Hrsg.), Die Kommunalwahlen 2004 in Mecklenburg-Vorpommern, 2004, S. 8–11; Schoon, Die Kommunalwahlen 2009 in Mecklenburg-Vorpommern – Eine Bilanz, in: Lehmann/Schoon (Hrsg.), Die Kommunalwahlen 2009 in Mecklenburg-Vorpommern, 2009, S. 9–13; Schoon, Die Landtagswahl 2011 in Mecklenburg-Vorpommern, in: Koschkar/Scheele, Die Landtagswahl in Mecklenburg-Vorpommern 2011, 2011, S. 22–27.

4   Fazit und Ausblick

Spätestens ab 1999 war klar, dass auch Mecklenburg-Vorpommern keine Ausnahme in Bezug auf die Wahlbeteiligung bei Kommunalwahlen sein würde. Die Tatsache, dass Arbeitslosenquote und Wahlbeteiligung korrelieren, unterstreicht, was bereits Umfragen zur Demokratiezufriedenheit ergeben haben. Im Vergleich zur alten Bundesrepublik fiel das Ergebnis im Osten und Nordosten rund 30 Prozentpunkte niedriger aus; ein besorgniserregender Wert. Dass die direkte Betroffenheit bei kommunalen Entscheidungen keine größere Wahlbeteiligung gerade auch bei Direktwahlen befördert, ist nach wie vor ein Paradoxon, welches jedoch in der Politikvermittlung begründet sein dürfte. Diese Tendenz kam auch bei der Diskussion um die Kreisgebietsreform 2011 zum Tragen. Eines der wichtigsten Themen war der Erhalt der alten Autokennzeichen sowie die Namen der Kreise, jedoch nicht die Frage, welches Einsparpotential im Millionenbereich tatsächlich vorhanden oder wie der Wegfall von Zweidrittel der Kommunalmandate zu bewerten ist.[66] Zudem ist weder ein Effekt durch die Absenkung des Wahlalters auf 16 Jahre noch durch die Einführung der Direktwahlen auf Kreisebene erkennbar.

Die Kreisgebietsreform hat zu Verschiebungen geführt: Die neuen Landkreise sind nach der Reform noch immer in einer Art Findungsphase, die vermutlich noch bis zu den Kommunalwahlen 2014 anhalten wird. Dann werden erstmals die Auswirkungen auf das Wahlverhalten spürbar werden, da sich bei den Wahlen 2011 die Befürchtungen bzgl. der Wählergemeinschaften und der mangelnden Anzahl von Kandidaten nicht bewahrheitet haben. Die Wahlen 2014 werden erste Anzeichen bieten, in welche Richtung sich die neuen Landkreise politisch langfristig entwickeln.

Die Parteien konnten im Lauf der Jahre ihre Verankerung mit Ausnahme der Bündnisgrünen nicht stärken, diese ist jedoch regional stark begrenzt. Die Einführung der Direktwahlen erzeugte keine Effekte auf Landkreisebene, die auf Zurückweichen der Parteien aus diesem politischen Raum hinweisen. Vielmehr ist zu erkennen, dass die in Baden-Württemberg üblichen, parteiübergreifenden Rekrutierungsmuster in Mecklenburg-Vorpommern auf dieser Ebene keinen Einzug gefunden haben; auf der Ebene der kleinen Gemeinden ist die Lage indes anders. Nur in Uecker-Randow und Rostock gelang es Parteilosen, ein Amt zu erobern, in den übrigen Gebietskörperschaften ist eine direkte Verbindung zwischen Amt und Parteibuch vorhanden. In Rostock zeigt sich zudem die Problematik der doppelten Legitimation. Die Gefahr einer Vermischung von Legislative und Exekutive ist durch die Wahrnehmung als gewählter Verwaltungschef stärker ausgeprägt als im Falle einer Abhängigkeit von der Volksvertretung. Die reine Verwaltungsarbeit wird durch die Notwendigkeit des Wahlkampfes politisiert und gleichzeitig zum Machtmittel des Amtsinhabers. Das Ziel der süddeutschen Ratsverfas-

---

66 O.A., Kreisreform: Stralsund wird als Zentrum der Region aufgewertet, in: Ostseezeitung, 04.01.2011, abrufbar unter http://www.ostsee-zeitung.de/leserbriefe/index_artikel_komplett. phtml?param=news&id=3002726. (Stand: 25.01.2013).

sung, gerade die Abhängigkeit des Verwaltungschefs von der Politik aufzulösen, wurde zumindest in Rostock einstweilen in das Gegenteil verkehrt. Das gleichzeitige Desinteresse an den Direktwahlen wird vielfach zum Anlass genommen, eine Abschaffung zu diskutieren. Da eine Übertragbarkeit der Ergebnisse anderer Bundesländer nicht möglich erscheint, bedarf es daher noch weiterer Forschungen, um die Thematik weiterführend einzuordnen.

Mecklenburg-Vorpommern im Ostseeraum

Martin Koschkar

1 Einleitung – „Ostseepolitik" auf Landesebene

Im Zuge der deutschen Ostseeratspräsidentschaft 2011/12 wurde trotz gelungener Ansätze erneut über das geringe Engagement der Bundesregierung im Ostseeraum diskutiert. Im gleichen Atemzug wurde die Rolle der norddeutschen Bundesländer als positiv
für die Entwicklung der Kooperation beschrieben. Ohne den Bund aus der Verantwortung zu nehmen, sollten diese im Rahmen ihrer „Ostseepolitik" mit mehr Kompetenzen
ausgestattet werden.[1] In diesem Sinne betreibt Mecklenburg-Vorpommern seit 1990 im
Rahmen seiner auswärtigen Tätigkeiten eine auf die Region bezogene Politik. Der Ostseeraum ist dabei jedoch ein variables Konstrukt. Je nach Perspektive umfasst er zwischen neun und 15 Staaten im Nordosten Europas. Bezugspunkt der Region bleibt stets
die Ostsee als „das Meer in unserer Mitte".[2] Als Handels- und Transportweg, als Erholungsraum aber auch als Fläche der Machtprojektion einzelner Staaten oder Militär-
blöcke hat die Ostsee stets die Entwicklung der Anrainer beeinflusst. Die wechselhafte
Geschichte der Region ist gut aufgearbeitet und in verschiedenen Standardwerken von
der Entstehung des Brackwassermeeres über Wikinger-, Hanse- und Schwedenzeit, die
Phase der Kriege und des Kalten Krieges bis hin zur Transformation und der Europäischen Integration im 20. und 21. Jahrhundert dargestellt.[3] Die geschichtliche Entwicklung bietet eine Hintergrundfolie für die „Ostseepolitik", die von Bund und Bundesländern betrieben wird. Im Folgenden soll das Politikfeld in Mecklenburg-Vorpommern

---

1   Vgl. Tobias Etzold, Deutsche Ostseepolitik im Zeichen der europäischen Schuldenkrise, in: SWP-Aktu-
    ell, Nr. 47 (2012), S. 3–4.
2   Christoph Neidhart, Ostsee – Das Meer in unserer Mitte, Hamburg 2007.
3   Zum Beispiel bei Wolfgang Froese, Geschichte der Ostsee: Völker und Staaten am Baltischen Meer,
    Gernsbach 2008; Michael North, Geschichte der Ostsee: Handel und Kulturen, München 2011.

analysiert werden: Wie ist die „Ostseepolitik" des Landes organisiert? Welche Grundlagen hat sie und wie wird sie inhaltlich ausgestaltet?

Um diese Fragen beantworten zu können, soll zunächst die historische Bedeutung der Ostseeregion für das Bundesland skizziert werden (2.). Der Raum ist der Rahmen für landespolitische Initiativen. Die Handlungsmöglichkeiten von Landesregierungen und Landtagen werden anschließend als Beispiel der Mehrebenenpolitik diskutiert (3.), um letztlich die „Ostseepolitik" Mecklenburg-Vorpommerns analysieren zu können (4.). Hierbei sollen die landesspezifischen rechtlichen und politischen Grundlagen, die interne Organisation des Politikfeldes sowie die thematischen und regionalen Schwerpunkte im Mittelpunkt stehen.

Die Jahresberichte der Landesregierung zur grenzübergreifenden Zusammenarbeit im Ostseeraum wurden für die Analyse als Quellen herangezogen. Seit 1998 wurde auf über 1 000 Seiten ein umfassendes Bild der Ostseekooperation gezeichnet.[4] Weitere Quellen waren die Koalitionsverträge und die Konzepte der Landesregierung für die auswärtigen Tätigkeiten (1998 und 2012). Die Quellenlage für den Zeitraum vor 1998 ist überschaubar. Ein Einblick in die wichtigsten Aktivitäten wird im ersten Jahresbericht der Landesregierung (Juni 1998) gegeben. In der Sekundärliteratur bieten die Aufsätze von Jürgen Rüland, Christian Wagner und Rainer Kosmider sowie die Studie von Werz u. a. einen einführenden Überblick für die Thematik.[5] Der vorliegende Artikel versteht sich als Fortführung und Aktualisierung der Ergebnisse dieser Schriften.

---

4   Bericht zur grenzüberschreitenden Zusammenarbeit im Ostseeraum für den Zeitraum bis zum 30.06.1998 (DS 2/4025); Jahresbericht der Landesregierung zur Zusammenarbeit im Ostseeraum für den Zeitraum 1998/1999 (DS 3/442); Jahresbericht der Landesregierung zur Zusammenarbeit im Ostseeraum für den Zeitraum 1999/2000 (DS 3/1339); Jahresbericht zur Zusammenarbeit im Ostseeraum für den Zeitraum 2000/2001 (DS 3/2097); Jahresbericht der Landesregierung zur Zusammenarbeit im Ostseeraum für den Zeitraum 2001/2002 (DS 3/2950); Jahresbericht zur Zusammenarbeit im Ostseeraum für den Zeitraum 2002/2003 (DS 4/501); Jahresbericht zur Zusammenarbeit im Ostseeraum und zur maritimen Sicherheit für den Zeitraum 2003/2004 (DS 4/1225); Jahresbericht zur Zusammenarbeit im Ostseeraum und zur maritimen Sicherheit für den Zeitraum 2004/2005 (DS 4/1746); Jahresbericht der Landesregierung zur Zusammenarbeit im Ostseeraum und zur maritimen Sicherheit für den Zeitraum 2005/2006 (DS 4/2278); Jahresbericht der Landesregierung zur Zusammenarbeit im Ostseeraum und zur maritimen Sicherheit für den Zeitraum 2006/2007 (DS 5/572); Jahresbericht der Landesregierung zur Zusammenarbeit im Ostseeraum und zur maritimen Sicherheit für den Zeitraum 2007/2008 (DS 5/1464); Jahresbericht der Landesregierung zur Zusammenarbeit im Ostseeraum und zur maritimen Sicherheit für den Zeitraum 2008/2009 (DS 5/2591); Europa- und Ostseebericht der Landesregierung Mecklenburg-Vorpommern 2009/2010 (DS 5/3472); Jahresbericht der Landesregierung zur Zusammenarbeit im Ostseeraum und zur maritimen Sicherheit für den Zeitraum 2010/2011 (DS 5/4364); Europa- und Ostseebericht der Landesregierung Mecklenburg-Vorpommern 2011/2012 (DS 6/755).

5   Vgl. Jürgen Rüland/Christian Wagner, Tor zur Welt? Auswärtige Angelegenheiten und Außenwirtschaftsbeziehungen, in: Jochen Schmidt/Nikolaus Werz (Hrsg.), Mecklenburg-Vorpommern im Wandel: Bilanz und Ausblick, München 1998, S. 197–212; Rainer Kosmider, Mecklenburg-Vorpommern und der Ostseeraum, in: Detlef Jahn/Nikolaus Werz (Hrsg.), Politische Systeme und Beziehungen im Ostseeraum, München 2002, S. 259–281; Nikolaus Werz/u. a., Kooperation im Ostseeraum: Eine Bestands-

2   „Vom Meer des Friedens" zum „Binnenmeer der EU"

Das Bundesland Mecklenburg-Vorpommern hat in der Ostsee seine natürliche Nord-grenze. Mit rund 350 Kilometer Küstenlänge und über 60 Ostseeinseln, einschließlich Rügen als größte deutsche Insel, prägt das Meer das Bild des Landes.[6] Ein Drittel der Landesbevölkerung assoziiert mit Mecklenburg-Vorpommern spontan die Ostsee.[7] Die Spuren des sie umschließenden Raums finden sich im ganzen Land. Die Hansestädte wie Rostock, Wismar oder Greifswald mit Kirchen und Gebäuden im Stil der Back-steingotik verweisen auf die Hansezeit, in der das Bündnis deutscher Handelsleute im 13. und 14. Jahrhundert die Region mit Ideen von Urbanität und Baukunst prägte. Die im Bund integrierten Städte verfügten über eine „intakte Kommunikation nach innen und außen"[8], weshalb die Hanse auch als Vorläufer der modernen europäischen Idee ge-sehen wird.[9]

„Hansegeist und Bildungsbedürfnis"[10] führten 1419 zur Gründung der Universität Rostock. Von der ältesten Universität Nordeuropas wurde Wissen auch in den Ostsee-raum transportiert. Die Gründung der Universität Greifswald folgte 1456. Sie gilt als älteste schwedische Universität und verweist damit auf die einstmalige Vorherrschaft Schwedens in Vorpommern, das erst 1815 an Preußen fiel.[11] Die über 200-jährige Schwe-denzeit ist in der Landesgeschichte verankert und ein Beleg für den Machtprojektions-raum Ostsee. Im 21. Jahrhundert wird diese Zeit mit weniger Schrecken gesehen. In der Hansestadt Wismar wird jährlich das „Schwedenfest" gefeiert, was für Einheimische und Besucher attraktiv an die schwedische Tradition der mecklenburgischen Hansestadt erinnert.[12] Das touristische Potenzial des Bundeslandes Mecklenburg-Vorpommern ist allgemein untrennbar mit dem Erholungsraum Ostsee verbunden. Die Geschichte der Ostseebäder reicht bis in das 18. Jahrhundert zurück. 1793 wurde im Herzogtum Meck-lenburg-Schwerin mit Heiligendamm das erste deutsche Seebad gegründet.[13]

Das 20. Jahrhundert wurde durch die Machtprojektion der Anrainer geprägt. Zwei Weltkriege und die anschließende Blockkonfrontation spalteten den Ostseeraum so-

---

aufnahem der wissenschaftlichen und politischen Kooperation unter besonderer Berücksichtigung der neuen Bundesländer, Rostock 2005.

6   Länge der Außenküste, vgl. Heinrich-Christian Kuhn, Mecklenburg-Vorpommern, in: Hans-Georg Wehling (Hrsg.), Die deutschen Länder: Geschichte, Politik, Wirtschaft, Wiesbaden 2004, S. 165–182, hier: S. 165.

7   TNS emnid (Hrsg.), Mecklenburg-Vorpommern Monitor 2010, Schwerin 2010, S. 22.

8   Kuhn, Mecklenburg-Vorpommern, in: Wehling (Hrsg.), Die deutschen Länder, 2004, S. 168.

9   O. A., Pieper: Die Ostsee wird zum Meer der Begegnung, abrufbar unter: www.aktuell.re/russ-land/kommentar/pieper_die_ostsee (Stand: 11. 09. 2012).

10   Kuhn, Mecklenburg-Vorpommern, in: Wehling (Hrsg.), Die deutschen Länder, 2004, S. 168.

11   Vgl. ebd., S. 171–172.

12   Vgl. Hansestadt Wismar, Schwedenfest 2012, abrufbar unter: www.schwedenfest-wismar.de (Stand: 12. 10. 2012).

13   Kuhn, Mecklenburg-Vorpommern, in: Wehling (Hrsg.), Die deutschen Länder, 2004, S. 181.

wohl see- als auch landseitig. Mecklenburg und Vorpommern wurden Teil der DDR
und zunächst auch ein gemeinsames Land bis zur Etablierung der Nordbezirke Rostock,
Schwerin und Neubrandenburg im Jahr 1952. Der Bezirk Rostock umfasste dabei die gesamte Ostseeküste der DDR, welche als „Grenzgebiet See"[14] gleichwohl entlang der Küste
stark bewacht wurde. Die Hansestadt wurde mit dem Überseehafen ein „Tor zur Welt"
für die an ökonomischer Eigenständigkeit interessierte SED-Führung. Mit Arbeitskräf-
ten aus der gesamten Republik wurde der Bezirk zu einer maritimen Wirtschaftsregion
umgebaut,[15] die sich gleichzeitig als „attraktives Tourismus- und Erholungsgebiet"[16]
zum beliebten Reiseziel der DDR-Bürger entwickelte. Formen der Ostseekooperation
blieben in dieser Zeit vermehrt auf die Anrainerstaaten des Ostblocks beschränkt.[17]
40 Prozent des Seehandels erfolgten mit der Sowjetunion. Es gab nur wenige Fährverbindungen nach Skandinavien[18] und auch im Zuge der so genannten Ostseewoche wurden nur bedingt Kontakte in die nordischen Staaten geknüpft. „Die Ostsee muss ein
Meer des Friedens bleiben",[19] war das Motto der Veranstaltungswoche mit Messen und
Ausstellungen, die erstmals 1958 im Bezirk Rostock stattfand. Nach der internationalen
Anerkennung der DDR wurde sie 1975 eingestellt.[20] Mit dem Ende des Blockgegensatzes und der beginnenden Transformation 1989/90 wurde der Ostseeraum mit nunmehr
neun Anrainern zu einer Region mit enormem „Zukunftspotenzial".[21] Dies galt zwar
auch für das neu entstandene Bundesland Mecklenburg-Vorpommern, aber der Transformationsprozess im Land verlangte von Politik und Bevölkerung viel Anstrengung,
Geduld und Mittel.[22] Insbesondere die notwendige Modernisierung und Umstrukturie-

---

14 Kosmider, Mecklenburg-Vorpommern und der Ostseeraum, in: Jahn/Werz (Hrsg.), Politische Systeme
    und Beziehungen im Ostseeraum, 2002, S. 260.
15 Bis 1918 agrarisch geprägt, begann in den 1920er Jahren und unter der Ägide der Nationalsozialisten
    eine starke Industrialisierung, die das Land in einen „Rüstungsleuchtturm" verwandelte. Der Schwer-
    punkt in Rostock lag beispielsweise auf der Luftfahrt. Die Zerstörungen des Zweiten Weltkrieges und
    die Demontagen der Besatzungsmacht brachten die Möglichkeit einer Neu- bzw. Wiederausrichtung
    zur traditionellen maritimen Wirtschaft mit sich. Vgl. Volker Koos, Luftfahrt zwischen Ostsee und
    Breitling – Der See- und Landflugplatz Warnemünde 1914–1945, Berlin 1990; Kathrin Möller (Hrsg.),
    Beiträge zur Geschichte der Industrialisierung in Mecklenburg und Vorpomern, Schwerin 2000.
16 Kuhn, Mecklenburg-Vorpommern, in: Wehling (Hrsg.), Die deutschen Länder, 2004. S. 174.
17 Vgl. Rainer Kosmider, Die Kooperation der Ostseeanrainer aus Sicht des Landes Mecklenburg-Vor-
    pommern, in: NordÖR, Nr. 4 (1999), S. 488–491, hier: S. 488.
18 Vgl. Aussagen zu Seehandel und Fährverbindungen bei Kosmider, Mecklenburg-Vorpommern und der
    Ostseeraum, in: Jahn/Werz (Hrsg.), Politische Systeme und Beziehungen im Ostseeraum, 2002, S. 260.
19 Zum Motto und zur Propagierung der DDR als „Friedenstaat": Vgl. Landesamt für Kultur- und Denk-
    malpflege, http://www.kulturwerte-mv.de/cms2/LAKD_prod/LAKD/content/de/_Ar-chiv_Pressespie-
    gel/Landesarchiv/Jahr_2009/Archivalie_des_Monats/Archivalie_des_Monats_Juli/index.jsp (Stand:
    12.10.2012).
20 Ebd.
21 Jenny Bonin/Christoph Eisfeld, Mecklenburg-Vorpommern als Region in Europa, in: Landeszentrale
    für politische Bildung Mecklenburg-Vorpommern (Hrsg.), Politische Landeskunde Mecklenburg-Vor-
    pommern, Schwerin 2004, S. 227–237, hier: S. 233.
22 Vgl. Werz/u. a., Kooperation im Ostseeraum, 2005, S. 163–164.

rung im Schiffbau führte ab 1990 zum Verlust zahlreicher Arbeitsplätze.[23] Ein erhoffter Vorteil durch Kontakte in den post-sowjetischen Raum schlug sich bis in die späten 1990er Jahre nicht in einer umfassenden Exportsteigerung des Landes nieder.[24] Trotz der vorhandenen wirtschaftlichen Gegensätze wurde durch die Überwindung des Blockgegensatzes eine neue Phase der Ostseekooperation eingeleitet. Schleswig-Holsteins Ministerpräsident Björn Engholm (SPD) trat hier schon in den späten 1980er Jahren mit der Idee der „Neuen Hanse"[25] hervor. Sie wurde von der Bundesebene aufgegriffen und mündete nach einer Rostocker Konferenz im Herbst 1991 in einer deutsch-dänischen Initiative zur Gründung eines Ostseerates. Dieser nahm 1992 als formelles Gesprächsforum aller Anrainerstaaten seine Arbeit auf.[26]

Die Ostseekooperation blieb dabei nicht auf die nationale Ebene beschränkt: Es entstanden zahlreiche Netzwerke, Foren und Institutionen. 1993 wurde auf Betreiben Schleswig-Holsteins mit der BSSSC (Baltic Sea States Subregional Co-operation) ein Kooperationsforum der Subregionen des Ostseeraums gegründet, an dem auch Hamburg und Mecklenburg-Vorpommern teilnahmen. Insgesamt entstand in dieser Phase ein umfassendes „Beziehungsgeflecht"[27] der Anrainerstaaten auf unterschiedlichsten politischen, wirtschaftlichen und gesellschaftlichen Ebenen. Die Kooperation im Ostseeraum wurde gleichzeitig zu einem „Motor der europäischen Integration".[28] Mecklenburg-Vorpommern rückte durch Nord- und Osterweiterung aus einer Randlage in der Bundesrepublik in die Mitte der Europäischen Union.[29] Seit 2004 sind acht der neun direkten Anrainer der Ostsee Mitglieder der EU. Russland ist Mitglied im Ostseerat. Die EU verfügt mit der Nördlichen Dimension (seit 1997), der Strategie für den Ostseeraum (seit 2009) und der umfassenden Strukturpolitik über eigene Politikansätze in der Region.[30] Mecklenburg-Vorpommern liegt nun an einem „Binnenmeer der EU", das für die norddeutschen Bundesländer von großer Bedeutung ist. Da diese jedoch nur rund zehn Prozent der Fläche und Bevölkerung Deutschlands ausmachen, wird die hohe Bedeutung bisweilen im Engagement der Bundesebene nicht sichtbar. Die deutschen Länder werden so im Rahmen ihrer rechtlichen und wirtschaftlichen Möglichkeiten bis-

---

23 Vgl. Kuhn, Mecklenburg-Vorpommern, in: Wehling (Hrsg.), Die deutschen Länder, 2004, S. 179.

24 Vgl. Werz/u. a., Kooperation im Ostseeraum, 2005. S. IV–V.

25 Begriff wurde im Landtagswahlkampf 1987 von der „Denkfabrik Schleswig-Holstein" geprägt. Vgl. ebd., S. 19–20.

26 Tobias Etzold, In der Peripherie? Deutschlands Politik in der Ostseeregion, in: KAS Auslandsinformation, Nr. 5 (2012), S. 6–20, hier S. 8.

27 Rainer Kosmider, Die Kooperation der Ostseeanrainer aus Sicht des Landes Mecklenburg-Vorpommern, in: NordÖR, Nr. 4 (1999), S. 488–491, hier: S. 488.

28 O. A., Pieper: Die Ostsee wird zum Meer der Begegnung, abrufbar unter: www.aktuell.re/russland/kommentar/pieper_die_ostsee (Stand: 11. 09. 2012).

29 Als Vorteil für Verkehr und Handel vgl. Rüland/Wagner, Tor zur Welt?, in: Schmidt/Werz (Hrsg.), Mecklenburg-Vorpommern im Wandel, 1998, S. 197.

30 Einführend für die beiden Politikansätze aus Anlass der EU-Ostseestrategie vgl. Carsten Schymik/Peer Krumrey, EU-Strategie für den Ostseeraum – Kerneuropa in der nördlichen Peripherie?, Berlin 2009.

weilen als eigenständige Akteure zu „treibenden Kräften"[31] im Beziehungsgeflecht der Ostseekooperation. Mecklenburg-Vorpommern verfügte im Vergleich zu Hamburg und Schleswig-Holstein lange Zeit über ein Alleinstellungsmerkmal: Es ist bis 2013 das einzige deutsche Küstenbundesland, das im Rahmen der EU-Strukturpolitik als prioritäres Fördergebiet betrachtet wird.[32] Trotz zukünftig rückläufiger Fördermittel von Bund und EU bot dieses Merkmal Potenziale für die Entwicklung des Landes im Ostseeraum.

3   Ein Bundesland als Akteur im europäischen Mehrebenensystem

3.1   „Ostseepolitik" als Mehrebenenpolitik

Ein Bundesland umfasst zahlreiche Akteure und somit auch vielfältige Wege außerhalb der eigenen Landesgrenzen aktiv zu werden. An dieser Stelle kann daher kein Überblick über alle Formen und Kooperationsmöglichkeiten erfolgen, sondern nur auf die institutionalisierten politischen Akteure in Form von Landesregierung und Landtag fokussiert werden. Für Mecklenburg-Vorpommern gilt, dass darüber hinaus Parteien, Wirtschaftsverbände, Unternehmen, Hochschulen und Universitäten, Nichtregierungsorganisationen, Vereine oder Privatpersonen über eine Freiheit für Kooperation und Kontakt außerhalb des Landes verfügen: Sie können national, transnational oder sogar global tätig werden.[33] Dass das Engagement dieser Akteure auch im Ostseeraum die politischen Kontakte zu anderen Regionen und Staaten untermauert und mit Leben füllt, wird von der Landesregierung Mecklenburg-Vorpommerns in den jährlichen Berichten zur Ostseekooperation hervorgehoben.[34] Doch im Verständnis eines Bundeslandes als föderales Glied im Rahmen des deutschen Bundesstaates und des Staatenverbunds der EU stellen sich Fragen nach Handlungskompetenzen der Akteure des parlamentarischen Regierungssystems, also Landtag und Landesregierung. Wie können sie Landesinteressen vertreten und in der Ostseekooperation aktiv werden?

---

31 Etzold, In der Peripherie?, in: KAS Auslandsinformation, Nr. 5 (2012), S. 8.
32 Hiervon profitiert das Land über den Europäischen Landwirtschaftsfond für die Entwicklung des ländlichen Raums (ELER), den Europäischen Sozialfonds (ESF) und den Europäischen Fonds für regionale Entwicklung (EFRE); hieraus ergeben sich die Regionalprogramme INTERREG A (grenzübergreifende Zusammenarbeit, z. B. Südliche Ostsee), B (transnational für den ganzen Ostseeraum), C (interregionale Zusammenarbeit), vgl. Jahresbericht der Landesregierung zur Zusammenarbeit im Ostseeraum und zur maritimen Sicherheit für den Zeitraum 2010/2011 (DS 5/4364), S. 18–20. Die Programmverwaltung erfolgt über das Joint Technical Secretariat (JTS) in Rostock; das Büro stellt damit einen direkten Ansprechpartner für Akteure des Landes dar. Vgl. die Internetpräsenz des JTS http://eu.baltic.net/The_Baltic_Sea_Region_Programme_2007_ 2013.2.html? (Stand: 01.11.2012).
33 Für die Freiheit im Rahmen des EU-Binnenmarkts siehe auch Thomas Bruha/Doris König/Hans-Joachim Schütz, Casebook Europarecht, München 2004.
34 Vgl. hierzu die Berichte seit 1998 und für den aktuellen Berichtszeitraum 2011/12 veröffentlicht von der Landesregierung Mecklenburg-Vorpommern: Europa- und Ostseebericht der Landesregierung Mecklenburg-Vorpommern 2011/12, Schwerin 2012.

Für eine „Nebenaußenpolitik" der Landesregierungen ist im Grundgesetz ein enger Rahmen festgelegt: Außenpolitik ist primär Bundessache.[35] Auswärtige Tätigkeiten von Bundesländern dürfen daher nicht auf die Außenpolitik des Bundes durchschlagen.[36] Björn Engholms Initiative der „Neuen Hanse" wurde so zunächst von der Bundesebene kritisch gesehen.[37] Dennoch ermöglicht das Grundgesetz den Bundesländern auch „Mitentscheidungs- und autonome Handlungsbefugnisse"[38] in der Kooperation mit anderen Staaten. Verträge mit subnationalen Gebietskörperschaften oder ganzen Staaten können geschlossen werden. Letztere bedürfen jedoch der Zustimmung durch den Bund. Thematische Schwerpunkte bilden dabei die grenzüberschreitende und interregionale Zusammenarbeit, die Wirtschaftsförderung, die Entwicklungspolitik sowie die Kultur-, Bildungs- oder Migrationspolitik.[39] Weiterhin können Landesregierungen andere Akteure – wie Kommunen, Unternehmen oder Vereine – bei auswärtigen Kontakten unterstützen bzw. fördern. Die grundgesetzlichen Regelungen bieten den norddeutschen Bundesländern somit für die Ostseekooperation Handlungsbefugnisse in der bilateralen und multilateralen Zusammenarbeit insbesondere in Themengebieten mit Landeskompetenz. Diese sind auch von der Bundesebene in der Gesetzgebung und in der Europapolitik zu berücksichtigen. Die deutschen Länder haben durch die „doppelte Politikverflechtung"[40] mit Bund und EU im Zuge der europäischen Integration Mitentscheidungsbefugnisse erarbeitet, die sie für die Interessendurchsetzung nutzen können. In Anwendung auf die Ostseekooperation wird die „Ostseepolitik" der Bundesländer zu einer „Mehrebenenpolitik", die vom Zusammenspiel der Ebenen Land-Bund-EU geprägt ist. Dies ist durch die Nord- und Osterweiterung der EU im Ostseeraum spätestens seit 2004 von besonderer Bedeutung. Das Zusammenspiel wird von unterschiedlichen Handlungsmöglichkeiten der Bundesländer charakterisiert, die sich in institutionalisierte Verfahren und freiwillige Formen der Information und Netzwerkbildung unterscheiden lassen.[41]

---

35 Vgl. Rüland/Wagner, Tor zur Welt?, in: Schmidt/Werz (Hrsg.), Mecklenburg-Vorpommern im Wandel, 1998, S. 197–198.

36 Vgl. die Erläuterungen im Kommentar zur Landesverfassung von Rainer Litten, Maximilian Wallerath, Verfassung des Landes Mecklenburg-Vorpommern, Baden-Baden 2007, S. 104.

37 Vgl. Werz/u. a., Kooperation im Ostseeraum, 2005, S. 19–20.

38 Heribert Saldik, Deutsche Außenpolitik in der Ostseeregion: Global Governance auf subregionaler Ebene, Frankfurt am Main 2004, S. 157.

39 Vgl. ebd., S. 157.

40 Sabine Kropp, Kooperativer Föderalismus und Politikverflechtung, Wiesbaden 2010, S. 159.

41 Einführend siehe auch Maximilian K. Grasl, Trennen sich die Wege? Die Bundes- und Europapolitik der Länder, in: Achim Hildebrandt/Frieder Wolf (Hrsg.), Die Politik der Bundesländer: Staatstätigkeit im Vergleich, Wiesbaden 2008, S. 311–329.

3.2   Institutionalisierte Verfahren

Landesinteressen mit Ostseebezug können im deutschen Bundesstaat über den Bundesrat artikuliert werden. Das institutionalisierte Verfahren der Beteiligung der Länder an
der Gesetzgebung auf Bundesebene ist im Grundgesetz verankert.[42] Die norddeutschen
Bundesländer – Hamburg, Mecklenburg-Vorpommern und Schleswig-Holstein – verfügen im Bundesrat zusammen über zehn von 69 Stimmen, was eine grundsätzliche
Mehrheitsposition für Ostseethemen zunächst ausschließt. Die Länder werden durch
die Landesregierungen vertreten. Diese Form des „Exekutivföderalismus"[43] stärkt die
Stellung der Regierungen auch im Verhältnis zu den Landtagen, die nicht direkt an
der Bundesgesetzgebung beteiligt sind. Dies spiegelt sich auch in einer „Exekutivlas-
tigkeit" der Landesgesetzgebung wider, wobei Mecklenburg-Vorpommern keine Ausnahme darstellt.[44] Über den Bundesrat haben die deutschen Länder den Prozess der
europäischen Integration von Beginn an begleitet. Das Länderbeteiligungsverfahren an
der Europapolitik des Bundes wurde seit 1979 über die Einheitliche Europäische Akte
(1986) und den Vertrag von Maastricht (1992) weiterentwickelt.[45] Seit 1988 verfügt der
Bundesrat über eine Europakammer, die jedoch nur wenig genutzt wird. Über die Neufassung des Art. 23 GG im Nachgang der Wiedervereinigung wurde die Weiterentwicklung der Informations- und Beteiligungsrechte der Länder für die Europapolitik mit in
das Grundgesetz aufgenommen.[46]

Direkt auf der europäischen Ebene repräsentiert sind die deutschen Länder über
den Ausschuss der Regionen (1994). Das Gremium der „Interessenvertretung der Gemeinden und Regionen Europas"[47] wurde durch den Vertrag von Lissabon 2009 obliga-
torisch in die europäische Gesetzgebung eingebunden.[48] Die Länder sind bemüht, die
Mitwirkung auf europäischer Ebene zu verfestigen, da der fortschreitende „Souverä-
nitätstransfer nach Brüssel"[49] mittlerweile dazu geführt hat, dass zahlreiche Themenfelder mit Landesbezug von der europäischen Gesetzgebung tangiert werden. Die Ko-

---

42   Vgl. hierzu den Bundesrat als „historischen Kompromiss" bei ebd., S. 314–318.
43   Roland Sturm, Föderalismus: Eine Einführung, Baden-Baden 2010, S. 84.
44   Vgl. Stefan Ewert/Detlef Jahn/Hubertus Buchstein, Landesparlamentarismus in Mecklenburg-Vorpom-
     mern, in: Siegfried Mielke/Werner Reutter (Hrsg.), Landesparlamentarismus: Geschichte – Struktur –
     Funktionen, Wiesbaden 2012, S. 327–358, hier: S. 349.
45   Vgl. Grasl, Trennen sich die Wege?, in: Hildebrandt/Wolf (Hrsg.), Die Politik der Bundesländer, 2008,
     S. 318–321.
46   Vgl. Kropp, Kooperativer Föderalismus und Politikverflechtung, 2010, S. 163.
47   Die deutschen Länder stellen insgesamt 21 Vertreter: Ein Vertreter pro Bundesland plus fünf Vertreter
     deren Plätze zwischen den Bundesländern rotieren. Vgl. Roland Sturm, Die Länder in der deutschen
     und europäischem Mehrebenenpolitik, in: Herbert Schneider/Hans-Georg Wehling (Hrsg.), Landes-
     politik in Deutschland: Grundlagen – Strukturen – Arbeitsfelder, Wiesbaden 2006, S. 23–49, hier:
     S. 42–45.
48   Vgl. hierzu die Beschreibung auf der Internetpräsenz des Ausschuss der Regionen (AdR), abrufbar un-
     ter: http://cor.europa.eu/de/about/interinstitutional/Pages/lisbon-treaty.aspx (Stand: 12. 10. 2012).
49   Kropp, Kooperativer Föderalismus und Politikverflechtung, 2010, S. 156.

ordination der institutionalisierten Verfahren der Einflussnahme ist auf Landesebene zumeist „Chefsache" und nur noch wenige Bundesländer haben ein eigenes Ministerium für Bundes- und Europaangelegenheiten. Durch die „Verhandlungskompetenz bei der Exekutivspitze"[50] wurde die Rolle der Ministerpräsidenten und der Staatskanzleien seit Mitte der 1990er Jahre untermauert.

3.3 Freiwillige Verfahren

Die Beteiligung der deutschen Länder an der Bundesgesetzgebung ist im engeren Sinne eine „Zwangsverhandlung" zwischen unterschiedlichen Ebenen, die die beteiligten Akteure in ihren Handlungsmöglichkeiten beschneidet, ein hohes Maß an Kooperation einfordert und in die so genannte „Politikverflechtungsfalle" führen kann.[51] Demgegenüber stehen freiwillige Verfahren des Austausches und der Abstimmung. Sie können der Vorverhandlung, Koordinierung, Informationsgewinnung, Interessenvermittlung oder der Netzwerkbildung dienen. Die Verfahren können unterschiedlich stark formalisiert oder sogar institutionalisiert sein, sind jedoch stets durch ein gewisses Maß an Freiwilligkeit gekennzeichnet. Im deutschen Bundesstaat koordinieren sich so zum Beispiel die Länder untereinander, um eine gemeinsame Position gegenüber dem Bund zu entwickeln (horizontale Kooperation).[52] Als Beispiel können hierfür Ministerkonferenzen angeführt werden. Die norddeutschen Regierungschefs von Bremen, Hamburg, Mecklenburg-Vorpommern, Niedersachsen und Schleswig-Holstein treffen sich regelmäßig und bündeln in landespolitischen zum Teil auch ostseepolitischen Themen ihre Interessen gegenüber dem Bund.[53] Ist an den Ministerkonferenzen, wie der Innenministerkonferenz (IMK) oder der Kultusministerkonferenz (KMK), die Bundesebene in Form des Bundesministers beteiligt, findet eine Koordination zwischen verschiedenen Ebenen statt (vertikale Kooperation).[54] Die Kooperationsverfahren können noch durch individuelle Verfahren des „Lobbyings" für Landesinteressen ergänzt werden. Mit den Landesvertretungen und Informationsbüros in Berlin und Brüssel verfügen die Bundesländer über regionale Repräsentationen bei Entscheidungsträgern „vor Ort". Mit Veranstaltungen und Gesprächsrunden können hier informelle Formen der Interessenvertretung umgesetzt werden. Auf europäischer Ebene ist die Kommission der primäre

---

50 Grasl, Trennen sich die Wege?, in: Hildebrandt/Wolf (Hrsg.), Die Politik der Bundesländer, 2008, S. 323.
51 Vgl. einführend zur Thematik aufbauend auf die Studien von Fritz W. Scharpf den Beitrag von Arthur Benz, Politik in Mehrebenensystemen, Wiesbaden 2009.
52 Vgl. Kropp, Kooperativer Föderalismus und Politikverflechtung, 2010, S. 135–144.
53 Vgl. o. A., Nordländer wollen für Seehäfen gemeinsam kämpfen, in: OZ, 25.03.2011; oder das Abschlussdokument des Treffens 2012, das die Position und angestrebte Maßnahmen zusammenfasst: vgl. Gemeinsame Erklärung der Regierungschefs der norddeutschen Bundesländer zur Umsetzung der Energiewende und zur Stärkung der Zukunftsbranche Windenergie, Kiel 2012.
54 Vgl. Kropp, Kooperativer Föderalismus und Politikverflechtung, 2010, S. 128.

Tabelle 1   Beispiele für Handlungsmöglichkeiten im Rahmen der Mehrebenenpolitik aus der Sicht eines Bundeslandes

	Erste Verflechtung Bundesländer – Bund	Zweite Verflechtung Bundesländer – EU
Institutionalisiert	Bundesrat	Ausschuss der Regionen
Freiwillig	Ministerkonferenzen (horizontale und vertikale Kooperation)	Informationsbüros in Brüssel

Quelle: Eigene Darstellung in Anlehnung an Sabine Kropp, Kooperativer Föderalismus und Politikverflechtung, Wiesbaden 2010.

Adressat der Informationsbüros, welche bisweilen auch als Landesvertretungen bezeichnet werden, obwohl sie dies rechtlich nicht sind.[55] Lobbying ist hierbei keine Einbahnstraße, da Veranstaltungen und Informationen der Länderbüros sowohl für die Bundesländer als „Frühwarnsystem" für europäische Gesetzesinitiativen dienen können, als auch den Mitarbeitern der europäischen Institutionen einen direkten Weg zu Interessen und Problemen der subnationalen Ebene bieten.[56]

In Tabelle 1 werden mit Beispielen die unterschiedlichen Handlungsmöglichkeiten zusammengefasst. Sie bauen prinzipiell auf dem grundgesetzlichen Spielraum zu auswärtigen Tätigkeiten in bilateralen Partnerschaften und multilateralen Gremien auf.

4   Die „Ostseepolitik" Mecklenburg-Vorpommerns

4.1   Rechtliche und politische Grundlagen

Die landesspezifischen Grundlagen der „Ostseepolitik" lassen sich in drei Aspekten zusammenfassen: Die Landesverfassung als Bezugspunkt, die regionalen Partnerschaften des Landes als Eckpfeiler der auswärtigen Tätigkeiten und die Koalitionsverträge sowie Konzepte der Landesregierung als längerfristige politische Handlungsleitfäden. Die „Verfassung hat die Identität unseres Landes mitgeprägt",[57] hält der ehemalige Ministerpräsident Harald Ringstorff in seinem Geleitwort zum Verfassungskommentar von Rainer Litten und Maximilian Wallerath fest. Dies gilt auch für die auswärtigen Beziehungen des Landes im Ostseeraum. Der vorhandene Spielraum auf Basis der rechtlichen Regelungen des Grundgesetzes wird in der Landesverfassung – als erster Aspekt – noch

---

55   Die „Vertretung" obliegt der Bundesebene. Die Bezeichnung zeigt zuweilen das Selbstverständnis der Bundesländer. Vgl. ebd., S. 172.

56   Vgl. ebd., S. 173–176.

57   Litten/Wallerath, Verfassung des Landes Mecklenburg-Vorpommern, 2007. S. 7.

einmal regional konkretisiert.[58] Im Rahmen der Staatszielbestimmungen (Art. 11 bis 19) wird in Art. 11 ein direkter Bezug auf den Fokus der auswärtigen Tätigkeiten genommen: „Das Land Mecklenburg-Vorpommern wirkt im Rahmen seiner Zuständigkeiten an dem Ziel mit, die europäische Integration zu verwirklichen und die grenzüberschreitende Zusammenarbeit, insbesondere im Ostseeraum, zu fördern."[59] Dieses Bekenntnis zur europäischen Integration und zur grenzüberschreitenden Zusammenarbeit weisen neben Mecklenburg-Vorpommern nur noch Bayern, Brandenburg und Sachsen in ähnlicher Form als Staatsziele in ihren Landesverfassungen aus.[60] Die Staatszielbestimmung stellt einen „Handlungsauftrag" an das Land dar, der alle Gewalten einschließt und somit neben der Landesregierung auch dem Landtag Handlungsmöglichkeiten eröffnet und die Unterstützung privater Akteure mit einfasst.[61]

Die Erwähnung des Ostseeraums setzt für die auswärtigen Tätigkeiten einen eindeutigen Schwerpunkt, der die hohe Bedeutung der Region für das Land hervorhebt. Das Ziel der Förderung der grenzüberschreitenden Zusammenarbeit richtet dabei den Fokus auf den gesamten Ostseeraum und geht somit über grenznachbarschaftliche Beziehungen zu einem einzelnen Staat hinaus.[62] In der Gesamtschau kann Art. 11 als Leitidee und als Grundgedanke eines „staatlichen Handlungsprogramms"[63] im Bereich der auswärtigen Tätigkeiten verstanden werden. Dennoch bleibt er als Verfassungsartikel relativ abstrakt. Eine Ausgestaltung erhält er erst über das Handeln der staatlichen Akteure in der Ostseepolitik. Die langfristige Schwerpunktsetzung auf den Ostseeraum im Sinne des Art. 11 wird – als zweiter Aspekt – bei den regionalen Partnerschaften des Landes erkennbar. Diese Form der bilateralen Zusammenarbeit beruht auf „Gemeinsamen Erklärungen" der Landesregierung Mecklenburg-Vorpommerns mit staatlichen Vertretern der Partnerregion. 2012 weist das Land sechs regionale Partnerschaften auf. Vier davon wurden mit Regionen im Ostseeraum geschlossen.[64] Eine fünfte Partner-

---

58 Die Verfassung wurde von 1991 bis 1993 von einer Kommission erarbeitet und nach der Entwurfseinbringung in den Landtag im Mai 1993 dort mehrheitlich angenommen. In der anschließenden Volksabstimmung im Juni 1994 votierten 60,1 Prozent der Bürger für die Verfassung. Zur Verfassungsentstehung und Inhalt: Vgl. Ewert/Jahn/Buchstein, Landesparlamentarismus in Mecklenburg-Vorpommern, in: Mielke/Reutter, Landesparlamentarismus: Geschichte – Strukturen – Funktionen, 2012, S. 329; Den Verfassungskommentar: Litten/Wallerath, Verfassung des Landes Mecklenburg-Vorpommern, 2007, S. 25–32; sowie allgemein Hans-Joachim Schütz/Claus Dieter Classen (Hrsg.), Landesrecht Mecklenburg-Vorpommern. Studienbuch, Baden-Baden 2010.

59 Litten/Wallerath, Verfassung des Landes Mecklenburg-Vorpommern, 2007. S. 96.

60 Ebd.

61 Ebd., S. 89–90, für den Landtag vgl. Ewert/Jahn/Buchstein, Landesparlamentarismus in Mecklenburg-Vorpommern, in: Mielke/Reutter, Landesparlamentarismus: Geschichte – Strukturen – Funktionen, 2012, S. 352–353.

62 Vgl. Litten/Wallerath, Verfassung des Landes Mecklenburg-Vorpommern, 2007, S. 96–103.

63 Vgl. ebd., S. 91–92.

64 Die anderen beiden Partnerschaften bestehen mit dem Mecklenburg County in North Carolina/USA (seit 1994) und der Region Poitou-Charentes in Frankreich (seit 2003). Vgl. Homepage der Staatskanzlei Mecklenburg-Vorpommern, abrufbar unter: http://www.regierung-mv.de/cms2/Regierungsportal_

Tabelle 2   Regionale Partnerschaften des Landes Mecklenburg-Vorpommern im Ostseeraum

Name der Region	Nation	Jahr der Vereinbarung
Westpommern	Polen	1991
SydSam	Schweden	1999 (bis 2008)
Pommern	Polen	2001
Südwestfinnland	Finnland	2000
Leningrader Gebiet	Russland	2002

Quelle: Eigene Darstellung nach Jahresberichten der Landesregierung.

schaft mit der schwedischen Region SydSam[65] lief im Herbst 2008 aus, da die Region aufgrund einer Verwaltungsreform in Schweden aufgelöst wurde. Die Partnerschaft mit der polnischen Wojewodschaft Westpommern beruht auf einer unterzeichneten Erklärung aus dem Jahr 1991, die nach der Zusammenlegung der Regionen Stettin, Köslin und Scheidemühl im Zuge einer polnischen Verwaltungsreform 2000 eine Neuauflage erfuhr (Tab. 2). Die Partnerschaften sind jeweils über einen gemeinsamen Ausschuss mit Vertretern aus beiden Regionen institutionalisiert. Sie tagen mindestens ein Mal im Jahr. Dass es sich bei den Partnerregionen aufgrund eines schwächeren Föderalismusgrades primär um Verwaltungseinheiten handelt, spielt bei der Zusammenarbeit eine untergeordnete Rolle. Die Kooperation erfolgt in Bereichen, in denen beide Seiten Kompetenzen haben.[66] Thematisch sind die Partnerschaften dabei breit ausgerichtet.[67] Durch den Einschluss zahlreicher Politikfelder sind die bilateralen Partnerschaften eine wichtige Grundlage für konkrete Projekte und weitere Kontakte.[68] Zahlreiche Initiativen können integriert werden.

Die langfristige Ausrichtung der Ostseepolitik des Landes lässt sich – als dritter Aspekt – aus den Koalitionsvereinbarungen und den Konzepten der Landesregierung zur auswärtigen Tätigkeit entnehmen. In den Koalitionsverträgen ist seit 1998 eine eindeutige Ausweitung des Themengebiets Ostseekooperation festzustellen. 1998 wurde der Ostseeraum nur ein einziges Mal genannt: Im Bereich der Strukturpolitik solle der dy-

---

prod/Regierungsportal/de/stk/Themen/Ostseekooperation_und_regionale_Partnerschaften/index.jsp (Stand: 12. 10. 2012).

65   Die Region kann als „Vereinigung der Provinziallandtage, Gemeindeverbände und Gemeinden in Südschweden" verstanden werden. Vgl. Jahresbericht der Landesregierung zur Zusammenarbeit im Ostseeraum für den Zeitraum 1998/1999, S. 41.

66   Aussage eines Mitarbeiters der Staatskanzlei Mecklenburg-Vorpommern, Interview am 26. 09. 2012.

67   Vgl. Aufzählungen in: Gemeinsamen Erklärungen in den Bereichen Wirtschaft, Tourismus, Verkehr, Arbeitsmarkt, Bildung, Medien, Landwirtschaft, Gleichstellung von Mann und Frau, abrufbar unter: http://www.regierung-mv.de/cms2/Regierungsportal_prod/Regie-rungsportal/de/stk/Themen/Ostseekooperation_und_regionale_Partnerschaften/index.jsp (Stand: 12. 10. 2012).

68   Aussage eines Mitarbeiters der Staatskanzlei Mecklenburg-Vorpommern, Interview am 26. 09. 2012.

namischen Entwicklung der Region „Rechnung getragen" werden.[69] Der Koalitionsvertrag zur Fortführung der Regierung von SPD und PDS 2002 war dagegen schon detaillierter. Neben der Bedeutung als „Friedensregion"[70] findet die wirtschaftliche Dynamik und die Kulturzusammenarbeit Erwähnung. Themenfelder der Landespolitik werden mit der Entwicklung im Ostseeraum verknüpft. Biotechnologie, Energiepolitik, Verkehr und maritimer Tourismus werden als konkrete Felder angeführt.[71] Bereits hier ist erkennbar, dass die Ostseepolitik des Landes eine Querschnittsaufgabe darstellt. Verschiedenste Ressorts werden einbezogen. Die Koalitionsvereinbarung zwischen SPD und CDU 2006 zur Neuauflage der Großen Koalition entspricht diesem Prozess. „Mecklenburg-Vorpommern im erweiterten Europa"[72] solle durch die Kooperation mit den norddeutschen Bundesländern im „Wettbewerb der Regionen"[73] in der EU und im Ostseeraum bestehen. Neben der Kulturförderung und der Verkehrsentwicklung wird auch die Mitarbeit in multilateralen Gremien (Helsinki-Kommission) im Bereich des Umweltschutzes mit aufgeführt.[74] Auch in der Koalitionsvereinbarung 2011 wird die Ostseezusammenarbeit in verschiedenen Teilen des Vertrages genannt: Landesentwicklung, Küstenschutz, Sicherheit und Ordnung (Zusammenarbeit der Polizei) sowie die umfassenden Bereiche der norddeutschen Kooperation und der Europapolitik.[75] Wie 2006 ist die „maritime Dimension" des Ostseeraums mit „hohem Identifikationspotenzial"[76] hervorgehoben. In der Interpretation der Koalitionsvereinbarungen seit 1998 als politische Handlungsleitfäden der Landesregierungen lassen sich dadurch zwei Tendenzen erkennen. Erstens ist die Ostseepolitik als Querschnittsaufgabe nicht auf einzelne Ressorts der Landespolitik reduziert und zweitens ist die auswärtige Tätigkeit des Landes im Ostseeraum aus Perspektive der Regierungskoalitionen ein zentraler Faktor für die Landesentwicklung. Der Ostseeraum ist der „geografische, wirtschaftliche und kulturelle Bezugsraum"[77] für Mecklenburg-Vorpommern. Insbesondere die wirtschaftliche Bedeutung wird in den Konzepten der Landesregierung für die auswärtigen Tätigkeiten sichtbar. Das erste Konzept (1998) spricht davon das Land als „eine offene, attraktive, moderne, prosperierende und sichere Region in Europa"[78] zu entwickeln. Das Attribut

---

69 Vgl. Vereinbarung zwischen SPD und PDS über die Bildung einer Koalitionsregierung für die 3. Wahlperiode des Landtages von Mecklenburg-Vorpommern, Schwerin 1998.

70 Vereinbarung zwischen SPD und PDS über die Bildung einer Koalitionsregierung für die 4. Wahlperiode des Landtages von Mecklenburg-Vorpommern, Schwerin 2002.

71 Ebd.

72 Koalitionsvereinbarung zwischen SPD und CDU Mecklenburg-Vorpommern über die Bildung einer Regierung für die 5. Wahlperiode des Landtages Mecklenburg-Vorpommern, Schwerin 2006, S. 51.

73 Ebd., S. 5.

74 Ebd.

75 Koalitionsvereinbarung zwischen SPD und CDU Mecklenburg-Vorpommern für die 6. Wahlperiode 2011–2016, Schwerin 2011.

76 Ebd.

77 Ebd., S. 69.

78 Vgl. Rüland/Wagner, Tor zur Welt?, in: Schmidt/Werz (Hrsg.), Mecklenburg-Vorpommern im Wandel, 1998, S. 198.

der sicheren Region spiegelt sich auch im Themenfeld der Bekämpfung der organisierten Kriminalität wider, das im Konzept neben den Schwerpunkten Wirtschaft, Kultur, Tourismus und Umweltschutz genannt wird.[79] Das erneuerte Konzept der Landesregierung (2012) fokussiert sich auf den Bereich der Außenwirtschaft und die Bedeutung der Internationalisierung des Landes. Mecklenburg-Vorpommerns Attraktivität als „Wirtschafts-, Tourismus-, Wissenschafts- und Kulturstandort"[80] solle verbessert werden. Die Landesregierung sieht dabei insbesondere die Förderung der außenwirtschaftlichen Kontakte von Unternehmen als Anknüpfungspunkt.[81]

4.2 Koordination durch Kooperation: Landesregierung und Landtag

Die auswärtigen Tätigkeiten des Landes begannen unmittelbar mit der Gründung im Zuge der Wiedervereinigung. Die Unterzeichnung der regionalen Partnerschaft mit der polnischen Region Stettin-Köslin-Scheidemühl 1991 ist ein früher Beleg der Kooperation. Transnational wurden auch rasch die neuen Landtagsabgeordneten aktiv. Eine Delegation beteiligt sich seit 1991 an der Ostseeparlamentarierkonferenz (BSPC), die Parlamentarier aus dem gesamten Ostseeraum zusammenführt. Die Resolution der 6. Jahreskonferenz der BSPC 1997 in Danzig führte auch zu einer Weiterentwicklung der Ostseepolitik Mecklenburg-Vorpommerns. Die Resolution wurde über einen gemeinsamen Antrag von SPD und CDU im April 1998 in den Schweriner Landtag eingebracht und angenommen. Im Antrag wird auf den Beitrag der Ostseekooperation für Stabilität und Wohlstand in der Region verwiesen. Sie sei daher durch die Regierungen der Anrainerstaaten weiter auszubauen.[82] Zusätzlich wurde im Antrag die Landesregierung dazu aufgefordert, den Landtag jährlich bis zur parlamentarischen Sommerpause über die laufenden und geplanten Aktivitäten im Ostseeraum zu unterrichten. Im Juni 1998 wurde der erste Bericht der Landesregierung zur grenzübergreifenden Zusammenarbeit vorgelegt. Im Laufe der Jahre wurde die Aufforderung konkretisiert bzw. um Themenschwerpunkte erweitert. Dennoch ist seither ein Zyklus in der Ostseepolitik des Landes festzustellen, der das Verhältnis von Landesregierung und Landtag prägt: Auf Basis des Landtagsbeschlusses beginnt die Staatskanzlei – federführend bei der Erstellung – im Herbst mit der Abfrage der Ministerien zu ihren Aktivitäten im Ostseeraum. Im Frühjahr des darauffolgenden Jahres wird der Berichtsentwurf zwischen den Staatssekretären und schließlich im Kabinett abgestimmt und beschlossen. Über die Einbringung in

---

79 Vgl. ebd., S. 198–199.
80 Konzept zur Stärkung der internationalen und europäischen Zusammenarbeit des Landes Mecklenburg-Vorpommern (DS 6/752), Schwerin 2012, S. 12.
81 Vgl. ebd., S. 6–7.
82 Vgl. Entschließung zur Umsetzung von Beschlüssen der 6. Parlamentarischen Konferenz über die Zusammenarbeit im Ostseeraum in Danzig vom 15.–16. September 1997, Antrag der Fraktionen CDU und SPD (DS 2/3758), Schwerin 1998.

den Landtag werden die Abgeordneten umfassend informiert und die Unterrichtung ist neben der Facharbeit eine Grundlage für die Landtagsdelegationen im Rahmen der parlamentarischen Versammlungen des Ostseeraums, deren Jahreskonferenzen zumeist im Sommer stattfinden. Die Resolution der Konferenz kann letztlich erneut eine Grundlage für einen Landtagsbeschluss werden, gegebenenfalls mit angepassten inhaltlichen Schwerpunkten.[83] Zusätzlich erfolgt eine Verständigung mit dem Landtag über den Europa- und Rechtsausschuss.[84]

Seit 1998 zeichnen die Jahresberichte der Landesregierung zur Zusammenarbeit im Ostseeraum ein umfassendes Bild der Tätigkeiten der Landesministerien sowie der entsprechenden Minister. Die einzelnen Ministerien verfügen im Sinne des Ressortprinzips über einen eigenen Handlungs- und Entscheidungsspielraum.[85] Der Charakter der Ostseepolitik als Querschnittsaufgabe wird dadurch bestätigt: Alle Ministerien sind in der Ostseekooperation aktiv.[86] Das Wirtschaftsressort (seit 2006 Wirtschaft und Tourismus) tritt besonders hervor und bestätigt somit indirekt die wirtschaftliche Bedeutung der Ostseekooperation. Bis zur Wahl 2011 wurde im Ministerium der Arbeitskreis „Außenwirtschaft" geleitet, an dem auch Unternehmen und Handelskammern des Landes teilnehmen. Die engste Verknüpfung des Ministeriums besteht mit polnischen Partnern. Bereits 1995 wurden erste gemeinsame Aus- und Weiterbildungsprogramme gefördert. Über Firmengemeinschaftsbüros in den baltischen Staaten oder das „Haus der Wirtschaft" in Stettin wurden unternehmerische Kontakte geknüpft. Durch Twinning-Projekte der EU-Ebene[87] hat das Ministerium Akteure aus den osteuropäischen Staaten im Rahmen der Ostseekooperation im Vorfeld der Osterweiterung 2004 auf die Übernahme von europäischen Standards und Verwaltungsverfahren vorbereitet. Eine Unterstützung erfolgte auch bei Projekten zur Verbesserung der deutsch-polnischen Grenzübergänge. Seit 2004 hat die Beteiligung an EU-Förderprogrammen an Bedeutung gewonnen, was sich durch die regelmäßige Durchführung von INTERREG-Projekten ausdrückt.

Prinzipiell lassen sich zahlreiche weitere Aktivitäten unter dem Thema der Förderung von Außenwirtschaftskontakten zusammenfassen. Dies reicht von Messeauftritten über Delegationsreisen unter Beteiligung des Wirtschaftsministers bis hin zu Projekten wie die Unterstützung des Baltic Fashion Awards – ein Preis für Modeschaffende aus dem Ostseeraum, der im Rahmen der Baltic Fashion Week auf Usedom vergeben wird.

---

83 Aussage eines Mitarbeiters der Staatskanzlei Mecklenburg-Vorpommern, Interview am 26. 09. 2012.

84 Ebd. und vgl. Ewert/Jahn/Buchstein, Landesparlamentarismus in Mecklenburg-Vorpommern, in: Mielke/Reutter, Landesparlamentarismus: Geschichte – Strukturen – Funktionen, 2012, S. 340–341.

85 Aussage eines Mitarbeiters der Staatskanzlei Mecklenburg-Vorpommern, Interview am 26. 09. 2012.

86 Die nachfolgenden Ausführungen zu den einzelnen Ministerien beziehen sich auf die Gesamtschau der Jahresberichte der Landesregierung, vgl. Fußnote 4.

87 Projekte im Rahmen eines EU-Programms zum Verwaltungsaufbau und Unterstützung der Beitrittskandidaten der Gemeinschaft. Vgl. Kosmider, Die Kooperation der Ostseeanrainer aus Sicht des Landes Mecklenburg-Vorpommern, in: NordÖR, Nr. 4 (1999), S. 490.

Das Justizministerium hat durch die Verlagerung der Abteilung für auswärtige und europäische Angelegenheiten in die Staatskanzlei (1998) ein eher beschränktes Handlungsfeld, was jedoch in Form von Weiterbildung und Hospitationen von Juristen aus dem Ostseeraum kontinuierlich bestellt wird. Auffällig sind die engen Kontakte mit Estland im Bereich von Twinning-Projekten. 2009 fand unter Mitwirkung des Ministeriums eine Konferenz der Generalstaatsanwälte des Ostseeraums statt. Ähnliches gilt für das Finanzministerium, das in seinem Ressort diverse Schulungen und Seminare zur Steuerverwaltung mit Partnern aus Polen durchgeführt hat. Das Sozialministerium (vor 2006 Soziales und Gesundheit, seit 2011 Arbeit, Soziales und Gleichstellung) ist verstärkt im Bereich der Jugendpolitik tätig. Strukturell leitet das Ministerium eine Arbeitsgruppe zu diesem Thema im Rahmen der BSSSC. Das Themenfeld Bau und Landesentwicklung (zunächst Arbeit, Bau und Landesentwicklung, zwischen 2006 und 2011 Verkehr und Landesentwicklung) wird über das entsprechende Ministerium in zahlreichen EU-Projekten (INTERREG B) und in der Zusammenarbeit der Raumordnungsminister (Visions and Strategies around the Baltic Sea, VASAB) in die Kooperation eingebracht. Das Ministerium für Landwirtschaft, Umwelt und Verbraucher bündelt seit 2006 die Arbeit des ehemaligen Ministeriums für Ernährung, Landwirtschaft, Forst und Fischerei sowie des Umweltministeriums. Im Bereich der Landwirtschaft sind im Vorfeld der Osterweiterung der EU zahlreiche Twinning-Projekte mit Partnern aus den baltischen Staaten auffällig. Die Kontakte werden seit 2004 verstärkt über die INTERREG B-Förderung fortgeführt. Im Umweltbereich ist das Ministerium seit den 1990er Jahren im Rahmen der Helsinki-Kommission an verschiedenen Arbeitsgruppen beteiligt und hat sich auch mit dem Bereich der maritimen Sicherheit auseinandergesetzt. Das Bildungsministerium ist unter anderem über die Unterstützung des Schulaustausches und in der Kulturförderung tätig. Das Innenministerium kooperiert im Rahmen der Themen Sicherheit und Ordnung, was sich primär in der polizeilichen Zusammenarbeit mit den Anrainern niederschlägt.

In der Gesamtschau der Aktivitäten zeichnen sich vier Strukturmuster ab, die in unterschiedlicher Intensität und Ausprägung bei allen Ministerien zu finden sind und somit die „Ostseepolitik" des Landes prägen: (1) Die Unterstützung von osteuropäischen Partnern im Rahmen von Twinning-Vereinbarungen im Vorfeld der Osterweiterung der EU. (2) Die Fortführung und Weiterentwicklung der Kontakte über EU-Förderprogramme im Rahmen von INTERREG A, B und C nach 2004.[88] (3) Die Durchführung von Konferenzen, Messen und Tagungen, die neben der inhaltlichen Arbeit auch die Sichtbarkeit des Landes in der Region erhöhen und (4) die persönliche Kontaktaufnahme über Delegationsreisen oder Auslandsbesuche von Regierungsmitarbeitern, Ministern oder dem Ministerpräsidenten. Letzterer ist hierbei besonders aktiv. Der Regierungschef ist

---

88 Der Begriff INTERREG wird mittlerweile weniger benutzt, seit 2007 hat sich auf europäischer Ebene und im Rahmen der Programme die Kurzform ETC (European Territorial Co-operation) etabliert, vgl. http://ec.europa.eu/regional_policy/index_en.cfm (Stand: 21.11.2012).

im Schnitt seit 1990 circa alle sieben Monate auf einer Auslandsreise im Ostseeraum.[89] 1998 stellt dabei auch einen Scheitelpunkt dar, weil mit dem Regierungswechsel zur ersten rot-roten Landesregierung das Europaressort – das zuvor dem Justiz- bzw. Wirtschaftsministerium zugeordnet gewesen war – in die neu geschnittene Zuständigkeit der Staatskanzlei unter Ministerpräsident Harald Ringstorff (SPD) fiel. Die Staatskanzlei nimmt seither eine Koordinierungsfunktion ein, ohne jedoch in die Ressorts „hineinzuregieren". Die Aktivitäten der Regierung laufen als „Querschnittsaufgabe"[90] beim Ministerpräsidenten zusammen. In der Staatskanzlei erfolgt über eine eigene Abteilung für „Europäische und auswärtige Angelegenheiten" die konzeptionelle Arbeit und die Koordination der Außenkontakte der Ressorts.[91] Die Abteilung umfasst sechs Referate. Rund zehn Mitarbeiter sind mit dem Schwerpunktbereich „Ostseeraum" befasst.[92] Dennoch verbleiben in den Ministerien einzelne Fachabteilungen, zum Beispiel im Bereich der Umwelt- oder der EU-Strukturpolitik.[93] Die Koordination erfolgt intern über eine interministerielle Arbeitsgruppe (IMAG) „Europäische und auswärtige Angelegenheiten", der die Staatskanzlei durch einen Vertreter der gleichnamigen Abteilung federführend vorsitzt.[94] Die IMAG tagt ein Mal im Monat. Die Behandlung von übergeordneten Themen und die Berichte der Fachressorts dienen sowohl der Koordination als auch der wechselseitigen Information.[95]

Seit Herbst 2011 wird der Arbeitskreis „Außenwirtschaft" ebenfalls in der Staatskanzlei geleitet. Er koordiniert die Kontakte mit externen Partnern außerhalb der Landesregierung, wie zum Beispiel den Handelskammern. Die Außenaktivitäten von Wirtschaft, verschiedenen Ministerien und der Staatskanzlei werden verknüpft. Letztlich fällt auch die Arbeit des Informationsbüros des Landes in Brüssel in die Verantwortung der Staatskanzlei.[96] Durch das Büro verfügt die Landesregierung über einen „direkten Draht" zu den europäischen Organen. Von 1993 bis 2004 unterhielt die Landesregierung zusätzlich ein Informationsbüro in Tallinn (Estland). Es wurde jedoch im Zuge der Osterweiterung verkleinert und als Kontaktstelle in die Vertretung der deutsch-baltischen Handelskammer in der estnischen Hauptstadt integriert.

---

89 Eigene Berechnung nach Angaben der Jahresberichte.

90 Vgl. Kosmider, Die Kooperation der Ostseeanrainer aus Sicht des Landes Mecklenburg-Vorpommern, in: NordÖR, Nr. 4 (1999), S. 488.

91 Vgl. Rüland/Wagner, Tor zur Welt?, in: Schmidt/Werz (Hrsg.), Mecklenburg-Vorpommern im Wandel, 1998, S. 198.

92 Aussage eines Mitarbeiters der Staatskanzlei Mecklenburg-Vorpommern, Interview am 26. 09. 2012.

93 Aussage eines Mitarbeiters der Staatskanzlei Mecklenburg-Vorpommern, Interview am 26. 09. 2012; vgl. ebenfalls Jahresbericht der Landesregierung zur Zusammenarbeit im Ostseeraum für den Zeitraum 1998/1999, S. 54 und Rüland/Wagner, Tor zur Welt?, in: Schmidt/Werz (Hrsg.), Mecklenburg-Vorpommern im Wandel, 1998, S. 198.

94 Vgl. Konzept zur Stärkung der internationalen und europäischen Zusammenarbeit des Landes Mecklenburg-Vorpommern (DS 6/752), Schwerin 2012, S. 8–9.

95 Aussage eines Mitarbeiters der Staatskanzlei Mecklenburg-Vorpommern, Interview am 26. 09. 2012.

96 Vgl. Jahresbericht der Landesregierung zur Zusammenarbeit im Ostseeraum für den Zeitraum 1998/1999, S. 54.

4.3   Regionale Ausrichtung und thematische Schwerpunkte

In der „Ostseepolitik" der Landesregierung werden zwei Formen der regionalen Ausrichtung verfolgt: Einerseits eine intergouvernemental-multilaterale Zusammenarbeit
in Gremien, die den Fokus auf die gesamte Region richten, und andererseits die bilaterale Kooperation auf den Säulen der regionalen Partnerschaften des Landes. Multi-
lateral agieren sowohl Landtag als auch Landesregierung in „Foren zur Artikulierung
von Interessen und Abstimmung von Projekten."[97] Über die Gremien integriert sich das
Land in die Ostseezusammenarbeit, was neben der Artikulation auch die Möglichkeit
der Interessendurchsetzung beinhaltet. Die bilateralen Kontakte können dieses Engagement aus Sicht der Landesregierung unterstützen.[98] Alle Formen der Vernetzung führen
zu einer Positionsabstimmung innerhalb der Region. Das kann ein gemeinsames Auftreten gegenüber anderen Akteuren wie zum Beispiel der EU befördern.

Das Land profitiert zusätzlich durch die Einflussmöglichkeiten der multilateralen
Gremien, die bisweilen über Kontaktstellen oder Sekretariate bei europäischen Institutionen verfügen.[99] Der Landtag ist in zwei multilateralen Versammlungen aktiv. Delegationen von Abgeordneten beteiligen sich an der Ostseeparlamentartierkonferenz (BSPC,
seit 1991) und dem Parlamentsforum Südliche Ostsee (PSO, seit 2004). Während die
BSPC Parlamentarier von nationalen und regionalen Parlamenten des gesamten Ostseeraums vereint, arbeiten im PSO nur Abgeordnete regionaler Parlamente zusammen
(Mecklenburg-Vorpommern, Schleswig-Holstein, Hamburg; das schwedische Schonen;
die Wojewodschaften Westpommern, Pommern und Ermland-Masuren sowie die Vertretung des russischen Kaliningrad). Im Wesentlichen erfüllen die Versammlungen die
klassische Parlamentsfunktion der Artikulation.[100] Der BSPC wird auf Grund der langjährigen Zusammenarbeit mit russischen Parlamentariern eine hohe Bedeutung bei
der Schaffung von Vertrauen in der Region zugesprochen.[101] Deutsche Parlamentarier
in der BSPC kommen neben den Landtagsabgeordneten Mecklenburg-Vorpommerns
aus Hamburg, Bremen und Schleswig-Holstein. Eine Delegation von Bundestagsabgeordneten repräsentiert den Deutschen Bundestag. Ab 2000 hat der Landtag Mecklenburg-Vorpommerns insbesondere das Thema der Schiffssicherheit in die Versammlung
eingebracht. Initiativen des Landes sind in Resolutionen, die Facharbeit der Arbeits-

---

97   Jahresbericht der Landesregierung zur Zusammenarbeit im Ostseeraum für den Zeitraum 1998/1999,
     S. 7.

98   Jahresbericht der Landesregierung zur Zusammenarbeit im Ostseeraum und zur maritimen Sicherheit
     für den Zeitraum 2008/2009, S. 5.

99   Aussage eines Mitarbeiters der Staatskanzlei Mecklenburg-Vorpommern, Interview am 26. 09. 2012.

100 Vgl. Ewert/Jahn/Buchstein, Landesparlamentarismus in Mecklenburg-Vorpommern, in: Mielke/Reut-
     ter, Landesparlamentarismus: Geschichte – Strukturen – Funktionen, 2012, S. 352–353.

101 „Gleichberechtige Partner auf Augenhöhe" – Interview mit MdB Franz Thönnes, abrufbar unter: www.
     bundestag.de/dokumente/textarchiv (Stand: 11. 09. 2012).

gruppen und die Jahreskonferenzen eingegangen.[102] Die BSPC verfügt über einen Be-obachterstatus bei der Helsinki-Kommission. Die Funktion wird – durch die Jahres-konferenz 2012 erneut bestätigt – von Landtagspräsidentin Sylvia Bretschneider (SPD) ausgeübt.[103] Mit Blick auf die Delegationen des Landes seit der Jahrtausendwende waren Renate Holznagel (CDU) und Birgit Schwebs (Die LINKE) mit je zehn Teilnahmen die häufigsten Vertreter.[104] Beide traten zur Landtagswahl 2011 nicht mehr an.

Die Landesregierung ist seit den 1990er Jahren kontinuierlich in fünf multilateralen Gremien der Ostseekooperation vertreten: Dem Ostseerat (Council of Baltic Sea States, CBSS), der Konferenz der Subregionen (BSSSC), der Helsinki-Kommission (HELCOM), der Konferenz der peripheren Küstenregionen (Conference of peripheral maritime re-gions, CPMR) und der VASAB.[105] Obwohl die Mitarbeit in den Gremien zunächst sehr breit erscheinen mag, entspricht sie dennoch einer Schwerpunktsetzung der Landesre-gierung, da durch Abstimmung mit den norddeutschen Ländern Hamburg und Schles-wig-Holstein zum einen gemeinsame Positionen entwickelt und zum anderen durch gezieltes Engagement in den Gremien Dopplungen von Arbeitsstrukturen vermieden werden. Ein Bundesland beteiligt sich so an der Kooperation im Ostseerat, der eigent-lich die nationalen Regierungen der Anrainerstaaten zusammenführt. Die deutsche De-legation wird für die Außenministertreffen oder die Gipfel der Staats- und Regierungs-chefs von einem Landesvertreter unterstützt. Die Repräsentation rotiert dabei zwischen den norddeutschen Bundesländern im Jahresrhythmus. Parallel zur deutschen Ostsee-ratspräsidentschaft von Juli 2011 bis Juni 2012 war Mecklenburg-Vorpommern mit die-ser Aufgabe betraut.

Die Landesregierung hatte es bereits im Rahmen der ersten deutschen Ostseerats-präsidentschaft 2000/2001 geschafft, mit einer Initiative das Thema der Schiffssicherheit auf die Agenda des Rates zu heben. Eine ähnliche Abstimmung erfolgt im Rahmen der BSSSC. Hamburg und Schleswig-Holstein sind im leitenden Ausschuss der Vereinigung tätig, während Mecklenburg-Vorpommern den Vorsitz einer Arbeitsgruppe zur Jugend-politik übernommen hat. Die Arbeitsgruppe wurde im Zuge der Jahreskonferenz 2002 thematisiert und 2005 institutionalisiert. Sie kann als gemeinsamer „think tank" der

---

102 Vgl. Bonin/Eisfeld, Mecklenburg-Vorpommern als Region in Europa, in: Landeszentrale für politi-sche Bildung Mecklenburg-Vorpommern (Hrsg.), Politische Landeskunde Mecklenburg-Vorpommern, Schwerin 2004, S. 235–236; oder als Resultat der Arbeit die Dokumentation Maritime Sicherheit im Ostseeraum – Dokumentation der Arbeit des Landtages Mecklenburg-Vorpommern zum Thema „Ma-ritime Sicherheit" im Rahmen der Ostseeparlamentarierkonferenz. Vgl. Landtag Mecklenburg-Vor-pommern (Hrsg.), Maritime Sicherheit im Ostseeraum – Band III, Schwerin 2003.

103 Landtagsdelegation erzielt Verhandlungserfolg in St. Petersburg, Pressemitteilung vom 29.08.2012, ab-rufbar unter: www.mvpo.de (Stand: 29.08.2012).

104 Auswertung der Teilnehmerlisten der Jahreskonferenzen, abrufbar unter: www.bspc.net (Stand 01.09.2012).

105 Die nachfolgende Analyse stützt sich auf die Jahresberichte der Landesregierung. Es werden zahlreiche weitere Kooperationsformen angesprochen. Die hier präsentierten fünf Gremien werden jedoch konti-nuierlich genannt.

Tabelle 3 Landesregierung und Landtag in multilateralen Gremien der Ostseekooperation

Organisation	Gründung	Beschreibung	Internetpräsenz
Ostseerat (CBSS)	1992	Forum der Anrainerstaaten (Außen-minister/Regierungschefs)	www.cbss.org
Helsinki-Kommission (HELCOM)	1974/1992	Umweltregime der Anrainerstaaten (nationale Ebene)	www.helcom.fi
Konferenz der Subregionen (BSSSC)	1993	Forum der subnationalen Regionen	www.bsssc.com
VASAB	1993	Konferenz der Raumordnungsminister	www.vasab.org
Konferenz der peripheren Küstenregionen (CPMR)	1974	Europaweiter Interessenzusammen-schluss von Küstengebieten mit Kom-missionen für Regionalmeere (Bsp. Ostseekommission)	www.crpm.org
Ostseeparlamentarier-Kon-ferenz (BSPC)	1991	Transnationale Parlamentsversammlung (national und subnationale Ebene)	www.bspc.net
Parlamentsforum Südliche Ostsee (PSO)	2004	Transnationale Parlamentsversammlung (subnationale Ebene)	–

Quelle: Eigene Darstellung nach Angaben der Internetpräsenzen.

Anrainerregionen verstanden werden. Die Landesregierung ist über das Sozialministerium vertreten. Im Rahmen der HELCOM arbeitet das Umweltministerium des Landes
ebenfalls in verschiedenen Arbeitsgruppen, die sich mit Umwelteinflüssen im Ostseeraum befassen. Das Umweltregime von 1974 wurde 1992 aufgrund der neuen Staaten-
konstellation in der Region reformiert und umfasst eigentlich nationale Akteure der
Anrainerstaaten. Die Landesregierung stimmt daher ihr Vorgehen mit dem Bundesumweltministerium ab. Als einziges norddeutsches Bundesland ist Mecklenburg-Vorpommern an der Ostseekommission der Konferenz der peripheren Küstenregionen beteiligt.

Die CPMR ist eine europaweite Organisation. Sie wurde 1973 zur Interessenvertre-
tung von Küstengebieten gegründet und hat mittlerweile über 150 Mitgliedsregionen.
Sie besteht aus verschiedenen Kommissionen für die entsprechenden europäischen
Meere. Seit September 1999 ist Mecklenburg-Vorpommern Mitglied und zusammen
mit 25 Regionen aus dem Ostseeraum in der Ostseekommission aktiv. Ein Vertreter der
Staatskanzlei wurde zwischenzeitlich in das Exekutivkomitee der Kommission gewählt.
Das Land beteiligt sich an Arbeitsgruppen zu Verkehr und Stellungnahmen der Organisation, zum Beispiel im Bezug zur EU-Strukturpolitik. Ein weiteres Gremium, das regelmäßig in den Jahresberichten erwähnt wird, ist die VASAB. Sie stellt seit 1993 eine Konferenz der Raumordnungsminister dar. Mecklenburg-Vorpommern beteiligt sich über
das entsprechende Landesministerium. Ein Vertreter des damaligen Ministeriums für
Arbeit und Bau wurde 2000/2001 in das Komitee der Organisation gewählt. Im September 2001 wurde bei der fünften Konferenz der Raumordnungsminister der Ostsee-

anrainer in der Hansestadt Wismar eine Erklärung unterzeichnet, die als gemeinsames Leitbild der Raumentwicklung dient. Sie stellte auch eine Weiterentwicklung der ursprünglichen „Vision" der Konferenz dar.

Dass die multilateralen Gremien auch untereinander kooperieren, zeigt sich beispielsweise an einer gemeinsamen Stellungnahme von BSSSC, CPMR und weiteren Netzwerken zur Ostseestrategie der EU 2009. An der Stellungnahme beteiligten sich auch Akteure der kommunalen Ebene in Mecklenburg-Vorpommern, wie die Hansestädte über das Städtenetzwerk Union of Baltic Cities (UBC) oder der Landkreis Rügen über die B 7 (Baltic Islands Network), ein Interessenzusammenschluss der sieben größten Ostseeinseln.

Die bilaterale Kooperation Mecklenburg-Vorpommerns wird primär über die regionalen Partnerschaften der Landesregierung zum Ausdruck gebracht. Dies zeigt sich auch bei der quantitativen Analyse der Jahresberichte zur Ostseezusammenarbeit (Tab. 4). Die Partnerschaften werden durch eine Vielzahl von gemeinsamen Projekten und Veranstaltungen mit Leben gefüllt. Mit fast 1 000 Nennungen ist Polen der am häufigsten erwähnte Anrainerstaat. Dies ist sicherlich auch dem grenznachbarschaftlichen Charakter der Beziehungen geschuldet, weshalb Kooperationen mit polnischen Partnern bisweilen nicht als Formen der Ostseepolitik des Landes gesehen werden.[106] Unabhängig von dieser Sichtweise ist Polen der engste Partner des Landes im Ostseeraum. In den Jahresberichten der Landesregierung nimmt das Kapitel über die Kontakte zum östlichen Nachbarn stets in Umfang und Struktur eine herausragende Stellung ein. Die Zusammenarbeit umfasst nahezu alle Ressorts und gestaltet sich in unterschiedlichsten Formen aus. Twinning-Projekte, Ausstellungen und gegenseitige Wirtschaftspräsentationen sind nur Teilaspekte. Neben den gemeinsamen Ausschüssen der Regionalpartnerschaften mit Westpommern und Pommern wurden diverse Arbeitsgruppen etabliert (Umwelt, Raumordnung, Gesundheit und Soziales oder temporär zu Fragen der Grenzübergänge im Vorfeld der Osterweiterung der EU). Seit 1995 besteht eine kommunale Zusammenarbeit über die Euroregion POMERANIA, die von der Landesregierung über EU-Förderprojekte unterstützt wird. Zahlreiche Initiativen über das deutsch-polnische Jugendwerk zeigen im Vergleich mit anderen Bundesländern ein besonderes Engagement Mecklenburg-Vorpommerns. Die regionalen Kontakte nach Schweden (555 Nennungen) spiegelten sich von 1999 bis 2008 in der Partnerschaft mit SydSam wider, einer „Vereinigung der Provinziallandtage, Gemeindeverbände und Gemeinden in Südschweden".[107] Das schwedische Schonen beteiligt sich seit der Jahrtausendwende an der Euroregion POMERANIA. Eine polizeiliche Zusammenarbeit besteht seit 2000, sie wird in den Jahresberichten kontinuierlich erwähnt. Die vereinbarte regionale Part-

---

106 Die Landgrenze hat eine andere Qualität für Kooperation. Vgl. Rainer Kosmider, Mecklenburg-Vorpommern und der Ostseeraum in: Jahn/Werz (Hrsg.), Politische Systeme und Beziehungen im Ostseeraum, 2002, S. 271.

107 Jahresbericht der Landesregierung zur Zusammenarbeit im Ostseeraum für den Zeitraum 1998/1999, S. 41.

nerschaft mit dem Leningrader Gebiet sichert der Landesregierung einen permanenten Kontakt zum letzten verbleibenden Nicht-EU-Anrainerstaat Russland (427 Nennungen). Im Bereich der Außenwirtschaft ist Russland eine der wichtigsten Zielregionen im Ostseeraum. Die wirtschaftliche Zusammenarbeit steht im Mittelpunkt vieler Projekte. Die Integration Russlands wird mit Blick auf die veränderten Rahmenbedingungen durch die EU-Erweiterungen in der Region von zahlreichen politischen Akteuren hervorgehoben. Vor diesem Hintergrund sind der gemeinsame Ausschuss mit dem Leningrader Gebiet sowie die zwischenzeitliche Beteiligung des Landes am Hanse-Office, als Kontaktbüro von Schleswig-Holstein und Hamburg in St. Petersburg, durchaus relevante Instrumente. Das Engagement der Bundesländer wurde in der Vergangenheit auch von russischer Seite positiv bewertet. In einem russischen Positionspapier des CBSS zur Nördlichen Dimension wurde 2000 explizit die Einbeziehung der norddeutschen Länder als „besonders wünschenswert" betont.

Die quantitative Analyse der Jahresberichte der Landesregierung entlang thematischer Begriffe ist aufgrund des Querschnittcharakters der Ostseepolitik nur bedingt aussagekräftig. Dass wirtschaftliche Aspekte eine gehobene Stellung einnehmen (1 834 Nennungen), ist wenig überraschend. Die ökonomische Bedeutung der Ostseeregion findet sich in den Koalitionsvereinbarungen und Konzepten der Landesregierung zu den auswärtigen Tätigkeiten wieder.

Die Aktivitäten des Wirtschaftsministeriums und der Arbeitskreis „Außenwirtschaft" unterstreichen die Relevanz. Somit ist trotz der gezeigten Vielfalt Ostseepolitik grundsätzlich „Standortpolitik für Mecklenburg-Vorpommern"[108]. Ein Drittel der Exporte des Landes gehen in den Ostseeraum. Russland, Schweden und Polen sind die wichtigsten Zielländer. Mit 7,2 Mrd. Euro ist die Außenwirtschaft ein beachtlicher Faktor bei einem Bruttoinlandsprodukt von rund 36 Mrd. Euro.[109] Die schleppende Entwicklung der Exportwirtschaft nach 1990 hat sich seit 2000 verbessert.[110] Die Landesregierung möchte diese Entwicklung fortsetzen und ebenfalls die „Internationalisierung"[111] des Landes stärken. Das Thema Jugend (1 081 Nennungen) erhält seine Bedeutung über die Tätigkeiten des Landes in der BSSSC-Arbeitsgruppe. Neben Initiativen im deutsch-polnischen Jugendwerk hat sich das Sozialministerium in der Vergangenheit auch an einem deutsch-finnischen Jugendausschuss beteiligt. Der Schwerpunkt findet sich in EU-Förderprogrammen wieder, in denen das Land vermehrt mit polnischen Part-

108 Kosmider, Mecklenburg-Vorpommern und der Ostseeraum, in: Jahn/Werz (Hrsg.), Politische Systeme und Beziehungen im Ostseeraum, 2002, S. 271.

109 Zahlen für 2011 vgl. Konzept zur Stärkung der internationalen und europäischen Zusammenarbeit des Landes Mecklenburg-Vorpommern (DS 6/752), 2012, S. 3–4.

110 Vgl. Reinhard Meyer, Wirtschaftskooperation Mecklenburg-Vorpommerns im Ostseeraum nach der EU-Erweiterung, in: Karl-Heinz Breitzmann (Hrsg.), Lettland und Mecklenburg-Vorpommern im Ostseeraum: Leistungsbilanz – Zehn Jahre Ostseeinstitut, Rostock 2006. S. 25–31, hier: S. 25.

111 Konzept zur Stärkung der internationalen und europäischen Zusammenarbeit des Landes Mecklenburg-Vorpommern (DS 6/752), 2012, S. 5.

Tabelle 4 Thematische und regionale Schwerpunkte in den Jahresberichten

| Rang | Thematische Schwerpunkte | | Regionale Schwerpunkte | |
	Thema	Häufigkeit	Staat	Häufigkeit
1.	Wirtschaft	1 834	Polen	956
2.	Jugend	1 081	Schweden	555
3.	Verkehr	1 064	Russland	427
4.	Hafen	1 009	Finnland	424
5.	Bildung	860	Dänemark	411
6.	Recht	804	Estland	382
7.	Schiff	792	Litauen	357
8.	Umwelt	732	Lettland	293
9.	Forschung	631	Norwegen	247
10.	Tourismus	596	Island	49

Quellen: Eigene Berechnung und Darstellung auf Basis der Jahresberichte der Landesregierung.

nern kooperiert. Auch von parlamentarischer Seite wurde das Thema 2012 hervorgehoben: Das Problem der Jugendarbeitslosigkeit wurde im Rahmen der BSPC-Jahreskonferenz behandelt.[112] Die Themen Verkehr (1 064 Nennungen) und Häfen (1 009) sind stark miteinander verknüpft. Sind belegen der geografischen Lage Mecklenburg-Vorpommerns entlang der Handelskorridore im Ostseeraum. Der Bereich des Tourismus (596 Nennungen) nimmt zwar keinen der vorderen Plätze ein, hat jedoch in den vergangenen Jahren eine neue Dimension erreicht. Schon traditionell ist der Tourismus ein wichtiges Standbein der Wirtschaft des Landes. Jährlich 300 000 Übernachtungen von Reisenden allein aus dem Ostseeraum belegen diesen Faktor eindrucksvoll.[113] Die Landesregierung hat darüber hinaus das Thema genutzt, um in der Region und auf europäischer Ebene „sichtbarer" zu werden. Tourismus ist ein Prioritätsfeld der Ostseestrategie der EU (EU Strategy for the Baltic Sea Region, EUSBSR), die einen neuen operativen Ansatz der Gemeinschaft für die Entwicklung von so genannten Makro-Regionen wie den Ostseeraum darstellt. Die Strategie wurde über einen Konsultationsprozess in der Region erarbeitet und 2009 verabschiedet. Die thematischen Ziele der Strategie sind die Verbesserung des Umweltzustandes der Ostsee, die Entwicklung des Wohlstan-

---

112 „Gleichberechtige Partner auf Augenhöhe" – Interview mit MdB Franz Thönnes, abrufbar unter: www.bundestag.de/dokumente/textarchiv (Stand: 11. 09. 2012).

113 Europa- und Ostseebericht der Landesregierung Mecklenburg-Vorpommern 2011/2012, S. 110.

des der Anrainerstaaten und der Ausbau der Verkehrsinfrastruktur und -sicherheit. Die Ziele gliedern sich in Prioritätsfelder, in denen konkrete Kooperationsprojekte festgehalten werden.[114]

Jedes Feld hat einen eigenen Koordinator zumeist in der Form eines nationalen Ministeriums. Der Bereich des Tourismus wird von der Landesregierung Mecklenburg-Vorpommern koordiniert und in der Staatskanzlei wurde eine entsprechende Arbeitsgruppe eingerichtet. Die Verantwortungsübergabe an einen subnationalen Akteur stellt im Rahmen der Strategie durchaus eine Besonderheit bzw. Ausnahme dar.[115] Das Thema Tourismus wird somit zukünftig strukturell in der Landespolitik an Bedeutung gewinnen können. Auch wenn die Aktivität des Landes im Ostseeraum als positiv zu bewerten ist, wird sich noch erweisen müssen, ob die Strategie als europäischer Politikansatz ein wirklicher Erfolg ist. Die Bewerbung als Koordinator erfolgte durch die Landesregierung jedoch entschlossen, obwohl eher noch als „ungedeckter Scheck auf die Zukunft der Ostseestrategie im Bereich Tourismus."[116] Eine Analyse tourismusbezogener EU-Projekte und die Vernetzung der branchenspezifischen Akteure über Veranstaltungen wie das Baltic Tourism Forum waren erste Schritte. Dass die Landesregierung für wichtige Vorzeigeprojekte im Themenbereich Akteure aus den Partnerregionen gewinnen konnte, zeigt den Vorteil der regionalen Vernetzung des Landes.[117]

5   Zusammenfassung und Ausblick

Mecklenburg-Vorpommerns Lage an der Ostsee prägt das Land in unterschiedlichen Dimensionen. Die Geschichte des Ostseeraums durchdringt das 21. Jahrhundert und symbolisiert eine historisch-traditionelle Verknüpfung des Landes mit dem Meer und den Anrainerstaaten. Als Handels- und Transportweg war und ist die See eine Lebensader der einheimischen Wirtschaft und des Standorts Mecklenburg-Vorpommern. Vom Ende der Machtprojektion und der beginnenden Integration profitierte nicht zuletzt das junge norddeutsche Bundesland. Seither scheint sich die Ostseepolitik gut entwickelt zu haben. Das Land verfügt über ein eigenes Profil. Es werden bei Formen und Themen der Zusammenarbeit Schwerpunkte gesetzt, die sich – trotz der großen Bedeutung – nicht

---

114 Vgl. einführend zur EUSBSR, die im Rahmen der Europäischen Union einen „Pilotcharakter" für andere Makro-Regionen wie den Donauraum haben soll, den Beitrag von Schymik/Krumrey, EU-Ostseestrategie für den Ostseeraum – Kerneuropa in der nördlichen Peripherie?, 2009.

115 Neben Mecklenburg-Vorpommern ist Hamburg im Bereich der Bildung tätig, andere Prioritäten liegen auf der nationalen Ebene. Vgl. Mitteilung der Europäischen Kommission über die Strategie der Europäischen Union für den Ostseeraum, KOM (2012), 128 final, 23.03.2012.

116 Rainer Kosmider, Die neue EU-Ostseestrategie und ihre Bedeutung für die deutsche Ostseeküste, in: Karl-Heinz Breitzmann (Hrsg.), Die neue EU-Ostseestrategie und ihre Bedeutung für die deutsche Ostseeküste: Offshore Windenergie, Rostock 2010, S. 7–20, hier: S. 18.

117 Ebd.

in wirtschaftlichen Interessen erschöpfen. Regelungen des Grundgesetzes, die Landesverfassung aber auch die Koalitionsverträge und Konzepte der Landesregierungen bilden die Grundlage der langfristigen Entwicklungslinien.

Dass die Arbeit von Landesregierung und Landtag seit 1990 eine gewisse Kontinuität aufweist, ist somit zunächst positiv zu bewerten. Das Landesprofil steht jedoch vor zukünftigen Herausforderungen. Mecklenburg-Vorpommern verliert mit der neuen EU-Förderperiode ab 2014 seinen Status als Prioritätsgebiet. Dies kann negative Auswirkungen für die konkrete Projektzusammenarbeit in der Ostseekooperation haben. Auch wird erst die Zeit nach 2014 zeigen, ob die EUSBSR ein wirklich erfolgreicher Politikansatz ist. Eine Abstimmung der Schwerpunkte der neuen Förderperiode mit den Zielen der Strategie erscheint in diesem Zusammenhang von besonderer Bedeutung. Die Ostseepolitik des Landes hat sich als eine „Mehrebenenpolitik" entwickelt. Auf Landesebene erfolgt die Kooperation mit den anderen norddeutschen Bundesländern. Zur Bundesebene bestehen Kontakte über die Vertretung im CBSS (Auswärtiges Amt) oder im Bereich der HELCOM (Bundesumweltministerium). Über das Informationsbüro in Brüssel verfügt die Landesregierung über einen „direkten Draht" zur europäischen Ebene, der für Themen der Ostseepolitik genutzt werden kann. Die Beteiligung an der EUSBSR im Bereich des Tourismus hat die Verknüpfung der beiden Ebenen (Land und EU) verstärkt. Mecklenburg-Vorpommern ist damit umfassend vernetzt. Eine Bewertung dieser Struktur darf jedoch nicht außer Acht lassen, dass auf allen Ebenen Hindernisse für die Kooperation bestehen. In vielen Bereichen sind die norddeutschen Länder Partner, aber auch gleichzeitig Konkurrenten. Das Spannungsverhältnis von gemeinsamen und Landesinteressen wird durch den Charakter der Ostseepolitik als „Standortpolitik" deutlich verstärkt. Jüngere Entwicklungen beim Thema Windenergie zeigen diese Ambivalenz.[118] Der Kontakt zur Bundesebene ist zwar vorhanden und wird durch die EUSBSR über eine neue Arbeitsgruppe noch verstärkt, dennoch: Themen der Ostseekooperation spielen auf nationaler Ebene eine untergeordnete Rolle. Daran kann auch Mecklenburg-Vorpommern zusammen mit den anderen norddeutschen Bundesländern wenig ändern. Eigene Handlungsstrategien bleiben so im Mittelpunkt. Die Vernetzung mit der europäischen Ebene ist vor dem Spiegel der neuen Förderperiode zu betrachten. Der Einfluss dieser Veränderungen auf Mecklenburg-Vorpommern wird abzuwarten sein. Es sollte dabei auch nicht vergessen werden, dass die deutschen Länder im Kreis der europäischen Staatengemeinschaft eine Minderheitenposition einnehmen. In vielen Mitgliedsstaaten der EU – auch im Ostseeraum – ist der Föderalismusgrad wesentlich geringer. Das muss kein Hindernis für Kooperation sein, die Handlungsmöglichkeiten von subnationalen Akteuren können sich dennoch in Eigen- und Fremdwahrnehmung deutlich unterscheiden. Die Verhandlungsposition der Bundesländer kann auf europä

---

118 Vgl. Olaf Preuß, Standortstreit überschattet Windmesse in Husum, in: Hamburger Abendblatt, 18. 09. 2012, abrufbar unter: http://www.abendblatt.de/region/schleswig-holstein/art-icle2402777/Standortstreit-ueberschattet-Windmesse-in-Husum.html (Stand: 01. 11. 2012).

ischer Ebene davon tangiert sein, bleibt doch die Bundesebene der entscheidende deutsche Ansprechpartner für die europäischen Institutionen.

Eine umfassende Bewertung der Ostseepolitik des Landes würde letztlich nur über einen Vergleich mit Schleswig-Holstein und Hamburg ermöglicht werden, was der vorliegende Aufsatz aufgrund der thematischen Breite des Politikfeldes nicht leisten konnte. Das Zusammenspiel von Landesregierung und Landtag sowie die interne Organisation des Politikfeldes über die „Schnittstelle" Staatskanzlei ist der Weg Mecklenburg-Vorpommerns. Dass er nicht in die Irre führt, zeigt die umfassende Entwicklung der Ostseepolitik des Landes seit 1990. Dass er jedoch nicht der Einzige ist, zeigt die Landesregierung Schleswig-Holsteins, die das Themenfeld weiterhin in einem eigenständigen Ressort (Ministerium für Justiz, Kultur und Europa) bündelt. Dies bietet einen interessanten Ansatzpunkt für weiterführende vergleichende Arbeiten.

Mitgliederzahlen der Parteien

1990–2000

	1990	1991	1992	1993	1994	1995	1996	1997	1998	1999	2000
SPD	3 138	3 287	3 335	3 187	3 452	3 341	3 304	3 388	3 420	3 508	3 462
CDU	1 853	14 707	12 375	10 636	10 217	9 653	9 150	8 540	8 304	8 499	7 959
PDS/LINKE	~24 000	21 903	18 913	15 857	14 154	13 306	11 846	11 143	10 614	9 998	9 511
B90/Grüne	254	250	144	335	382	375	359	403	415	350	311
FDP	13 154	7 994	5 826	3 755	3 220	2 528	2 395	2 128	1 936	1 467	1 354
NPD	–	–	80	100	100	100	50	100	350	300	250

2000–2011

	2001	2002	2003	2004	2005	2006	2007	2008	2009	2010	2011
SPD	3 363	3 343	3 224	3 050	2 979	2 872	2 793	2 794	2 830	2 802	2 850
CDU	7 740	7 471	6 983	6 749	6 652	6 419	6 168	6 047	6 183	6 013	5 848
PDS/LINKE	8 645	7 991	7 590	7 110	6 793	6 423	6 040	5 836	5 684	5 460	5 123
B90/Grüne	253	259	263	277	288	302	305	308	372	446	548
FDP	1 266	1 239	1 159	1 121	1 073	1 054	1 037	1 006	1 095	1 044	951
NPD	220	200	150	100	200	300	400	400	400	400	400

Wahlergebnisse 1990 bis 2011 (in Prozent)

	Wahlbe-teiligung	SPD	CDU	PDS/LINKE	B90/Grüne	FDP	NDP
Bund 1990	70,9	26,5	41,2	14,2	5,9	9,1	0,3
Land 1990	64,8	27,0	38,3	15,7	2,2	5,5	0,2
Europa 1994	65,8	22,5	33,6	27,3	4,8	2,3	0,3
Kommunal 1994	65,7	25,6	30,6	24,3	4,2	5,4	0,0
Bund 1994	72,8	28,8	38,5	23,6	3,6	3,4	–
Land 1994	72,9	29,5	37,7	22,7	3,7	3,8	0,1
Bund 1998	79,4	35,3	29,3	23,6	2,9	2,2	1,0
Land 1998	79,4	34,3	30,2	24,4	2,7	1,6	1,1
Europa 1999	50,8	20,3	45,4	24,3	2,5	1,3	0,3
Kommunal 1999	50,5	24,0	39,9	21,9	1,9	4,1	0,5
Bund 2002	70,6	41,7	30,3	16,3	3,5	5,4	0,8
Land 2002	70,6	40,6	31,4	16,4	2,6	4,7	0,8
Europa 2004	45,1	16,1	42,4	21,7	4,8	3,9	1,7
Kommunal 2004	44,9	19,1	38,8	20,2	3,1	6,1	0,8
Bund 2005	71,2	31,7	29,6	23,7	4,0	6,3	3,5
Land 2006	59,1	30,2	28,8	16,8	3,4	9,6	7,3
Europa 2009	46,6	16,7	32,3	23,5	5,5	7,6	–
Kommunal 2009	46,6	19,3	31,8	21,6	5,0	8,7	3,2
Bund 2009	63,0	16,6	33,1	29,0	5,5	9,8	3,3
Land 2011	51,5	35,6	23,0	18,4	8,7	2,8	6,0
Kommunal 2011	51,1	27,5	29,0	19,2	6,5	4,3	5,4

Arbeitslosenquote im Jahresmittel (in Prozent)

Jahr	1990	1991	1992	1993	1994	1995	1996	1997	1998	1999	2000
Quote	–	–	–	–	16,2	15,3	16,8	18,9	19,2	18,2	17,8

Jahr	2001	2002	2003	2004	2005	2006	2007	2008	2009	2010	2011
Quote	18,3	18,6	20,1	20,4	20,3	19,0	16,5	14,1	13,5	12,7	12,5

Autorenverzeichnis

Yves Bizeul, Prof. Dr., geboren 1956 in Paris, Inhaber des Lehrstuhls für Politische Theorie und Ideengeschichte am Institut für Politik- und Verwaltungswissenschaften der Universität Rostock.

Timm Flügge, geboren 1990 in Güstrow, Lehramtsstudent für Gymnasien: Deutsch, Geschichte und Sozialwissenschaften, Student am IPV.

Othmara Glas, B. A., geboren 1991 in Plauen, Absolventin der Universität Rostock im Bereich Politikwissenschaft und Öffentliches Recht.

Benjamin Hein, geboren 1991 in Güstrow, Lehramtsstudent für Gymnasien: Mathematik und Sozialwissenschaften, Student am IPV.

Anika Hirte, B. A., geboren 1990 in Suhl, Masterstudentin der Politikwissenschaft an der Friedrich-Alexander-Universität in Erlangen-Nürnberg.

Gudrun Heinrich , Dr. phil., geboren 1965 in Frankfurt am Main, Arbeitsstelle für Politische Bildung am Institut für Politik- und Verwaltungswissenschaften.

Philipp Huchel, B. A., geboren 1989 in Neubrandenburg, Masterstudent der Politikwissenschaft an der Freien Universität zu Berlin.

Kathrin Johansen, Prof. Dr., geboren 1981 in Neustadt in Holstein, Juniorprofessur für Empirische Wirtschaftsforschung am Institut für Volkswirtschaftslehre der Universität Rostock.

Michael Koch, B. A., geboren 1987 in Stralsund, Masterstudent der Area Studies Politik-wissenschaft, Student am IPV.

Martin Koschkar, M. A., geboren 1982 in Wismar, wissenschaftlicher Mitarbeiter am In-stitut für Politik- und Verwaltungswissenschaften, Lehrstuhl für Vergleichende Regie-rungslehre.

Stefanie Kracht, M. A., geboren 1981 in Bützow, Promotionsstudentin, Doktorandin am Institut für Politik- und Verwaltungswissenschaften.

Christian Nestler, M. A., geboren 1984 in Rostock, wissenschaftlicher Mitarbeiter am In-stitut für Politik- und Verwaltungswissenschaften, Lehrstuhl für Vergleichende Regie-rungslehre.

Stefan Rausch, B. A., geboren 1990 in Neubrandenburg, Masterstudent der Area Studies Politikwissenschaft, Student und wissenschaftliche Hilfskraft am IPV.

Christopher Scheele, M. A., geboren 1982 in Hannover, wissenschaftlicher Mitarbeiter am Institut für Politik- und Verwaltungswissenschaften, Lehrstuhl für Vergleichende Regierungslehre.

Steffen Schoon, Dr. rer. pol., geboren 1974 in Malchin, Referent in der Landeszentrale für politische Bildung Mecklenburg-Vorpommern.

Franziska Struck, geboren 1988 in Hamburg, B.A-Studentin der Politikwissenschaft und der Kommunikations- und Medienwissenschaft, Studentin am IPV.

Nikolaus Werz, Prof. Dr., geboren 1952 in Bonn, Inhaber des Lehrstuhls für Verglei-chende Regierungslehre am Institut für Politik- und Verwaltungswissenschaften der Universität Rostock.

The manufacturer's authorised representative in the EU is Springer
Nature Customer Service Centre GmbH, Europaplatz 3, 69115 Heidelberg,
Germany. If you have any concerns regarding our products, please
contact ProductSafety@springernature.com

Printed and bound by CPI Group (UK) Ltd, Croydon, CR0 4YY
24/04/2026
02096346-0009